Lehrbuch der portugiesischen Sprache

HELMUT ROSTOCK

Lehrbuch der portugiesischen Sprache

HELMUT BUSKE VERLAG
HAMBURG

Zu diesem Lehrbuch ist ein Lösungsschlüssel erhältlich (ISBN 978-3-87548-498-4). Informationen finden Sie unter www.buske.de.

Zum Portugiesischen sind im Helmut Buske Verlag auch folgende Titel lieferbar:

Stefan Ettinger / Manuela Nunes: *Portugiesische Redewendungen. Ein Wörter- und Übungsbuch für Fortgeschrittene.* ISBN 978-3-87548-439-7

Maria João Varela Pinto de Oliveira: *Medizinisches Wörterbuch Deutsch – Portugiesisch.* ISBN 978-3-87548-402-1

Bibliografische Information der Deutschen Nationalbibliothek

Die Deutsche Nationalbibliothek verzeichnet diese Publikation in der Deutschen Nationalbibliografie; detaillierte bibliografische Daten sind im Internet abrufbar über ‹http://dnb.d-nb.de›.
ISBN 978-3-87548-436-6

Bis zur 4. Auflage 1994 erschien das *Lehrbuch der portugiesischen Sprache* bei Langenscheidt / Verlag Enzyklopädie Leipzig, Berlin, München.

5., vollständig überarbeitete Auflage

© 2007 Helmut Buske Verlag GmbH, Hamburg. Alle Rechte vorbehalten. Dies betrifft auch die Vervielfältigung und Übertragung einzelner Textabschnitte durch alle Verfahren wie Speicherung und Übertragung auf Papier, Transparente, Filme, Bänder, Platten und andere Medien, soweit es nicht §§ 53 und 54 URG ausdrücklich gestatten. Gedruckt auf alterungsbeständigem Papier, hergestellt aus 100 % chlorfrei gebleichtem Zellstoff. Zeichnungen: Claudia Lieb. Satz: Jens-Sören Mann. Druck und Bindung: Westermann Druck, Zwickau. Printed in Germany.

Inhalt / Índice

L1 S.1	A nova vizinha	**A**	Bestimmter und unbestimmter Artikel *3*
		B	Personalpronomen (Subjektform) *4*
		C	Konjugationsklassen *4*
		D	Indikativ Präsens der Verben auf -*ar* *5*
		E	Indikativ Präsens von *ser, estar, ter* *5*
2 9	A estação de caminho de ferro / Na rua	**A**	Verschmelzung des bestimmten und des unbestimmten Artikels mit Präpositionen *11*
		B	Indikativ Präsens von *haver* *12*
		C	Indikativ Präsens der Verben auf -*er* *12*
		D	Die Wortstellung in Aussage- und Fragesätzen *12*
		E	Die Grundzahlen (1–20) *14*
3 17	Na rua / No hotel	**A**	Verneinung *19*
		B	Kongruenz von Substantiv und Adjektiv *19*
		C	Die Grundzahlen (20–100) *20*
		D	Grundrechenarten *21*
		E	Der Antwortsatz (auf eine Entscheidungsfrage) *21*
4 24	No hotel	**A**	Indikativ Präsens von *ir* *25*
		B	Indikativ Präsens von *querer* *25*
		C	Zum Gebrauch von *ser* und *estar* *25*
		D	Uhrzeit *27*
5 32	O bilhete de identidade – Na esquadra da polícia	**A**	Pluralbildung der Substantive und Adjektive *33*
		B	Bildung der weiblichen Formen der Adjektive *36*
		C	Possessivpronomen und -adjektive *37*
		D	Reflexive Verben (Indikativ Präsens) *40*
		E	Das Interrogativpronomen *quanto* *41*
		F	Angabe des Alters *41*

6 *45*	**O almoço**	**A**	Indikativ Präsens der Verben auf -*ir* *47*
		B	Indikativ Präsens von *dirigir-se (a)* *47*
		C	Ausdruck des Futurs mit *ir* *47*
		D	Demonstrativpronomen und -adjektive *48*
7 *54*	**O tempo**	**A**	Indikativ Präsens von *dizer, sair, ver, vir* *56*
		B	Der Gebrauch von *que* u. *qual* als Interrogativa *56*
		C	Die Grundzahlen über 100 *58*
		D	Die Ordnungszahlen von 1.°–20.° *59*
		E	Die Wochentage *60*
		F	Das Datum *60*
8 *65*	**Na tabacaria**	**A**	Indikativ Präsens von *dar, crer, poder* *67*
		B	Die Wiedergabe der deutschen Fälle des Substantivs *67*
		C	Rektion der Verben *68*
		D	Imperativ *69*
9 *74*	**Um exame**	**A**	Indikativ Präsens von *fazer, saber* *76*
		B	Indikativ Präsens von Verben des Typs *conhecer* *76*
		C	Der Ausdruck von ‚man' *77*
		D	Die ‚é que-Konstruktion' *78*
		E	Die Präposition ‚a' + Infinitiv nach Ordnungszahlen und sogenannten Extremadjektiven *79*
10 *82*	**Um amigo vai casar-se**	**A**	Pretérito perfeito simples der Verben auf -*ar* *83*
		B	Gebrauch des pretérito perfeito simples *84*
		C	Pretérito perfeito simples der Verben auf -*er* *84*
		D	Die verbundenen unbetonten Personalpronomen (Formen, Gebrauch, Stellung) *85*
		E	Stellung und Verschmelzung verbundener unbetonter Personalpronomen *88*
		F	Die unverbundenen Personalpronomen *88*

11	A D. Adélia vai às compras	A	Indikativ Präsens von *pôr*, *trazer* 95
92		B	Die Anrede 95
		C	*Ter de/que* + Infinitiv zum Ausdruck von ‚müssen' 100

12	Na fronteira	A	Das Pretérito perfeito simples der Verben auf *-ir* 106
104		B	*mandar* + Infinitiv 106
		C	Das Interrogativpronomen *quem* 106
		D	Systematisierung der Reflexivpronomen 107
		E	Das Verb *dever* 108

13	Uma viagem de avião	A	Indikativ Präsens von *referir-se*, *servir*, *ouvir* 115
112		B	Das System von Frage und Antwort 115
		C	Gebrauch der Präpositionen *a*, *em*, *para* und *por* 116

14	No hotel	A	Indikativ Präsens von *subir*, *dormir*, *incluir* 127
124		B	Pretérito perfeito simples von *dar*, *ir*, *ser*, *estar*, *poder* 127
		C	Verschmelzung des unverbundenen Personalpronomens mit *com* 127
		D	Der Gebrauch von *parecer* 128

15	No correio	A	Das Imperfekt (Formen, Gebrauch in der Funktion des Konditional I) 135
133		B	Ortsadverbien 136

16	Um passeio de automóvel	A	Pretérito perfeito simples von *dizer*, *pôr*, *ter*, *haver*, *fazer*, *vir*, *ver*, *sair* 145
142		B	Der Gebrauch des bestimmten Artikels 146
		C	Der Gebrauch des unbestimmten Artikels 150

17	O senhor Nunes está doente O sentidos e o corpo	A	Indikativ Präsens von *sentir* 161
157		B	Indikativ Präsens und pretérito perfeito simples von *doer* 161
		C	Steigerung 161

18 170	Uma visita	**A**	Pretérito perfeito simples von *saber, trazer, querer* 173
		B	Ausrufesätze 173
		C	Relativpronomen 174
19 181	No grande armazém	**A**	Konjugationstypen (Systematisierung) 184
		B	Diminutivformen 185
20 191	Um passeio pela cidade	**A**	Verben mit orthografischen Veränderungen in der Konjugation 195
		B	*estar + a* + Infinitiv 195
		C	Stellung der Adjektive 195
21 202	Do latim ao português	**A**	Der Konjunktiv Präsens 204
		B	Der Gebrauch des Konjunktivs 205
		C	Der Indikativ Imperfekt (unregelmäßige Formen, zeitliche Funktion) 207
22 214	Chega um velho amigo	**A**	Der Gebrauch des Konjunktivs (Fortsetzung) 216
23 223	O jovem advogado	**A**	Das Partizip Perfekt 226
		B	Das Plusquamperfekt 227
24 233	No teatro	**A**	Der Gebrauch des Konjunktivs in Nebensätzen (Fortsetzung) 236
		B	Indikativ des zusammengesetzten Perfekts 238
25 244	Um encontro	**A**	Präpositionen 246
26 258	A família	**A**	Futur I 261
	Os nomes portugueses	**B**	Zwischenstellung des verbundenen Personalpronomens und Reflexivpronomens beim Futur I 262
		C	Das Adverb 262

27 *272*	Marcar um encontro pelo telefone O telemóvel, SMS	**A**	Der Konditional I und II (Formen und Gebrauch) *274*
28 *282*	No banco	**A**	Zeitenfolge im Indikativ *285*
		B	Die Umwandlung der direkten Rede in die indirekte Rede *286*
29 *293*	As consequências de uma reclamação	**A**	Konjunktiv Imperfekt *295*
		B	Konjunktiv des pretérito perfeito composto *296*
		C	Konjunktiv des Plusquamperfekt *297*
		D	Die Zeitenfolge im Konjunktiv *297*
		E	Das konditionale Satzgefüge (irrealis) *298*
30 *304*	Angola	**A**	Das Passiv *308*
		B	Partizipialkonstruktionen *311*
		C	Unbestimmte Pronomen und Adjektive *312*
31 *324*	Diálogo comercial	**A**	Der unpersönliche Infinitiv *327*
		B	Der persönliche Infinitiv *330*
		C	Die ‚ao-Konstruktion' *333*
32 *338*	Portugal As mulheres portuguesas (1. Teil)	**A**	Das Gerundium und Gerundialkonstruktionen *341*
		B	Verbale Umschreibungen *344*
33 *354*	Aluga-se apartamento com vista para o Tejo As mulheres portuguesas (2. Teil)	**A**	Konjunktiv Futur I und II *357*
		B	Das konditionale Satzgefüge (realis) *359*
34 *365*	Brasil	**A**	Die Pluralbildung zusammengesetzter Substantive *369*
		B	Weibliche Formen der Substantive *371*
35 *379*	Os computadores A Internet	**A**	Kongruenz des Verbs mit dem Subjekt *383*
		B	Kongruenz des Adjektivs mit dem Substantiv *384*

Anhang

Das portugiesische Alphabet	391
Groß- und Kleinschreibung	391
Satzzeichen	392
Silbentrennung	394
Aussprache	394
Akzentschreibung	397
Betonung	398
Tabelle I: Konjugationsmuster der regelmäßigen Verben der drei Konjugationen	399
Konjugationsmuster für ein Verb im Passiv	402
Konjugationsmuster für ein Verb mit unbetontem verbundenem Personalpronomen	405
Konjugationsmuster für ein reflexives Verb	408
Tabelle II: Unregelmäßige Verben	411
Tabelle III: Verben mit Unregelmäßigkeiten im Präsens	422
Tabelle IV: Verben mit Besonderheiten in der Konjugation	424
Tabelle V: Übersicht über die Personalpronomen	426
Alphabetisches Wörterverzeichnis Portugiesisch	427
Register zu den Gesprächsthemen	436
Register zur Grammatik	437
Hinweis zur CD	438

LIÇÃO 1

Texto

A nova vizinha

Senhor Reimann: Bom dia, minha senhora.

Nova vizinha: Bom dia.

Senhor Reimann: A senhora é a D.* Isabel Santos?

Nova vizinha: Sou, sim.

Senhor Reimann: Como está a senhora?

Nova vizinha: Estou bem, obrigada. E o senhor, como está?

Senhor Reimann: Eu também, obrigado.

Nova vizinha: O senhor fala português?

Senhor Reimann: Não falo muito, só um pouco. Mas a senhora fala um pouco de alemão, não é?

Nova vizinha: Falo, sim.

Senhor Reimann: Tenho aqui uma carta para a senhora.

Nova vizinha: Muito obrigada.

Senhor Reimann: De nada (Não tem de quê).

Nova vizinha: Bom dia.

Senhor Reimann: Muito bom dia.

* D. steht für ‚Dona', Anredeform für Frauen.

Novas palavras

a vizinha die Nachbarin
novo neu; jung
o dia der Tag
o senhor der Herr, der Mann
a senhora die Dame, die Frau
Bom dia! Guten Morgen!; Guten Tag!
minha senhora meine Dame *(Form der Anrede)*
ser sein
  é er/sie/es ist
sim ja
não 1. nein
  2. nicht, kein *(Verneinungspartikel)*
sou ich bin
como wie
estar sein
está er/sie/es ist
Como está a senhora? Wie geht es Ihnen? *(an eine Dame gewandt)*
bem *(Adv.)* gut
  Ela está bem. Ihr geht es gut.
  Ele está bem. Ihm geht es gut.
Estou bem. Mir geht es gut.
obrigado danke *(männlicher Sprecher)*
obrigada danke *(weibliche Sprecherin)*
e und
também auch
falar sprechen

fala er/sie/es spricht
português portugiesisch
O senhor fala português? Sprechen Sie Portugiesisch?
Não falo muito. Ich spreche nicht viel.
só nur; erst
um (*mask.*) ein *(unbest. Artikel, männlich)*
uma (*fem.*) eine *(unbest. Artikel, weiblich)*
pouco wenig
só um pouco nur ein wenig, nur ein bisschen
um pouco de alemão ein wenig *(oder:* etwas*)* Deutsch
mas aber, sondern
alemão deutsch
não é? nicht wahr?
aqui hier
ter haben
  tenho ich habe
a carta der Brief
para für
muito obrigada vielen Dank! Danke schön *(weibliche Sprecherin)*
de nada *(idiom.)* keine Ursache, gern geschehen
Não tem de quê. *(idiom.)* Keine Ursache, gern geschehen
Bom dia. hier *(bei der Verabschiedung)*: Auf Wiedersehen!
Muito bom dia. Auf Wiedersehen!

Grußformeln

1. Begrüßung

Bom dia!	Guten Tag!; Guten Morgen! *(von morgens bis mittags)*
Boa tarde!	Guten Tag! *(von mittags bis abends)*
Boa noite!	Guten Abend!; Gute Nacht!

2. Verabschiedung

Até já.	Bis gleich.
Até logo.	Bis bald. *(Wird nur dann verwendet, wenn die sich verabschiedenden Personen sich am selben Tag noch einmal treffen.)*
Até amanhã.	Bis morgen.
Até depois de amanhã.	Bis übermorgen.
Até para a semana.	Bis in einer Woche.
Até breve.	Bis bald *(unbestimmt)*.
Até à vista.	Auf Wiedersehen. *(Wird nur dann gebraucht, wenn es sich um einen Abschied auf lange Zeit handelt. Der Inhalt der Abschiedsformel ist in diesem Fall wörtlich gemeint: ‚Bis zum Wiedersehen')*

Verabschieden sich Personen, die sich nicht näher kennen und bei dieser Verabschiedung nicht zum Ausdruck bringen, ob und wann sie sich wiedersehen, dann werden die Floskeln ‚Bom dia', ‚Muito bom dia', ‚Boa tarde' oder ‚Boa noite' wiederholt.

Gramática

1 A Der Artikel (Geschlechtswort) / O artigo

1. Bestimmter Artikel / artigo definido

	Singular (Einzahl)		Plural (Mehrzahl)	
maskulin (männlich)	o	o senhor – der Herr o restaurante – das Restaurant	os	os senhores – die Herren os restaurantes – die Restaurants
feminin (weiblich)	a	a vizinha – die Nachbarin	as	as vizinhas – die Nachbarinnen

Als Faustregel gilt, dass die Mehrzahl der auf -o endenden Substantive männlich und der auf -a endenden weiblich ist.

Es gibt kein Neutrum (sächliches Geschlecht).

Das Geschlecht (Genus) der Substantive im Deutschen stimmt mit dem des portugiesischen Äquivalents häufig nicht überein. Sie müssen sich folglich beim Lernen der Substantive im Portugiesischen immer den bestimmten Artikel mit einprägen.

2. Unbestimmter Artikel / artigo indefinido

maskulin	**um** (ein)	um senhor – ein Herr
feminin	**uma** (eine)	uma rua – eine Straße

1 B Personalpronomen (persönliches Fürwort) / O pronome pessoal

Subjektform

Singular		Plural	
1. Person:	eu – ich	1. Person:	nós – wir
2. Person:	tu – du	2. Person:	vós – ihr
3. Person:	ele – er	3. Person:	eles – sie
	ela – sie		elas – sie

Diese Pronomen, die im Satz die Funktion des Subjekts haben, werden zur Hervorhebung, Gegenüberstellung oder Unterscheidung verwendet. Im Gegensatz zum Deutschen sind sie nicht unbedingt notwendig, da die Person bereits durch die Endung des Verbs gekennzeichnet ist.

Fal**o** português.   – *Ich* spreche Portugiesisch.
Fal**amos** alemão. – *Wir* sprechen Deutsch.

Aus Gründen der Unterscheidung stehen die Personalpronomen der 3. Person häufiger als die der anderen Personen.

1 C Das Verb (Tätigkeitswort) – Konjugationsklassen / O verbo

Konjugation der regelmäßigen Verben / A conjugação dos verbos regulares

Das Portugiesische unterscheidet drei Konjugationsklassen:

1. Klasse	Verben, die auf -**ar** enden
2. Klasse	Verben, die auf -**er** enden
3. Klasse	Verben, die auf -**ir** enden

Die Mehrzahl der portugiesischen Verben endet auf -**ar**, darunter alle neu gebildeten Verben, von denen viele aus dem wissenschaftlich-technischen Bereich stammen (z. B. microfilmar – auf Mikrofilm aufnehmen, radiografar – röntgen).

1 D Indikativ (Wirklichkeitsform) Präsens (Gegenwart) der Verben auf -ar / O presente do indicativo dos verbos em -ar

falar – sprechen

Singular				Plural			
1. Person:	(eu)	fal**o**	– ich spreche	(nós)	fal**amos**	–	wir sprechen
2. Person:	(tu)	fal**as**	– du sprichst	[(vós)	fal**ais**	–	ihr sprecht]
3. Person:	(ele)	fal**a**	– er spricht	(eles)	fal**am**	–	sie sprechen
	(ela)	fal**a**	– sie spricht	(elas)	fal**am**	–	sie sprechen

Die Personalpronomen sind hier in Klammern gesetzt, da ihre Nennung, wie bereits erwähnt, im Unterschied zum Deutschen nicht unbedingt erforderlich ist.

Die 2. Person Plural (vós falais) wird nur noch in bestimmten Zusammenhängen bei Aufforderungen u.ä. gebraucht. Sie wird durch vocês + 3. Person Plural ersetzt.

Die 2. Person Plural ist wie der Infinitiv endbetont, die übrigen Verbformen werden auf der vorletzten Silbe betont.

Betonung auf Verbstamm	Betonung auf Endung
(fal-)	(-ar, -amos, -ais)
1.–3. Pers. Sg., 3. Pers. Pl.	Infinitiv, 1. und 2. Pers. Pl.

1 E Indikativ Präsens von *ser*, *estar* und *ter*

	ser – sein		estar – sein		ter – haben
(eu)	sou	ich bin	estou	(eu)	tenho
(tu)	és	du bist	estás	(tu)	tens
(ele)	é	er ist	está	(ele)	tem
(ela)	é	sie ist	está	(ela)	tem
(nós)	somos	wir sind	estamos	(nós)	temos
(vós)	sois	ihr seid	estais	(vós)	tendes
(eles)	são	sie sind	estão	(eles)	têm
(elas)	são	sie sind	estão	(elas)	têm
	Sou português.		Ela está bem.		

Das Portugiesische hat 2 Verben in der Bedeutung von ‚sein', die sich in der Anwendung unterscheiden (*siehe Lektion 4*).

Anmerkung: Ser, estar und ter können (wie im Deutschen die Verben ‚sein' und ‚haben') als Voll- und als Hilfsverben gebraucht werden.

Exercícios

1.1 Sprechen Sie nach!

Bom dia, senhor Reimann.
Bom dia, minha senhora. Obrigada, senhor Santos. Obrigado, D. Isabel.
Não tem de quê.
De nada.

1.2 Übersetzen Sie!

Bom dia, D. Isabel Santos.
Bom dia, senhor Reimann.
Como está a senhora?
Estou bem, obrigada.

1.3 Setzen Sie statt des bestimmten Artikels den unbestimmten.

o senhor, a vizinha, a carta, o dia, a senhora.

1.4 Setzen Sie statt des unbestimmten Artikels den bestimmten.

um vizinho, uma senhora, uma carta, um dia, um senhor.

1.5 Lesen und übersetzen Sie!

1. Eu falo alemão.   2. Falamos português.   3. A D. Isabel Santos fala alemão.   4. O senhor Duarte e a D. Isabel Santos falam português.   5. A D. Isabel e eu falamos alemão.

1.6 Setzen Sie die entsprechenden Formen von ‚falar' ein.

eu ... português, nós ... alemão, eles ... um pouco de português, ela ... um pouco de alemão, tu ... bem.

1.7 Konjugieren Sie ‚Eu falo alemão'.

1.8 Setzen Sie die entsprechenden Formen von ‚ser' ein.

Eu ... o Werner. Tu ... a Maria. Ele ... o Pedro. Ela ... a Isabel. Nós ... alemães (Deutsche). Vós ... portugueses (Portugiesen). Eles ... vizinhos. Elas ... vizinhas.

1.9 Lesen und übersetzen Sie!

1. Como estás? Estou bem.   2. O senhor Ramos e o senhor Duarte estão bem.   3. Como estão os senhores? Eles estão bem.   4. O senhor Duarte e eu estamos bem.   5. Como está o senhor? Estou bem, obrigado.

1.10 Setzen Sie die entsprechenden Formen von ‚estar' ein.

nós ... bem, tu ... bem, eu ... bem, elas ... bem, vós ... bem.

1.11 Konjugieren Sie ‚Eu estou bem'.

1.12 Übersetzen Sie!

1. Wir sprechen Portugiesisch.   2. Er spricht Deutsch.   3. Ich spreche etwas Portugiesisch.   4. Sie (mehrere Personen) sprechen ein wenig Deutsch.   5. Sie (Anrede, gerichtet an eine Dame) sprechen Portugiesisch?   6. Sprechen Sie (an einen Herrn gewandt) Deutsch?   7. Wie geht es Ihnen (an einen Herrn gewandt)?   8. Mir geht es gut.   9. Uns geht es gut.   10. Ihm geht es gut.   11. Ihr geht es gut.   12. Ihnen (Plural, weiblich, d. h. mehreren Damen) geht es gut.

1.13 Setzen Sie die entsprechenden Formen von ‚ter' ein.

Eu ... uma carta. Tu ... uma carta. Ele ... uma carta. Ela ... uma carta.

1.14 Lesen und übersetzen Sie (Wer dankt wem, ein Herr einer Dame, eine Dame einem Herrn ...?)!

Muito obrigado, senhor Silva.
Muito obrigada, senhor Silva.
Muito obrigado, minha senhora.
Muito obrigada, minha senhora.
Tenho uma carta para a senhora.
Mas o senhor fala alemão.
Mas a senhora fala português, não é?

1.15 Beantworten Sie folgende Fragen:

O senhor fala alemão, não é?
A senhora fala português, não é?
O senhor fala um pouco de português?
A senhora fala um pouco de alemão?

1.16 Übersetzen Sie!

1. Guten Tag, Frau Isabel Santos!   2. Wie geht es Ihnen?   3. Sprechen Sie Portugiesisch? – Nein, Herr Reimann.   4. Sprechen Sie Deutsch? – Ja, ein bisschen.   5. Hier ist ein Brief für Sie. – Danke, Herr Reimann.   6. Gern geschehen. Auf Wiedersehen!

1.17 Geben Sie eine entsprechende Antwort!

Bom dia.
O senhor é o sr. Reimann?
Como está o senhor?
A senhora fala alemão?
O senhor fala português, não é?
Muito obrigado. (Antwort: Keine Ursache)
Bom dia.

1.18 Übersetzen Sie!

a)

1.	Sind Sie Herr Reimann?	*Nein, ich bin Herr Weber.*
2.	Sie sprechen Deutsch, nicht wahr?	*Ja.*
3.	Sprechen Sie auch Portugiesisch?	*Ja, etwas.*
4.	Wie geht es Ihnen?	*Danke, gut. Und Ihnen?*
5.	Danke, mir geht es ebenfalls gut.	

b)

1.	Guten Morgen!	*Guten Morgen!*
2.	Sind Sie Frau Cristina Santos?	*Ja! (das bin ich)*
3.	Wie geht es Ihnen?	*Gut, danke. Und Ihnen?*
4.	Auch gut.	*Sprechen Sie Deutsch?*
5.	Nein!	*Aber Sie sprechen Portugiesisch, nicht wahr?*
6.	Ja, ich spreche etwas Portugiesisch.	*Hier ist ein Brief für Sie.*
7.	Recht vielen Dank.	*Nicht der Rede wert.*
8.	Auf Wiedersehen, Frau Cristina Santos.	*Auf Wiedersehen, Herr Reimann.*

1.19 Führen Sie mit Ihrem Nachbarn einen Dialog in Portugiesisch.

– Begrüßen Sie Ihren Nachbarn.
– Ihr Nachbar erwidert den Gruß.
– Fragen Sie Ihren Nachbarn, ob er Santos heißt.
– Sagen Sie Ihrem Nachbarn, dass Sie einen Brief für ihn haben.
– Ihr Nachbar bedankt sich für den Brief.
– Drücken Sie aus, dass das nicht der Rede wert ist.
– Verabschieden Sie sich von Ihrem Nachbarn.

LIÇÃO 2

Textos

A estação de caminho de ferro

João dirige-se a um transeunte.

João: Onde é a estação de caminho de ferro, por favor?
Transeunte: É ali à direita.
João: Faz favor, onde fica a entrada?
Transeunte: A entrada fica do lado esquerdo.
João: Há um restaurante na estação?
Transeunte: Há, sim senhor.
João: Muito obrigado.
Transeunte: De nada.

Na rua

João: Faz favor, onde é o correio?
Transeunte: No outro lado da praça, à esquerda.
João: Há uma papelaria neste lado da praça?
Transeunte: Sim senhor, é já aqui à direita, na Avenida da Liberdade.
João: E vende selos?
Transeunte: Acho que sim.
João: Muito obrigado.

Blick in die Vorhalle des Estação de São Bento, des Bahnhofes von Porto.

Novas palavras

a estação die Station
o caminho der Weg
o ferro das Eisen
a estação de caminho de ferro der Bahnhof
dirigir-se a sich wenden an
  Dirijo-me a um senhor. Ich wende mich an einen Herrn.
o transeunte der Fußgänger, der Passant
onde wo
  Onde está o João? Wo ist João?
por favor bitte
ali da, dort
à direita rechts; nach rechts
à esquerda links; nach links
o lado die Seite
do lado esquerdo links, auf der linken Seite
no lado esquerdo links, auf der linken Seite
faz favor *(idiom.)* bitte
a entrada der Eingang
  Faz favor, onde é a entrada? Bitte, wo ist der Eingang?
ficar sein, sich befinden; bleiben
  Onde fica a entrada? Wo ist der Eingang?
há es gibt
o restaurante die Gaststätte, das Restaurant
  Há um restaurante na estação de caminho de ferro? Gibt es im Bahnhof ein Restaurant?
a rua die Straße
o correio die Post, das Postamt
  O correio fica no lado esquerdo. Die Post ist auf der linken Seite.
outro andere (-r, -s)

a praça der Platz
  no lado direito da praça auf der rechten Seite des Platzes
a papelaria das Schreibwarengeschäft
este dieser
Há uma papelaria neste lado da praça? Gibt es auf dieser Seite des Platzes ein Schreibwarengeschäft?
já schon; gleich; bereits
  Ele já está aqui. Er ist schon hier.
a avenida die Allee, die breite Straße
Avenida da Liberdade eine der Hauptstraßen Lissabons
vender verkaufen
o selo die Briefmarke
  O João vende selos. João verkauft Briefmarken.
achar finden, meinen
  Acho que sim. *(idiom.)* Ich glaube, ja. Ich denke, ja.

o português der Portugiese
a portuguesa die Portugiesin
os portugueses die Portugiesen
as portuguesas die Portugiesinnen

o alemão der Deutsche
a alemã die Deutsche
os alemães *(mask.)* die Deutschen
as alemãs *(fem.)* die Deutschen

Gramática

2 A Verschmelzung des bestimmten und des unbestimmten Artikels mit Präpositionen

a) Der **bestimmte** Artikel verschmilzt mit den Präpositionen (Verhältniswörtern)

| a | (nach, zu, bei, auf, in …)* | em | (in, auf, an …) |
| de | (von, aus …) | por | (durch, für, über …). |

Dabei werden folgende Formen gebildet:

a	+ o(s)	→ ao(s)	ao restaurante – ins Restaurant
de		→ do(s)	do correio – der Post, von der Post
em		→ no(s)	no quarto – im Zimmer
por		→ pelo(s)	pelos quartos – durch die Zimmer
a	+ a(s)	→ à(s)	à estação – zum Bahnhof
de		→ da(s)	das ruas – der Straßen, von den Straßen
em		→ na(s)	nas praças – auf den Plätzen
por		→ pela(s)	pelas ruas – durch die Straßen

Anmerkung: Es ist an dieser Stelle nicht möglich, das gesamte Bedeutungsfeld dieser Präpositionen anzugeben. Sie werden an späteren Stellen erfahren, wie viele verschiedene Bedeutungen die einzelnen Präpositionen sonst noch haben können.

b) Der **unbestimmte** Artikel verschmilzt mit den Präpositionen **de** und **em** (mit anderen Präpositionen finden keine Verschmelzungen statt).

Dabei kommt es zu folgenden Zusammenziehungen:

de + um	→ dum	dum senhor – eines Herrn, von einem Herrn
de + uma	→ duma	duma senhora – einer Dame, von einer Dame
em + um	→ num	num correio – in einem Postamt
em + uma	→ numa	numa rua – in einer Straße

Während die Zusammenziehungen des bestimmten Artikels (mit den Präpositionen a, de, em und por) obligatorisch sind, sind sie beim unbestimmten Artikel nicht erforderlich.

Im offiziellen Schriftverkehr werden die Zusammenziehungen dum, duma … num, numa … nicht verwendet. Hier schreiben Sie ‚de um senhor' (und nicht: ‚dum senhor') und ‚em uma estação' (und nicht: ‚numa estação') usw.

2 B Indikativ Präsens von *haver* – haben; existieren, vorhanden sein

(eu)	hei	(nós)	havemos
(tu)	hás	(vós)	haveis
(ele)	**há**	(eles)	hão
(ela)	há	(elas)	hão

In der Bedeutung ‚vorhanden sein' wird **nur die 3. Person Singular** von ‚haver' verwendet. ‚Há' ist unpersönlich, d. h. der mit ‚há' konstruierte portugiesische Satz hat kein Subjekt. ‚Há' wird im Deutschen sehr häufig mit ‚es gibt' wiedergegeben.

Há bananas.	Es gibt Bananen.
Há um restaurante na Avenida Cabral?	Ist in der Avenida Cabral eine Gaststätte? Gibt es in der Avenida Cabral eine Gaststätte?

Anmerkung: ‚Wo ist **die** Gaststätte?' muss im Portugiesischen heißen ‚Onde **é o** restaurante?' (bestimmter Artikel, ‚há' ist hier nicht möglich). ‚Wo ist **eine** Gaststätte?' (verallgemeinernde Frage) muss im Portugiesischen heißen ‚Onde **há um** restaurante?' (unbestimmter Artikel, ‚é' ist hier nicht möglich).

2 C Indikativ Präsens der Verben auf *-er*

vender – verkaufen

(eu)	vend**o**	(nós)	vend**emos**
(tu)	vend**es**	(vós)	vend**eis**
(ele)	vend**e**	(eles)	vend**em**
(ela)	vend**e**	(elas)	vend**em**

2 D Die Wortstellung in Aussage- und Fragesätzen

Aussagesatz

Subjekt	+ Verb (Prädikat)	+ direktes Objekt objecto directo	+ indirektes Objekt objecto indirecto
A vizinha	tem	selos.	–
O João	dá	os selos	à vizinha.
(João	gibt	die Briefmarken	der Nachbarin).

Aus den Bemerkungen zum grammatischen Kapitel ‚Personalpronomen/Subjektform' wissen Sie bereits, dass das Subjekt nicht explizit ausgedrückt werden muss, da die Verbendung bereits die Person angibt. In dem Satz ‚Tenho selos.' ist das Subjekt (eu) nicht explizit vorhanden.

Die Bindung zwischen Verb und direktem Objekt ist relativ stark, sodass andere Satzglieder wie z. B. adverbiale Bestimmungen ganz selten zwischen Verb und direktes Objekt treten. Die adverbialen Bestimmungen können am Anfang oder am Ende des Satzes stehen. Hinsichtlich der Stellung dieser Satzglieder ist das Portugiesische, verglichen mit anderen romanischen Sprachen, relativ freizügig.

Fragesatz

1. Wenn ein Fragesatz durch *Fragewörter* wie quando (wann), que (was, was für ein, welcher), como (wie), onde (wo) usw. eingeleitet wird (Bestimmungsfrage), lautet die Wortstellung:

Fragewort	+ Verb	+ Subjekt (+ direktes Objekt + indirektes Objekt) ...
Como	está	o senhor?

Das Fragewort kann noch ein oder mehrere Substantive und Adjektive bei sich haben:

Que selos	tem	o vizinho?
Was für Briefmarken	hat	der Nachbar?

2. Wird die Frage *nicht* mit einem Fragewort gebildet (Entscheidungsfrage), wie z. B. in dem Satz ‚Haben Sie Briefmarken?', ist die Wortstellung gewöhnlich so wie im Aussagesatz:

Subjekt	+ Verb	+ direktes Objekt + indirektes Objekt
O senhor	tem	selos?

bei nominalem Prädikat:

Subjekt	+ Verb (Kopula)	+ Prädikativum
O senhor	é	português?

Die Frage ist hier lediglich durch den Frageton gekennzeichnet, d. h. durch Heben der Stimme am Satzende.

Darüber hinaus ist es möglich, die Frage mit dem Verb einzuleiten:

Verb	+ Subjekt + ...
Tem	o senhor selos?
É	o senhor português?

Diese Art der Fragestellung ist jedoch seltener geworden.
Anmerkung: Siehe aber die Wortstellung bei der ‚é que'-Konstruktion, Lektion 9.

2 E Die Grundzahlen 1–20 / Os cardinais 1–20

0	zero
1	um, uma
2	dois, duas
3	três
4	quatro
5	cinco
6	seis
7	sete
8	oito
9	nove
10	dez

11	onze
12	doze
13	treze
14	catorze
15	quinze
16	dezasseis
17	dezassete
18	dezoito
19	dezanove
20	vinte

Von den Grundzahlen im Bereich von 1–20 haben nur die Zahlen 1 und 2 eine maskuline und eine feminine Form:

um senhor – uma carta
dois senhores – duas cartas

Exercícios

2.1 Setzen Sie die Präposition ‚de' und beachten Sie dabei die Verschmelzung mit dem Artikel.

a papelaria ... o senhor Mendes → a papelaria do senhor Mendes (das Schreibwarengeschäft von Herrn Mendes)

a carta ... a senhora, a papelaria ... a senhora Isabel Santos, a entrada ... o restaurante, a vizinha ... o senhor, o lado ... a rua, a entrada ... a estação de caminho de ferro, as cartas ... os senhores.

2.2 Setzen Sie die Präposition ‚em' und beachten Sie dabei die Verschmelzung mit dem Artikel.

a papelaria → na papelaria

a entrada, o correio, a rua, a estação de caminho de ferro, uma papelaria, uma avenida, um restaurante, uma carta

2.3 Setzen Sie die Präposition ‚em' und beachten Sie dabei die Verschmelzung mit dem Artikel. Übersetzen Sie die Sätze anschließend ins Deutsche.

Eu estou ... a papelaria. Ele está ... o correio. Nós estamos ... a estação de caminho de ferro. Eles estão ... o restaurante. Ela está ... a praça. Elas estão ... o outro lado da rua. Ela vende selos ... o correio.

2.4 Setzen Sie die entsprechenden Formen von ‚ser' ein.

Eu ... português. Tu ... alemã. Nós ... portugueses. Elas ... portuguesas. Eles ... alemães. Elas ... alemãs. Vós ... alemães. Eu ... portuguesa.

2.5 Konjugieren Sie im Präsens Indikativ ‚vender selos'.

2.6 Setzen Sie die entsprechenden Verbformen ein.

Eles (falar) na rua. Eu (ser) alemão. A Maria (vender) selos. Como (estar) os senhores? Onde (ficar) as cartas. Ela (ter) duas cartas. Nós (estar) na estação de caminho de ferro. Os senhores (falar) alemão? O João e a Maria (vender) selos. Onde (estar) a vizinha? O senhor Duarte e a D. Isabel (falar) alemão. Eles (ter) três cartas. Nós (ser) portuguesas. O correio (ficar) na Avenida da Liberdade. O João (estar) na rua. O João e a Maria (estar) no restaurante. Eu (estar) bem.

2.7 Setzen Sie ein! Wiederholen Sie dabei immer den ganzen Satz.

a) Onde é *a Avenida da Liberdade?* (auch: Onde fica *a Avenida da Liberdade?*)
   die Post, das Restaurant, der Bahnhof, das Schreibwarengeschäft, der Eingang, das Museum (o museu)

b) Onde há *selos?*
   ein Restaurant, ein Postamt, ein Museum, ein Schreibwarengeschäft, ein Eingang, ein Bahnhof

2.8 Beantworten Sie die folgenden Fragen auf Portugiesisch anhand des Textes:

Onde é a entrada?
Onde há um restaurante?
Onde é a estação de caminho de ferro?
Onde fica a papelaria?
Onde fica o correio?

2.9 Verwenden Sie ‚há' in folgenden Sätzen:

1. Gibt es ein Schreibwarengeschäft in der Avenida da Liberdade?   2. Ist im Bahnhof ein Restaurant?   3. Briefmarken gibt es auf der Post *(Wortstellung beachten!)*.   4. Auf dieser Seite des Platzes ist ein Schreibwarengeschäft.

2.10 Fragen Sie Ihren Nachbarn (bzw. Ihre Nachbarin). Ihr Nachbar (bzw. Ihre Nachbarin) beantwortet die Frage...

- wo der Bahnhof ist
- wo das Postamt ist
- ob es auf der linken Seite des Platzes ein Schreibwarengeschäft gibt
- wo die Avenida da Liberdade ist
- wie es ihm/ihr geht
- ob er Deutsch spricht
- ob er Portugiesisch spricht

2.11 Zählen Sie auf Portugiesisch von 1 bis 20! Zählen Sie rückwärts von 20 bis 1.

2.12 Übersetzen Sie!

1. zehn Portugiesen,   2. zwei Portugiesinnen,   3. ein Portugiese,   4. eine Portugiesin,   5. fünfzehn Deutsche *(pl. mask.)*,   6. eine Deutsche,   7. ein Deutscher,   8. acht Deutsche *(pl. fem.)*,   9. sechs Portugiesinnen,   10. sieben Portugiesen.

2.13 Übersetzen Sie (Konversation)!

„Guten Morgen, Fräulein Cristina. Sprechen Sie Deutsch?" – „Nein!"
„Bitte, wo ist der Bahnhof?" – „Auf der anderen Straßenseite, links."
„Vielen Dank." – „Keine Ursache."

2.14 Sie halten jemanden auf der Straße an und fragen nach dem „Restaurante dos Jerónimos". Führen Sie diesen Dialog mit Ihrem Nachbarn.

2.15 Übersetzen Sie!

1. Bitte, wo ist der Bahnhof?   2. Dort links, mein Herr (‚mein' wird nicht übersetzt).   3. Wo ist die Post?   4. Die Post ist im Bahnhof.   5. Gibt es ein Restaurant in der Nähe (perto daqui)?   6. Ja, drüben auf der anderen Seite des Praça dos Restauradores, links.   7. Ist in der Avenida da Liberdade ein Schreibwarengeschäft?   8. Nein. Es gibt eins in der Avenida Álvares Cabral.   9. Wo ist die Avenida Álvares Cabral?   10. Gleich hier rechts.   11. Danke sehr.

LIÇÃO 3

Textos

Na rua

João: Faz favor, onde é o hotel "Internacional"?
Polícia: É perto da Praça Marquês de Pombal.
João: É longe daqui?
Polícia: Não senhor, não é longe daqui. São dez minutos de táxi.
João: Esse hotel é bom?
Polícia: Sim senhor, esse hotel é muito bom.
João: A comida é boa?
Polícia: Sim senhor, a comida é excelente.
João: Há outro hotel perto daqui?
Polícia: Sim senhor, há um em frente da Igreja de São Jorge.
João: Muito obrigado.
Polícia: De nada.

No hotel

João: Qual é o preço do quarto?
Recepcionista: Setenta euros por dia.
João: A que horas são as refeições?
Recepcionista: O pequeno almoço é das 6 às 10, o almoço é das 11 às 14 e o jantar é das 18 às 21 (horas).

Der Praça do Marquês de Pombal mit dem imposanten Denkmal des Namensgebers Marquês de Pombal (1699–1782), der als Minister maßgeblich den Wiederaufbau der Stadt nach dem schweren Erdbeben im Jahre 1755 gestaltete.

Novas palavras

o hotel *(pl. os hotéis)* das Hotel
no hotel im Hotel
o polícia der Polizist
a polícia die Polizei
perto de nahe, in der Nähe von
perto do correio in der Nähe der Post
longe weit, weit entfernt
daqui von hier
  É longe daqui? Ist das weit von hier?
o minuto die Minute
o táxi das Taxi
dez minutos de táxi zehn Minuten *mit dem* (*oder:* per) Taxi
esse dieser
bom *(mask.)* gut
um hotel bom ein gutes Hotel
muito 1. sehr *(Adverb – unveränderlich)*
  2. viel *(Adjektiv – veränderlich)*
  muito bom *(Adv.)* sehr gut
  muito longe *(Adv.)* sehr weit
  muitas cartas *(Adj.)* viele Briefe
a comida das Essen, die Speise
Esse hotel tem comida boa. Dieses Hotel hat eine gute Küche (*im Sinne von:* gutes Essen).
boa *(fem.)* gut *(weibliche Form des Adjektivs ‚bom')*
  A comida é boa. Das Essen ist gut.
excelente ausgezeichnet
  O hotel é excelente. Das Hotel ist ausgezeichnet.

em frente de gegenüber von; vor
a igreja die Kirche
  em frente da igreja gegenüber der Kirche, vor der Kirche
qual *(pl. quais)* welche(-r, -s) Interrogativpronomen (Fragefürwort)
o preço der Preis
o quarto das Zimmer (*oft im Sinne von* Schlafzimmer)
Qual é o preço do quarto? Was ist der Preis für das Zimmer? Wie hoch ist der Preis für das Zimmer?
o recepcionista Angestellter des Empfangs; Empfangschef
setenta siebzig
1 euro = 100 cêntimos 1 Euro = 100 Cent
por dia pro Tag
a hora die Stunde
a que horas wann, zu welcher Zeit
a refeição die Mahlzeit
A que horas são as refeições? Wann werden die Mahlzeiten serviert?
pequeno klein
  a igreja pequena die kleine Kirche
o almoço das Mittagessen
o pequeno almoço das Frühstück
das 6 às 10 (horas) von 6 bis 10 (Uhr)
o jantar das Abendessen

Gramática

3 A Verneinung / A negação

Die Verneinung erfolgt mit dem Verneinungswort ‚não' (dt.: ‚nicht' oder ‚kein'). Zur Verneinung können noch andere Konstruktionen herangezogen werden, die später behandelt werden (siehe 30 C: algum, nenhum, nada). ‚Não' steht im Gegensatz zum Deutschen **vor** der konjugierten Verbform:

Subjekt	Verneinungswort	Verb
(Eu)	não	vendo.

Ich verkaufe nicht.

Folgt dem Verb ein Objekt, lautet die Wortstellung:

(Subjekt) +	não +	Verb +	Objekt
(Eu)	não	tenho	dinheiro.

Ich habe **kein** Geld.

3 B Kongruenz (Übereinstimmung) von Substantiv und Adjektiv / A concordância do adjectivo com o substantivo

Das attributive und prädikative Adjektiv richtet sich in Geschlecht und Zahl nach dem Substantiv, auf das es sich bezieht. Bezieht sich ein Adjektiv auf mehrere Substantive männlichen und weiblichen Geschlechts, steht es in der maskulinen Form.

a) attributives Adjektiv:

o novo correio	die neue Post
a casa nova	das neue Haus
uma casa portuguesa	ein portugiesisches Haus

Das attributive Adjektiv kann im Portugiesischen dem Substantiv vorausgehen oder folgen. Die Stellung des Adjektivs **nach** dem Substantiv wird als normale Stellung angesehen. Damit wird eine objektive Qualifizierung ausgedrückt. Die Voranstellung des Adjektivs bringt in der Regel eine subjektive Wertung zum Ausdruck. Weitere Richtlinien zur Stellung der Adjektive erhalten Sie in Lektion 20.

b) prädikatives Adjektiv:

O correio é novo.	Die Post ist neu.
A casa é nova.	Das Haus ist neu.

TERCEIRA LIÇÃO

Im vorliegenden Beispiel bildet eine entsprechend konjugierte Form von ‚ser' (hier ist es die 3. Person Singular ‚é') die *Kopula* (Bindeglied zwischen Subjekt und Prädikatsnomen). ‚Estar' kann ebenfalls als Kopula dienen. Auch dann muss das Prädikatsnomen in Numerus und Genus dem Subjekt angeglichen werden. Achten Sie auch auf die Übereinstimmung im folgenden Fall:

Como está? (*Die Frage ist an einen Mann gerichtet*) – Bem, obrigado.
Como está? (*Die Frage ist an eine Frau gerichtet*) – Bem, obrigada.

3 C Die Grundzahlen 20–100

20	vinte
21	vinte e um / vinte e uma
22	vinte e dois / vinte e duas
23	vinte e três
24	vinte e quatro
25	vinte e cinco
26	vinte e seis
27	vinte e sete
28	vinte e oito
29	vinte e nove
30	trinta

31	trinta e um / trinta e uma
32	trinta e dois / trinta e duas
33	trinta e três
40	quarenta
50	cinquenta
60	sessenta
70	setenta
80	oitenta
90	noventa
100	cem oder cento

Zehner und Einer werden mit der Konjunktion ‚e' (und) verbunden:

vinte e um senhores   vinte e uma cartas

Man findet auch das Substantiv im Singular:

vinte e um senhor   vinte e uma carta
vinte e dois senhores   vinte e duas cartas
vinte e três senhores   vinte e três cartas

Wenn der Zahl 100 keine andere vorausgeht oder folgt, sagt man ‚cem', in allen anderen Fällen ‚cento':

cem senhores   cem cartas
aber: 101 – cento e um

3 D Grundrechenarten

Addition / A adição	Subtraktion / A subtracção
15 + 6 = 21	45 – 28 = 17
quinze **mais** seis são vinte e um *oder:*	quarenta e cinco **menos** vinte e oito são
quinze **e** seis são vinte e um	dezassete
(mais – mehr, plus)	(menos – weniger)

Multiplikation / A multiplicação	Division / A divisão
3 x 9 = 27	56 : 14 = 4
três **vezes** nove são vinte e sete	cinquenta e seis **a dividir por** catorze são
2 x 13 = 26	quatro *oder:*
duas vezes treze são vinte e seis	cinquenta e seis **dividido por** catorze são
(a vez – das Mal, *pl.* vezes)	quatro
	(a dividir por – zu teilen durch,
	dividido por – geteilt durch)

3 E Der portugiesische Antwortsatz

Im Portugiesischen wird die Antwort auf eine Entscheidungsfrage (das ist eine Frage, die ohne Fragewort gebildet wird und als Antwort ‚ja' oder ‚nein' verlangt) nicht einfach wie im Deutschen mit Ja (sim) oder Nein (não) gebildet.

a) Wird mit ‚ja' geantwortet, steht am häufigsten folgender Antwortsatz:

Wiederholung des Verbs des Fragesatzes in der entsprechenden Person + sim.

O senhor tem uma carta para a vizinha? Haben Sie einen Brief für die Nachbarin?
Tenho, sim. (*auch:* Sim, tenho.) Ja.

b) Wird die Frage mit ‚nein' beantwortet, steht folgender Antwortsatz:

Não, não + Wiederholung des Verbs des Fragesatzes in der entsprechenden Person.

Os senhores são portugueses? Sind Sie Portugiesen?
Não, não **somos**. **Nein.**

3

Exercícios

3.1 Setzen Sie ‚bom' bzw. ‚boa' ein.

uma comida ..., o preço ..., uma vizinha ..., um táxi ..., um quarto ..., o hotel ..., um pequeno almoço ..., uma carta .... A comida é .... O restaurante é .... O almoço é .... A carta é .... O hotel é .... O preço é ....

3.2 Verneinen Sie die folgenden Sätze schriftlich.

Falo português. A entrada fica do lado esquerdo. Tenho uma carta. Há uma papelaria na Praça Marquês de Pombal. A estação de caminho de ferro é perto. A papelaria vende selos. O preço do quarto é bom. A Igreja de São Jorge fica em frente da praça. A comida é boa? É longe daqui? Há outro hotel perto daqui? (*dt.: Gibt es ein anderes Hotel in der Nähe? – Im Portugiesischen entfällt der unbestimmte Artikel vor ‚outro'*)

3.3 Übersetzen Sie schriftlich!

1. Die Nachbarin hat keinen Brief für Herrn Duarte.   2. Das Essen ist nicht gut.   3. Das Schreibwarengeschäft verkauft keine Briefmarken.   4. Im Bahnhof gibt es kein Restaurant.   5. Der Preis für das Zimmer ist nicht gut.   6. Das Hotel ‚Penta' ist nicht weit von hier.

3.4 Setzen Sie ein! Wiederholen Sie dabei immer den ganzen Satz.

a) É perto *daqui*? / É perto *do hotel*?
o correio, o restaurante, a papelaria, a estação.

b) É longe *daqui*? / O correio é longe daqui? (Ist *die Post* weit von hier?)
der Bahnhof, das Schreibwarengeschäft, das Hotel, die Kirche, die Straße, die Gaststätte, der Platz.

c) *O hotel* não é longe daqui. (*Das Hotel* ist nicht weit von hier.)
die Post, der Eingang, die Allee, der Bahnhof, das Restaurant.

d) Há um bom restaurante *perto daqui*? (Gibt es *in der Nähe* ein gutes Restaurant?)
gegenüber dem Bahnhof, auf der anderen Seite des Platzes, nahe der Kirche, in der Nähe der Post, unweit des Hotels, nicht weit vom Bahnhof.

e) Há um hotel *em frente da Igreja de São Jorge*? (Gibt es ein Hotel *gegenüber der St. Georgs Kirche*?)
am Bahnhof, bei der Post, in der Nähe der Avenida da Liberdade, gegenüber dem Bahnhof.

3.5 Beantworten Sie die folgenden Fragen in Portugiesisch auf der Grundlage des Lektionstextes.

Onde é o hotel ‚Internacional'? É longe daqui? É um bom hotel? A comida é boa? Há outro hotel perto daqui? Qual é o preço do quarto?

3.6 Fragen Sie Ihren Nachbarn (bzw. Ihre Nachbarin). Ihr Nachbar (bzw. Ihre Nachbarin) beantwortet die Frage …

- wo das Hotel ‚Internacional' ist
- ob es weit von hier entfernt ist
- ob es ein gutes Hotel ist
- ob die Küche gut ist
- ob es ein anderes Hotel in der Nähe gibt
- wie hoch der Preis für das Zimmer ist
- wann die Mahlzeiten serviert werden.

3.7 Verwandeln Sie die nachstehenden Aussagesätze in Fragesätze.

O hotel ‚Internacional' é perto daqui. O hotel ‚Internacional' é longe daqui. Perto daqui há um bom restaurante. Há um restaurante em frente da igreja. Há uma papelaria na Avenida da Liberdade. Há um restaurante na estação de caminho de ferro. A comida do hotel ‚Altis' não é boa. A comida do outro hotel não é boa também.

3.8 Zählen Sie von 11 bis 22 und rückwärts von 32 bis 21!

3.9 Zählen Sie ab!

2, 4, 6, 8, … 20   1, 3, 5, 7, … 20

3.10 Rechnen Sie!

14 − 3 = 11 | 10 + 1 = 11 | 19 − 7 = 12 | 9 + 15 = 24 | 7 − 2 = 5 | 17 + 6 = 23 | 22 − 2 = 20 | 16 + 3 = 19 | 18 − 4 = 14 | 17 − 7 = 10 | 21 − 6 = 15 | 5 + 7= 12 | 45 − 8 = 37 | 7 x 10 = 70 | 9 x 9 = 81 | 5 x 7 = 35 | 5 x 12 = 60 | 22 x 2 = 44 | 96 : 8 = 12 | 22 : 2 = 11 | 18 x 4 = 72 | 85 : 17 = 5 | 18 : 4 = 4,5 (a vírgula − das Komma) | 42 : 5 = 8,4

3.11 um hotel, dois hotéis, três hotéis … 22 hotéis / uma entrada, … 22 entradas

Verwenden Sie die Wörter: Gaststätte, Postamt, Straße, Kirche, Allee, Dame, Platz, Briefmarke.

3.12 Übersetzen Sie (Konversation)!

„Gibt es hier in der Nähe ein anderes Hotel?" − „Ja, das Hotel ‚Continental'."
„Wo ist das Hotel ‚Continental'?" − „Am Praça Marquês de Pombal, gegenüber dem Bahnhof."
„Wie viel kostet das Zimmer?" − „70 Euro pro Tag."

3.13 Übersetzen Sie!

1. Wo ist bitte das Hotel ‚Internacional'? − Am Praça Marquês de Pombal.   2. Ist das weit von hier? − Nein, es ist nicht weit.   3. Ist das ein gutes Hotel? − Ja, das ist ein sehr gutes Hotel.   4. Ist die Küche gut? − Sie ist ausgezeichnet.   5. Gibt es hier noch ein anderes Hotel? − Ja, es gibt eins gegenüber dem Bahnhof.   6. Recht vielen Dank. - Keine Ursache.   7. Wie viel kostet das Zimmer? − 75 Euro pro Nacht (por dia).   8. Wann werden die Mahlzeiten serviert? − Das Frühstück von 6−10, das Mittagessen von 11−14 und das Abendessen von 18−20 Uhr.

LIÇÃO 4

7 + 8

Texto

No hotel

João: Que horas são?
Recepcionista: São onze (horas).
João: O almoço está pronto?
Recepcionista: Não senhor, ainda não.
  A que horas quer almoçar?
João: As onze e um quarto ou às onze e meia.
Recepcionista: A que horas vai à estação de
  caminho de ferro?
João: Vou à estação ao meio-dia. O comboio que vem de Coimbra chega ao
  meio-dia e um quarto, não é?
Recepcionista: Não senhor. Chega às duas menos um quarto.
João: Então vou almoçar ao meio-dia, como de costume.
  O correio está aberto esta tarde?
Recepcionista: Sim senhor. Está aberto das oito da manhã às sete da noite.

Novas palavras

Que horas são? *(idiom.)* Wie spät ist es?
estar pronto fertig sein, bereit sein
  O almoço está pronto. Das Mittagessen ist fertig.
ainda noch
ainda não noch nicht
a que horas? *(idiom.)* wann, um wie viel Uhr
querer *(unreg.)* wollen
almoçar Mittag essen
  Almoço no hotel. Ich esse im Hotel (Mittag).
às onze e um quarto Viertel nach elf
às onze e meia (um) halb zwölf
ou oder
ir a *(unreg.)* gehen nach, zu; fahren nach, zu
o meio-dia der Mittag
ao meio-dia mittags, zu Mittag

o comboio (*Bras.:* **o trem**) der Zug
vem er/sie/es kommt
chega er/sie/es kommt an
então also, dann
vou almoçar ich werde Mittag essen (‚ir' *dient hier zum Ausdruck der Zukunft*)
de costume üblich, gewöhnlich
como de costume *(idiom.)* wie üblich, wie immer
estar aberto offen sein, geöffnet sein
a tarde der Nachmittag
esta tarde heute Nachmittag
a noite der Abend; die Nacht
às sete da noite *oder:* **às sete da tarde** um sieben Uhr abends
a manhã der Morgen

24 | LIÇÃO 4

Gramática

4 A *ir* – gehen, fahren, laufen

Indikativ Präsens (unregelmäßig)				
(eu)	vou	(nós)	vamos
(tu)	vais	(vós)	ides
(ele)	vai	(eles)	vão
(ela)	vai	(elas)	vão

Das Verb ‚ir' wird mit der Präposition ‚a' oder ‚para' (*siehe Lektion 13*) konstruiert, wenn ein Substantiv folgt. Infinitive werden ohne Präposition angeschlossen.

4 B *querer* – wollen

Indikativ Präsens (unregelmäßig)				
(eu)	quero	(nós)	queremos
(tu)	queres	(vós)	quereis
(ele)	quer	(eles)	querem
(ela)	quer	(elas)	querem

‚Querer' wird meist als Hilfsverb verwendet. Das dann folgende Vollverb steht im Infinitiv. In dem deutschen Satz: „*Will* Herr Duarte zum Bahnhof *fahren*?" rahmt die Verbform (will ... fahren) den deutschen Satz ein. Eine solche Konstruktion (verbaler Satzrahmen) ist im Portugiesischen nicht möglich. Hier muss das aus mehreren Verben bestehende Prädikat zusammenbleiben. Der Satz „*Will* Herr Duarte zum Bahnhof *fahren*?" heißt folglich: O senhor Duarte *quer ir* à estação de caminho de ferro? (Nach den in Lektion 2 dargelegten Regeln zur Wortstellung im Fragesatz wäre noch möglich: Quer o senhor Duarte ir à estação de caminho de ferro? Solcherart gebildete Fragen kommen im heutigen Portugiesisch jedoch nicht häufig vor.)

4 C Grundsätzliche Bemerkungen zum Gebrauch von *ser* und *estar*

‚Ser' wird in Aussagen über Eigenschaften oder Merkmale verwendet, die vom Sprecher als ‚nicht veränderlich' betrachtet werden. Dazu gehören Aussagen, die die Zugehörigkeit zu einer Nation oder einer Religionsgemeinschaft ausdrücken, die eine Qualität sowie Wesenszüge der körperlichen Erscheinung oder des Charakters kennzeichnen, den erlernten Beruf, die äußere Form sowie eine Farbe. Zeitangaben werden immer mit ‚ser' gebildet.

Eu sou português.	Ich bin Portugiese.
Ele é católico.	Er ist Katholik. Er ist katholisch.
João é simpático.	João ist sympathisch.
Ela é loura.	Sie ist blond.
São três horas.	Es ist 3 Uhr.
Ele é economista.	Er ist Ökonom.
A mesa é redonda.	Der Tisch ist rund.
A camisa é azul.	Das Hemd ist blau.

‚Estar' wird in Aussagen über Zustände oder zufällige Merkmale verwendet. Dazu gehören Aussagen, die eine Ortsangabe z. B. in Form der Wörter „aqui – hier", „onde – wo" oder in Form der Präposition „em" bzw. mit „em" zusammengesetzter Wörter enthalten (em casa – zu Hause), sowie Aussagen, die auf veränderliche Zustände z. B. des Wetters oder anderer Sachverhalte Bezug nehmen.

Onde está a vizinha?	Wo ist die Nachbarin?
A vizinha está aqui.	Die Nachbarin ist hier.
Estou em casa.	Ich bin zu Hause.
Estão no correio.	Sie sind auf der Post.
Está frio.	Es ist kalt.
Como está?	Wie geht es?
Estou bem.	Mir geht es gut.
Estou em férias.	Ich habe Ferien.

Eine ganze Reihe von Adjektiven kann sowohl mit ‚ser' als auch mit ‚estar' verbunden werden, weil bei ihnen Aussagen über Eigenschaften und Merkmale möglich sind, die sich nicht in Veränderung befinden (mit ‚ser' verbunden), als auch Aussagen über Zustände, zufällige Merkmale oder vorübergehende Eigenschaften (mit ‚estar' verbunden).

Ele é alegre.	Er ist froh. (Er ist ein froher oder fröhlicher Mensch.)
Ele está alegre.	Er ist froh. (Er ist über einen bestimmten Sachverhalt froh.)

Einige Adjektive werden aufgrund ihrer Bedeutung entweder nur mit ‚estar' oder nur mit ‚ser' gebraucht. So heißt es immer:

estar pronto – fertig sein, bereit sein
aber: **ser** sincero – aufrichtig sein.

In dem jedem Lektionstext folgenden Vokabelverzeichnis sind diese Adjektive entweder mit ‚ser' oder ‚estar' markiert. Diese Fügungen müssen Sie auswendig lernen.

4 D   Uhrzeit / Horas

a hora – die Stunde

Die Uhrzeit wird mit ‚ser' gebildet. Die 3. Person Singular ‚é' steht bei:

é uma hora	es ist 1 Uhr
é meio-dia	es ist 12 Uhr mittags
é meia-noite	es ist Mitternacht

In allen anderen Fällen steht ‚são':

são duas horas	es ist 2 Uhr
são cinco horas	es ist 5 Uhr

‚horas' muss nicht stehen:

são duas	es ist zwei
são cinco	es ist fünf

1. Die Amtszeit oder offizielle Zeitangabe hat wie im Deutschen 24 Stunden und 60 Minuten:

Es ist 19.46 Uhr	**São** dezanove e quarenta e seis
Um 19.46 Uhr	Às dezanove e quarenta e seis
Es ist 12.10 Uhr	São doze e dez

Oft wird auch nach Angabe der Stunden ‚horas' und der Minuten ‚minutos' angefügt, sodass das 1. Beispiel folgendermaßen lauten kann:

Es ist 19.46 Uhr	São dezanove horas e quarenta e seis minutos.

2. Umgangssprachlich wird die Zeit folgendermaßen angegeben:
– .30 (halb ...) – ... e meia

Es ist halb acht.	São sete e meia

Beachten Sie: Im Deutschen erscheint die folgende Stunde.

– .15 – ... **e um quarto** (*oder:* ... e quinze)
(Viertel nach ... oder: Viertel + Angabe der folgenden Stunde)

Es ist Viertel nach 6.	São seis e um quarto.
oder: Es ist Viertel 7.	oder: São seis e quinze.

– .45 – é um quarto para as ... (*oder:* ... menos um quarto)
(Viertel vor ... *oder:* dreiviertel ...)

Es ist Viertel vor 10.	É um quarto para as dez.
oder: Es ist dreiviertel 10.	*oder:* São dez menos um quarto.

– .20 – ... e vinte
(zwanzig nach ...)

Es ist 20 nach 1.	É uma e vinte.
Es ist 20 nach 9.	São nove e vinte.

– .40 – são vinte para as ... (*oder:* ... menos vinte)
(zwanzig vor ...)

Es ist zwanzig vor 4.	São vinte para as quatro.
	oder: São quatro menos vinte.

Wendungen

um wie viel Uhr genau?	a que horas exactas?
pünktlich um 11	às onze em ponto
pünktlich um 1	à uma em ponto
um 5 (Uhr) nachmittags	às cinco da tarde
um 9 (Uhr) abends	às nove da noite
zwischen 17 und 18 Uhr	entre as cinco e as seis da tarde
von 16 bis 17 Uhr	das quatro às cinco da tarde
es ist gleich 3 (Uhr)	já são perto de três horas
es ist ungefähr 2 (Uhr)	são cerca das duas
gegen 9 Uhr früh	pelas nove da manhã
nach 6 (Uhr)	depois das seis (horas)
heute Morgen	hoje de manhã, esta manhã
heute Mittag	hoje ao meio dia
heute Nachmittag	hoje à tarde, esta tarde
heute Abend	hoje à noite, esta noite
Geht Ihre Uhr richtig?	O seu relógio está certo?
Sie geht vor.	Está adiantado.
Sie geht nach.	Está atrasado.

Achten Sie auf den Artikelgebrauch:

Es ist 8 Uhr. *oder:* Es ist um 8.	São oito horas.
um 8 Uhr	às oito
Um 8 fährt er zum Bahnhof.	Ele vai à estação **às** oito.
Es ist 1 Uhr. *oder:* Es ist um 1.	É uma hora.
Er geht um 1.	Ele vai à uma.

Exercícios

4.1 Konjugieren Sie!
ir à estação de caminho de ferro (zum Bahnhof gehen),
querer almoçar às duas e meia (um halb drei Mittag essen wollen).

4.2 Setzen Sie die entsprechend konjugierten Formen von ‚almoçar' ein. Lesen und übersetzen Sie die Sätze.

Eu ... no hotel. Nós ... ao meio-dia. Eles ... no restaurante. Hoje (eu) ... na Avenida da Liberdade. Ela ... no restaurante. (Tu) ... perto da Praça Marquês de Pombal? Ele ... à uma hora.

4.3 Setzen Sie die entsprechend konjugierten Formen von ‚querer' ein. Lesen und übersetzen Sie die Sätze.

Ele ... cinco selos. A que horas ... o senhor almoçar? A que horas ... as senhoras almoçar? Eu ... ir ao meio-dia e meia. (Tu) ... almoçar neste restaurante?

4.4 Setzen Sie die entsprechend konjugierten Formen von ‚ir' ein. Lesen und übersetzen Sie die Sätze.

Ela ... ao correio às três. O comboio ... para Coimbra. Nós ... à estação de caminho de ferro. Eles ... almoçar às duas horas. (Tu) ... à Praça Marquês de Pombal? Ele não ... falar. Não quero ... à papelaria.

4.5 Setzen Sie die Präposition ‚de'. Beachten Sie dabei die Verschmelzung mit dem Artikel. Die so entstehende Wortgruppe entspricht im Deutschen einem Genitiv.

a carta ... vizinha, o preço ... quarto, a comida ... hotel, o lado ... rua, a entrada ... restaurante, a entrada ... correio, a carta ... senhor.

4.6 Konjugieren Sie ‚estar pronto' (fertig sein, bereit sein) und ‚ser português' (Portugiese sein).

4.7 Setzen Sie ‚ser' oder ‚estar' ein.

1. Onde ... a estação de caminho de ferro?   2. Eu ... pronto.   3. Qual ... o preço do quarto?   4. Que horas ...?   5. O hotel ... longe daqui?   6. O correio ... aberto.   7. A papelaria não ...

aberta.   8. Nós ... alemães.   9. Ela ... pronta.   10. Eu ... português.   11. Ele ... engenheiro (Ingenieur).   12. A comida não ... boa. (Hier ist sowohl ‚ser' als auch ‚estar' möglich. Warum?)   13. O almoço ... das 11 às 14 horas.   14. ... uma hora.   15. ... duas horas.

4.8 Setzen Sie die Uhrzeit ein. Wiederholen Sie dabei immer die gesamte Wendung.

Es ist 11 Uhr. → São onze horas.

10.30 Uhr, 12.00 Uhr, 12.15 Uhr, 7.45 Uhr, 3.42 Uhr, 6.25 Uhr, 24.00 (0.00 Uhr).

4.9 Setzen Sie ein! Wiederholen Sie dabei immer den ganzen Satz.

a) A que horas vai o senhor *à estação de caminho de ferro?* (Wann oder: um wie viel Uhr gehen Sie *zum Bahnhof?*)
   ins Hotel, ins Restaurant, auf die Post, ins Schreibwarengeschäft.

b) Vou à estação *às nove horas.*
   6.00 Uhr, 10.15 Uhr, 12.00 Uhr, 12.30 Uhr, 5.30 Uhr, 1.00 Uhr, 2.10 Uhr.

c) *O correio* está aberto esta tarde?
   das Hotel, das Restaurant, das Museum, das Schreibwarengeschäft.

d) Está aberto das *oito* da manhã às sete da noite.
   9 Uhr, 10 Uhr, 11 Uhr.

e) Está aberto das nove da manhã *às seis* da noite.
   20.30 Uhr, 13.00 Uhr, 22.00 Uhr, 19.30 Uhr.

f) Vou à estação *esta manhã.*
   heute Abend, heute Nachmittag, heute Mittag.

4.10 Wandeln Sie die folgenden Aussagesätze in Fragesätze um:

O almoço está pronto. O correio está aberto esta tarde. O pequeno almoço está pronto. Este restaurante fica na estação. Há uma papelaria perto do museu. Almoçamos ao meio-dia e meia. Há um correio em frente da estação. O comboio para Lisboa chega à uma hora.

4.11 Verneinen Sie die folgenden Sätze:

Falo alemão. Vou à estação. Vou almoçar às onze e meia. É longe daqui. É um bom hotel. O pequeno almoço está pronto. A carta está pronta. O correio está aberto.

4.12 Beantworten Sie die folgenden Fragen in Portugiesisch anhand des Textes. Lesen und übersetzen Sie die Fragen vorher.

1. Que horas são?   2. O pequeno almoço está pronto?   3. A que horas quer o senhor almoçar?   4. A que horas vai o senhor à estação?   5. O comboio para Coimbra chega ao meio-dia e meia, não é?   6. O correio está aberto ao meio-dia?   7. Está aberto às seis da noite?

4.13 Fragen Sie Ihren Nachbarn (bzw. Ihre Nachbarin). Ihr Nachbar (bzw. Ihre Nachbarin) beantwortet die Frage...

- wie spät es ist
- ob das Frühstück fertig ist
- ob der Zug nach Coimbra 12.15 ankommt
- ob die Post heute Nachmittag geöffnet ist
- ob die Post um 9 Uhr morgens geöffnet ist
- ob die Post weit von hier entfernt ist
- ob es in der Nähe ein Schreibwarengeschäft gibt
- ob heute Nachmittag ein Zug nach Coimbra fährt
- ob er Portugiesisch spricht
- ob er Deutsch spricht
- wie es ihm geht
- wann er zum Bahnhof geht
- wann er gewöhnlich frühstückt (tomar o pequeno almoço)
- ob er heute Nachmittag ins Museum geht
- ob er im Hotel ‚Continental' frühstückt
- wann er zu Mittag isst
- ob er 12 Uhr Mittag essen will
- wann er frühstücken will.

4.14 Übersetzen Sie (Konversation)!

„Wie spät ist es?" – „Es ist Mittag."
„Wann gehen Sie zum Bahnhof?" – „Um 1 Uhr."
„Kommt der Zug nach Coimbra 13.15 Uhr an?" – „Ja!"
„Danke!"

4.15 Übersetzen Sie!

1. Der Zug kommt 11.45 Uhr an.   2. Wir kommen 3.15 Uhr an.   3. Der Zug kommt 5.17 Uhr in Coimbra an.   4. Ich werde gegen 6 Uhr abends ankommen.   5. Sie kommen gegen Mittag im Hotel an.   6. Wie spät ist es?   7. Es ist 11 Uhr.   8. Ist das Mittagessen fertig?   9. Nein, noch nicht.   10. Wann möchten Sie (*oder:* wollen Sie) mittagessen?   11. Viertel nach elf oder halb zwölf.   12. Wann gehen Sie zum Bahnhof?   13. Ich gehe mittags zum Bahnhof.   14. Der Zug nach Coimbra kommt 12.15 Uhr an, nicht wahr?   15. Nein, (mein Herr), er kommt Viertel vor zwei an.   16. Dann esse ich wie gewöhnlich um zwölf Uhr Mittag.   17. Ist die Post heute Nachmittag geöffnet?   18. Ja, sie ist von acht Uhr morgens bis sieben Uhr abends geöffnet.

LIÇÃO 5

Texto

O bilhete de identidade – Na esquadra da polícia

Guarda: Como se chama o senhor?
João: Chamo-me João Duarte.
Guarda: Qual é a sua nacionalidade?
João: Sou francês.
Guarda: Onde nasceu o senhor?
João: Nasci em Paris.
Guarda: Quantos anos tem o senhor?
João: Tenho trinta e um anos.
Guarda: Qual é a sua profissão?
João: Sou engenheiro mecânico.
Guarda: Onde mora o senhor?
João: Moro em Lisboa.
Guarda: Qual é o seu endereço em Lisboa?
João: Avenida da Índia, número 15, segundo (andar) esquerdo.
Guarda: Onde moram os seus pais?
João: O meu pai mora em Madrid, a minha mãe já morreu.
Guarda: O senhor tem parentes em Portugal?
João: Não senhor, não tenho parentes em Portugal.
Guarda: Aqui tem o seu bilhete de identidade.
João: Muito obrigado.

Novas palavras

o bilhete de identidade der Personalausweis
a identidade die Identität, völlige Gleichheit
o bilhete die Karte (Fahr-, Besucher-, Eintrittskarte usw.), der Zettel, das Briefchen
a esquadra das Revier, die Wache
a esquadra da polícia das Polizeirevier
o guarda, o polícia der Polizist, der Wachtmeister
chamar rufen
chamar-se heißen, sich nennen
Como se chama o senhor? Wie heißen Sie?
Chamo-me João Duarte. Ich heiße João Duarte.
sua *f. 3. Pers. Sing.* seine; ihre; Ihr(e) (*Possessivpronomen = besitzanzeigendes Fürwort*)
a nacionalidade die Nationalität, die Staatsbürgerschaft
Qual é a sua nacionalidade? Welches ist Ihre Staatsbürgerschaft?
o francês der Franzose
nascer geboren werden
nasceu er/sie/es wurde geboren
Onde nasceu o senhor? Wo wurden Sie geboren? Wo sind Sie geboren?
nasci ich wurde (*oder:* bin) geboren
Nasci em Berlim. Ich bin in Berlin geboren.
o ano das Jahr
quanto, quantos wie viel
   quanta, quantas

quantas cartas wie viele Briefe
Quantos anos tem o senhor? (*idiom.*) Wie alt sind Sie?
Tenho trinta e dois anos. Ich bin 32 (Jahre alt).
a profissão der Beruf
Qual é a sua profissão? Was sind Sie von Beruf?
o engenheiro der Diplom-Ingenieur
(o engenheiro-técnico der Ingenieur)
engenheiro mecânico Maschinenbauingenieur
Sou engenheiro. Ich bin Diplom-Ingenieur.
morar wohnen
o endereço die Anschrift, die Adresse
Qual é o seu endereço? Wie ist Ihre Anschrift?
o número die Nummer, die Zahl
o pai der Vater
O meu pai mora em Lisboa. Mein Vater wohnt in Lissabon.
os pais die Eltern
os seus pais (*hier:*) Ihre Eltern
a mãe die Mutter
morrer sterben
A minha mãe já morreu. Meine Mutter ist schon tot. Meine Mutter ist bereits verstorben.
os parentes die Verwandten

Gramática

5 A Pluralbildung der Substantive und Adjektive / Plural dos substantivos e adjectivos

1. Normales Kennzeichen des Plurals ist das ‚-s'. Dieses ‚-s' nehmen Nomina an, die auslauten auf:

a) **Vokal** (Die meisten portugiesischen Substantive und Adjektive enden auf **-o** oder **-a**.)

o ano	os anos	o restaurante	os restaurantes
a entrada	as entradas	o javali (Wildschwein)	os javalis

QUINTA LIÇÃO | 33

b) **nichtnasalen Diphthong** (vokalischen Zwielaut)

| o p**ai** | os pais | o mus**eu** | os museus |
| o p**au** (Holz) | os paus | | |

c) **nasalierten Vokal**

| a man**hã** | as manhãs | a ir**mã** (Schwester) | as irmãs |
| a ma**çã** (Apfel) | as maçãs | | |

d) **unbetontes -ão**

| o órg**ão** (Organ) | os órgãos | o órf**ão** (Waise) | os órfãos |

e) **Nasaldiphthong -ãe**

| a m**ãe** | as mães |

2. Nomina, die auf **-r** oder **-z** enden, sowie **endbetonte Nomina auf -s** bilden den Plural auf **-es**:

| a co**r** (Farbe) | as cores | portugu**ês** | portugueses |
| feli**z** (glücklich) | feliz**es** | | |

3. Nomina auf **-m** bilden den Plural auf **-ns**:

-em → -ens	o home**m**	(Mensch; Mann)	os home**ns**
-ém → -éns	o armazé**m**	(Kaufhaus)	os armazé**ns**
-im → -ins	o jardi**m**	(Garten)	os jardi**ns**
-om → -ons	o so**m**	(Ton)	os so**ns**
-um → -uns	o atu**m**	(Thunfisch)	os atu**ns**

4. Die meisten Nomina auf **betontes -ão** bilden den Plural auf **-ões**:

| a esta**ção** | as estações | o le**ão** (Löwe) | os leões |

(Auf -ção auslautende Substantive bilden den Plural immer auf -ções.)

Außerdem gibt es einige Nomina, die den Plural auf -ãos bzw. auf -ães bilden. Diese müssen Sie sich als *Ausnahmen* einprägen:

-ão → -ãos		
a mão	(Hand)	as mãos
o irmão	(Bruder)	os irmãos (Brüder; Geschwister)
-ão → -ães		
o pão	(Brot)	os pães
o alemão	(Deutscher)	os alemães
alemão	(deutsch)	alemães (*Pl. mask.*)

5. Nomina, die auf **betontes -al, -el, -il, -ol, -ul** ausgehen, bilden den Plural wie folgt:

-al → -ais	o jornal	(Zeitung)	os jornais
-el → -éis	o hotel	(Hotel)	os hotéis
-il → -is	infantil	(kindlich)	infantis
-ol → -óis	espanhol	(spanisch)	espanhóis
-ul → -uis	azul	(blau)	azuis

Ausnahmen:

o **mal** (das Leid)	os males	o **cônsul** (Konsul)	os cônsules

6. Auf **unbetontes -el** und **-il** endende Substantive und Adjektive bilden den Plural auf -eis:

fácil	(leicht)	fáceis
útil	(nützlich)	úteis
o túnel	(Tunnel)	os túneis
o projéctil	(Projektil)	os projécteis
amável	(liebenswürdig)	amáveis

7. Nomina, die auf -s enden und **nicht endbetont** sind, bleiben **unverändert**:

ourives	(Goldschmied)	os ourives
o lápis	(Bleistift)	os lápis

5 B Bildung der weiblichen Formen der Adjektive / Formação do feminino dos adjectivos

a) Über die Hälfte der portugiesischen Adjektive hat für das männliche und weibliche Geschlecht verschiedene Endungen. Die Masse der Adjektive hat für das männliche Geschlecht die Endung -o (Plural: -os) und für das weibliche Geschlecht die Endung -a (Plural: -as). Im Wörterbuch steht die Form maskulinum Singular, die hierbei als Grundform angesehen wird.

	maskulin	feminin
Sg.	o quarto pequeno (das kleine Zimmer)	a casa pequena (das kleine Haus)
Pl.	os quartos pequenos	as casas pequenas

1. Auf -o endende Adjektive bilden die weibliche Form auf -a: pouco, pouca

2. Auf -ão endende Adjektive bilden die weibliche Form auf -ã:

alemão	alemã
cristão (christlich)	cristã

3. Auf -ês, -ol, -or und -u endende Adjektive fügen zur Bildung der weiblichen Form ein -a an:

português	portuguesa
espanhol (spanisch)	espanhola
vencedor (siegreich)	vencedora
nu (nackt)	nua

Ausnahmen bilden die folgenden auf -or endenden Adjektive, die auf alte lateinische Komparative zurückgehen. Sie haben für das männliche und weibliche Geschlecht nur eine Form:

maskulin und feminin			
maior	(größer)	inferior	(unter; minderwertig)
menor	(kleiner)	pior	(schlechter)
melhor	(besser)	exterior	(äußeres, äußerst)
superior	(höchst)	interior	(inneres, Innen-)

(Plural maskulin und feminin *maiores* usw.)

4. Sonderformen:

	maskulin	feminin
Sg.	bom	boa
Pl.	bons	boas
Sg.	mau (schlecht)	má
Pl.	maus	más

b) **Eingeschlechtige Adjektive** sind diejenigen Adjektive, die für beide Geschlechter nur eine Form haben. Diese Adjektive enden auf:

	maskulin und feminin	
-a	socialista	(sozialistisch)
-e	doente	(krank)
-l	azul	(blau)
-m	comum	(gemeinsam; gewöhnlich)
-r	particular	(besonders; privat)
-s	simples	(einfach)
-z	feliz	(glücklich)

5 C Possessivpronomen und -adjektive / Os possessivos

a) **Formen** (adjektivische Possessivpronomen)

	Singular		Plural	
	maskulin	feminin	maskulin	feminin
1. Person (mein)	meu	minha	meus	minhas
2. Person (dein)	teu	tua	teus	tuas
3. Person (sein/ihr)	seu	sua	seus	suas
1. Person (unser)	nosso	nossa	nossos	nossas
2. Person (euer)	vosso	vossa	vossos	vossas
3. Person (ihr)	seu	sua	seus	suas

b) Das adjektivische Possessivpronomen stimmt mit dem dazugehörigen Substantiv in Geschlecht und Zahl überein. Dabei richtet es sich nach dem Besitztum (und nicht wie im Deutschen nach dem Besitzer). Dieser Unterschied gegenüber dem Deutschen wird in der 3. Person augenfällig.

Das Possessivpronomen wird normalerweise vor das dazugehörige Substantiv gestellt. Beim Possessivpronomen steht der bestimmte Artikel, sodass sich folgende Wortstellung ergibt:

bestimmter Artikel +	Possessivpronomen +	Substantiv	
o	meu	quarto	(mein Zimmer)
a	minha	carta	(mein Brief)
os	nossos	preços	(unsere Preise)
as	tuas	cartas	(deine Briefe)

c) Die folgende Übersicht zeigt den Unterschied im Gebrauch des Possessivpronomens in der 3. Person Singular gegenüber dem Deutschen:

Deutsch	Portugiesisch
sein Auto (Besitzer männlich)	o seu carro
ihr Auto (Besitzer weiblich)	
ihr Auto (mehrere Besitzer männlich oder weiblich)	
Ihr Auto (Anrede/ Höflichkeitsform, ein oder mehrere Besitzer männlich oder weiblich)	

Um Missverständnisse oder Zweifel über den Besitzer zu beseitigen, kann das Possessivpronomen der 3. Person Singular und Plural in allen Formen durch eine aus der Präposition ‚de' und der 3. Person Singular oder Plural des Personalpronomens zusammengesetzten Form ersetzt werden, die dem Substantiv nachgestellt wird:

	Singular	Plural
maskulin	dele	deles
feminin	dela	delas

a sua carta	sein Brief	a carta	dele
	ihr Brief	a carta	dela
	ihr Brief (mehrere Besitzer, männlich)	a carta	deles
	ihr Brief (mehrere Besitzer, weiblich)	a carta	delas

as suas cartas	seine Briefe	as cartas	dele
	ihre Briefe	as cartas	dela
	ihre Briefe (mehrere Besitzer, männlich)	as cartas	deles
	ihre Briefe (mehrere Besitzer, weiblich)	as cartas	delas

d) Bei der Anrede/Höflichkeitsform stehen folgende Formen zur Verfügung:

a sua carta	Ihr Brief (Anrede, gerichtet an einen Herrn)	a carta do senhor
	Ihr Brief (Anrede, gerichtet an eine Dame)	a carta da senhora
	Ihr Brief (Anrede, gerichtet an mehrere Herrn)	a carta dos senhores
	Ihr Brief (Anrede, gerichtet an mehrere Damen)	a carta das senhoras

beziehungsweise:

a sua carta	Ihr Brief	a carta de você
a tua carta	dein Brief	
a vossa carta	euer Brief	a carta de vocês

(siehe auch Lektion 11, ‚Anrede').

e) Die **substantivischen** Possessivpronomen haben die gleichen Formen wie die adjektivischen:

Tenho o meu carro na rua.   Ich habe mein Auto auf der Straße stehen.
O teu está na praça.   Deins (das Deinige) steht auf dem Platz.

Für die 3. Person gilt:

Tenho o meu carro aqui.	Mein Auto ist hier.
O seu está na praça.	Seins (das Seine) steht auf dem Platz.
O seu está na praça.	Ihres (Besitzer weiblich) steht auf dem Platz
O seu está na praça.	Ihres (mehrere Besitzer männlich) steht auf dem Platz.
O seu está na praça	Ihres (mehrere Besitzer weiblich) steht auf dem Platz.

Wenn kein Missverständnis über den Besitzer entstehen soll, steht:

O dele está na praça.	O do senhor está na praça.
O dela está na praça.	O da senhora está na praça.
O deles está na praça.	O dos senhores está na praça.
O delas está na praça.	O das senhoras está na praça.
O de você está na praça.	
O de vocês está na praça.	

5 D Reflexive Verben

lavar-se – sich waschen

Singular		
1. Person	lavo-**me**	ich wasche mich
2. Person	lavas-**te**	du wäschst dich
3. Person	lava-**se**	er/sie/es wäscht sich
Plural		
1. Person	lavamo-**nos**	wir waschen uns
2. Person	lavais-**vos**	ihr wascht euch
3. Person	lavam-**se**	sie waschen sich

Die entsprechenden Reflexivpronomina werden im bejahten Aussagesatz und im bejahten Fragesatz ohne Fragewort dem konjugierten Verb nachgestellt und mit Bindestrich angeschlossen. Die Betonung des Verbs wird dabei nicht verändert. Aus Gründen der lautlichen Angleichung fällt das auslautende -s in der 1. Person Plural weg. In Fragesätzen mit Fragewort und in verneinten Sätzen steht das Reflexivpronomen vor dem konjugierten Verb:

Como **se** chama o senhor? – Wie heißen Sie?
Não **nos** lavamos. – Wir waschen uns nicht.

Die Stellung der Pronomina (Vor- oder Nachstellung) wird im grammatischen Kapitel ‚Stellung der Pronomen' erläutert (siehe Lektion 10).

Nicht alle Verben, die im Portugiesischen reflexiv sind, sind auch im Deutschen reflexiv:

chamar-se	heißen (sich nennen)
levantar-se	aufstehen (sich erheben)
esquecer-se	vergessen
deitar-se	zu Bett gehen (sich hinlegen)

Ebenso gibt es Verben, die im Deutschen reflexiv sind, jedoch nicht im Portugiesischen:

| repousar | sich ausruhen |
| imaginar | sich (etwas) vorstellen |

5 E Das Interrogativpronomen *quanto*

Wird ‚quanto' mit einem Substantiv verbunden, dann wird es mit diesem in Numerus und Genus in Übereinstimmung gebracht (**adjektivischer Gebrauch**):

maskulin Singular	quanto	quanto dinheiro	wie viel Geld
feminin Singular	quanta	quanta carne	wie viel Fleisch
maskulin Plural	quantos	quantos senhores	wie viele Herren
feminin Plural	quantas	quantas cartas	wie viele Briefe

Quantas estações de caminho de ferro há em Lisboa? – Wie viele Bahnhöfe gibt es in Lissabon?
Quantos quartos tem a sua casa? – Wie viele (Schlaf-)Zimmer hat Ihr Haus?

‚Quanto' kann auch alleine stehen (**substantivischer Gebrauch**):
Quanto quer ele? – Wie viel will er?

5 F Angabe des Alters / A idade

Zur Altersangabe dient im Portugiesischen das Verb ‚ter' (im Deutschen geschieht das mit dem Verb ‚sein'):

Wie alt sind Sie?	Quantos anos tem? Quantos anos tem o senhor/a senhora?
Ich bin 32 (Jahre alt).	Tenho trinta e dois (anos).
Wie alt ist Ihre Mutter?	Quantos anos tem a sua mãe?

(In Lektion 26 erfahren Sie weitere Wendungen zur Angabe des Alters.)

Exercícios

5.1 Setzen Sie in den Plural.

a vizinha, o senhor, o almoço, a hora, a estação, o comboio, a carta, o hotel, a rua, a refeição, o restaurante, a lição, o jantar, o policia, o transeunte, a papelaria.

a nova vizinha, a boa estação, o bom hotel, a boa comida, o novo correio, o novo hotel, o restaurante excelente, o meu pai, a minha vizinha, o seu endereço, a sua profissão, o meu bilhete de identidade, a sua nacionalidade, a nossa comida, o seu jantar, o seu restaurante, a nossa entrada, a sua carta, a minha profissão.

5.2 Setzen Sie die entsprechenden Possessivpronomen.

Os seus pais falam português? → Não senhor, os meus pais não falam português.
Este quarto é teu? → Sim, este quarto é meu.

Onde moram os seus pais? – ... moram em Berlim.
O senhor tem a minha carta? – Não senhor, ...
Onde moram os parentes do senhor? – ... moram em Lisboa.
A nossa comida é boa? – Sim senhor, ...
Onde está a minha carta? – ... está no correio.
O seu pai mora em Portugal? – Não senhor, ... em Portugal.
O seu bilhete de identidade está na polícia? – Não senhor, ...
As cartas estão no seu quarto? – Sim senhor, ...
É o restaurante dos seus pais? – Não senhor, ...

5.3 Konjugieren Sie!

Eu (estar) no meu quarto.   Eu (ter) a minha carta.
Tu (estar) no teu quarto.   Tu (ter) a tua carta.

5.4 Setzen Sie die entsprechenden Formen von ‚quanto' ein.

... dinheiro (Geld), ... anos, ... cartas, ... profissões, ... bilhetes de identidade, ... senhores, ... senhoras, ... estações, ... selos, ... carne (f., Fleisch), ... hotéis, ... entradas.

5.5 Setzen Sie die entsprechenden Formen von ‚ter' oder ‚haver' ein.

(Eu) ... uma carta para o senhor. Ele ... 47 anos.
Não ... uma papelaria na Avenida da Liberdade.
Nós ... parentes em Portugal.
Quantos anos ... a menina (das Mädchen, das Fräulein)?
 ... outro hotel perto daqui?
Não ... um restaurante na estação de caminho de ferro.
O senhor ... o meu bilhete de identidade?
 ... selos na papelaria?
Hoje não ... almoço.

5.6 Setzen Sie ein. Lesen und übersetzen Sie anschließend immer den ganzen Satz.

a) Qual é *a sua nacionalidade*? (Welches ist *Ihre Staatsbürgerschaft*?)
Ihr Beruf, Ihre Adresse, die Staatsbürgerschaft von Herrn Duarte, Marias Beruf, Ronaldos Adresse.

b) Qual é o preço *da casa*? (Wie viel kostet *das Haus*?)
Frühstück, Mittagessen, Zimmer, Mahlzeiten.

c) Tenho *vinte e cinco* anos. (Ich bin *25* Jahre alt.)
18, 17, 22, 25, 41, 43, 19.

d) Quantos anos tem *o João*? (Wie alt ist *João*?)
Herr Weber, Frau Santos, er, sie, seine Mutter, ihr Vater, ihre *(Pl. mask.)* Eltern *(Aufpassen! Hier müssen Sie auch die Verbform verändern!)*

5.7 Beantworten Sie die folgenden Fragen in Portugiesisch anhand des Textes.

Como se chama o senhor? Qual é a sua nacionalidade? Quantos anos tem o senhor? Onde nasceu o senhor? Qual é a sua profissão? Onde mora o senhor? Qual é o seu endereço? Onde mora o seu pai? Onde mora a sua mãe? O senhor tem parentes em Portugal?

5.8 Beantworten Sie die folgenden persönlichen Fragen:

Como se chama? Qual é a sua nacionalidade? Onde nasceu? Quantos anos tem? Qual é a sua profissão (estudante)? Onde mora? Qual é o seu endereço? Onde mora o seu pai? Onde mora a sua mãe? Tem parentes em Portugal?

5.9 Übersetzen Sie schriftlich. Dabei sind alle Übersetzungsmöglichkeiten aufzuführen.

ihre Briefe → as suas cartas, as cartas dela, as cartas delas, as cartas deles

ihre Mutter, seine Mutter, unser Vater, mein Beruf, ihr Personalausweis, Ihr Personalausweis, deine Zimmer, ihre Staatsbürgerschaft, seine Staatsbürgerschaft, ihre Anschrift, seine Anschrift, Ihre Anschrift, euer Mittagessen, mein Zimmer, unsere Briefmarken, unsere Personalausweise, seine Nachbarn, unsere Berufe, eure Preise, Ihre Zimmer.

5.10 Übersetzen Sie!

1. Wie heißen Sie?   2. Wie heißt du?   3. Wie heißt er?   4. Wie heißen sie (mehrere weibliche Personen)?   5. Ich heiße Ronaldo.   6. Er heißt Werner Müller.   7. Sie heißt Teresa.   8. Heißen Sie Santos (an eine Frau gewandt)? *Anmerkung:* Eine mit ‚chamar-se' gebildete Frage nach dem Namen schließt eine Frage nach dem Vornamen oder nach dem vollständigen Namen ein. Hier wird aber lediglich nach dem Familiennamen gefragt. In diesem Fall lautet die Übersetzung: O seu apelido é Santos? Beachten Sie das für die folgenden Sätze: 9. Er heißt Reimann.   10. Wir heißen Weber.   11. Sie (mehrere weibliche Personen) heißen Müller.

5.11 Fragen Sie Ihren Nachbarn (bzw. Ihre Nachbarin). Ihr Nachbar (bzw. Ihre Nachbarin) beantwortet die Frage ...

- wie er heißt
- wo er geboren wurde
- wie alt er ist
- welches seine Adresse ist
- welche Staatsbürgerschaft er hat
- was er von Beruf ist
- ob er Verwandte in Portugal hat
- wo seine Eltern wohnen
- wann seine Mutter geboren wurde
- wann sein Vater geboren wurde
- ob seine Eltern weit entfernt wohnen.

5.12 Führen Sie ein Gespräch mit Ihrem Kollegen.

Erkundigen Sie sich nach Geburtsort, Alter, Eltern, Verwandten, Wohnort, Geburtsdatum der Eltern, Wohnort der Eltern.

LIÇÃO 6

Texto

O almoço

João: Estou com fome.
Ronaldo: Eu também.
João: Vamos almoçar.
Ronaldo: No outro lado da rua há um restaurante. Vamos entrar.
João: Esta mesa está livre. Vamos sentar-nos aqui.
Ronaldo: Dê-me a lista, faz favor.
Criado: Aqui tem, faz favor. Os senhores desejam uma entrada?

Ronaldo: Sim, traga-me melão com presunto. (Dirige-se a João) Queres vinho branco ou vinho tinto?
João: Vinho tinto, faz favor.
Ronaldo: O que é que queres para segundo prato?
João: Quero bife de vitela com batatas fritas.
Criado: E que sobremesa desejam?
Ronaldo: O que tem de fruta?
Criado: Temos maçãs, bananas, peras e uvas.
Ronaldo: Traga-me uma pera.
Criado: Os senhores tomam café?
João: Sim, traga-nos dois cafés, bem quentes.
Criado: E a seguir uma aguardente?
Ronaldo: Sim, óptimo.
Criado: (Dirige-se a João) E o senhor?
João: Não gosto de aguardente, obrigado.
Ronaldo: A conta, faz favor!
  Fica assim.
Criado: Muito obrigado.

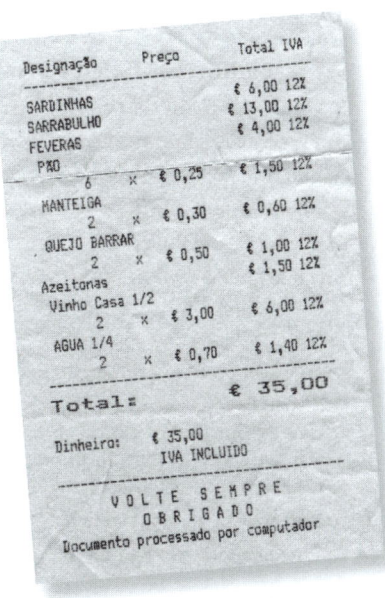

Novas palavras

a fome der Hunger
estar com fome Hunger haben, hungrig sein
ter fome Hunger haben, hungrig sein
entrar em betreten, hineingehen in, eintreten
a mesa der Tisch
livre frei
  Esta mesa está livre. Dieser Tisch ist frei.
sentar-se sich setzen
Sento-me. Ich setze mich.
Vamos sentar-nos. Setzen wir uns(!)
dê-me *(Imperativ = Befehlsform, bei der höflichen Anrede)* geben Sie mir ...
a lista die Liste; die Speisekarte
  Dê-me a lista, faz favor. Geben Sie mir bitte die Speisekarte!
faz favor = por favor bitte
o criado der Kellner, der Ober; der Diener
desejar wünschen, wollen
a entrada 1. der Eingang, 2. die Vorspeise
  O senhor deseja uma entrada? Möchten Sie eine Vorspeise?
traga-me o melão *(Imperativ, Aufforderung an eine Person, die Sie mit 'Sie' anreden)* bringen Sie mir die Melone
o presunto der (rohe) Schinken
o vinho der Wein (Getränk)
branco weiß
vinho branco Weißwein
vinho tinto Rotwein
o que *(auch:* **que***)* was
  O que quer ele? Was will er? (= Que quer ele?)
é que *(Füllwort)*
o segundo prato, o prato principal das Hauptgericht
  O que é que queres para segundo prato? = O que queres para segundo prato? Was möchtest Du als Hauptgericht?
o prato der Teller; das Gericht
o bife de vitela das Kalbssteak
com mit
a batata die Kartoffel

as batatas fritas die Pommes frites
a sobremesa der Nachtisch, die Nachspeise, das Dessert
a fruta das Obst
  O que tem de fruta? Was haben Sie an Obst?
a maçã der Apfel
a banana die Banane
a pera die Birne
a uva Wein, im Sinne von ‚Weintraube'
tomar nehmen
tomar um café einen Kaffee trinken
o café der Kaffee; das Café
(umgangssprachl.: **a bica** die Tasse Kaffee)
  Vou tomar um café. Ich nehme einen Kaffee. Ich werde einen Kaffee trinken.
quente warm, heiß
bem quente schön heiß
a seguir, em seguida hinterher, darauf folgend, danach
a aguardente der Branntwein, der Schnaps
a aguardente velha der Weinbrand, der Brandy, der Kognak
óptimo am besten, ausgezeichnet, vortrefflich
gostar de mögen, gern haben, etwas gern tun
Não gosto de aguardente. Ich mag keinen Schnaps.
  Não gosto da comida. Ich mag das Essen nicht.
  Ela gosta de beber café. Sie trinkt gern Kaffee.
a conta die Rechnung
Fica assim. *(idiom.)* (Es) stimmt so.
(a gorjeta das Trinkgeld
uma boa gorjeta ein schönes Trinkgeld)

Gramática

6 A Indikativ Präsens der Verben auf -ir

abrir – öffen

	Singular		Plural
(eu)	abro	(nós)	abrimos
(tu)	abres	(vós)	abris
(ele)	abre	(eles)	abrem
(ela)	abre	(elas)	abrem

6 B Indikativ Präsens von *dirigir-se (a)* – sich wenden (an)

dirigir-se (a) – sich wenden (an)

	Singular		Plural
(eu)	dirijo-me (ao criado)	(nós)	dirigimo-nos
(tu)	diriges-te	(vós)	dirigis-vos
(ele)	dirige-se	(eles)	dirigem-se
(ela)	dirige-se	(elas)	dirigem-se

Anmerkung: Der Stammauslaut des Infinitivs bleibt bei der Konjugation erhalten. Der stammauslautende Konsonant ist [ʒ], vor ‚e' und ‚i' als ‚g' geschrieben. In der 1. Person Singular lautet die Endung ‚o'. Da ‚g' vor ‚a', ‚o' und ‚u' wie [g] gesprochen wird, steht deshalb in der 1. Person Singular, um den [ʒ]-Laut zu erhalten, anstelle des ‚g' ein ‚j', das immer wie [ʒ] in Journal gesprochen wird.

(Eine Übersicht über diese orthographischen Veränderungen finden Sie in Lektion 20.)

6 C Ausdruck des Futurs mit *ir*

Zum Ausdruck einer zukünftigen Handlung verwendet das gesprochene Portugiesisch am häufigsten das Verb ‚ir' mit dem Infinitiv des entsprechenden Verbs. ‚Ir' hat dabei seine Grundbedeutung ‚gehen, fahren' aufgegeben. Diese Konstruktion bezeichnet eine beabsichtigte Handlung oder eine Handlung, die mit Sicherheit bald stattfinden wird.

Ele **vai abrir** a janela.	Er wird das Fenster öffnen. / Er wird gleich das Fenster öffnen. / Er öffnet gleich das Fenster.
Vou tomar um café.	Ich werde einen Kaffee nehmen/trinken. / Ich nehme einen Kaffee.

Anmerkung: Die 1. Person Plural von ‚ir' verbunden mit dem Infinitiv bedeutet eine Aufforderung an einen Personenkreis, der den Sprecher einschließt:

Vamos sentar-nos aqui. Setzen wir uns hier hin! / Lass(t) uns hier hinsetzen. / Wir wollen uns hier hinsetzen. / Wir werden uns hier hinsetzen.

6 D Demonstrativpronomina und -adjektive / Os demonstrativos

Formen

	adjektivische Demonstrativpronomina				substantivische Demonstrativpronomina: unveränderliche Form (neutral)
	Singular		Plural		
	maskulin	*feminin*	*maskulin*	*feminin*	
Bereich des Sprechers	este	esta	estes	estas	isto
Bereich des Angesprochenen	esse	essa	esses	essas	isso
von beiden entfernt	aquele	aquela	aqueles	aquelas	aquilo

Gebrauch

Im Gegensatz zum Deutschen, das nur ‚dieses' und ‚jenes' unterscheidet, hat das Portugiesische eine Dreiteilung der Demonstrativpronomina:

este, esta, estes, estas (deutsch etwa: dieser, diese hier) sowie **isto** (dieses hier) bezieht sich auf etwas dem Sprecher Benachbartes.

esse, essa, esses, essas (deutsch etwa: dieser, diese da) sowie **isso** (dieses da) bezieht sich auf etwas dem Angesprochenen Benachbartes.

aquele, aquela, aqueles, aquelas (deutsch: jener, jene) sowie **aquilo** (deutsch etwa: jenes) bezieht sich auf etwas, das sowohl dem Sprecher als auch dem Angesprochenen (gleich weit) entfernt ist.

este lápis	dieser (in der Nähe des Sprechers befindliche) Bleistift, dieser Bleistift hier
esse lápis	dieser (in der Nähe des Angesprochenen befindliche) Bleistift, dieser Bleistift dort
aquele lápis	jener Bleistift, der Bleistift dort
este verão	dieser (jetzige, gegenwärtige) Sommer
esse verão	dieser Sommer (der Sommer ist zeitlich nicht näher bestimmt bzw. wird eine zeitliche Festlegung als unerheblich angesehen)
aquele verão	jener (frühere, vergangene) Sommer

1. Adjektivische Demonstrativpronomina

Die adjektivischen Demonstrativpronomina richten sich in Geschlecht und Zahl nach dem Substantiv, auf das sie sich beziehen. Nach den adjektivischen Demonstrativpronomen kann das Substantiv weggelassen werden:

Este (homem) é o meu pai.	Das ist mein Vater. / Dieser ist mein Vater.
Esta (mulher) é a minha mãe.	Das ist meine Mutter. / (*evtl. auch:* Das hier ist meine Mutter). / Diese ist meine Mutter.
Estes (rapazes) são os meus filhos.	Das (hier) sind meine Kinder (*oder*: Söhne). / Diese sind meine Söhne.
Estas (raparigas) são as minhas filhas.	Das sind meine Töchter.

2. Substantivische Demonstrativpronomina

Die unveränderlichen Formen ‚isto', ‚isso' und ‚aquilo' entsprechen den auch im Deutschen unflektierten Formen ‚dies', ‚das', ‚jenes':

(O) que é isto?	Was ist das?	Isso é vinho tinto.	Das ist Rotwein.
(O) que é isso?	Was ist das?	Isto é uma aguardente.	Das ist ein Schnaps.
(O) que é aquilo?	Was ist das dort/jenes?	Aquilo é um carro.	Das da ist ein Auto.

‚Isso' steht in der Regel für eine Aussage in einem vorangehenden Satz. Dieser wird gewöhnlich von einem anderen Sprecher geäußert. In der gesprochenen Sprache wird deshalb ‚isso' häufiger verwendet als ‚isto', weil auf diesen vorangegangenen Satz mit ‚isso' Bezug genommen wird, d. h. auf etwas dem Angesprochenen Benachbartes:
Isso é impossível. – Das ist unmöglich.

c) Die Demonstrativpronomen verschmelzen mit den Präpositionen ‚**de**' und ‚**em**' in folgender Weise:

	este	esse	aquele		este	esse	aquele
	deste	desse	daquele		neste	nesse	naquele
	desta	dessa	daquela		nesta	nessa	naquela
de	destes	desses	daqueles	**em**	nestes	nesses	naqueles
	destas	dessas	daquelas		nestas	nessas	naquelas
	disto	disso	daquilo		nisto	nisso	naquilo

Mit der Präposition ‚a' verschmilzt nur ‚**aquele**':

àquele, àquela, àqueles, àquelas; àquilo.

o lápis deste amigo	der Bleistift dieses Freundes
Nesse hotel não há boa comida.	Dieses Hotel hat keine gute Küche.
Vou àquela rua.	Ich gehe zu jener/in jene Straße.
Naquele tempo.	Damals. (Dagegen wird ‚este' in der Bedeutung ‚hier und heute' gebraucht.)
Neste momento.	In diesem Augenblick.
Vamos **por esta** entrada. (keine Verschmelzung)	Wir gehen durch diesen Eingang.

Exercícios

6.1 Konjugieren Sie!

(Eu) (escrever) a minha carta.	(Eu) (abrir) o meu quarto.	(Eu) (dirigir-se) ao meu amigo.
(Tu) (escrever) a tua carta.	(Tu) (abrir) o teu quarto.	(Tu) (dirigir-se) ao teu amigo.
usw.	usw.	usw.

6.2 Setzen Sie die entsprechenden konjugierten Formen der in Klammern angegebenen Verben ein.

1. Os pais (ir) ao restaurante.   2. Eu (ter) fome.   3. Nós não (ter) maçãs.   4. O comboio (chegar) às onze horas.   5. A comida (ser) excelente.   6. Quantos anos (ter) os senhores?   7. O Roberto (comer) melão com presunto.   8. Eu (desejar) uma sobremesa.   9. Ele (dirigir-se) à Dona Isabel Santos.   10. As senhoras (comer) muita carne.   11. A que horas (ser) as refeições?   12. Como (chamar-se) as senhoras?   13. Onde (morar) a sua mãe?   14. Nós (ir) ao restaurante.   15. Ela (sentar-se).   16. Eles não (gostar) de aguardente.   17. Nós não (ir) almoçar.   18. Eu (ir) almoçar à uma hora.   19. Estas mesas (estar) livres.   20. A senhora (desejar) vinho tinto?   21. Você (querer) vinho branco?   22. (haver) selos na papelaria?   23. Onde (ser) o correio?   24. Eu (ir) comer estas peras.   25. O correio não (estar) aberto.   26. Eles (morar) em Lisboa.   27. Eu (morar) em Berlim.   28. Eu não (gostar) dessas maçãs.   29. Eu (dirigir-se) ao recepcionista.   30. Ele não (querer) batatas fritas.

6.3 Setzen Sie ein! Wiederholen Sie immer den ganzen Satz.

a) Vamos almoçar *ao restaurante*. (Wir werden *im Restaurant* Mittag essen.)
Im Hotel, im Hotel ‚Continental', im Bahnhof, in der Gaststätte in der Nähe der Post, in der Gaststätte am Museum.

b) O senhor deseja *uma entrada*? (Möchten Sie *eine Vorspeise*?)
Weißwein, Kalbssteak, Pommes frites, Kaffee, einen Schnaps, eine Nachspeise.

c) Traga-me *uma entrada*. (Bringen Sie mir *eine Vorspeise*.)
Rotwein, Weintrauben, Birnen, Äpfel, Bananen, Weißwein, Kaffee mit Milch (leite).

d) O que queres para *segundo prato*? (Was möchtest du als *Hauptgericht*?)
Vorspeise, Nachspeise, zum Kaffee.

e) Tem *maçãs*? (Haben Sie *Äpfel*?)
Birnen, Bananen, Schinken, Melonen, Weintrauben, Kalbssteak.

f) Temos *bananas*. (Wir haben *Bananen*.)
Weintrauben, portugiesischen Weißwein, ausgezeichneten Weinbrand, großen (= viel) Hunger.

g) Não gosto de *café*. (Ich mag keinen *Kaffee*.)
Milch, Rotwein, Schnaps, Äpfel, Birnen, Dessert.

6.4 Beantworten Sie die folgenden Fragen in Portugiesisch anhand des Textes. Lesen und übersetzen Sie die Fragen vorher.

1. Que horas são?   2. O João tem fome?   3. E o Ronaldo?   4. A que horas vai almoçar?   5. Há um restaurante no outro lado da rua?   6. Há mesas livres?   7. Deseja uma entrada?   8. O Ronaldo quer vinho tinto?   9. O que desejam os senhores para segundo prato?   10. O que desejam para sobremesa?   11. Que sobremesa tem?   12. Os dois senhores gostam de aguardente?   13. Eles tomam café a seguir?

6.5 Teilen Sie Ihrem Kollegen mit ...

– dass es Mittag ist
– dass Sie Hunger haben
– dass auf der gegenüberliegenden Seite ein Restaurant ist
– dass es ein gutes Restaurant ist
– dass Sie in das Restaurant gehen wollen
– dass links ein freier Tisch ist
– dass er Ihnen die Speisekarte geben soll.

6.6 Bitten Sie den Ober ...

– Ihnen die Speisekarte zu geben
– Ihnen die Rechnung zu bringen
– um die Telefonnummer (o número de telefone) des Restaurants und fragen Sie von wann bis wann es geöffnet ist.

6.7 Fragen Sie Ihren Nachbarn (bzw. Ihre Nachbarin). Ihr Nachbar (bzw. Ihre Nachbarin) beantwortet die Frage...

- ob er Hunger hat
- um wie viel Uhr er Mittag essen geht
- wo er zu Mittag isst
- ob er gern eine Vorspeise isst
- ob er Kaffee möchte.

6.8 Übersetzen Sie unter Verwendung von ‚este' und ‚aquele'.

1. Ich wohne in diesem Hotel.   2. Diese Tische sind frei.   3. Diese Restaurants sind gut.   4. Diese Damen sprechen Portugiesisch.   5. Der Brief dieses Herrn ist geöffnet.   6. Die Speisen dieses Restaurants sind gut.   7. Jene Dame ist schon fertig.   8. Er wohnt in jener Straße.   9. Ich gehe zu jener Nachbarin.   10. Ich mag diese Vorspeise sehr.   11. Diese Äpfel mögen sie nicht.   12. Die Küche dieses Hotels ist ausgezeichnet.   13. In diesem Haus wohnt Ronaldo.   14. Der Brief für jene Dame ist im Hotel.

6.9 Übersetzen Sie!

1. ein guter Weißwein,   2. ein gutes Trinkgeld,   3. einige (umas) freie Tische,   4. ein neues Hotel,   5. Die Zimmer sind frei.   6. Die Postämter sind geöffnet.   7. Die Äpfel sind gut.   8. Sie ist Französin.   9. Wir sind fertig.   10. Das Essen ist fertig.   11. Die Speisekarte ist neu.   12. Dieser Weinbrand ist neu.   13. Das Dessert ist sehr gut.   14. Das Restaurant ist geöffnet.   15. Der Kaffee ist sehr gut.   16. Diese Birnen sind nicht gut.

6.10 Übersetzen Sie (Wiederholung)!

1. Bitte.   2. Gleich hier.   3. Da drüben.   4. Rechts.   5. Links.   6. Noch nicht.   7. In der Nähe des Bahnhofs.   8. Wie alt sind Sie?   9. Wie heißen Sie?   10. Wie geht es Ihnen?   11. Wie geht es ihm?   12. Wo sind Sie geboren?   13. Und Sie, was möchten Sie (an eine Dame gewandt)?   14. Sie setzen sich.   15. Wir wollen Mittag essen gehen.   16. Gehen wir hinein!   17. Wie spät ist es?   18. Es ist fünf vor sieben, morgens.   18. Es ist Viertel nach acht, abends.   19. Wie gewöhnlich.   20. Um 11.15 Uhr.   21. Um 0.30 Uhr.   22. Um halb zwölf.

6.11 Übersetzen Sie die folgenden Dialoge:

(1)

„Wie spät ist es?"

„Es ist zwölf Uhr mittags."

„Ich habe Hunger. Gehen wir essen!"

„Ist in der Nähe ein Restaurant?"

„Ja, hier ist ein Restaurant. Gehen wir hinein!"

(2)
„Wie viel Uhr ist es?"
„Es ist Viertel nach sechs."
„Ich habe Hunger. Gibt es in der Nähe ein gutes Restaurant?"
„Ja, da drüben auf dem Platz ist ein gutes Restaurant."

(3)
„Herr Ober, bitte geben Sie mir die Speisekarte."
„Bitte schön, mein Herr."
„Bitte bringen Sie mir einen Langustencocktail (cocktail de lagosta)."
„Bitte sehr. Und was möchten Sie als Hauptgericht?"
„Roastbeef und Pommes frites."
„Was nehmen Sie als Dessert?"
„Was haben Sie?"
„Birnen, Äpfel, Bananen, Weintrauben."
„Dann bringen Sie mir bitte Weintrauben."
„Bitte sehr, mein Herr."

LIÇÃO 7

Texto

O tempo

Carlos: Que dia é hoje?

Francisco: Hoje é quinta-feira, dia 30 de Setembro. Quando é que vais para Coimbra?

Carlos: Em Outubro. O meu plano é este: Outubro e Novembro em Coimbra; Dezembro, Janeiro e Fevereiro no Porto; Março e Abril em Setúbal; os outros meses – Maio, Junho, Julho e Agosto – em Faro.

Francisco: Tens tempo livre na semana que vem?

Carlos: Deixa ver ... Que dia é hoje?

Francisco: Hoje é quinta-feira.

Carlos: Vou à empresa na segunda, terça, quarta e quinta-feira quer dizer, estou livre na sexta-feira, no sábado e no domingo.

Francisco: Queres vir comigo para o Estoril na próxima sexta-feira?

Carlos: Com muito prazer. A que horas sais de casa?

Francisco: Saio às 3 e meia, mas o comboio só parte às cinco.

Carlos: Combinado! As quatro em frente da estação. Até sexta-feira à tarde!

"Trinta dias tem Novembro,
Abril, Junho e Setembro;
Vinte e oito tem só um,
E todos mais: trinta e um."

Estoril: Der von zahlreichen alten Villen umgebene Stadtstrand Tamariz ist ein beliebtes Ausflugsziel.

Novas palavras

o tempo 1. die Zeit; 2. das Wetter
que 1. was, was für ein (-e, -er)
  (Interrogativpronomen = Fragefürwort);
  2. welche (-r, -s), der, die, das
  (Relativpronomen = bezügliches Fürwort);
  3. dass (Konjunktion = Bindewort)
hoje heute
Que dia é hoje? Was ist heute für ein Tag?
o dia da semana der Wochentag
a semana die Woche
a segunda-feira Montag
a terça-feira Dienstag
a quarta-feira Mittwoch
a quinta-feira Donnerstag
a sexta-feira Freitag
o sábado Sonnabend, Samstag
o domingo Sonntag
na segunda-feira am Montag
no domingo am Sonntag
Janeiro Januar
Fevereiro Februar
Março März
Abril April
Maio Mai
Junho Juni
Julho Juli
Agosto August
Setembro September
Outubro Oktober
Novembro November
Dezembro Dezember
em Janeiro im Januar
para 1. für; 2. zu, nach
o plano der Plan
o mês (*Pl.* **os meses**) der Monat
ter tempo livre, estar livre frei sein
Estou livre nesta semana. In dieser Woche bin ich frei.
vir *(unr.)* kommen

na semana que vem in der kommenden Woche, in der nächsten Woche
deixar lassen
ver *(unr.)* sehen
  deixa ver Lass mal sehen. Lass mich mal sehen. Ich will mal sehen.
  Vejo o hotel. Ich sehe das Hotel.
a empresa der Betrieb, das Werk, die Firma, das Unternehmen
  Na terça-feira vou à empresa. Am Dienstag gehe ich in den Betrieb.
dizer *(unr.)* sagen
quer dizer *(idiom.)* das heißt, d.h.
comigo mit mir
próximo nächste (-r, -s)
  na próxima quinta-feira *oder:* **na quinta-feira próxima** am nächsten Donnerstag
o prazer das Vergnügen, das Belieben, die Freude
com muito prazer *(idiom.)* sehr gern, mit Vergnügen
sair *(unr.)* hinausgehen, herauskommen
  Hoje não vou sair. Heute gehe ich nicht raus.
partir (para) abfahren, abreisen (nach)
  O comboio parte às três e quinze. Der Zug fährt Viertel nach drei ab.
combinado! *(idiom.)* abgemacht!
até (a) bis
Ele vai até à estação. Er geht bis zum Bahnhof.
  (Die Präposition 'a' steht nach 'até' nur dann, wenn ein Substantiv folgt.)
Até amanhã. Bis morgen.
à tarde, de tarde nachmittags

Gramática

7 A Konjugation unregelmäßiger Verben: Indikativ Präsens von *dizer, sair, ver, vir*

dizer – sagen			
(eu)	**digo**	(nós)	dizemos
(tu)	dizes	(vós)	dizeis
(ele/ela)	**diz**	(eles/elas)	dizem

Ele não diz a verdade. Er sagt nicht die Wahrheit.

sair (de) – hinausgehen (aus)			
(eu)	saio	(nós)	saímos
(tu)	sais	(vós)	saís
(ele/ela)	sai	(eles/elas)	saem

Ebenso wird **cair** (fallen) konjugiert.
Saem do hotel. Sie verlassen das Hotel.

ver – sehen			
(eu)	**vejo**	(nós)	vemos
(tu)	vês	(vós)	**vedes**
(ele/ela)	vê	(eles/elas)	**vêem**

Não vejo a entrada. Ich sehe den Eingang nicht.

vir – kommen			
(eu)	**venho**	(nós)	vimos
(tu)	**vens**	(vós)	**vindes**
(ele/ela)	**vem**	(eles/elas)	**vêm**

Ele vem tarde, mas vem. Er kommt spät, aber er kommt.

7 B Der Gebrauch von *que* und *qual* als Interrogativa (Fragewörter)

a) que

‚que' (deutsch: was, was für ein, welcher) kann mit maskulinen und femininen Substantiven im Singular und Plural verbunden werden. Es ist unveränderlich.

que carro?	was für ein Auto? welches Auto?
a que horas?	um wie viel Uhr? wann?
De que fala o senhor?	Wovon sprechen Sie?

In der Bedeutung „was?" können ‚que' und ‚o que' gleichermaßen verwendet werden.

Que quer (ele)? = O que quer (ele)?   Was will er?

b) qual

Singular maskulin und feminin:	**qual** (welcher, welche, welches; was für ein?)
Plural maskulin und feminin:	**quais** (welche?)
qual entrada?	welcher Eingang?
quais carros?	welche Autos?

Mit ‚qual' kann auf Personen oder Sachen Bezug genommen werden. Es wird vor allem dann verwendet, wenn aus einer vorliegenden Anzahl von Personen oder Sachen eine *Auswahl* getroffen werden soll. Der auswählende Charakter kann verstärkt werden durch den Ausdruck **qual dos/das** bzw. **quais dos/das**, der dem im Plural stehenden Substantiv oder Pronomen vorangestellt wird.

qual dos carros?	welches (der) Auto(s)?
Quais dos parentes vêm?	Welche (der) Verwandten kommen?
Qual dos senhores é o pai deste rapaz?	Welcher der Herren ist der Vater dieses Jungen?

Zum Gebrauch von que und qual

Im heutigen Sprachgebrauch zeigen ‚que' und ‚qual' in adjektivischer Verwendung (d. h., wenn sie direkt vor einem Substantiv stehen) keinen Bedeutungsunterschied. Sie stehen beide in der Bedeutung von „welche/-r/-s" bzw. „was für ein":

Que colega vem amanhã?	Welcher Kollege kommt morgen?
Qual colega vem amanhã?	

Que aguardente toma o senhor?	Welchen Weinbrand nehmen Sie?
Qual aguardente toma o senhor?	

‚Que' wird in der gesprochenen Sprache häufiger gebraucht als ‚qual'.

Steht jedoch ‚qual' vor einer Form von **ser** (und nicht direkt vor einem Substantiv) wie in dem Satz *Qual é o preço do quarto?*, kann ‚qual' nicht durch ‚que' ersetzt werden. Die Satzstruktur lautet dann: **qual** (in der Bedeutung „was") + **ser** (+ Artikel, Possessivpronomen ...) + **Substantiv**:

Qual é a sua profissão?   Was sind Sie von Beruf?

7 C Die Grundzahlen über 100

100	cem		900	novecentos, -as
101	cento e um / cento e uma		1000	mil
102	cento e dois / cento e duas		2000	dois mil / duas mil
103	cento e três		2001	dois mil e um / duas mil e uma
171	cento e setenta e um (uma)			
200	duzentos, -as		10.000	dez mil
201	duzentos e um / duzentas e uma		100.000	cem mil
300	trezentos, -as		1.000.000	um milhão (de) (*pl.*: milhões)
400	quatrocentos, -as		1.000.000.000	um bilhão (de) dt.: 1 *Milliarde*
500	quinhentos, -as			
600	seiscentos, -as			
700	setecentos, -as			
800	oitocentos, -as			

Maskuline und feminine Formen haben die Hunderter von 200 bis 900:

trezentos senhores
trezentas cartas
duas mil quinhentas e uma cartas

Die Konjunktion ‚e' (und) steht immer vor dem letzten Element der Zahlenverbindung:

cento e duas senhoras, mil e um senhor, mil e duzentas cartas, mil e cem cartas, mil e uma noites

Kommen in einer Zahlenverbindung Zehner und Einer vor, tritt die Konjunktion ‚e' vor die Zehner **und** Einer:

1954 – mil novecentos **e** cinquenta **e** quatro
1031 – mil e trinta e um
3.444.225.528.367 – três trilhões, quatrocentos e quarenta e quatro bilhões, duzentos e vinte e cinco milhões, quinhentos e vinte e oito mil, trezentos e sessenta e sete.

Fehlt der Zehner oder Einer, tritt ‚e' nur vor das letzte Element der Zahlenverbindung:

1904 – mil novecentos e quatro
1820 – mil oitocentos e vinte
1400 – mil e quatrocentos

‚cem', ‚cento' und ‚mil' sind unveränderlich (*siehe auch Lektion 3*):

mais de cem ilustrações	mehr als 100 Abbildungen
mil cento e duas cartas	1102 Briefe

Folgt den Zahlen ‚milhão', ‚bilhão', ‚trilhão' usw. ein Substantiv, dann wird es mit **de** angeschlossen:

um milhão de soldados	eine Million Soldaten

Anstelle von ‚bilhão' und ‚trilhão' (deutsch: Billiarde!) finden Sie auch die Schreibweise ‚bilião' und ‚trilião' (*pl.* biliões und triliões).

7 D   Die Ordnungszahlen von 1 – 20 / Os ordinais

1.°	primeiro/-a		11.°	décimo/-a primeiro/-a *oder:* undécimo/-a
2.°	segundo/-a		12.°	décimo/-a segundo/-a *oder:* duodécimo/-a
3.°	terceiro/-a		13.°	décimo/-a terceiro/-a
4.°	quarto/-a		14.°	décimo/-a quarto/-a
5.°	quinto/-a		15.°	décimo/-a quinto/-a
6.°	sexto/-a		16.°	décimo/-a sexto/-a
7.°	sétimo/-a		17.°	décimo/-a sétimo/-a
8.°	oitavo/-a		18.°	décimo/-a oitavo/-a
9.°	nono/-a		19.°	décimo/-a nono/-a
10.°	décimo/-a		20.°	vigésimo/-a

Alle Ordnungszahlen haben eine maskuline und eine feminine Form und richten sich wie Adjektive in Geschlecht und Zahl nach dem Substantiv, auf das sie sich beziehen. Gewöhnlich werden sie vor das dazugehörige Substantiv gestellt. In der Umgangssprache werden die Ordnungszahlen in der Regel nur bis 12.° gebraucht.

a quarta carta	der 4. Brief
o terceiro andar	die 3. Etage

Schreibt man die Ordnungszahlen mit arabischen Ziffern, so erhalten sie im Portugiesischen nicht nur wie im Deutschen einen Punkt nachgestellt, sondern werden über dem Punkt je nach Geschlecht mit einem hochgestellten kleinen ° bzw. ª versehen.

3.ª alínea (terceira alínea)	3. Absatz

7 E Die Wochentage / Os dias da semana

Wochentag		Abkürzung
o domingo	Sonntag	–
a segunda-feira	Montag	2ª feira
a terça-feira	Dienstag	3ª feira
a quarta-feira	Mittwoch	4ª feira
a quinta-feira	Donnerstag	5ª feira
a sexta-feira	Freitag	6ª feira
o sábado	Sonnabend / Samstag	

Die Wochentagsnamen stehen in folgender Wendung **ohne Artikel**:

| Que dia é hoje? | Was ist heute für ein Tag? |
| Hoje é domingo. | Heute ist Sonntag. |

Die Wochentagsnamen stehen in folgenden Wendungen **mit bestimmtem Artikel**:

Venho no sábado.	Ich komme am Samstag.
Vêm na segunda-feira.	Sie kommen am Montag.
Aos sábados, não há consultas.	Sonnabends (*oder*: an Sonnabenden) finden keine Sprechstunden statt.
às quintas-feiras	donnerstags (*oder*: an Donnerstagen)

Die Wochentagsnamen stehen in folgenden Wendungen **mit unbestimmtem Artikel**:

| num domingo | an einem Sonntag |
| numa terça-feira | an einem Dienstag |

Der **Plural** der zusammengesetzten Wochentagsnamen wird folgendermaßen gebildet: segundas-feiras, terças-feiras ...

Das Wort ‚feira' wird im Gespräch, in Ankündigungen, Aushängen usw. weggelassen, wenn mehrere zusammengesetzte Wochentagsnamen genannt sind:

| O rápido parte de Lisboa às segundas, quartas e sábados às 16.20 h. | Der Schnellzug fährt montags, mittwochs und samstags 16.20 Uhr ab Lissabon. |

7 F Das Datum / A data

Für die Angabe des Datums verwendet man im Portugiesischen die **Grundzahlen**. Lediglich der erste Tag eines Monats kann auch mit der Ordnungszahl ‚primeiro' gebildet werden. Für die Bildung des Datums gilt folgendes Schema:

Präposition bzw. Präpositionalgruppe	Grundzahl + de		Monat	de	Jahr
a	8	de	Março	de	1984
oder: em	8	de	Março	de	1984
oder: no dia	8	de	Março	de	1984
lies: a (*oder* em *oder* no dia) oito de Março de mil novecentos e oitenta e quatro					

Que dia é hoje?	Den Wievielten haben wir heute?
Hoje é o dia três de Maio.	Heute ist der 3. Mai.
A quantos estamos hoje?	Den Wievielten haben wir heute?
Hoje estamos a cinco de Junho.	Heute ist der 5. Juni.
Quantos são hoje?	Den Wievielten haben wir heute?
Hoje são sete de Abril.	Heute ist der 7. April.
Em que dia morreu esse senhor?	An welchem Tag starb dieser Herr?
Nasci a (em, no dia) vinte e dois de Julho de 1946.	Ich wurde am 22. Juli 1946 geboren.
antes do dia 7 de Novembro *oder:* antes de 7 de Novembro	vor dem 7. November
a cinco de Março deste ano	am 5. März dieses Jahres
a vinte e três de Julho de 1979	am 23. Juli 1979
no século dezanove (Grundzahl!)	im 19. Jahrhundert

Für den ersten Tag eines Monats gibt es folgende Formulierungsmöglichkeiten:

no primeiro de Janeiro no dia um de Janeiro a um de Janeiro em um de Janeiro	am 1. Januar

O primeiro de Janeiro é feriado. O dia um de Janeiro é feriado.	Der 1. Januar ist (ein) Feiertag.

Im Briefkopf wird das Datum in folgender Form angegeben:

Coimbra, 2 de Fevereiro de 1982   Coimbra, den 2. Februar 1982

Als Abkürzung findet man 2-2-1982 *oder* 2/2/1982.

Auf Schriftstücken, die vom Gericht ausgestellt werden, hat das Datum folgende Form:

Lisboa aos doze de Novembro de mil novecentos e vinte e quatro.	Lissabon, am zwölften November eintausendneunhundertvierundzwanzig.

SÉTIMA LIÇÃO

Exercícios

7.1 Konjugieren Sie!

Eu não (ver) a entrada. Eu (vir) de Maputo. Eu não (dizer) a verdade. Eu (sair) do restaurante.

7.2 Setzen Sie die Verbformen ein. Lesen und übersetzen Sie danach die Sätze.

1. Ele também (ver) o hotel.   2. Eles (vir) comigo para Cascais.   3. Que (querer) o senhor para sobremesa?   4. Os pais (sair) do restaurante.   5. O Mário e o Pedro (vir) do correio.   6. Nós (ir) à empresa na segunda-feira.   7. Ele (vir) da empresa às cinco horas.   8. Eu (gostar) muito deste café.   9. Estes dois comboios (partir) às 15.35 h.   10. Eles (sentar-se).   11. Eles (falar) muito.   12. Ele (dizer) a verdade.

7.3 Setzen Sie ein! Wiederholen Sie dabei immer den ganzen Satz.

Que dia é hoje? → Hoje é *quinta-feira*.

Freitag, Montag, Sonnabend, Dienstag, Sonntag, Mittwoch, Donnerstag.

7.4 Bilden Sie jede Datumsangabe nach den angegebenen drei Möglichkeiten.

– Que dia é hoje? → Hoje é o dia *dois de Outubro*.
– A quantos estamos hoje? → Hoje estamos a *dois de Outubro*.
– Quantos são hoje? → Hoje são *dois de Outubro*.

1. November, 25. Mai, 2. Februar, 18. Dezember, 11. Juli, 1. September, 31. März, 14. August, 9. Januar, 17. Mai, 4. April.

7.5 Setzen Sie ein! Wiederholen Sie immer den ganzen Satz.

a) Vou para Maputo *em Janeiro*. (*auch*: no mês de Janeiro)
   im Oktober, im April, im Juni, im August, im Mai, im März 2008.

b) Vou a Luanda *no dia 15 de Março / oder*: a 15 de Março / *oder*: em 15 de Março.
   am 10. Februar, am 1. März, am 16. Juni, am 15. November, am 21. Januar, am 27. April, am 13. August 1984, am 2. Mai 1989.

c) Estás livre *na próxima semana*?
   nächsten Donnerstag, nächsten Montag, kommenden Mittwoch, im Februar, im August, im Januar nächsten Jahres.

d) Estás livre *esta manhã*?
   heute Morgen um 11 Uhr, heute Nachmittag, am Nachmittag um 4 Uhr, heute Abend, am Abend um 8 Uhr, heute Mittag.

e) A que horas parte o comboio? – O comboio parte *às 5*. (*auch*: A que horas sai o comboio? – O comboio sai *às 5 (horas)*)
   Viertel nach vier, 18.09 Uhr, dreiviertel zwei, zwanzig nach fünf, genau 12 Uhr (genau: em ponto), 0.00 Uhr, 19.48 Uhr.

7.6 Beantworten Sie die folgenden Fragen in Portugiesisch anhand des Textes.

1. Que dia é hoje?   2. Quando é que vais para Coimbra?   3. Quais são os dias em que vais à empresa?   4. Em que dia estás livre?   5. Queres vir comigo para Cascais?   6. Quantos são hoje?   7. A que horas parte o comboio?   8. A que horas vais para a estação?

7.7 Vervollständigen Sie die Ordnungszahlen bis 20. Verbinden Sie sie dabei mit einem männlichen und einem weiblichen Substantiv im Singular und im Plural.

1. primeiro, primeira, primeiros, primeiras
2. segundo, segunda, segundos, segundas
3. terceiro, terceira, usw.
...
20. vigésimo

7.8 Beantworten Sie die folgenden Fragen:

Qual é o primeiro mês do ano?
→ O primeiro mês do ano é Janeiro. *(Kein Artikel vor dem Monatsnamen!)*
Qual é o segundo mês do ano? Qual é o terceiro mês do ano? Qual é o quarto mês do ano? Qual é o quinto mês do ano? Qual é o sexto mês do ano? Qual é o sétimo mês do ano? Qual é o oitavo mês do ano? Qual é o nono mês do ano? Qual é o décimo mês do ano? Qual é o décimo primeiro mês do ano? Qual é o décimo segundo mês do ano?

7.9 ‚Que' oder ‚qual'? Übersetzen Sie! Beachten Sie dabei die idiomatischen Wendungen.

1. Was sind Sie von Beruf?   2. Welcher von deinen Verwandten spricht Französisch?   3. Welche von den Äpfeln wollen Sie?   4. Welchen von den Äpfeln möchten Sie?   5. Welche Staatsbürgerschaft haben Sie?   6. Was für einen Nachtisch möchten Sie?   7. Welcher Tag ist heute?   8. Was ist Ihre Anschrift?   9. Wovon sprechen Sie?   10. Welcher ist Ihr Brief?   11. Was sagt er?   12. Was ist der Preis für das Zimmer?   13. Wie spät ist es?   14. Was möchten Sie essen?

7.10 Verwenden Sie ‚ir' zum Ausdruck der unmittelbar bevorstehenden Zukunft.

1. Ich werde (gleich) Mittag essen gehen.   2. Sie gehen mittags weg.   3. Wir werden einen Kaffee trinken.   4. Ich werde noch ein Dessert nehmen (noch ein – mais um bzw. uma).   5. Heute esse ich gegen 14 Uhr Mittag.   6. Ich werde mir das ansehen (ansehen *hier:* ver).

7.11 Übersetzen Sie!

1. Sind Sie heute Nachmittag frei?   2. Sind Sie am Freitagabend frei?   3. Wann fahren Sie weg?   4. Wann sind Sie frei?   5. Um fünf Uhr bin ich frei.   6. Möchten Sie mit mir zu Mittag essen?   7. Bis Dienstagnachmittag.   8. Bis zum nächsten Donnerstag.   9. Bis nächste Woche.   10. Abgemacht.   11. Sehr gern.

Merken Sie sich:
Bis heute Abend! – Até logo à noite!
Bis heute Abend um acht! – Até logo à noite, às oito!

7.12 *Fragen Sie Ihren Nachbarn (bzw. Ihre Nachbarin). Ihr Nachbar (bzw. Ihre Nachbarin) beantwortet die Frage...*

- was heute für ein Tag ist
- wie spät es ist
- wann er Mittag essen geht
- ob die Post um 9 Uhr geöffnet ist
- ob die Post heute Nachmittag geöffnet hat
- wie er heißt
- wie alt er ist
- wo er geboren wurde
- wo er wohnt
- wann er ins Werk geht
- ob er am Montag frei hat
- ob er nach Moçambique fährt
- wann er abreist

7.13 *Sie laden einen Ihrer Freunde oder eine Ihrer Freundinnen zum Abendessen ein. Vereinbaren Sie Zeit und Ort. Gestalten Sie dabei einen Dialog.*

LIÇÃO 8

Texto

Na tabacaria

Ronaldo: Aonde vais?

João: Vou comprar um jornal. Onde é que se vendem jornais?

Ronaldo: Vendem-se jornais na tabacaria.

João: A senhora tem jornais alemães?

Dona da loja: Infelizmente já não temos jornais alemães.

João: Então levo o 'Diário de Notícias'.

Dona da loja: Aqui tem.

João: Quanto é?

Dona da loja: 90 cêntimos.

João: Tenho apenas uma nota de vinte euros.

Dona da loja: Aqui tem o troco.

Ronaldo: Tem cigarros franceses?

Dona da loja: Não, de momento não tenho cigarros franceses.

Ronaldo: Não gosto dos cigarros americanos. São suaves demais e além disso são perfumados.

Dona da loja: Então recomendo-lhe esta marca portuguesa.

Ronaldo: Quanto é?

Dona da loja: São dois euros e cinquenta.

Ronaldo: Dê-me um maço. E uma caixa de charutos havanos. Quanto lhe devo?

Dona da loja: Nove euros e sessenta.

Ronaldo: Agora só tenho cem euros. Pode trocar?

Dona da loja: Creio que sim. O senhor deseja mais alguma coisa?

Ronaldo: Não, obrigado. É tudo.

Novas palavras

a tabacaria der Tabakladen
aonde wohin
comprar kaufen
o jornal die Zeitung
Ela vai comprar um jornal. Sie kauft (*oder:* wird kaufen) eine Zeitung. / Sie geht eine Zeitung kaufen.
vender verkaufen
Onde se vendem jornais? Wo werden Zeitungen verkauft? / Wo verkauft man Zeitungen?
a loja der Laden, das Geschäft
a dona da loja die Geschäftsinhaberin
infelizmente leider
já não nicht mehr
  Infelizmente já não temos jornais alemães. Leider haben wir keine deutschen Zeitungen mehr.
Quanto é? *auch*: **Quanto custa?** Wie viel kostet das? / Wie viel macht das?
custar kosten
apenas nur
a nota 1. die Note; 2. die Banknote
  Tenho apenas uma nota de cem euros. Ich habe nur einen Hundert-Euro-Schein.
o troco das Wechselgeld, das Kleingeld
  Tem troco? Haben Sie Kleingeld?
o cigarro die Zigarette
de momento zurzeit, im Augenblick
americano amerikanisch
  Ele não gosta dos cigarros americanos. Er mag keine amerikanischen Zigaretten.

suave mild, leicht
demais zu viel; zu sehr
São suaves demais. Sie sind zu mild.
além disso außerdem
perfumado parfümiert
recomendar a alguém a. c. jemandem etwas empfehlen
a marca die (Handels-)Marke, die Sorte
Recomendo-lhe esta marca portuguesa. Ich empfehle Ihnen diese portugiesische Sorte.
o maço die Schachtel, die Packung
a caixa die Kiste
o charuto die Zigarre
o charuto havano die Havanna-Zigarre
dever 1. schulden; 2. sollen
Quanto lhe devo? *(idiom.)* Wie viel schulde ich Ihnen? / Was bin ich Ihnen schuldig?
trocar wechseln; tauschen
  Não posso trocar. Ich kann nicht wechseln.
poder *(unr.)* können; dürfen
crer (em) *(unr.)* glauben (an)
Creio que sim. *(idiom.)* Ich glaube, ja.
a coisa die Sache
alguma coisa etwas
mais alguma coisa? noch etwas?
  A senhora deseja mais alguma coisa? Wünschen Sie noch etwas?
tudo *(unveränderlich!)* alles
é tudo das ist alles

Gramática

8 A Konjugation unregelmäßiger Verben: Indikativ Präsens von *dar, crer, poder*

dar – geben			
(eu)	**dou**	(nós)	damos
(tu)	**dás**	(vós)	dais
(ele/ela)	**dá**	(eles/elas)	**dão**

Dou o jornal à vizinha. Ich gebe die Zeitung der Nachbarin.

crer (em) – glauben (an)			
(eu)	**creio**	(nós)	cremos
(tu)	**crês**	(vós)	**credes**
(ele/ela)	**crê**	(eles/elas)	**crêem**

Não creio nisso. Ich glaube nicht daran.

poder – können (*Hilfsverb*)			
(eu)	**posso**	(nós)	podemos
(tu)	podes	(vós)	podeis
(ele/ela)	pode	(eles/elas)	podem

Não posso vir amanhã. Morgen kann ich nicht kommen.

8 B Die Wiedergabe der deutschen Fälle des Substantivs im Portugiesischen

Im Deutschen werden die Fälle der Substantive durch bestimmte Endungen gebildet. Eine solche Endungsdeklination hat das Portugiesische nicht, denn hier werden die Beziehungen der Substantive zueinander durch Präpositionen bzw. durch ihre Stellung im Satz gekennzeichnet. Subjekt (im Deutschen Nominativ) und direktes Objekt (im Deutschen meist einem Akkusativobjekt entsprechend) haben dieselbe Form.

Dem deutschen Genitiv entspricht häufig der Anschluss mit der Präposition ‚de', dem Dativ (indirektes Objekt) der Anschluss mit der Präposition ‚a', wobei beide Präpositionen mit dem bestimmten Artikel verschmelzen (*siehe Lektion 2*).

der Freund	o amigo	das Haus	a casa
des Freundes	do amigo	des Hauses	da casa
dem Freund	ao amigo	dem Haus	à casa
den Freund	o amigo	das Haus	a casa
die Freunde	os amigos	die Häuser	as casas
der Freunde	dos amigos	der Häuser	das casas
den Freunden	aos amigos	den Häusern	às casas
die Freunde	os amigos	die Häuser	as casas

A carta do amigo está na mesa. Der Brief des Freundes liegt auf dem Tisch.
Ele dá um cigarro ao amigo. Er gibt dem Freund eine Zigarette.
Dou o jornal à vizinha. Ich gebe der Nachbarin die Zeitung.
Vendem muitos charutos. Sie verkaufen viele Zigarren.

8 C Rektion der Verben / Regência verbal

Unter Rektion der Verben versteht man die Form, in der einem Verb sein Objekt oder seine Objekte angeschlossen werden.

Não vejo o pai.   Ich sehe den Vater nicht.

Das deutsche Verb ‚sehen' verlangt den Akkusativ, genauso wie das portugiesische ‚ver' das objecto directo verlangt. **Direktes** Objekt deshalb, weil der Anschluss direkt, d. h. ohne Präposition erfolgt.

Dou o dinheiro à mãe.   Ich gebe der Mutter das Geld.

Das deutsche Verb ‚geben' hat eine doppelte Rektion: Es verlangt sowohl den Dativ als auch den Akkusativ. Das portugiesische Verb ‚dar' regiert genauso: Es erfordert ein objecto directo (hier: o dinheiro) und ein indirektes, d.h. mit der Präposition **a** angeschlossenes Objekt (hier: à mãe), ein objecto indirecto.

Vamos ao restaurante.   Wir gehen ins Restaurant.

Das deutsche Verb ‚gehen' ist wie das portugiesische ‚ir' intransitiv, d.h. nach dem Verb stehen keine Objekte, sondern mit einer Präposition angeschlossene adverbiale Bestimmungen.

In den genannten Fällen stimmt die Rektion im Deutschen und Portugiesischen überein. Es gibt aber eine Reihe häufig gebrauchter Verben, bei denen das Portugiesische anders ‚regiert' als das Deutsche:

| Não gosto **de** café. | Ich mag keinen Kaffee. |
| Peço um favor ao senhor Santos. | Ich bitte Herrn Santos um einen Gefallen. |

Im Deutschen steht nach dem Verb ‚bitten' die Person im Akkusativ (direktes Objekt); das, worum gebeten wird, wird mit einer Präposition (um) angeschlossen. Das portugiesische Verb ‚pedir' schließt die Person, die um etwas gebeten wird, mit der Präposition ‚a' an (ao senhor Santos) und die Sache, um die gebeten wird, erscheint als objecto directo (um favor).

Im Wörterverzeichnis sind die portugiesischen Verben entsprechend gekennzeichnet, die hinsichtlich der Rektion vom Deutschen abweichen. Es gibt im Portugiesischen wie auch im Deutschen Verben, die in bestimmten Sinnzusammenhängen ihre Rektion ändern. Sehen Sie sich deshalb immer den dem Verb folgenden Beispielsatz an, aus dem Sie die Beziehungen erschließen können.

8 D Imperativ (Befehlsform) / Imperativo

Das Portugiesische hat eigentliche Imperativformen nur für die 2. Person Singular und Plural. Diese Formen werden verwendet, wenn Sie eine oder mehrere Personen, die Sie mit ‚du' anreden, zu einer Handlung auffordern wollen; die Aufforderung darf nicht verneint sein. Zur Bildung dieser Formen ist von der 2. Person Singular bzw. Plural des Indikativs Präsens auszugehen, von der das -s weggelassen wird:

| falas | → | fala! sprich! | | vendes | → | vende! verkaufe! | | abres | → | abre! öffne! |
| falais | → | falai! sprecht! | | vendeis | → | vendei! verkauft! | | abris | → | abri! öffnet! |

Folgende Verben bilden **unregelmäßige** Imperativformen:

ser	**sê!**	sei!	sejam!	seid!
dizer	**diz!**	sage!, sag!	digam!	sagt!
fazer	**faz!**	mach(e)!	façam!	macht!
trazer	**traz!**	bring(e)!	tragam!	bringt!

sowie alle Verben auf -uzir:

| conduzir (fahren) | **conduz!** | fahre! |
| traduzir (übersetzen) | **traduz!** | übersetze! |

OITAVA LIÇÃO

Orthografische Veränderungen erfahren die Verben ‚ter' und ‚vir':

ter	**tem!**	hab!, habe!	**tende!**	habt!
vir	**vem!**	komm!, komme!	**vinde!**	kommt!

Alle anderen Befehlsformen, d. h. die für die Anrede (3. Person Singular und Plural), die Aufforderung an einen Personenkreis, der den Sprecher einschließt (1. Person Plural) sowie **sämtliche verneinten** Befehle (also auch die der 2. Person) werden durch den **Konjunktiv Präsens** ausgedrückt.

Der Konjunktiv Präsens wird abgeleitet von der 1. Person Indikativ Präsens, indem -o ersetzt wird durch die Endungen -e, -es, -e; -emos, -eis, -em bei den auf -ar endenden regelmäßigen Verben sowie durch die Endungen -a, -as, -a; -amos, -ais, -am bei den auf -er und -ir endenden regelmäßigen Verben. Somit ergibt sich für die Bildung des Imperativs folgendes Schema:

falar		comer		abrir	
fale	sprechen Sie! (Singular)	coma	essen Sie! (Singular)	abra	öffnen Sie! (Singular)
falem	sprechen Sie! (Plural)	comam	essen Sie! (Plural)	abram	öffnen Sie! (Plural)

Verneinte Befehle

falar	comer	abrir
não fales (sprich nicht)	não comas (iss nicht)	não abras (öffne nicht)
não fale (sprechen Sie nicht)	não coma (essen Sie nicht)	não abra (öffnen Sie nicht)
não falemos (sprechen wir nicht, wir wollen nicht sprechen)	não comamos (essen wir nicht)	não abramos (öffnen wir nicht)
[não faleis (sprecht nicht)	não comais (eßt nicht)	não abrais (öffnet nicht)]
não falem (sprechen Sie nicht)	não comam (essen Sie nicht)	não abram (öffnen Sie nicht)

Anmerkung: Die 2. Person Plural ist veraltet. Anstelle von ‚falai!' steht ‚falem' (sprecht!), anstelle von ‚não faleis!' steht ‚não falem!' (sprecht nicht!).

Folgende Verben bilden den Konjunktiv Präsens und damit die entsprechenden Imperativformen **unregelmäßig**:

dar	**dê**	dêem
estar	**esteja**	estejam
haver *	**haja**	hajam
ir	**vá**	vão
querer	**queira**	queiram
saber *	**saiba**	saibam
ser	**seja**	sejam

* Von diesen Verben werden kaum Imperative gebildet.

Exercícios

8.1 Setzen Sie die Präposition ‚de'! Beachten Sie dabei die Verschmelzung mit dem Artikel. Die entstandene Verbindung entspricht im Deutschen einem Genitiv.

a carta ... uma senhora, a dona ... loja, o bilhete de identidade ... Maria, os jornais ... senhoras, a carta ... Ronaldo, os cigarros ... marca portuguesa, os charutos ... pai.

8.2 Setzen Sie die Präposition ‚a'! Beachten Sie dabei die Verschmelzung mit dem bestimmten Artikel. Die entstandene Verbindung entspricht im Deutschen einem Dativ.

Dou o bilhete de identidade ... polícia (2 Möglichkeiten). Ele dá o bilhete de identidade ... um polícia. O Ronaldo dá os cigarros ... Maria. Damos a carta ... recepcionista. Dou uma boa gorjeta ... criado. Eles recomendam esta marca francesa ... senhora. Recomendo os charutos havanos ... senhores. Ela dá o jornal ... pais. Recomendo essa sobremesa ... uma senhora. Eles dão o plano ... um engenheiro.

8.3 Konjugieren Sie im Indikativ Präsens!

(Eu) não (poder) ver a caixa. (Eu) (vender) os meus charutos. (Eu) (recomendar) os cigarros à vizinha. (Eu) (dar) a carta à vizinha. (Eu) não (crer) nisso.

8.4 Bilden Sie die bejahte und verneinte Form des Imperativs (Singular).

comprar essas bananas
→ Compra essas bananas!   Kaufe diese Bananen!
→ Compre essas bananas!   Kaufen Sie diese Bananen!
→ Não compres essas bananas!   Kaufe diese Bananen nicht!
→ Não compre essas bananas!   Kaufen Sie diese Bananen nicht!

vender os jornais, recomendar esta marca, partir ainda hoje, sair do restaurante, trazer a lista, almoçar à uma hora, tomar café, dirigir-se ao guarda, ficar na entrada, comprar as maçãs.

8.5 Setzen Sie ein! Wiederholen Sie dabei immer den ganzen Satz.

a) Vou comprar *um jornal*.
Zeitungen, Zigaretten, französische Zigaretten, eine Schachtel Zigaretten, Zigarren, Havanna-Zigarren, eine Kiste Zigarren.

b) Não vou comprar *o jornal* hoje.
die Zeitungen, Obst, Zigaretten, diese Zigarren, Briefmarken, diese amerikanischen Zigaretten.

c) Onde se vendem *estes charutos*?
Zigaretten, diese Äpfel, Birnen dieser Sorte, diese Zigarren.

d) Onde se vende *carne* (Fleisch)?
Schinken, Milch (o leite), Kaffee, Schnaps, den Weißwein, diesen Rotwein.

e) Onde há *charutos havanos*?
Birnen, Bananen, Weintrauben, diese Sorte Weißwein.

f) Quanto *custa um maço de cigarros*?
diese portugiesischen Zeitungen, diese Sorte Äpfel, dieser Rotwein, zwei Kisten Zigarren, der Schinken, die Karte, diese Weintrauben.

g) *O museu é* pequeno demais. *A tabacaria é* pequena demais.
das Restaurant, der Bahnhof, das Hotel, die Post, die Tische (*Plural von ser!*), das Papierwarengeschäft, das Unternehmen, die Kiste, die Schachtel, die Bananen.

8.6 Beantworten Sie folgende Fragen anhand des Lektionstextes.

1. Aonde vai a João?   2. Onde se vendem jornais?   3. A tabacaria tem jornais?   4. Quanto custa o 'Diário de Notícias'?   5. Quanto custa um maço de cigarros?   6. A dona da loja tem cigarros franceses?   7. Os cigarros americanos são perfumados?   8. Esses cigarros são suaves demais?   9. Que cigarros tem?   10. Quanto custam?   11. O Ronaldo compra charutos também?   12. O Ronaldo tem uma nota de cem?   13. A dona da loja tem troco?   14. O Ronaldo deseja mais alguma coisa além dos cigarros e dos charutos?   15. Quanto deve o Ronaldo à dona da loja?

8.7 Bejahen Sie die folgenden Fragen:

O senhor tem cigarros? Gosta de cigarros americanos? A senhora gosta de café? Os cigarros americanos são suaves demais? O senhor gosta de vinho tinto? A senhora gosta do vinho tinto de Portugal? Tem vinho branco? O senhor tem irmãos? A senhora tem filhos? Pode trocar esta nota de cinquenta?

8.8 Verneinen Sie die Fragen von Übung 8.7.

8.9 Betrachten Sie die folgenden Sätze als Antworten. Bilden Sie dazu passende Fragen.

Sim senhor, é muito longe daqui. É um bom hotel. É tudo, sim. Esta marca custa dois euros o maço. São duas horas em ponto. O comboio chega ao meio-dia e meia. Vou para Luanda na semana que vem.

8.10 Fragen Sie Ihren Nachbarn (bzw. Ihre Nachbarin). Ihr Nachbar (bzw. Ihre Nachbarin) beantwortet die Frage...

– wohin er geht, – warum (porque) er in den Tabakladen geht, – ob man im Tabakladen auch Zeitungen verkauft, – welche Sorte er gern raucht, – welche Zeitung er kaufen will, – wie viel der 'Diário' kostet, – ob er französische Zigaretten hat, – ob er gern parfümierte Zigaretten raucht, – ob er milde Zigaretten mag, – ob er 100 Euro wechseln kann, – ob das alles ist, – wo Verena die Zeitung kauft, – welche Zeitung er morgens kauft, – wo man in Portugal Zeitungen und Zigaretten kaufen kann.

8.11 Übersetzen Sie!

1. Bringen Sie mir bitte die Speisekarte!   2. Geben Sie mir die Zeitung!   3. Gib mir die Zeitung!   4. Verkaufen Sie noch heute!   5. Verkaufe noch heute!   6. Verkaufe heute nicht!   7. Kaufe diese Zigaretten!   8. Empfehlen Sie Herrn Santos diese Marke!   9. Glaub das nicht!   10. Bleib am Eingang!   11. Reisen Sie noch heute ab!   12. Bringen Sie mir ein Kalbssteak!   13. Trink diesen Kaffee!   14. Gehen Sie zu seiner Mutter!   15. Gib mir 50 Euro!   16. Geben Sie mir bitte eine Schachtel von dieser Sorte!   17. Wenden Sie sich an den Chef (o chefe)!   18. Nimm den Brief.   19. Sagen Sie das unserem Kollegen, Herrn Weber!

8.12 Übersetzen Sie (Konversation)!

(1)
„Haben Sie Birnen?"
„Leider nicht. Aber wir haben Bananen und Weintrauben."
„Bananen möchte ich keine. Bringen Sie mir bitte Weintrauben."

(2)
„Herr Ober, bitte bringen Sie mir die Rechnung."
„Hier ist die Rechnung, bitte sehr."
„Wie viel macht es?"
„22 Euro, mein Herr." (‚mein Herr' wird nicht übersetzt)
„Können Sie mir auf 100 Euro herausgeben?"
„Ich glaube schon. Bitte sehr."

(3)
„Welcher Tag ist heute?"
„Heute ist Donnerstag."
„Ist heute der Erste des Monats?"
„Nein, der zweite. Heute ist der zweite November."

LIÇÃO 9

Texto

Um exame

Maria: Você conhece a história de Portugal?

Ronaldo: Com certeza. Conheço Luís de Camões e Fernão de Magalhães.

Maria: O que sabe você sobre Luís de Camões?

Ronaldo: Sei que ele é o mais ilustre dos poetas portugueses e que nasceu em 1524.

Maria: Sabe também onde nasceu?

Ronaldo: Não se sabe exactamente, mas presume-se que foi em Coimbra.

Maria: O que é que você sabe sobre Fernão de Magalhães?

Ronaldo: Fernão de Magalhães foi o primeiro homem a realizar a circum-navegação do mundo.

Maria: Em que século?

Ronaldo: No início do século dezasseis.

Maria: Em que ano morreu Salazar?

Ronaldo: Morreu em 1970.

Maria: Você conhece a data de 25 de Abril?

Ronaldo: Claro que conheço. É um dia de festa muito importante em Portugal.

Maria: Sabe também porquê?

Ronaldo: Porque em 25 de Abril de 1974 foi derrubado o velho regime fascista.

Maria: Não vou fazer mais perguntas. Você sabe muita coisa.

Luís Vaz de Camões (* 1524/25–1579/80) gilt als der portugiesische Nationaldichter.

Fernão de Magalhães (Ferdinand Magellan) (1480–1521), portugiesischer Seefahrer, unternahm die erste Weltumsegelung.

Novas palavras

o exame die Prüfung

você Anredeform, die zwischen ‚du' und ‚Sie' liegt

conhecer kennen, kennenlernen

Não conheço este senhor. Ich kenne diesen Herrn nicht.

a história die Geschichte

com certeza gewiss, sicher

saber *(unr.)* wissen, kennen, können (bei erlernten Kenntnissen, Fähigkeiten und Fertigkeiten)

Ele sabe ler. Er kann lesen.

Ele sabe conduzir. Er kann fahren.

sobre über

O que sabe você sobre Luís de Camões? Was weißt du über Luís de Camões?

ilustre berühmt

o poeta der Dichter

o mais ilustre poeta der berühmteste Dichter

exacto genau

exactamente *(Adv.)* genau

  não se sabe exactamente man weiß nicht genau

presumir annehmen, vermuten

presume-se que … man nimmt an, dass …

o homem der Mensch; der Mann

realizar verwirklichen, durchführen

a circum-navegação die Umsegelung

Ele foi o primeiro homem a realizar a circum-navegação do mundo. Er war der erste Mensch, der die Welt umsegelte.

o mundo die Welt

o século das Jahrhundert

  Estamos no século vinte e um. Wir leben im 21. Jahrhundert.

o início der Anfang

no início am Anfang

claro klar; verständlich

o dia de festa der Festtag

importante wichtig

porque, porquê *(mit Zirkumflex, wenn es am Satzende oder allein steht)* warum

porque weil

derrubar stürzen

foi derrubado wurde gestürzt

velho alt

o regime das Regime, die Herrschaft

fascista *(mask. und fem.)* faschistisch

fazer *(unr.)* machen

fazer perguntas Fragen stellen

Não vou fazer mais perguntas. Ich werde keine weiteren Fragen stellen.

muita coisa viel, eine ganze Menge

Nachbau der „Victoria", des einzigen der ursprünglich aus fünf Schiffen bestehenden Flotte Magellans, das 1522 wieder den spanischen Ausgangshafen erreichte.

NONA LIÇÃO

Gramática

9 A Konjugation unregelmäßiger Verben: Indikativ Präsens von *fazer, saber*

fazer – machen			
(eu)	**faço**	(nós)	fazemos
(tu)	fazes	(vós)	fazeis
(ele/ela)	**faz**	(eles/elas)	fazem

Ela faz muitas perguntas. Sie stellt viele Fragen.
Não faça isso! Tun Sie das nicht!
Faz hoje uma semana que … Heute ist es eine Woche her, dass …
Faz muito vento. Es ist sehr windig.
Que tempo faz? Wie ist das Wetter?

saber – wissen, kennen; können			
(eu)	**sei**	(nós)	sabemos
(tu)	sabes	(vós)	sabeis
(ele/ela)	sabe	(eles/elas)	sabem

Você sabe onde está a Maria? Weißt du, wo Maria ist?
Sei falar português. Ich kann Portugiesisch.
Ele não sabe ler. Er kann nicht lesen.

Aber:
Aqui não **posso** ler porque está muito escuro.
Hier kann ich nicht(s) lesen, weil es sehr dunkel ist.

Você sabe nadar? – Sei. Mas, de momento, não posso nadar porque o meu braço está em gesso.
Kannst du schwimmen? – Ja. Aber zurzeit kann ich nicht schwimmen, weil mein Arm in Gips ist.

9 B Indikativ Präsens von Verben des Typs *conhecer*

conhecer – kennen			
(eu)	conheço	(nós)	conhecemos
(tu)	conheces	(vós)	conheceis
(ele/ela)	conhece	(eles/elas)	conhecem

Você conhece esse homem? Kennst du diesen Mann?

Anmerkung:
Wie bereits in Lektion 6 beim Verb dirigir-se erläutert, ändert sich bei bestimmten Verben zur Erhaltung der Aussprache die Schreibweise. Beim Verb conhecer trifft im Infinitiv c auf e. C wird vor e und i wie stimmloses s gesprochen, vor a, o und u wie k. In der 1. Person Singular folgt dem c die Endung -o. (Das c würde dann wie k gesprochen werden.) Zur Erhaltung des stimmlosen s-Lautes steht deshalb ç vor a, o und u. Ç hat den Lautwert eines stimmlosen s.

9 C Der Ausdruck von ‚man'

a) Das unbestimmte Fürwort ‚man' wird im Portugiesischen am häufigsten durch ein **reflexiv konstruiertes Verb** ausgedrückt.

3. Person Singular des Verbs, reflexiv, wenn das direkte Sachobjekt im Singular steht oder wenn kein Substantiv folgt:

Fala-se português.	Man spricht Portugiesisch. / Es wird Portugiesisch gesprochen.
Faz-se uma viagem.	Man macht eine Reise.
Isso não se faz.	Das tut man nicht.
Como se escreve esta palavra?	Wie schreibt man dieses Wort? / Wie wird dieses Wort geschrieben?
Diz-se muitas vezes o contrário do que se pensa.	Man sagt oft das Gegenteil von dem, was man denkt.
Aqui não se passa.	Hier kein Durchgang.
calcula-se	man rechnet
presume-se	man nimmt an

3. Person Plural des Verbs, reflexiv, wenn das dazugehörige direkte Sachobjekt im Plural steht:

Vendem-se jornais na tabacaria.	Man verkauft Zeitungen im Schreibwarengeschäft. / Im Schreibwarengeschäft werden Zeitungen verkauft.
Alugam-se quartos	Zimmer zu vermieten
(Man hört jedoch auch recht häufig: Aluga-se quartos)	
Falam-se muitas línguas.	Man spricht viele Sprachen.

Aus einigen der oben angeführten Beispiele geht hervor, dass reflexive Verben auch zum Ausdruck des Passivs verwendet werden.

b) Zum Ausdruck von ‚man' dient ebenfalls die **3. Person Plural** des Verbs, die in diesem Fall ohne Personalpronomen (Subjektform) zu verwenden ist:

Dizem que o português é uma língua difícil.	Man sagt, dass Portugiesisch eine schwere Sprache ist. / Portugiesisch soll eine schwere Sprache sein.
Acreditam que ele é rico.	Man glaubt, dass er reich ist. / Er soll reich sein. / Die Leute glauben, dass er reich ist.

Dieser Form bedient sich der Sprecher, wenn er sich selbst aus diesem ‚man' ausschließt.

c) Bei Verben, die bereits reflexiv sind, dient **a gente** (die Leute) zum Ausdruck von ‚man'. Nach ‚a gente' steht das Verb in der *3. Person Singular*.

A gente lava-se.	Man wäscht sich.

d) Unter Umständen kann auch die **1. Person Plural** zum Ausdruck von ‚man' dienen:

Não devemos acreditar tudo.	Man soll (auch: sollte) nicht alles glauben.

Dieser Form bedient sich der Sprecher, wenn er sich selbst in dieses ‚man' einbezieht.

9 D Die ‚é que-Konstruktion'

a) Fragewörtern wird im Portugiesischen sehr häufig der Ausdruck ‚é que' hinzugefügt. Der Sinn wird dadurch nicht verändert. Die Wortstellung im Fragesatz lautet in diesem Fall:

> Fragewort + é que + Subjekt (falls explizit vorhanden) + Verb (Prädikat)

Der Einschub des ‚é que', der vornehmlich in der gesprochenen Sprache erfolgt, ist ein Element des Sprachstils, das die Aussage flüssiger erscheinen lässt und in der Bestimmungsfrage die normale Wortfolge Subjekt – Prädikat – Objekt ermöglicht. ‚É que' kann (wie unter b) dargestellt) aber auch dazu dienen, ein Element des Satzes hervorzuheben.

Quantos verbos irregulares conhece você? = Quantos verbos irregulares é que você conhece?	Wie viele unregelmäßige Verben kennst du (*oder*: kennen Sie)?
Como pode ele saber isso? = Como é que ele pode saber isso?	Wie kann er das wissen?
Onde compram eles o aparelho de televisão? = Onde é que eles compram o aparelho de televisão?	Wo kaufen sie den Fernseher?
Que vinho é que ele quer?	Welchen Wein will er?

b) ‚É que' kann auch Adverbien, Substantiven, Pronomina oder ganzen Sätzen nachgestellt werden. Dabei hebt es diese Elemente stärker hervor:

O engenheiro é que diz isso. (auch: É o engenheiro que diz isso).	Der *Ingenieur* sagt das.
Isso é que ele quer.	Genau *das* will er. Eben *das* will er.
Agora é que ela pode vir.	*Jetzt* kann sie kommen.
Aqui é que estou bem.	*Hier* geht es mir gut.
Desde ontem é que ele está aqui.	Seit *gestern* ist er hier.

c) In einigen Fällen steht die ‚é que-Konstruktion' dort, wo im Deutschen ‚nämlich', ‚die Sache ist die, dass …' oder ‚eigentlich' steht:

„Então, como é? Vamos a este restaurante esplêndido?" –	„Nun, wie ist es? Gehen wir in dieses tolle Restaurant?"
„Não, meu caro. Lamento muito. … É que não tenho tanto dinheiro comigo."	„Nein, mein Lieber. Bedaure. … *Die Sache ist die, dass* ich nicht soviel Geld bei mir habe." (*oder:* „Ich habe *nämlich* nicht soviel Geld bei mir.")

9 E Die Präposition ‚a' + Infinitiv nach Ordnungszahlen und sogenannten Extremadjektiven

Folgt in einem Satz einer Ordnungszahl oder einem Extremadjektiv (z. B. o último – der letzte) ein Verb, dann wird es mit der Präposition ‚a' angeschlossen. Das betreffende Verb steht dann im Infinitiv. Für die Konstruktion „Ordnungszahl/Extremadjektiv + a + Infinitiv" steht im Deutschen in den meisten Fällen ein Relativsatz.

Ele é o primeiro a chegar e o último a sair.	Er ist der erste, *der* kommt, und der letzte, *der* geht.
Fernão de Magalhães foi o primeiro homem a realizar a circum-navegação do mundo.	Fernão de Magalhães war der erste Mensch, *der* die Welt umsegelte. (Relativsatz)

Exercícios

9.1 Konjugieren Sie!
(Eu) não (fazer) perguntas. (Eu) (saber) português. (Eu) (conhecer) um bom restaurante.

9.2 Setzen Sie die entsprechend konjugierte Verbform ein.
1. Que (fazer) os senhores?   2. O Pedro (fazer) muitas perguntas   3. Eles (saber) onde nasceu Luís de Camões?   4. (Nós) (saber) que é um poeta.   5. (Eu) (saber) onde está o Pedro.   6. Ela não (saber) nada.   7. Ele (conhecer) o chefe muito bem.   8. Elas não (saber) muito sobre Luís de Camões.   9. (Tu) (fazer) duas perguntas.   10. (Eu) não (conhecer) Fernão de Magalhães.   11. O que (saber) você do seu vizinho?

9.3 Setzen Sie ein! Wiederholen Sie dabei immer den ganzen Satz.

a) Conhece *a história de Portugal*?
   die Nachbarin, dieses Hotel, die Zeitung ‚O Século', den berühmtesten portugiesischen Dichter, diesen wichtigen Festtag.

b) Conheço *este poeta* muito bem.
   Maputo, das Hotel ‚Internacional', die Zeitung ‚O Diário de Notícias', das Haus von Mário, dieses faschistische Regime, seinen Vater, ihre Eltern, seine Mutter, Ihren Vater.

c) Sabe *onde nasceu Fernão de Magalhães*?
   wann sie geboren ist, wo ich geboren bin, wann der Nationalfeiertag (o feriado nacional) in Portugal ist, an welchem Tag sie abreist, ob (se) er eine Frage hat.

d) Sei *alemão*.
   wann der Dichter Luís de Camões geboren wurde, wo Camões geboren wurde, warum er nach Luanda geht, wann er nach Rio (**o** Rio de Janeiro) abreist.

9.4 Lesen, übersetzen und beantworten Sie die folgenden Fragen anhand des Lektionstextes:
1. Conhece a história de Portugal?   2. O que sabe sobre Luís de Camões?   3. Conhece Fernão de Magalhães?   4. Sabe onde nasceu Camões?   5. Sabe onde morreu?   6. Que data é um dia de festa muito importante em Portugal?   7. Porquê?

9.5 Fragen Sie Ihren Nachbarn (bzw. Ihre Nachbarin). Ihr Nachbar (bzw. Ihre Nachbarin) beantwortet die Frage ...

– ob er die Geschichte Portugals kennt
– ob er Fernão de Magalhães kennt
– ob er weiß, wo Luís de Camões starb
– ob er weiß, wo sein Chef wohnt
– warum der 25. April ein wichtiger Tag in Portugal ist
– wo und wann sein Vater geboren wurde
– wo seine Eltern wohnen

9.6 Übersetzen Sie (Ausdruck von ‚man')!

1. In Brasilien (No Brasil) spricht man Portugiesisch.   2. Wo werden Zeitungen verkauft?   3. Hier wird Deutsch gesprochen.   4. Man sagt, er sei gestern gestorben.   5. Es wird Wein verkauft.   6. In Brasilien trinkt man viel Kaffee.   7. Man nimmt an, dass er in Coimbra geboren wurde.   8. In diesem Restaurant isst man gut.   9. Man weiß nicht viel über diesen Dichter.

9.7 Übersetzen Sie (Imperativ)!

1. Stellen Sie keine Fragen!   2. Trink diesen Wein nicht!   3. Geh auf die Post!   4. Geh nicht ins Museum!   5. Komm her (cá)!   6. Kommen Sie her!   7. Iss das!   8. Sage die Wahrheit (a verdade)!   9. Sagen Sie (*Pl.*) die Wahrheit!   10. Komm mit mir (comigo) nach Lissabon!   11. Glauben Sie das nicht!   12. Sage deinem Vater nicht, dass (que) sie auch kommen wollen!   13. Sag deiner Mutter, wann du gehst!   14. Gib dem Polizisten deinen Personalausweis!   15. Geben Sie dem Angestellten des Empfangs Ihren Pass (o passaporte)!

9.8 Übersetzen Sie die folgenden Fragen unter Verwendung von ‚é que'.

1. Wann kommt er?   2. Wann können Sie kommen?   3. Warum will sie gehen?   4. Was wollen sie (*Pl., mask.*) haben?   5. Welchen Dichter kennt er nicht?   6. Wo wohnt er?   7. Was (o que) will sie?

9.9 Betrachten Sie die nachstehenden Sätze als Antworten. Bilden Sie die dazu passenden Fragen.

1. Ela tem 17 anos.   2. Tenho 36 anos.   3. Estão na esquadra da polícia.   4. Só temos uma.   5. Mora em Berlim.   6. Morreu em 1993.   7. Nasci em 1976.   8. Não sei como se chama.   9. Não senhor, não gosto de vinho tinto.   10. Vêm em Outubro.   11. São duas e meia.   12. Custam 15 euros.   13. Hoje é terça-feira.

LIÇÃO 10

Texto

Um amigo vai casar-se

Ronaldo: Lembras-te da Teresa Ramos?
Gilberto: Não, não a conheço.
Ronaldo: Conheces, sim! Conheceste-a em casa da Maria, no sábado passado.
Gilberto: É uma rapariga pequena e morena?
Ronaldo: Não. É uma loira.
Gilberto: De que cor são os olhos dela?
Ronaldo: Ela tem olhos azuis, como quase todas as loiras.
Gilberto: Ah! Já me lembro. Falas da rapariga do vestido azul. Tem lábios vermelhos e bonitos, não é?
Ronaldo: Exactamente. É essa.
Gilberto: O que é feito dela?
Ronaldo: Ela vai casar-se na próxima sexta-feira.
Gilberto: Com quem?
Ronaldo: Com o Carlos Silva.
Gilberto: Conheço-o muito bem.
Ronaldo: O que faz ele?
Gilberto: É economista.
Ronaldo: O que pensas do Carlos?
Gilberto: É um tipo muito simpático e com uma noiva tão linda deve ser muito feliz.

Novas palavras

o amigo der Freund
casar-se heiraten
casar-se com jemanden heiraten
  um amigo vai casar-se ein Freund heiratet
quem wer
  Com quem casas? Wen heiratest du?
lembrar-se de sich erinnern an
  Lembras-te dela? Erinnerst du dich an sie?
a casa das Haus
em casa zu Hause
  em casa da Maria bei Maria
passado vergangen
a rapariga das Mädchen
moreno brünett
loiro blond
a loira die Blondine
de que cor é ... *(idiom.)* welche Farbe hat ...
  De que cor é a mesa? Welche Farbe hat der Tisch?
  De que cor são as maçãs? Welche Farbe haben die Äpfel?
o olho das Auge
azul *(mask. und fem.)* blau
todo, toda ganz
todos, todas alle

toda a casa das ganze Haus
todos os dias alle Tage
(*aber:* cada dia jeder (einzelne) Tag)
o vestido das Kleid, die Kleidung
o lábio die Lippe
vermelho rot
bonito schön, hübsch
  O que é feito dela? *(idiom.)* Was macht sie jetzt? (*auch:* Was ist aus ihr geworden?)
  O que faz ele? Was macht er? Was macht er beruflich?
  o economista der Wirtschaftler, der Ökonom
  a economista die Wirtschaftlerin, die Ökonomin
pensar em, pensar sobre denken an
pensar de halten von
o tipo der Typ
simpático nett, sympathisch
a noiva die Braut, die Verlobte
o noivo der Bräutigam, der Verlobte
tão (+ *Adjektiv*) so, so sehr
lindo schön, hübsch
uma rapariga tão linda ein so schönes Mädchen
feliz *(mask. und fem.)* glücklich

Gramática

10 A Pretérito perfeito simples der Verben auf *-ar*

Das pretérito perfeito simples (p.p.s.) der regelmäßigen Verben auf -ar wird gebildet durch Anhängen der Endungen

-ei, -aste, -ou, -ámos, -astes, -aram

an den Stamm des Verbs.

(eu)	fal**ei**	ich habe gesprochen, ich sprach
(tu)	fal**aste**	du hast gesprochen, du sprachst
(ele/ela)	fal**ou**	er/sie/es hat gesprochen, er/sie/es sprach
(nós)	fal**ámos**	wir haben gesprochen, wir sprachen
(vós)	fal**astes**	ihr habt gesprochen, ihr spracht
(eles/elas)	fal**aram**	sie haben gesprochen, sie sprachen

10 B Gebrauch des pretérito perfeito simples

Das pretérito perfeito simples ist die am häufigsten gebrauchte Vergangenheitsform im Portugiesischen. Sie wird verwendet für die Beschreibung vergangenen Geschehens, wie es sich einem Beobachter darstellt, der von der Gegenwart aus rückschauend in die Vergangenheit blickt. Die Handlung hat zu einem bestimmten Zeitpunkt in der Vergangenheit stattgefunden. So wird mit dem p.p.s. vergangenes Geschehen des alltäglichen Lebens wiedergegeben und auch historische Ereignisse werden damit ausgedrückt.

Das Deutsche grenzt den Gebrauch der Vergangenheitszeiten (*siehe ‚imperfeito' in Lektion 21 und ‚pretérito perfeito composto' in Lektion 24*) nicht in der Weise ab wie das Portugiesische. Folglich kann das p.p.s. mit dem Perfekt oder Imperfekt übersetzt werden.

Ontem chegou o meu irmão.	Gestern ist mein Bruder gekommen / kam mein Bruder.
Comprei hoje dois melões.	Ich habe heute zwei Melonen gekauft. / Ich kaufte heute zwei Melonen.

10 C Pretérito perfeito simples der Verben auf *-er*

Das pretérito perfeito simples der regelmäßigen Verben auf **-er** wird gebildet durch Anhängen der Endungen

-i, -este, -eu, -emos, -estes, -eram   an den Stamm des Verbs.

(eu)	conhec**i**	ich habe kennengelernt, ich lernte kennen	
(tu)	conhec**este**	du hast kennengelernt, du lerntest kennen	
(ele/ela)	conhec**eu**	er/sie hat kennengelernt, er/sie lernte kennen	
(nós)	conhec**emos***	wir haben kennengelernt, wir lernten kennen	* kein Unterschied zum Präsens
(vôs)	conhec**estes**	ihr habt kennengelernt, ihr lerntet kennen	
(eles/elas)	conhec**eram**	sie haben kennengelernt, sie lernten kennen	

Conheci a Maria do Carmo no sábado passado.
Ich habe Maria do Carmo am vergangenen Sonnabend kennengelernt.

10 D Die verbundenen unbetonten (nicht-präpositionalen) Personalpronomen

Subjektform		Objektform			
		Indirektes Objekt (Dativ)		Direktes Objekt (Akkusativ)	
eu	(ich)	me	(mir)	me	(mich)
tu	(du)	te	(dir)	te	(dich)
ele	(er)	lhe	(ihm)	o	(ihn)
ela	(sie)	lhe	(ihr)	a	(sie)
nós	(wir)	nos	(uns)	nos	(uns)
vós	(ihr)	vos	(euch)	vos	(euch)
eles	(sie)	lhes	(ihnen)	os	(sie)
elas	(sie)	lhes	(ihnen)	as	(sie)

Indirektes Objekt			
Dá-me a lista.	Er gibt mir die Speisekarte.	Dá-nos a lista.	Er gibt uns die Speisekarte.
Dá-te a lista.	Er gibt dir die Speisekarte.	Dá-vos a lista.	Er gibt euch die Speisekarte.
Dá-lhe a lista.	Er gibt ihm die Speisekarte. Er gibt ihr die Speisekarte.	Dá-lhes a lista.	Er gibt ihnen die Speisekarte (mehreren männlichen oder weiblichen Personen).
Direktes Objekt			
Vê-me.	Er sieht mich.	Vê-nos.	Er sieht uns.
Vê-te.	Er sieht dich.	Vê-vos.	Er sieht euch.
Vê-o.	Er sieht ihn.	Vê-os.	Er sieht sie (mehrere Personen oder Sachen, männlich).
Vê-a.	Er sieht sie.	Vê-as.	Er sieht sie (mehrere Personen oder Sachen, weiblich).

Gebrauch und Stellung

Diese Pronomina stehen nur bei Verben, auf die ein objecto directo oder indirecto folgt (oder beide Rektionen vereinigt wie bei ‚dar'). Diesen Pronomina darf keine Präposition unmittelbar vorausgehen. Sie dürfen *nicht hervorgehoben* sein. (Eine Hervorhebung wäre zum Beispiel: *Mir* gibt er das Geld, nicht *dir*.)

Die verbundenen unbetonten Personalpronomen können dem Verb voran- oder nachgestellt werden. Bei Nachstellung wird das Pronomen mit dem Verb durch einen Bindestrich verbunden (siehe obige Beispiele). Bei Voranstellung (das Pronomen steht dann unmittelbar vor dem Verb) entfällt der Bindestrich zwischen Pronomen und Verb. Die jeweilige Stellung ist von einer Reihe von Faktoren abhängig:

a) Voranstellung

1. bei einem Fragesatz, der durch ein Fragewort eingeleitet ist:

Porque lhe dá a carta?	Warum gibt er ihm (*oder*: ihr) den Brief?
Quando o vê?	Wann sieht er ihn?

2. bei verneintem Verb:

Não lhe dá a carta.	Er gibt ihm (*oder*: ihr) den Brief nicht.
Não o vê.	Er sieht ihn nicht.

3. im Nebensatz:

Diz que lhe dá a carta.	Er sagt, dass er ihm (*oder*: ihr) den Brief gibt.
Creio que o tem.	Ich glaube, dass er ihn hat.

(‚o' steht für eine Sache oder Person männlichen Geschlechts, z. B. **o** bilhete).

4. wenn Adverbien wie ainda (noch), já (schon), quase (fast), só (nur), talvez (vielleicht), também (auch) oder unbestimmte Pronomen vorausgehen:

Ainda o compra.	Er kauft es noch.
Alguém a conhece?	Kennt sie jemand?

5. beim Infinitiv, wenn ihm eine Präposition (außer ‚a') vorausgeht:

Partiu sem me dar a chave.	Er ist weggefahren, ohne mir den Schlüssel zu geben.

b) Nachstellung

1. im bejahten Aussagesatz:

Eles dão-nos a carta.

2. im bejahten Fragesatz ohne Fragewort:

Vêem-nos?

3. beim Infinitiv, wenn das Pronomen zu einem Infinitiv gehört, dem keine Präposition vorausgeht:

Vou recomendar-lhe o vinho.

Anpassung des verbundenen unbetonten Personalpronomens bei Nachstellung

Bei Nachstellung des unbetonten Pronomens gelten zwei Regeln:

1. o, a, os, as (3. Person Singular und Plural, Akkusativ) werden zu **-lo, -la, -los, -las** nach Verbformen, die auf **-r, -s, -z** enden (wobei -r, -s, -z selbst entfallen); auf -ar und -er endende Infinitive erhalten *Akzente*:

Endung der Verbform	Akkusativ des Personalpronomens			
-r	+ o(s),	a(s)	→	-lo(s), -la(s)
-ar	+ o(s),	a(s)	→	á-lo(s), á-la(s)
-er	+ o(s),	a(s)	→	ê-lo(s), ê-la(s)
-s	+ o(s),	a(s)	→	-lo(s), -la(s)
-z	+ o(s),	a(s)	→	-lo(s), -la(s)
-az	+ o(s),	a(s)	→	á-lo(s), á-la(s)
-ez	+ o(s),	a(s)	→	ê-lo(s), ê-la(s)

Quer comprar os cigarros.	→ Quer comprá-los.	Er will sie kaufen.
Vai vender a casa.	→ Vai vendê-la.	Er wird es verkaufen.
Quero abrir a porta.	→ Quero abri-la.	Ich will sie öffnen.
Fazes o trabalho.	→ Faze-lo.	Du machst sie.
Compramos os cigarros.	→ Compramo-los.	Wir kaufen sie.
Escreves a carta.	→ Escreve-la.	Du schreibst ihn.
Abrimos a porta.	→ Abrimo-la.	Wir öffnen sie.
Ela diz a verdade.	→ Ela di-la.	Sie sagt sie.
Faz a pergunta.	→ Fá-la.	Er stellt sie.
Traz os cigarros.	→ Trá-los.	Er bringt sie.

2. o, a, os, as (3. Person Singular und Plural, Akkusativ) werden zu -no, -na, -nos, -nas nach Verbformen, die auf *Nasal* enden (-m, -õe).

Compram as bananas.	→ Compram-nas.	Sie kaufen sie.
Vendem os jornais.	→ Vendem-nos.	Sie verkaufen sie.
Abrem a porta.	→ Abrem-na.	Sie öffnen sie.
Põe o whisky no frigorífico.	→ Põe-no no frigorífico.	Er stellt ihn in den Kühlschrank.

Anmerkungen:

1. Die Regeln für die Voran- oder Nachstellung haben auch auf die Reflexivpronomen Anwendung.

2. Das verbundene unbetonte Personalpronomen darf nicht am Anfang eines Satzes stehen.

Zur Stellung des verbundenen unbetonten Personalpronomens bei zusammengesetzten Zeiten und beim Gerundium siehe Lektionen 23, 24, 32, beim Futur Lektion 26 und beim Konditional Lektion 27.

10 E Stellung und Verschmelzung von zwei verbundenen unbetonten Personalpronomen in der Funktion von Dativ- und Akkusativobjekten

Tritt im Deutschen in einem Satz ein Personalpronomen als Akkusativobjekt und eins als Dativobjekt auf, so geht normalerweise das Akkusativobjekt dem Dativobjekt voran (Er verkauft sie (Akkusativobjekt) mir (Dativobjekt)). Das Portugiesische erfordert in diesem Fall die umgekehrte Stellung. Darüber hinaus verschmelzen die beiden Pronomen dabei zu einer Form.

objecto indirecto	objecto directo		kontrahierte Form			
me	+ o, a, os, as	→	-mo,	-ma,	-mos,	-mas
te	+ o, a, os, as	→	-to,	-ta,	-tos,	-tas
lhe	+ o, a, os, as	→	-lho,	-lha,	-lhos,	-lhas
nos	+ o, a, os, as	→	-no-lo,	-no-la,	-no-los,	-no-las
vos	+ o, a, os, as	→	-vo-lo,	-vo-la,	-vo-los,	-vo-las
lhes	+ o, a, os, as	→	-lho,	-lha,	-lhos,	-lhas

Beachten Sie, dass bei der Kontraktion mit -o sowohl ‚lhe' als auch ‚lhes' die Form -lho ergeben usw. Die Endung wird von der Form des objecto directo bestimmt.

Escreve-lhe a carta.	→ Escreve-**lha**.	Er schreibt ihn ihm.
Damos-lhes as cartas.	→ Damos-**lhas**.	Wir geben sie ihnen.
Dá-nos os bilhetes.	→ Dá-**no-los**.	Er gibt sie uns.
Vendem-vos o vinho.	→ Vendem-**vo-lo**.	Sie verkaufen ihn euch.

Anmerkung: Das Akkusativpronomen ‚o', maskulin, kann für ein deutsches „es" stehen und damit einen vollständigen Satz vertreten.

Diz-**mo**. – Er sagt es mir.

10 F Die unverbundenen (präpositionalen) Personalpronomen

Nach Präpositionen stehen die betonten Objektformen des Personalpronomens:

Fala sobre	mim.	Er spricht über mich.
	ti.	Er spricht über dich.
	ele.	Er spricht über ihn.
	ela.	Er spricht über sie.
	nós.	Er spricht über uns.
	vós.	Er spricht über euch.
	eles.	Er spricht über sie.
	elas.	Er spricht über sie.

Die Präpositionen ‚em' und ‚de' (siehe auch Lektion 5, ‚Possessivpronomen') verschmelzen mit ele, ela, eles, elas zu folgenden Formen:

	+ ele	→	dele
de	+ ela	→	dela
	+ eles	→	deles
	+ elas	→	delas

	+ ele	→	nele
em	+ ela	→	nela
	+ eles	→	neles
	+ elas	→	nelas.

Gosto **dela**.   Ich mag sie.
Pensa **neles**.   Er denkt an sie.

Anmerkung: Die Verschmelzungsformen der unverbundenen Personalpronomen mit der Präposition ‚com' werden in Lektion 14 behandelt.

Die Formen der unverbundenen Personalpronomen stehen auch dann, wenn es sich um eine Hervorhebung folgender Art handelt:
Ele dá o dinheiro a **mim**, não a **ti**.   Er gibt das Geld **mir**, nicht **dir**.

Exercícios

10.1 Konjugieren Sie im pretérito perfeito simples.

(Eu) (comprar) esse vestido azul ontem. (Eu) (conhecer) uma rapariga linda no sábado passado. (Eu) (chegar) ontem. (*Achtung:* Eu cheg_u_ei.)

10.2 Übersetzen Sie!
1. Recomendaram este vinho. 2. Compraste o jornal? 3. Não custou nada. 4. Conheceram-na no domingo. 5. Chegou ontem. 6. Falaram muito. 7. Trabalhámos bem. 8. Casou-se na sexta-feira passada. 9. Gostámos da comida. 10. Já falaste com ele?

10.3 Setzen Sie das richtige Demonstrativpronomen ein.

O que é ... (in meiner Nähe: dies)? – ... é a mesa.
O que é ... (dies, in der Nähe des Angeredeten)? – ... é a casa do engenheiro Santos.
O que é ... (das dort, weiter entfernt)? – ... é a ponte (die Brücke) 25 de Abril.

10.4 Setzen Sie ein! Wiederholen Sie immer den ganzen Satz.
a) Ela vai casar-se *no próximo domingo.* (Sie wird *nächsten Sonntag* heiraten.)

    im nächsten Monat, im August, im Juni, am 30. Mai, nächste Woche, am 16. Juli, am Freitag, dem 11. Juni, am nächsten Sonnabend.

b) Que é feito *dela*? (Was macht *sie* jetzt? / Was ist mit *ihr*?)
   er, sie (*Pl., mask.*), sie (*Pl., fem.*), ihr.

c) Conheci-*a* em casa da Maria. (Ich habe *sie* bei Maria kennengelernt.)
   ihn, sie (*Pl., mask.*), sie (*Pl., fem.*), Sie (*Pl., fem.*), Sie (*Sg., mask.*).

d) Conheci-o em casa do Pedro. (*Ich habe ihn bei Pedro kennengelernt.*)
   1. Wir haben sie bei Pedro kennengelernt.   2. Er hat uns bei Pedro kennengelernt.   3. Er hat sie (*Pl., mask.*) bei Pedro kennengelernt.   4. Sie haben sie (*Pl., fem.*) bei Pedro kennengelernt.   5. Sie hat ihn bei Pedro kennengelernt.

10.5 *Übersetzen Sie die folgenden Sätze ins Deutsche. Ersetzen Sie die Objekte durch Pronomen (verbundenes unbetontes Personalpronomen).*

Eu vejo o guarda. → Eu vejo-o. – Ich sehe den Polizisten. Ich sehe ihn.

1. Nós bebemos o café.   2. Eles vendem os jornais.   3. Eu comprei a cerveja.   4. Eu conheço a rapariga.   5. Elas conhecem o poeta.   6. Eles vêem a senhora.   7. Ela bebe o leite.   8. Ele não conhece o senhor.   9. Conheci esse senhor no museu.   10. Conheceram o criado no hotel 'Internacional'.   11. Eles não tomaram o café.   12. Nós não conhecemos o poeta.   13. Eu escrevo a carta.   14. Eu não vejo o museu.   15. Ele não me vendeu o jornal.   16. Você não conhece estes senhores?   17. Traga-me a carta.   18. Dá-me a carta.   19. Eu dou o bilhete de identidade ao guarda.   20. Ela não me dá os selos.   21. Eu não vendo os selos à rapariga.   22. Eu não vendo os selos a essa rapariga.

10.6 Konjugieren Sie!

Präsens: (Eu) (lembrar-se) dela.   (Eu) (falar) com ele.
p.p.s.:   (Eu) (lembrar-se) dele.   (Eu) (falar) com elas.
Präsens: (Eu) não (lembrar-se) deles.

10.7 Übersetzen Sie!

1. Wir erinnern uns an ihn.   2. Wir erinnerten uns an sie (*Pl., fem.*).   3. Ich erinnere mich an Sie (*Sg., fem.*).   4. Wir erinnern uns an dich.   5. Sie erinnerten sich an ihn.   6. Er erinnerte sich an sie (*Pl., mask.*).   7. Wir erinnern uns nicht an sie (*Sg., fem.*).   8. Ich habe mich nicht an sie (*Pl., fem.*) erinnert.   9. Wir können uns nicht an Sie erinnern (*Sg., mask.*).   10. Hat er sich noch an mich erinnert?

10.8 Lesen, übersetzen und beantworten Sie die folgenden Fragen anhand des Lektionstextes.

1. O Ronaldo conhece a Teresa Ramos?   2. Onde é que a conheceu?   3. Quando a conheceu?   4. A Teresa é uma rapariga pequena?   5. É uma loira?   6. Ela tem os olhos azuis?   7. O Gilberto lembra-se da Teresa ou não?   8. De que cor é o vestido da Teresa?   9. Como são os lábios dela?   10. Com quem vai casar a Teresa?   11. O Gilberto conhece o Carlos Silva?   12. O Ronaldo é economista?   13. O Carlos Silva é o marido da Teresa?   14. O que diz o Gilberto sobre o Carlos Silva?

10.9 *Beantworten Sie folgende persönliche Fragen:*

O senhor tem os olhos azuis? De que cor são os cabelos da senhora? A senhora tem um vestido vermelho? A sua vizinha é uma loira? A sua vizinha é uma rapariga bonita?

10.10 *Übersetzen Sie!*

a) 1. Ich heirate am Sonnabend.   2. Er hat am Mittwoch geheiratet.   3. Hat er sie geheiratet?   4. Wir haben geheiratet.   5. Sie hat ihn nicht geheiratet.   6. Wir heiraten im Sommer (no verão).

b) 1. Sie ist glücklich.   2. Er ist Ingenieur.   3. Sie ist eine kleine Brünette.   4. Was ist mit ihr?   5. Sie ist ein hübsches Mädchen.   6. Er ist klein.   7. Sie ist blond.   8. Er ist ein guter Polizist.   9. Das Essen ist gut.

c) 1. Geben Sie mir bitte den Brief. – Geben Sie ihn mir.   2. Ich erinnere mich noch an den kleinen Bahnhof. – Ich erinnere mich noch an ihn.   3. Ich gebe dir meine Adresse. – Ich gebe sie dir.   4. Wir lernten Maria im Hotel kennen. – Wir lernten sie im Hotel kennen.   5. Kannten Sie den Polizisten? – Kannten Sie ihn?   6. Er empfahl uns den Wein. – Er empfahl ihn uns.   7. Sie geben uns den Brief. – Sie geben ihn uns.   8. Sie kannten die Sorten. – Sie kannten sie.   9. Wir lernten die Mädchen am Freitag kennen. – Wir lernten sie am Freitag kennen.   10. Sie tranken den Kaffee nicht. – Sie tranken ihn nicht.

Portugiesische Sprichwörter und Sinnsprüche

Aqueles são ricos que têm amigos.
Curtas tem as pernas a mentira.
De grande subida, grande caída.
Devagar se vai ao longe.
Ferro que não se usa, enche-se de ferrugem.
Uma andorinha não faz verão.
Os ricos são o sal da terra. Onde passam não cresce a grama.
Felicidade não se discute.
O acaso pode te destruir uma perna e, com ela, o teu carácter.

LIÇÃO 11

Texto

A D. Adélia vai às compras

D. Adélia: Ó Maria! Pelo que vejo, a nossa despensa está quase vazia. E o frigorífico também.

Maria: Eu sei, mãe. Temos que ir à mercearia, à frutaria, à padaria e ao talho.

D. Adélia: Está bem, vamos fazer compras.

(No talho)

D. Adélia: Tem bife de porco?

Vendedor: Não, minha senhora. Hoje só tenho costeletas e pá de porco e lombo de vitela muito tenro.

D. Adélia: Qual é o preço?

Vendedor: As costeletas são a 7,90 e o lombo é a 9,80 o quilo.

D. Adélia: É muito caro. Dê-me um quilo e meio de lombo de vitela, quatro salsichas e uma morcela.

O homem do talho pesa a carne e as salsichas na balança e embrulha-as num papel.
A D. Adélia paga e vai ao lugar da hortaliça e à frutaria.

(Na hortaliça)

D. Adélia: Eu quero dois quilos de feijão verde, um quilo de tomate, três quilos de batatas, duas alfaces e uma couve lombarda.

Vendedor: Mais nada?

D. Adélia: Não, muito obrigada.

Depois vão à frutaria, onde compram meia dúzia de bananas e um quilo de maçãs.

Maria: O saco e o cesto já estão cheios. Vamos para casa.

D. Adélia: Não, não. Esquecemo-nos do pão e dos ovos.

(Na padaria)

D. Adélia: Dois pães de primeira pequenos, um pão de centeio e vinte carcaças. Que bolos tem?

Padeiro: Temos pão de ló, torta e bolas de Berlim.

D. Adélia: Queria um pão de ló pequeno, 6 fatias de torta, 4 pastéis de nata e meia dúzia de bolas de Berlim. As duas mulheres acham os bolos muito bons. Por fim, vão à mercearia onde compram dois pacotes de manteiga, uma dúzia de ovos, dois quilos de farinha e um quilo de açúcar.

Maria: Mãe, olha, que flores lindas. As dálias e os cravos são bem bonitos.

D. Adélia: Eu não gosto nem das dálias nem dos cravos. Vou comprar um ramo de tulipas.

Maria: Vamos para casa ... Já não posso carregar mais nada.

Novas palavras

a compra der Kauf, der Einkauf
ir às compras einkaufen gehen
fazer compras einkaufen, Einkäufe machen
pelo que vejo *(idiom.)* wie ich sehe
a despensa die Speisekammer
quase fast, nahezu
estar vazio leer sein
o frigorífico der Kühlschrank
ter de + *Infinitiv* müssen
  oder: **ter que** + *Infinitiv*
  Temos de (que) ir para casa. Wir müssen nach Hause gehen.
a mercearia das Lebensmittelgeschäft *(auch:* der Kramladen)
a frutaria die Obsthandlung
a padaria die Bäckerei
o padeiro der Bäcker
o talho die Fleischerei, der Fleischerladen
no talho in der Fleischerei, beim Fleischer
o bife das Steak
o porco das Schwein

a costeleta das Kotelett
a pá 1. das Kammstück; 2. der Spaten, die Schaufel
o lombo die Lende
a vitela das Kalb
tenro zart, schier
o quilograma, o quilo das Kilo(gramm)
o grama das Gramm
As costeletas são a 7 € o quilo. *(idiom.)* Die Koteletts kosten 7 € das *(oder:* je) Kilo.
caro teuer; lieb
a salsicha das Würstchen (Wiener, Frankfurter)
a morcela die Blutwurst (Form eines Knackers, wird nicht geschnitten)
o homem do talho der Fleischer
pesar wiegen
a carne das Fleisch
a balança die Waage
embrulhar einpacken, einwickeln
o papel *(pl.* os papéis*)* das Papier
pagar bezahlen

o lugar da hortaliça das (kleine) Gemüsegeschäft, die Gemüseabteilung (Kaufhalle)

o feijão verde die grüne Bohne; grüne Bohnen

o tomate die Tomate

a alface der (Kopf-)Salat

a couve lombarda der Wirsingkohl

o vendedor der Verkäufer

Mais nada? *(idiom.)* Soll es (*oder:* darf es) sonst noch etwas sein?

a dúzia das Dutzend

   uma dúzia *de* bananas ein Dutzend Bananen

meio *(ohne unbest. Artikel):* halb

   meia dúzia de bananas *ein* halbes Dutzend Bananen

o saco der Beutel, der Sack, die Reisetasche

o cesto, a cesta der Korb

estar cheio voll sein

ir para casa nach Hause gehen

esquecer-se de vergessen

   Esquecemo-nos do pão. Wir haben das Brot vergessen.

o pão *(pl. os pães)* das Brot

   ‚**O pão nosso de cada dia nos dai hoje. (do padre nosso)**' ‚Unser täglich Brot gib uns heute.' (aus: ‚Vaterunser')

o ovo das Ei

pão de primeira, pão de trigo Weizenbrot, Brot 1. Sorte

o trigo der Weizen

pão de centeio Roggenbrot, Schwarzbrot

o centeio der Roggen

a carcaça, o papo-seco das Brötchen *(umgspr.)*

o bolo der Kuchen, die Torte

o pão de ló der Biskuitkuchen

a torta die Biskuitrolle

a torta de chocolate die Schokoladenrolle

o bolo de chocolate die Schokoladentorte

a bola de Berlim der (Berliner) Pfannkuchen

a fatia die Scheibe, das Stück

uma fatia de pão eine Scheibe Brot

uma fatia de bolo ein Stück Kuchen, ein Stück Torte

os pastéis de nata Cremetörtchen (port. Spezialität)

Elas acham os bolos muito bons. Sie finden den Kuchen sehr gut.

por fim schließlich, endlich

o pacote das Paket

a manteiga die Butter

   um pacote de manteiga ein Stück Butter

a farinha das Mehl

o açúcar der Zucker

olhar ansehen, (an-)schauen

a flor die Blume

   Olha, que flores lindas! Sieh mal, was für schöne Blumen!

a dália die Dahlie

o cravo die Nelke

   Os cravos são bem bonitos. Die Nelken sind sehr hübsch.

nem … nem weder … noch

   Eu não gosto nem das dálias nem dos cravos. Mir gefallen weder die Dahlien noch die Nelken. Ich mag weder die Dahlien noch die Nelken.

o ramo der Blumenstrauß

a túlipa, a tulipa die Tulpe

   um ramo de tulipas ein Strauß Tulpen

para casa nach Hause

carregar tragen; einladen; laden (Batterie, Waffe); aufbürden

   Já não posso carregar mais nada. Ich kann nichts mehr tragen.

Gramática

11 A Konjugation unregelmäßiger Verben: Indikativ Präsens von *pôr, trazer*

	pôr setzen, stellen, legen	*trazer* bringen, herbringen; mitführen
(eu)	**ponho**	**trago**
(tu)	**pões**	**trazes**
(ele/ela)	**põe**	**traz**
(nós)	**pomos**	**trazemos**
(vós)	**pondes**	**trazeis**
(eles/elas)	**põem**	**trazem**

11 B Die Anrede / O tratamento

Die Formen der Anrede im Portugiesischen unterscheiden sich vom Deutschen grundlegend.

O senhor / A senhora

Die *häufigste* Form der höflichen Anrede wird im Portugiesischen mit ‚o senhor' (im Plural: ‚os senhores') und ‚a senhora' (im Plural: ‚as senhoras') gebildet. Das Verb steht dabei in der *3. Person*.

O senhor fala alemão?	Sprechen Sie (an einen Herrn gewandt) Deutsch?
Sim senhora, falo.	Ja.
As senhoras falam português?	Sprechen Sie (an mehrere Damen gewandt) Portugiesisch?
A senhora fala alemão?	Sprechen Sie Deutsch?
Falo, sim.	Ja.
E o senhor Duarte?	Und Sie, Herr Duarte?
É o filho do senhor?	Ist das Ihr Sohn?

Anmerkung: Es kann auch die 3. Person des Possessivpronomens stehen:

É o seu filho?
É a pasta da senhora?
oder: É a sua pasta?   Ist das Ihre Tasche?

Die Anrede mit ‚o senhor / a senhora' ist allgemein verwendbar und neutral.
Die Abkürzung für ‚senhor' ist Sr. oder sr., für ‚senhora' Sra. oder sra.

Beachten Sie den Gebrauch des Artikels vor ‚senhor(es)' und ‚senhor(as)'! Spricht man jemanden direkt mit Namen an, steht der bestimmte Artikel nicht:

Como está, Senhor Duarte?	Wie geht es Ihnen, Herr Duarte?
Como está o senhor Ferreira?	Wie geht es Herrn Ferreira?

(Die Person ist nicht anwesend. Es liegt keine direkte Anrede vor, folglich steht der bestimmte Artikel vor ‚senhor'.)

Wenn der akademische Grad oder die Berufsbezeichnung der angesprochenen Person bekannt sind, dann werden sie den Anredeformen ‚o senhor/a senhora' hinzugefügt. Sind ‚o senhor/a senhora' mit einem Eigennamen, Titel oder einer Berufsbezeichnung kombiniert, werden sie mit großem Anfangsbuchstaben geschrieben. Solche Kombinationen sind zum Beispiel:

o Senhor Doutor, o Senhor Engenheiro, o Senhor Pintor (Maler), o Senhor Arquitecto, o Senhor Capitão, o Senhor Embaixador, o Senhor Secretário ...

Fala alemão, Senhor Ramos?	Sprechen Sie Deutsch, Herr Ramos?
A Senhora Doutora não se lembra de mim?	Erinnern Sie sich nicht (mehr) an mich, Frau Doktor?
O Senhor Doutor está bem?	Geht es Ihnen gut, Herr Doktor?

Die direkte Anrede für *Herren* lautet folglich: ‚senhor + Familienname' (das ist gewöhnlich der letzte Name). ‚Senhora' können Sie nicht mit einem Namen kombinieren, sondern müssen eine der nachfolgenden Anredeformen wählen.

(Senhora) Dona

‚Senhora Dona' (abgekürzt: Sra. D.) oder nur ‚Dona' (D.) mit einem weiblichen *Vornamen* kombiniert ist die höfliche Anrede für Frauen in Portugal. ‚Senhora Dona + Vorname' bedeutet größere Distanz zur Angeredeten (ältere Dame oder eine Frau, die einer höheren sozialen Schicht angehört); ‚Dona + Vorname' drückt weniger Distanz aus (jüngere Frau, der gleichen oder einer niederen sozialen Schicht angehörend). Die Form ‚Senhora + Familienname' existiert im Portugiesischen ebenfalls, jedoch nicht für *portugiesische* Frauen. In Presse und Fernsehen begegnen Ihnen sehr häufig: a Senhora Gorbatchev, a Senhora Clinton, a Senhora Blair. Hingegen werden Sie ‚Senhora Soares' nicht finden.

Anmerkung: Der Familienname kann hinzugesetzt werden: Sra. D. Ana Mendes.

Mit ‚Senhora Dona' oder ‚Dona' werden sowohl verheiratete als auch unverheiratete Frauen angeredet:

Quantos anos tem o seu filho, Senhora Dona Elisa?	Wie alt ist Ihr Sohn, Frau Mendes (o. a.)?

Die Anrede ist auch in Verbindung mit dem bestimmten Artikel und einem Verb möglich:

A Sra. D. Maria está bem?	Geht es Ihnen gut, (Frau) Maria?
oder: A D. Maria está bem?	

(Die Frau kann an- oder abwesend sein.)

Ebenso ist möglich:

Está bem, Sra. D. Tereza?	Geht es Ihnen gut, (Frau) Tereza?
oder: Está bem, D. Tereza?	
É o filho da Senhora Dona Tereza?	Ist das der Sohn von Frau Mendes?

Kennen Sie den Namen der angesprochenen weiblichen Person nicht, dann verwenden Sie das neutrale ‚a senhora':

A senhora tem a chave?	Haben Sie den Schlüssel?

Eine weitere Anredeform für Frauen ist ‚minha senhora'. ‚Minha senhora' wird für die direkte Anrede gebraucht und ist höflicher als die vorgenannten Anredeformen für Frauen.

O senhor fala português?	Sprechen Sie Portugiesisch?
Sim, minha senhora, (falo).	Ja (meine Dame).
Fala alemão, minha senhora?	Sprechen Sie Deutsch?
Falam alemão, minhas senhoras?	Sprechen Sie Deutsch?
Desculpe, minha senhora.	Entschuldigen Sie, meine Dame.

Beachten Sie, dass auch diese Form mit der 3. Person des Verbs konstruiert wird.

Als Anrede für ein junges Mädchen ist vor allem ‚a menina' (ganz selten ‚a senhorita') gebräuchlich. Auch hier steht die 3. Person des Verbs.

A menina Maria está em casa?	Ist Maria zu Hause? *oder*: Ist Fräulein Maria zu Hause?
Os pais da menina estão em casa?	Sind Deine Eltern zu Hause? *oder*: Sind Ihre Eltern zu Hause?

Você / Vocês

Você und die Pluralform vocês stehen als Form der höflichen Anrede zwischen dem deutschen Sie/Ihnen und du/ihr. Você bzw. vocês wird unter Bekannten, Jungen und Mädchen, Studenten, Freunden und Kollegen verwendet und mit der 3. Person des Verbs konstruiert. Es steht ohne Artikel.

Você tem tempo?	Hast du Zeit? *oder*: Haben Sie Zeit?
Este presente é de vocês?	Ist das Geschenk von euch? *oder*: Ist das Geschenk von Ihnen?

Vossa Excelência

Vossa Excelência ist die höflichste aller Anredeformen, mit der männliche oder weibliche Personen angesprochen werden können. Sie ist heute in der gesprochenen Sprache selten geworden, hat einen förmlichen Charakter und wird für Personen von einem bestimmten geistigen und gesellschaftlichen Niveau verwendet. Haben die so angeredeten Personen einen Titel, dann ist er der Anredeform anzufügen. Vossa Excelência ist in Portugal in der Schriftsprache noch relativ verbreitet und wird auch bei Personen angewandt, die nach dem diplomatischen Protokoll niemals mit ‚Exzellenz' angeredet würden (z. B. Ärzte, Professoren). Vossa Excelência (abgekürzt: V.Ex.ª) bzw. der Plural Vossas Excelências (abgekürzt: V.Ex.ªs) wird mit der 3. Person des Verbs gebraucht und steht ohne Artikel.
Anmerkung: Als Abkürzung finden Sie auch: V.ª Excia.

Vossa Excelência está muito ocupada?	(an eine Dame gewandt:) Sind Sie sehr beschäftigt? *oder:* Sind Sie sehr beschäftigt, Exzellenz?
Como está V.Ex.ª, Senhor Embaixador?	Wie geht es Ihnen, Herr Botschafter? *oder:* Wie geht es Ihnen, Exzellenz?
Desejo a Vossa Excelência boa viagem.	Ich wünsche Ihnen eine gute Reise. *oder:* Exzellenz, ich wünsche Ihnen eine gute Reise.

Die 3. Person als Anredeform

Nachdem Sie Ihren Gesprächspartner zu Beginn eines Gesprächs mit ‚o senhor', ‚a senhora', ‚Senhora Dona', ‚Vossa Excelência', ‚você' usw. angesprochen haben, setzen Sie diese Anredeformen im Verlauf des weiteren Gesprächs nicht endlos fort, sondern lassen sie weg und greifen sie nur gelegentlich wieder auf. Anstelle dieser Anredeformen steht nun die 3. Person Singular des Verbs oder (wenn Sie mehrere Personen ansprechen) die 3. Person Plural. Das Gespräch beginnt mit:

O senhor já esteve em Luanda?	Waren Sie schon in Luanda?
Já, sim senhor.	Ja.

… es setzt sich fort mit:

Esteve também em Maputo?	Waren Sie auch in Maputo?
Estive, sim.	Ja.

Anstelle der höflichen Anredeformen ‚o senhor', ‚a senhora', ‚você', ‚Vossa Excelência', ‚Senhora Dona' und ‚minha senhora' kann die 3. Person der **Possessivpronomina** (seu, sua, seus, suas – siehe oben) oder die 3. Person der verbundenen unbetonten **Personalpronomina** (lhe, lhes, o, a, os, as) stehen:

Desejo a V.Ex.ª boa viagem e fico-lhe muito agradecido.
Ich wünsche Ihnen eine gute Reise und danke Ihnen sehr.

Posso ajudá-la?	(Die Frage geht an eine Frau:) Kann ich Ihnen helfen?
Muito prazer em conhecê-lo.	Sehr erfreut, Sie kennenzulernen.

Anstelle von:

É a sua pasta?	Ist das Ihre Tasche?

kann stehen: É a pasta do senhor?, É a pasta da senhora?, É a pasta de Vossa Excelência?, É a pasta de você? (selten), É a sua pasta, minha senhora?

Gleichaltrige, die aus derselben sozialen Schicht stammen und zwischen denen eine gewisse Freundschaft oder ein Vertrauensverhältnis besteht, reden sich in der 3. Person an, meistens unter Hinzufügung des **Vornamens**. Diese Form der Anrede ist in Portugal sehr verbreitet.

Tem tempo, Ronaldo?	Ronaldo, hast du Zeit?
Sabe, Luís, não estou bem hoje.	Weißt du, Luís, heute geht es mir nicht gut.

Auch wenn der Träger des Vornamens anwesend ist, ist folgende Anredeform möglich:

A Manuela já comprou a carne?	Hast du schon das Fleisch gekauft, Manuela?

Redet das Kind die Eltern oder andere Verwandte an, gebraucht es die 3. Person des Verbs:

A mãe vai dar-me o dinheiro?	Wirst du mir das Geld geben, Mutter?
Sabe onde está a chave, meu pai?	Vater, weißt du, wo der Schlüssel ist?
(O pai) Tem tempo?	Hast du Zeit, (Vater)?

Die Anrede in der 2. Person

Die ‚du-Anrede' (o tuteio) ist im Portugiesischen viel seltener als im Deutschen. Sie trägt einen familiären Charakter. Die ‚du-Anrede' benutzen Erwachsene gegenüber Kindern, Kinder und Jugendliche untereinander, Studenten untereinander sowie Freunde, die sich schon lange kennen. Innerhalb der Armee duzen (tutear) Offiziere die Soldaten.

Queres uma banana?	Willst du eine Banane (Mutter zum Kind)?
Chegaste tão tarde.	Du bist so spät gekommen.
Que te traz a Lisboa?	Was führt dich nach Lissabon?
É a tua pasta?	Ist das deine Tasche?

Der Plural von ‚tu', nämlich ‚vós', wird heute höchst selten gebraucht. Gelegentlich hört man diese Form von Rednern bei feierlichen Anlässen, in Gebeten und Gottesdiensten. Als Plural von ‚tu' steht heute ‚vocês' und die 3. Person Plural des Verbs oder nur die 3. Person Plural des Verbs bzw. des verbundenen unbetonten Personalpronomens (lhes, os, as).
Der Vater fragt seine Kinder:

Que fazem vocês aí?	Was macht ihr da?
Trago-os (*und nicht:* trago-vos) para este lugar.	Ich bringe euch zu diesem Ort.
Digo-lhes (*und nicht:* digo-vos) a verdade.	Ich sage euch die Wahrheit.
Têm tempo? (*oder:* Vocês têm tempo?)	Habt ihr Zeit?

Der deutsche Satz ‚Hast du Zeit?' bzw. ‚Habt ihr Zeit?' hat folglich folgende Entsprechungen im Portugiesischen:

Tens tempo?	Têm tempo?
Tem tempo? (häufig)	Vocês têm tempo?
Você tem tempo?	

(‚Tendes tempo?' taucht im modernen Portugiesisch nicht mehr auf.)

Wird bei der Anrede der Vorname verwendet, kann die 2. Person Singular (vertrauter Umgangston) oder die 3. Person des Verbs stehen.

Ronaldo, tens o carro na garagem?	Ronaldo, hast du das Auto in der Garage stehen?
(*oder:* Ronaldo, tem o carro na garagem?)	(*oder:* Ronaldo, steht das Auto in der Garage?)
Júlio, tens os bilhetes?	Júlio, hast du die Eintrittskarten?

Vor den Vornamen kann der bestimmte Artikel treten:

Vou contar tudo ao Luís.　　Ich werde dir alles erzählen, Luís.

Natürlich können Sie auch sagen:

Vou contar-te tudo, Luís. (*oder:* Vou contar-lhe tudo, Luís.)

O colega / O camarada

Nach der Anrede mit ‚o colega' (Kollege) und ‚o camarada' (Genosse) muss das Verb ebenfalls in der 3. Person stehen. Die weiblichen Formen lauten ‚a colega' (Kollegin) und ‚a camarada' (Genossin).

O colega pode dar-me o martelo?	Kollege, kannst du (*oder:* können Sie) mir mal den Hammer geben?
A camarada sabe a que horas começa a reunião?	Genossin, weißt du (*oder:* wissen Sie) wann die Versammlung beginnt?

11 C *Ter de/que* + Infinitiv zum Ausdruck von ‚müssen'

‚Ter de' + Infinitiv des Verbs oder ‚ter que' + Infinitiv des Verbs dient zum Ausdruck einer unabänderlichen, objektiven Notwendigkeit oder eines äußeren Zwanges.

Tenho que ir às compras amanhã.	Morgen muss ich einkaufen gehen.
Tenho que pagar.	Ich muss bezahlen.
Ele tem de vir também.	Er muss auch kommen.
Tenho que lhe dizer muitas coisas.	Ich muss dir viel erzählen.
	(*oder:* Ich habe dir viel zu sagen.)

(*Zum Ausdruck eines moralischen Zwanges, eines logischen Zwanges oder einer Vermutung siehe Lektion 12, ‚dever'.*)

Exercícios

11.1 Setzen Sie die entsprechenden Verbformen von ‚ser', ‚estar' oder ‚ficar' ein. Lesen und übersetzen Sie die Sätze.

1. O Carlos … simpático.   2. Ela … uma loira.   3. Nós … satisfeitos.   4. O frigorífico … vazio.   5. Geralmente (im Allgemeinen) ele … feliz, mas hoje não … feliz.   6. Ela … alemã.   7. Ele … engenheiro.   8. O restaurante … cheio.   9. Que … feito dela?   10. A carne … cara.   11. Isso … muito caro.   12. Já … onze horas.   13. Onde … o Pedro?   14. O saco e o cesto … cheios.   15. Que horas …?   16. … meia-noite.   17. Que dia … hoje?   18. De que cor … o vestido?   19. O correio … aberto esta tarde?   20. Bom dia, como … o senhor?   21. Nós … portugueses.   22. As flores … azuis.   23. Ela … em casa (zu Hause).   24. Onde … o João?   25. Ele … na rua.   26. Quantas pessoas (Personen) … na rua?   27. O almoço … pronto.   28. As casas no Rio de Janeiro … grandes.   29. Os senhores … de São Paulo?   30. As lojas … cheias.   31. Onde … a entrada?   32. (Tu) … em casa no domingo? (Bleibst du am Sonntag zu Hause?) …, sim. (Ja.)   33. Onde … o correio?

11.2 Ersetzen Sie die direkten Objekte durch Pronomen.

Não vejo *o frigorífico*. – Não *o* vejo.
O homem do talho embrulha-me *a carne*. – O homem do talho embrulha-*ma*. (Der Fleischer wickelt es mir ein.)

1. Pesamos a farinha.   2. Embrulham as salsichas.   3. Tens a manteiga?   4. Temos bolo.   5. Querem as costeletas.   6. Têm as batatas.   7. Compre o açúcar!   8. Bebem o leite.   9. Ela tem o cesto.   10. Recomendamos-lhe a morcela.   11. Eles embrulham-nos as couves lombardas.   12. Compram as flores.   13. Compram-nos túlipas.

11.3 Setzen Sie das Possessivpronomen ein.

(tu)   → *A tua* pasta está na mesa.
(você e eu)   → *As nossas* salsichas são aquelas.

1. (eu) … cesto é aquele.
2. (nós) … despensa está cheia.
3. (ela) … casa … é ao lado da nossa.
4. (O senhor – Sie) Qual é … nome?
5. (eles) … vizinho … é de Berlim.
6. (As senhoras – Sie) Quais são … vestidos?
7. (vocês) … colegas também estão na estação.
8. (O senhor – Sie) … flores são estas.
9. (você) De que cor são … olhos?
10. (A senhora – Sie) … mãe é portuguesa?
11. (você e eu) Quais são … mesas?
12. (vocês) … charutos não são esses?

11.4 Beantworten Sie die Fragen nach folgendem Muster:

Vocês bebem café de manhã? → Ela bebe, mas eu não bebo.
Vocês falaram com o polícia? → Ela falou, mas eu nao falei.

1. Vocês querem comprar pão?
2. Vocês põem as compras no frigorífico?
3. Vocês vão almoçar no restaurante?
4. Vocês ainda vêem o João hoje?
5. Vocês moram em Berlim?
6. Vocês dizem tudo aos seus pais?
7. Vocês sabem quem é Alvaro Cunhal?
8. Vocês trazem as compras para casa?
9. Vocês almoçaram no mesmo restaurante?
10. Vocês chegaram na terça-feira?
11. Vocês beberam aguardente?
12. Vocês gostaram do bolo?
13. Vocês pagaram tudo?
14. Vocês falaram com este empregado?

11.5 Setzen Sie ein! Lesen und übersetzen Sie dann den ganzen Satz.

a) *O lombo de vitela é* a *9.75 o quilo. As costeletas são a 7.15 o quilo.*

a carne ... 5,80 o quilo, o pão ... 0,90 o quilo, as batatas ... 2,90 o quilo, o feijão verde ... 0,80 o quilo, as maçãs ... 1,50 o quilo, os ovos ... 75 a dúzia, as túlipas ... 3.50 o ramo, essas flores ... 1,40 o ramo.

b) Pelo que vejo, *ele gosta de beber cerveja.* (Wie ich sehe, *trinkt er gern Bier.*)

ist der Kühlschrank leer; gibt es kein Brot; gibt es nur Schweinefleisch; gehen sie zum Gemüsehändler; hat er Ihnen Kalbslende empfohlen; hat er einen Kühlschrank gekauft; sind Ihre Tasche und Ihr Netz bereits voll; ist er schon nach Hause zurückgekehrt (voltar para casa); essen Sie gern Apfelkuchen; können Sie nicht mehr tragen.

c) Não se esqueça *das flores.* (Vergessen Sie *die Blumen* nicht.)

den Brief, das Fleisch, das Brot, die Eier, den Zucker, den Kuchen, das Mehl, die Butter, die Kartoffeln, Ihren Personalausweis, Ihr Wechselgeld, Ihre Frage; Briefmarken zu kaufen, zum Bahnhof zu gehen, zu kommen, die Zeitung zu kaufen, Zigaretten mitzubringen.

11.6 Übersetzen Sie!

1. Temos que (*oder*: de) comprar pão.   2. Tenho de escrever esta carta.   3. Tem de pesar a carne na balança.   4. Têm de vender tudo.   5. Tens de ir ao correio.   6. Temos de falar português.   7. Agora tenho de almoçar.   8. Ele tem de comer.   9. Ela tem que vir também.   10. Ele tem de esquecer.   11. Temos de dirigir-nos ao director (Direktor).   12. Se temos fome temos de comer.   13. Têm de dizer a verdade (Wahrheit).   14. Tens de beber o leite (Milch).

11.7 Verbinden Sie die beiden Sätze zu einem Satz. Verwenden Sie dabei nem ... nem.

Não temos salsichas. Não temos morcela. → Não temos nem salsichas nem morcela.

1. Não tenho lombo de vitela. Não tenho bife tenro.
2. Não têm tomates. Não têm feijão verde.
3. Não como bolo de maçã. Não como bolo de laranja.
4. Não almoço no restaurante. Não almoço no hotel.
5. Não bebem leite. Não bebem cerveja.
6. Não comprámos manteiga. Não comprámos ovos.

11.8 Setzen Sie ein! Lesen und übersetzen Sie dabei den ganzen Satz.

Não gosto nem *das túlipas* nem *dos cravos*. (Ich mag *weder die Tulpen noch die Nelken*.)

weder Fleisch noch Fisch (o peixe), weder Rotwein noch Weißwein, weder grüne Bohnen noch Wirsingkohl, weder Äpfel noch Birnen, weder Schnaps noch Bier, weder Dahlien noch Tulpen.

11.9 Lesen, übersetzen und beantworten Sie die folgenden Fragen anhand des Lektionstextes.

1. O frigorífico da Dona Adélia está cheio? 2. Aonde vão as duas mulheres para fazer compras? 3. O que compra a Dona Adélia no talho? 4. Qual é o preço das costeletas e do lombo de vitela? 5. Quantas salsichas e quantas morcelas compra a Dona Adélia? 6. O que faz o homem do talho com a carne e as salsichas? 7. O que compra a Dona Adélia no lugar da hortaliça? 8. Aonde vão elas depois? 9. O que compram? 10. Depois voltam para casa? 11. Que tipo de bolo tem o padeiro? 12. Quantos pães de ló compram? 13. Aonde vão por fim? 14. O que compram na mercearia? 15. A Dona Adélia gosta de túlipas? 16. A Maria pode carregar bem com as compras?

11.10 Fragen Sie Ihren Nachbarn (bzw. Ihre Nachbarin). Ihr Nachbar (bzw. Ihre Nachbarin) beantwortet die Frage...

– ob er einen Kühlschrank hat
– wo er sein Fleisch kauft
– ob sein Fleischer zartes Rindfleisch hat
– wieviel ein Kilo Kotelettfleisch kostet
– ob er gern Schweinefleisch isst
– wie viel eine Blutwurst kostet
– ob er gern grüne Bohnen isst
– ob in der Nähe ein Obst- und Gemüsegeschäft ist
– von wann bis wann die Lebensmittelgeschäfte geöffnet sind
– wo die nächste Bäckerei ist
– wie viel Gramm ein Kilogramm hat
– ob er ein Netz oder eine Tasche nimmt, wenn er einkaufen geht
– wie viel Gramm ein Stück Butter (um pacote de manteiga) hat
– ob er Blumen für seine Frau kauft, wenn er am Wochenende nach Hause fährt
– welche Blumen seine Frau besonders mag
– ob er viel tragen kann.

11.11 Übersetzen Sie!

1. Ich muss gehen. 2. Er muss das Fleisch einwickeln. 3. Ich muss das Mehl abwiegen. 4. Wir müssen noch Brot kaufen. 5. Er muss bezahlen. 6. Sie muss zum Bäcker gehen. 7. Du musst das vergessen. 8. Wir müssen zufrieden sein. 9. Sie muss die Tasche tragen.

LIÇÃO 12

Texto

Na fronteira

Sra. Krause: Quando chegamos à fronteira?
Passageiro: Dentro de poucos minutos, minha senhora.
Sra. Krause: Onde se faz o controle de bagagem?
Passageiro: Faz-se no comboio.
Sra. Krause: Onde verificam os passaportes?
Passageiro: Aqui no comboio. Não precisamos de sair.

Sr. Krause *(para a esposa)*: Minha querida, não digas nada durante o controle da alfândega.
Guarda: Fazem favor, os passaportes. O seu passaporte, minha senhora?
Sra. Krause: Aqui tem.
Guarda: O visto caduca dentro de uma semana, minha senhora. Tem que o mandar renovar.
Sra. Krause: Sim, com certeza. Vou fazer isso logo depois da chegada a Lisboa.

O guarda carimba os passaportes.

Guarda Fiscal: Alfândega portuguesa. Têm alguma coisa a declarar, perfumes, tabaco, café, bebidas alcoólicas, presentes para os amigos? (*Dirige-se ao senhor Krause.*)
Sr. Krause: Não tenho nada a declarar. Só tenho objectos de uso pessoal.
Guarda Fiscal: De quem é este saco?
Sra. Krause: É meu. Devo abrir?
Guarda Fiscal: Não, mas abra esta mala. (*Revista o conteúdo da mala e encontra vinte maços de cigarros*). Por esta quantidade de cigarros tem de pagar direitos. Quanto dinheiro leva consigo?
Sra. Krause: Quinhentos francos suíços.
Guarda Fiscal: Então, preencha esta declaração alfandegária.
Sra. Krause: Posso fechar?
Guarda Fiscal: Pode, sim. É tudo. Boa viagem!

Novas palavras

a fronteira die Grenze
  na fronteira an der Grenze
o passageiro der Fahrgast, der Reisende
o controle die Kontrolle
a bagagem das Gepäck
  o controle de bagagem die Gepäckkontrolle (beim Zoll)
verificar prüfen, feststellen
o passaporte der Paß
a esposa die Ehefrau, die Gattin
a querida die Liebste
o querido der Liebste
durante während
  durante o controle während der Kontrolle
a alfândega der Zoll
  o controle da alfândega die Zollkontrolle
o visto das Visum
caducar verfallen, ablaufen, ungültig werden
  O visto caduca dentro de uma semana. Das Visum läuft in einer Woche ab.
renovar erneuern, (*hier:*) verlängern
mandar fazer machen lassen
  mandar renovar verlängern lassen
logo bald
depois de nach (*zeitlich*)
a chegada a die Ankunft in
Vou fazer isso logo depois da chegada ao Rio. Ich werde das gleich nach der Ankunft in Rio machen.
carimbar stempeln
o guarda fiscal der Zollbeamte
ter alguma coisa a declarar etwas zu verzollen haben
  Não tenho nada a declarar. Ich habe nichts zu verzollen.
o perfume das Parfüm
o tabaco der Tabak
a bebida das Getränk
alcoólico alkoholisch
o presente das Geschenk
o objecto der Gegenstand

o uso der Gebrauch, die Verwendung
pessoal persönlich
  objectos de uso pessoal Gegenstände des persönlichen Bedarfs
de quem é ... wem gehört ...
a mala der Koffer
  'De quem é a mala? – É minha.' ‚Wem gehört der Koffer? – Es ist meiner.'
abrir öffnen
  Devo abrir a mala? Soll ich den Koffer öffnen?
revistar durchsehen, durchsuchen
o conteúdo der Inhalt
encontrar finden; treffen, begegnen
a quantidade die Menge, die Anzahl
pagar direitos por Zoll bezahlen für
  Paguei direitos por estes cigarros. Ich habe für diese Zigaretten Zoll bezahlt.
levar consigo mit sich führen
o franco suíço der Schweizer Franken
preencher ausfüllen
a declaração die Erklärung
alfandegário Zoll- (in Zusammensetzungen)
Preencha esta declaração alfandegária! Füllen Sie diese Zollerklärung aus!
fechar schließen
  Feche a porta! Schließen Sie die Tür!
a viagem die Reise
boa viagem! gute Reise!

Gramática

12 A Das Pretérito perfeito simples der Verben auf *-ir*

abrir – öffnen				
(eu)	abr**i**	(nós)	abr**imos** (*kein Unterschied zum Präsens*)
(tu)	abr**iste**	(vós)	abr**istes**
(ele/ela)	abr**iu**	(eles/elas)	abr**iram**

12 B *mandar* + Infinitiv

Wird ‚mandar' (schicken; befehlen) mit einem Infinitiv kombiniert, dann wird damit zum Ausdruck gebracht, dass eine andere Person veranlasst wird, eine bestimmte Handlung auszuführen. In den meisten Fällen wird diese Konstruktion im Deutschen mit ‚lassen' übersetzt.

Mandei vir o mecânico.	Ich habe den Mechaniker kommen lassen.
Ela mandou renovar o visto.	Sie hat das Visum verlängern lassen.
Tenho de mandar pagar isso.	Ich muss das bezahlen lassen.

12 C Das Interrogativpronomen *quem*

quem	wer
de quem	wessen, von wem
a quem	wem
quem	wen

Quem tem cigarros?	Wer hat Zigaretten?
Quem pode trocar 100 euros?	Wer kann 100 Euros wechseln?
De quem é a casa?	Wessen Haus ist das? Wem gehört das Haus?
De quem é a carta?	Wessen Brief ist das? Von wem ist der Brief?
De quem falam os amigos?	Von wem (*oder:* Über wen) sprechen die Freunde?
A quem dá ela o jornal?	Wem gibt sie die Zeitung?
A quem escrevem a carta?	Wem schreiben sie den Brief?
Quem vê o polícia?	1. Wer sieht den Polizisten?
	2. Wen sieht der Polizist?

Diese Zweideutigkeit entsteht, weil Subjekt und direktes Objekt dieselbe Form haben. Eine Konstruktion mit ‚quem é que' schaltet diese Zweideutigkeit aus, da bei dieser Konstruktion dem Subjekt das Prädikat folgen muss (*siehe auch Lektion 2 ‚Wortstellung in Fragesätzen' und Lektion 9, ‚é que-Konstruktion'*):

Quem é que	o polícia	vê?	Wen sieht der Polizist? (*wörtlich:* Wer ist es, den der Polizist sieht?)
Objekt	*Subjekt*	*Prädikat*	

Quem é que	vê	o polícia?	Wer sieht den Polizisten? (*wörtlich:* Wer ist es, der den Polizisten sieht?)
Subjekt	*Prädikat*	*Objekt*	

Im Plural wird durch die Verbform die Zweideutigkeit ausgeschaltet:

Singular des Verbs:			
Quem	vê	os polícias?	Wer sieht die Polizisten?
Subjekt	*Prädikat*	*Objekt*	

Plural des Verbs:			
Quem	vêem	os polícias?	Wen sehen die Polizisten?
Objekt	*Prädikat*	*Subjekt*	

12 D Systematisierung der Reflexivpronomen

Wie Sie in Lektion 5 bereits gelernt haben, dienen die 1. und 2. Person der unbetonten, verbundenen Personalpronomen (Objektformen) me, te, nos und vos ebenfalls als Reflexivpronomen. Nur für die 3. Person der Reflexivpronomen steht eine besondere Form zur Verfügung, nämlich ‚se' (keine Unterscheidung hinsichtlich Genus oder Numerus). ‚Se' steht nicht nach Präpositionen, da für diesen Fall die Form ‚si' zur Verfügung steht:

Pedro falou de **si**.　　　　Pedro sprach von sich (selbst).
Ela comprou o bolo para **si**.　Sie hat den Kuchen für sich gekauft.

Lediglich bei der Präposition ‚com' entsteht durch Verschmelzung von ‚com' mit ‚si' die Form ‚**consigo**':

Ela fala **consigo**.　　　　　Sie spricht mit sich selbst. (Sie führt Selbstgespräche.)
Ele está contente **consigo**.　Er ist mit sich zufrieden.

Die Formen ‚si' und ‚consigo' (beide unveränderlich) können aber auch als Formen der Anrede verwendet werden, ohne dass ein reflexiver Sachverhalt vorliegt. ‚Si' bzw. ‚consigo' steht dabei für *você, Vossa Excelência, o Sr., a Sra., o Pai* usw. Es wird verwendet, um die ständige Wiederholung der vorgenannten Anredeformen zu vermeiden. Demzufolge bedeutet der Satz

Ele fala muito de si.	1. Er spricht viel von sich.
	2. Er spricht viel von Ihnen.
Vamos consigo. (für: Vamos com o senhor. Vamos com você. Vamos com Vossa Excelência. usw.)	Wir gehen mit Ihnen.
Comprei este jornal para si.	Ich habe diese Zeitung für Sie gekauft.
Gosto muito de si.	Ich mag Sie sehr.

‚Si' bzw. ‚consigo' können keine Anredeformen vertreten, die im Plural stehen: Vamos com os senhores. Comprei este jornal para as senhoras. Gosto muito de vocês.

12 E Das Verb *dever* – sollen, müssen, schulden

Indikativ Präsens			
(eu)	devo	(nós)	devemos
(tu)	deves	(vós)	deveis
(ele/ela)	deve	(eles/elas)	devem

a) sollen	
Ele deve vir amanhã.	Er soll morgen kommen.
b) sollen (Vermutung, Wahrscheinlichkeit)	
O carro deve estar pronto na quarta-feira.	Das Auto soll am Mittwoch fertig sein. / Das Auto ist wahrscheinlich (vermutlich) am Mittwoch fertig.
Ela deve estar doente.	Sie wird wohl krank sein. / Wahrscheinlich ist sie krank.
c) müssen (Vermutung)	
Ele deve estar muito cansado.	Er muss sehr müde sein (denn er hat 14 Stunden am Stück gearbeitet).
Com uma noiva tão linda deve ser muito feliz.	Mit einer so hübschen Braut muss er sehr glücklich sein.

d) müssen (moralischer Zwang)	
Devemos dar-lhe o dinheiro.	Wir müssen ihm das Geld geben (denn wir haben es ihm versprochen).
e) nicht dürfen	
Ele não deve fumar aqui.	Er darf hier nicht rauchen. (*auch*: Er soll hier nicht rauchen.)
f) schulden, verdanken	
Quanto lhe devo?	Was bin ich Ihnen schuldig? / Wie viel schulde ich Ihnen?
Devo-lhe muito.	Ich verdanke ihm viel.

Anmerkung: Entsprechende Vergangenheitsformen von ‚dever' werden fast ausschließlich mit dem Imperfekt (das Sie noch nicht kennen) gebildet und nicht mit dem pretérito perfeito simples.

Exercícios

12.1 Üben Sie die 1. Person des pretérito perfeito simples nach folgendem Muster:

Você já fechou a porta? → Não, ainda não fechei.
Vocês já pagaram? → Não, ainda não pagámos.

1. Já pagaste o frigorífico?   2. As meninas já falaram com a mãe?   3. Vocês já preencheram os formulários?   4. Ronaldo, já abriu a porta?   5. Vocês já mandaram renovar os vistos?   6. Já compraste o pão?   7. Você já encontrou os cigarros?   8. O João já verificou onde fica a entrada?   9. Maria, já perguntaste à mãe?   10. As meninas já tomaram o pequeno almoço?   11. Vocês já abriram a loja?   12. Já comeste o bolo?

12.2 Üben Sie die 1. Person des pretérito perfeito simples sowie den Ersatz von Objekten durch die unbetonten Personalpronomina nach folgendem Muster:

Abre a porta! → Já a abri.
Paguem essas contas! → Já as pagámos.

1. Compre o jornal!   2. Preencham os formulários!   3. Perguntem ao guarda!   4. Mande renovar o visto!   5. Embrulhe o presente!   6. Carregue/Leve as compras de automóvel (mit dem Auto) para casa!   7. Feche a mala!   8. Vendam essa coisa!   9. Pergunte à mãe dela!

12.3 Setzen Sie ein! Wiederholen Sie dabei immer den ganzen Satz.

a) De quem é *esta mala*? (Wem gehört *dieser Koffer*?)
   die schwarze (preto) Tasche, das Gepäck, das Netz, die Zeitschrift, das Geld.

b) De quem são *os cigarros*? (Wem gehören *die Zigaretten*?) (*auch*: Vom wem sind die *Zigaretten*?)

die Briefmarken, die Getränke, die Briefe, die französischen Zeitungen, die Zigarren, die Rechnungen, die Pässe, die Äpfel, die Geschenke, die Blumen.

c) (*Eu*) Não *tenho* nada a declarar. (*Ich habe* nichts zu verzollen.)
Er hat ...; Sie hat ...; Wir haben ...; Ihr habt ...; Sie haben (Plural) ...; Sie haben (Anrede, mehrere weibliche Personen) ...; Sie haben (Anrede, mehrere männliche Personen) ... .

d) O visto caduca dentro de *uma semana*. (Die Gültigkeitsdauer des Visums läuft *in einer Woche* ab. / Das Visum verfällt *in einer Woche*.)
in 2 Tagen, in 1 Monat, in einem halben Jahr, in 14 Tagen, in 3 Wochen.

e) Tem de mandar *renovar o visto*. (Sie müssen *das Visum verlängern* lassen.)
den Pass verlängern lassen, den Koffer wegbringen (levar) lassen, die Tür (a porta) öffnen lassen, noch den Brief schreiben lassen, die Pässe kontrollieren lassen, die Zollerklärung ausfüllen lassen.

f) Tenho de mandar *renovar o meu passaporte*. (Ich muss *meinen Pass verlängern* lassen.)
das Essen bringen (trazer) lassen, den Preis feststellen (verificar) lassen, heute diese beiden Briefe schreiben lassen, Herrn Schulz kommen lassen, die Tür öffnen lassen, meine Eltern kommen lassen, einen Spezialisten (o especialista) kommen lassen, die heutige Zeitung kaufen lassen, die Haare waschen (lavar) lassen, Brot mitbringen (trazer) lassen, die Gegenstände einwickeln lassen.

12.4 ‚quem', ‚que', ‚qual (quais)' (zum Gebrauch von ‚que', ‚qual/quais' siehe Lektion 7).
Lesen und übersetzen Sie.

1. Quem és?   2. Quem são aqueles senhores?   3. Quem sou eu (rhetorische Frage)?   4. De quem é este saco?   5. Quem fechou a porta?   6. Quem quer vir?   7. De quem fala?   8. De que falam?   9. O que diz o Pedro?   10. Quem vai dizer-lhe isso?   11. Que mulher é esta?   12. Que dia é hoje?   13. Quem vai preencher a declaração alfandegária?   14. Quem carimba o passaporte?   15. Quem renovou o visto?   16. Quem vê a carta?   17. Quem vem hoje?   18. Qual de vocês pode escrever esta carta?   19. Qual destas senhoras é a sua mãe?   20. Quem é a dona da papelaria?   21. Qual dos seus professores fala inglês?   22. A quem recomenda o bolo de maçã?   23. Para quem compra o jornal?   24. Quem vês?   25. O que vês?   26. Quem é o teu pai?   27. Qual destes carros é do senhor?   28. Que maçãs estão na mesa?   29. Quem tem de sair?   30. Que carro tens?   31. Que livro (Buch) é esse? – É o teu?   32. Quem faz compras?   33. Que livros quer a senhora?   34. Qual de vocês vai à estação?   35. Quais de vocês vão à estação?   36. Que diz ela?   37. Que tempo está?   38. De que cor é este livro?   39. De que vinho gosta?   40. Que carro tem o senhor?   41. Qual é o carro do senhor?   42. Que bebida toma o senhor?   43. Que amigo é que vem amanhã?   44. A que horas vem o seu amigo?   45. Quem vêem os pais?   46. Que e isto? = O que é isto?   47. O guarda com quem falei fumou charuto.   48. A senhora com quem falámos mora na Avenida da India.   49. A quem devo dizer isso?   50. A quem devo mandar (schicken) a carta?

12.5 Lesen, übersetzen und beantworten Sie folgende Fragen anhand des Textes.

1. Onde verificam os passaportes?   2. Onde se faz o controle de bagagem?   3. A senhora e o senhor Krause têm de sair do comboio?   4. Quem verifica os passaportes?   5. Porque é que a senhora Krause não deve dizer nada?   6. Que diz o guarda?   7. O que se passa com o visto (Was ist mit dem Visum …) da senhora Krause?   8. O que tem ela de fazer?   9. Onde vai ela mandar renovar o visto?   10. O que faz o guarda com os passaportes?   11. O que diz o guarda fiscal?   12. O senhor Krause tem alguma coisa a declarar?   13. A senhora Krause tem de abrir o saco?   14. O que encontra o guarda fiscal na mala da senhora Krause?   15. Ela tem de pagar direitos?   16. Quanto dinheiro leva a senhora Krause consigo?   17. O que deve ela preencher?   18. O que diz o guarda fiscal no fim (am Ende)?

12.6 Fragen Sie Ihren Nachbarn (bzw. Ihre Nachbarin). Ihr Nachbar (bzw. Ihre Nachbarin) beantwortet die Frage…

− ob er einen Pass hat
− wo die Passkontrolle erfolgt
− ob er sein Visum verlängern lassen muss
− ob er weiß, was der portugiesische Zollbeamte fragt
− für welche Waren man Zoll bezahlen muss
− wie viele Koffer und Taschen er mitnimmt, wenn er verreist
− ob er weiß, wie man eine Zollerklärung ausfüllt
− ob er schon einmal Zoll bezahlt hat
− wie viel Geld er bei sich hat.

12.7 Übersetzen Sie!

1. Wer ist sie?   2. Was machst du?   3. Wovon sprechen Sie (Plural)?   4. Wer schreibt die Briefe?   5. Wer verlängert mir das Visum?   6. Was ist das für ein Herr?   7. Wer ist heute Abend frei?   8. Wer ist schon fertig?   9. Wer von euch kommt zum Bahnhof?   10. Wer von Ihnen kann mir 100 € wechseln?   11. Wer von Ihnen (Anrede an mehrere Damen und Herren) möchte Weißwein?   12. Wen siehst du?   13. Von wem spricht sie?   14. Was für einen Kühlschrank haben Sie?   15. Wer kontrolliert die Pässe?   16. Wer hat etwas zu verzollen?   17. Wer hat nur Gegenstände des persönlichen Bedarfs?   18. Was machen Sie hier?   19. Wer hat Schweizer Franken?   20. Wem gehört dieser Koffer?   21. Wer hat die Tür zugemacht?   22. Wer hat das Geld?   23. Welchen Kuchen möchten Sie?   24. Welches von den Broten hast du im Lebensmittelgeschäft gekauft?   25. Was für ein Brot ist das?   26. Welcher Bäcker hat schönen Apfelkuchen?   27. Welcher von deinen Freunden kommt heute Abend?   28. Welche von ihren Freundinnen wohnen in Porto?   29. Lassen Sie Ihren Vater kommen.   30. Lass deinen Vater nicht kommen.   31. Sie müssen ihr Visum verlängern lassen.

LIÇÃO 13

Texto

Uma viagem de avião

Sr. Schulz: Na próxima sexta-feira há avião para Lisboa?

Empregada: Há, sim. Há um avião às 8.50, da companhia de aviação TAP – Air Portugal e um às 18.35 da companhia brasileira VARIG.

Sr. Schulz: Ainda há dois lugares livres? Quanto custa um bilhete de ida e volta para Lisboa?

Empregada: Sim, ainda há lugares. Um bilhete simples custa 450 euros, ida e volta 800 euros.

Sr. Schulz: A que peso de bagagem tenho direito?

Empregada: A passagem turística dá direito a 20 quilos, a passagem de primeira classe a 30 quilos.

Sr. Schulz: Quanto se paga por cada quilo a mais?

Empregada: Bem, no que se refere ao excesso de bagagem, paga-se antes da partida segundo a tarifa em vigor.

Sr. Schulz: A que horas me devo apresentar para o check-in?

Empregada: Uma hora e meia antes da partida do avião.

Sr. Schulz: Donde parte o autocarro para o aeroporto e a que horas?

Empregada: O autocarro parte de duas em duas horas, de frente da estação ferroviária central.

Na sexta-feira seguinte encontramos o sr. Schulz e o seu colega, o sr. Reimann, na sala de espera do aeroporto.

Sr. Reimann: Posso levar isto como bagagem de mão?

Sr. Schulz: Acho que sim.

Sr. Reimann: Você sabe se o nosso avião chega à hora?

Sr. Schulz: Não sei, mas vão avisar pelo altifalante, à hora de chegada.

À hora de chegada, uma voz feminina anuncia pelo altifalante: "O avião de Estocolmo para Lisboa chega com uma hora de atraso."

Depois de uma hora: "Última chamada. Pedimos aos senhores passageiros do voo número TP 505 com destino a Lisboa que se dirijam para a porta de embarque número cinco."

Sr. Schulz: É o seu primeiro voo?
Sr. Reimann: É. Sabe se vamos em voo directo?
Sr. Schulz: Não, fazemos escala em Amsterdão.

A bordo do avião ouvem a voz suave da hospedeira: "Senhores passageiros apertem os cintos de segurança e não fumem, por favor."

Sr. Reimann: A que altura estamos?
Sr. Schulz: Voamos a uma altitude média de dez mil metros.
Sr. Reimann: Quando é que chegamos? Não me estou a sentir bem. Tem alguma coisa contra o enjoo?
Sr. Schulz: Bem, tome este saco de papel. Aterramos dentro de vinte minutos. Os lavabos são lá atrás.

Depois da aterragem, o senhor Reimann fica muito satisfeito quando ouve a voz da hospedeira: "Queiram ficar nos seus lugares ate se abrir a porta."

Novas palavras

o avião (*pl.* **aviões**) das Flugzeug
a empregada die Angestellte
o empregado der Angestellte
a companhia die Gesellschaft
a aviação das Flugwesen
a companhia de aviação die Fluggesellschaft
TAP – Air Portugal (Transportes Aéreos Portugueses) Portugiesische Fluggesellschaft
o lugar die Stelle, der Ort; der Platz
  Não há lugares livres. Es sind keine freien Plätze vorhanden.
o bilhete die Fahrkarte

a ida die Hinfahrt, der Hinflug
a volta die Rückfahrt, der Rückflug; die Rückkehr
um bilhete de ida e volta eine Fahrkarte (Ticket) hin und zurück
simples einfach
o peso das Gewicht
ter direito a Anspruch haben auf
  A que peso de bagagem tenho direito? dt. etwa: Wie viel Freigepäck darf man haben?
dar direito a berechtigen zu
a passagem die Flugpassage, das Flugticket; die Überfahrt; der Durchgang
a passagem turística Flugticket ‚Economy Class'

a passagem de primeira classe Ticket 1. Klasse

  A passagem de primeira classe dá direito a 30 quilos. dt. etwa: Das Flugticket Erster Klasse berechtigt zur Mitnahme von 30 kg (Frei-)Gepäck.

cada quilo a mais jedes weitere Kilo

  Quanto se paga por cada quilo a mais? Was ist für jedes weitere Kilo zu zahlen?

referir-se a sich beziehen auf

  Refiro-me ao meu chefe. Ich beziehe mich auf meinen Chef.

no que se refere a hinsichtlich, was ... anbelangt

o excesso der Überschuss, das Übermaß; die Überzahl; das Überschreiten

  o excesso de peso das Übergewicht, das Mehrgewicht

antes de vor (zeitlich)

  antes da partida vor der Abfahrt, vor dem Abflug

segundo 1. zweiter, zweitens; 2. Sekunde; 3. entsprechend, gemäß

a tarifa der Tarif

em vigor in Kraft, gültig, geltend

donde woher, von wo

o autocarro der Omnibus
(*in Moçambique:*
o machimbombo
in Brasilien: o ônibus)

o aeroporto der Flughafen

de duas em duas horas alle 2 Stunden

de frente da estação ferroviária central vor dem Hauptbahnhof

a sala de espera der Wartesaal

chegar à hora pünktlich ankommen

avisar benachrichtigen

o altifalante der Lautsprecher

avisar pelo altifalante über den Lautsprecher ankündigen

à hora de chegada zur Ankunftszeit

a voz die Stimme

feminino feminin, Frauen...

  uma voz feminina eine Frauenstimme

anunciar ankündigen, bekanntmachen

chegar com atraso mit Verspätung ankommen, Verspätung haben

  O avião chega com uma hora de atraso. Die Maschine hat eine Stunde Verspätung.

última chamada letzter Aufruf

com destino a nach, mit Bestimmungsort ...

a porta de embarque Flugsteig
(*auch:* gate)

  Pedimos aos senhores passageiros de voo número TP505, com destino a Lisboa, que se dirijam para a porta de embarque número cinco. Die Passagiere nach Lissabon, Flug Nr. TP505, werden gebeten sich zum Ausgang (*oder:* Flugsteig) Nr. 5 zu begeben.

o voo der Flug

em voo directo im Direktflug, im Non-Stop-Flug

fazer escala em anfliegen, (zwischen-) landen in

o bordo der Rand, der Bord

a bordo an Bord

ouvir hören

  Não ouço nada. Ich höre nichts.

a hospedeira die Stewardess, die Flugbegleiterin

apertar befestigen, anschnallen

o cinto der Gürtel, der Gurt

a segurança die Sicherheit

  apertar o cinto de segurança den Sicherheitsgurt anlegen

a altura die Höhe; die Größe; der Zeitpunkt

  A que altura estamos? In welcher Höhe sind wir?

a altitude die Höhe (über dem Meeresspiegel)

voar fliegen

médio mittler, Mittel...

Voamos a uma altitude média de dez mil metros. Wir fliegen in einer mittleren Höhe von 10.000 Meter.

sentir-se sich fühlen

  Sinto-me bem. Ich fühle mich gut.

  Não me estou a sentir bem. Ich fühle mich (gerade, zurzeit) nicht gut.

contra gegen

o enjoo die Übelkeit, See- (*oder* Luft-)krankheit

aterrar landen

a aterragem die Landung

dentro de innerhalb von, binnen

Aterramos dentro de vinte minutos. Wir landen in 20 Minuten.

os lavabos, a casa de banho die Toilette

  Os lavabos são lá atrás. Die Toilette ist hinten.

Queiram ficar nos seus lugares até se abrir a porta. Bitte bleiben Sie auf Ihren Plätzen, bis die Tür geöffnet wird.

Gramática

13 A Verben mit Unregelmäßigkeiten in der Konjugation: Indikativ Präsens von *referir-se, servir, ouvir*

referir-se a – sich beziehen auf			
(eu)	refiro-me	(nós)	referimo-nos
(tu)	referes-te (offenes e)	(vós)	referis-vos
(ele/ela)	refere-se (offenes e)	(eles/elas)	referem-se (offenes e)

servir – dienen			
(eu)	sirvo	(nós)	servimos
(tu)	serves (offenes e)	(vós)	servis
(ele/ela)	serve (offenes e)	(eles/elas)	servem (offenes e)

ouvir – hören			
(eu)	**ouço** (auch: **oiço**)	(nós)	ouvimos
(tu)	ouves	(vós)	ouvis
(ele/ela)	ouve	(eles/elas)	ouvem

13 B Das System von Frage und Antwort

Den Ausführungen in Lektion 3 ist Folgendes hinzuzufügen:

1. Ein **bejahender Antwortsatz** kann gebildet werden durch

a) einfache Wiederholung des Verbs des Fragesatzes:
Você vai para casa? – Vou.

b) doppelte Wiederholung des Verbs des Fragesatzes:
(damit kann der Antwortende unter Umständen auch ausdrücken, dass ihm die Frage lästig ist)
A mãe parte ainda hoje, não é? – Parte, parte.
O senhor tem o meu bilhete? – Tenho, tenho.

c) Wiederholung des Verbs des Fragesatzes + sim senhor, sim senhora, sim meu pai usw.:
A senhora tem tempo? – Tenho, sim senhor.
(*auch*: Sim senhor, tenho.)

d) pois + Wiederholung des Verbs des Fragesatzes.

Ist der Fragesatz verneint, entspricht die mit Verb + pois gebildete Antwort oft einem deutschen ‚doch':

Os seus bilhetes são estes dois? – Pois são.
O senhor não tem fome, pois não? – Tenho, pois.
(Sie haben keinen Hunger, oder? – Doch.)

2. Ein **verneinender Antwortsatz** kann gebildet werden durch:

a) não + Wiederholung des Verbs des Fragesatzes + não senhor, não senhora usw.:
Estes lugares estão reservados? – Não estão, não senhor.
(*auch*: Não senhor, não estão.)

b) não + senhor, minha senhora
O senhor tem alguma coisa contra o enjoo? – Não, minha senhora.

3. Ist in der Frage das Adverb ‚já' (schon) enthalten und die Antwort positiv, muss ‚já' in der Antwort erscheinen. In diesem Fall kann ‚já' allein die Antwort bilden. Das Verb des Fragesatzes muss hier nicht wiederholt werden.

Já esteve em Angola? – Já.
oder: – Já, sim senhor.
oder: – Já estive, sim senhor.

Ist die Antwort auf einen Fragesatz mit ‚já' negativ, kann der Antwortsatz ‚ainda não' oder ‚não, ainda não' oder ‚ainda não, senhor' lauten.

Já esteve no Brasil? – Ainda não.
oder: – Não, ainda não.
oder: – Ainda não, senhor.

4. Wird in der Frage ein Hilfsverb und ein Vollverb bzw. eine zusammengesetzte Zeitform verwendet, erscheint in der Antwort nur das Hilfsverb.

Você **pode vir** também? – Posso, sim. *oder:* Não, não posso.
Steht in der Frage ein Verb mit Präposition, entfällt diese in der Kurzantwort.
O senhor falou **com** ele? – Falei, sim.
Gosta **do** vinho? – Não, não gosto.

13 C Zum Gebrauch der Präpositionen *a, em, para* und *por*

Die Präposition *a*

1. Die Präposition ‚a' steht nach Verben der Bewegung, die eine gewisse Zielrichtung angeben. Diese Beziehung kann mit ‚aonde' (wohin) erfragt werden.

Ele vai a Lisboa.	Er fährt nach Lissabon (wohin).
Vou a casa.	Ich gehe nach Hause (wohin).

Dabei drückt ‚a' aus, dass sich die betreffende Person auf ein Ziel zubewegt, um dort etwas schnell oder in verhältnismäßig kurzer Zeit zu erledigen. Als *Ausnahmen* können die Verben ‚entrar' und ‚pôr' gelten, die beide mit der Präposition ‚em' konstruiert werden, obwohl die Beziehung im Deutschen mit „wohin" erfragt werden kann.

Entro **no** quarto.	Ich gehe in das Zimmer.
Ela põe as compras **no** frigorífico.	Sie stellt die Einkäufe in den Kühlschrank.

2. Die Präposition ‚a' steht nach einer Reihe von Verben (responder a), Adjektiven (útil a – nützlich für) oder Substantiven (visita a – der Besuch in). Diese Fälle sind auswendig zu lernen! (*Siehe auch Lektion 25*)

3. Die Präposition ‚a' steht bei Zeitangaben wie:

às três e meia	(um) halb vier
a 9 de Outubro	am 9. Oktober
aos sábados	an Sonnabenden, sonnabends
às segundas(-feiras)	montags
à tarde	nachmittags

Die Präposition *em*

1. Die Präposition ‚em' steht auf die Frage ‚onde' (zeitlich und räumlich) nach sogenannten Verben der Ruhe.

Estudo em Dresde.	Ich studiere in Dresden (wo).
Ele está em casa.	Er ist zu Hause (wo).
Ela está em casa dele.	Sie ist bei ihm (wo).

2. Die Präposition ‚em' steht nach einer Reihe von Verben wie ‚pegar em' – greifen nach, ergreifen, ‚crer em' – glauben an. Diese Fälle sind auswendig zu lernen! (*Siehe auch Lektion 25*)

Die Präposition *para*

1. Die Präposition ‚para' steht wie ‚a' nach Verben der Bewegung. Im Gegensatz zu ‚a' drückt ‚para' aus, dass die betreffende Person für längere Zeit an einem bestimmten Ort weilt, bzw. für längere Zeit nicht an den Ort zurückkehrt, an dem sie bisher war. Mit ‚para' kann das Ziel hervorgehoben werden.

Ela vai *para* casa.	Sie geht nach Hause, bleibt dort und geht für die nächste Zeit nicht von zu Hause weg.
Ela vai *a* casa.	Sie geht nach Hause und kommt bald wieder zurück.
Eu vou para Lisboa.	Ich fahre nach Lissabon, komme für längere Zeit nicht zurück bzw. will dort längere Zeit bleiben (eventuell wohnen).
Vou para a cama.	Ich gehe ins Bett.

Beachten Sie: ‚Partir' steht immer mit der Präposition ‚para'.

2. Die Präposition ‚para' in der Bedeutung von „für" steht nach einer Reihe von Verben, z. B. ‚prestar para' – sich eignen zu, gut sein für. Diese Fälle sind auswendig zu lernen! (*Siehe auch Lektion 25*)

Die Präposition *por*

1. Die Präposition ‚por' kann wie ‚para' „für" bedeuten. In der Bedeutung „für", „nach" steht sie wie ‚para' nach einer Reihe von Verben wie z. B. pagar por – bezahlen für, lutar por – kämpfen für, perguntar por – fragen nach. Diese Fälle sind auswendig zu lernen! (*Siehe auch Lektion 25*)

2. Die Präposition ‚por' dient zum Ausdruck von je, pro, per:

duas vezes por semana	zweimal pro Woche
por quilo	je Kilo
por telefone	per Telefon

3. Die Präposition ‚por' bezeichnet in der Bedeutung von „durch", „hindurch" Mittel und Wege.

Por favor, venha por aqui.	Bitte kommen Sie hier entlang.
Ele vai pelas ruas.	Er geht durch die Straßen.

4. Die Präposition ‚por' bezeichnet den Urheber der Passivhandlung (*siehe Lektion 30*).

5. Die Präposition ‚por' bezeichnet den Grund:

por medo	aus Furcht
por razões que não se conhecem	aus Gründen, die man nicht kennt.

Exercícios

13.1 Konjugieren Sie im Indikativ Präsens.

Referir-se à carta de 15 de Dezembro; não se sentir bem.

13.2 Setzen Sie ‚a' oder ‚para' ein und übersetzen Sie die Sätze ins Deutsche.

1. Dou o presente ... este amigo.   2. Damos as maçãs ... o pai.   3. Vai ... Maputo.   4. Um bilhete ... Setúbal, faz favor.   5. Na próxima semana há avião ... Luanda?   6. Quanto custa um bilhete de ida e volta ... Lisboa?   7. A passagem turística dá direito ... 20 quilos.   8. Refiro-me ... a hora de chegada.   9. Vamos ... casa.   10. Donde parte o autocarro ... o aeroporto?   11. Amanhã partimos ... Braga.   12. Queiram dirigir-se ... a porta de embarque número 4.   13. ... bordo do avião ouvem a voz da hospedeira.   14. ... que altura estamos?   15. Vou estar na entrada ... a hora de partida.   16. Estamos prontos ... tudo.   17. Temos que ir ... a mercearia.   18. Tenho de ir ... a padaria.   19. Voltou ... casa.   20. Este bolo é ... a Maria.   21. Quando chegamos ... a fronteira?   22. Há um avião .... 6 horas da manhã.   23. Dirijo-me ... o guarda.   24. Vou anunciar a sua chegada ...

minha mãe.   25. Recomendaram o lombo de vitela ... o amigo.   26. A que horas chegamos ... Coimbra?

13.3 Das System von Frage und Antwort. – Übersetzen Sie!

O senhor vai para o Rio de Janeiro?	Vou, sim.
Os senhores são portugueses?	Somos, sim.
	Não, não somos.
O amigo está pronto?	Estou, sim.
	Não, não estou.
	Não, ainda não.
Há dois lugares livres?	Há, sim.
	Não, não há.
As suas malas são estas duas?	São.
O senhor tem um carro?	Tenho, sim.
Já está pronto?	Já (sim).
	Já estou, sim senhor.
Você sabe se o nosso avião chega à hora?	Não sei.
É o seu primeiro voo?	É, sim.
Posso fechar a mala?	Pode, sim.
Tem bife tenro?	Não, minha senhora.
Comprou as passagens?	Comprei, comprei.
Já comprou o vinho?	Já, sim senhor.
Conhece a Teresa Ramos?	Não, não conheço.
Quantos anos tem o senhor?	Tenho 29.
A que horas parte o avião para Berlim?	Parte às 15.31 h.

13.4 Bejahen Sie folgende Fragen:

1. O senhor é português?   2. Os senhores são alemães, não são?   3. O menino é português, não é? - E a menina também é portuguesa? (Und du, bist du auch ...)   4. A Luisa é bonita?   5. Vocês pagam o almoço?   6. O senhor leva as malas para cima?   7. Você dá o dinheiro ao empregado?   8. Vai agora ao supermercado, D. Emilia?   9. Os rapazes almoçaram lá em casa?   10. Esteve ontem em Coimbra, D. Ana?   11. Também pensaste nisso?   12. Tu e a Maria foram ao mercado?   13. O senhor já pediu a lista?   14. Tiveste tempo para ir à mercearia?   15. Ela foi (a) sua colega?   16. Pode comer carne de porco, sr. Ferreira?

13.5 Verneinen Sie folgende Fragen:

1. A senhora quer mais açúcar?   2. Vocês sabem o preço dessa carne?   3. As meninas ainda partem esta noite?   4. Almoçam em casa?   5. Dizes isso à empregada?   6. Sabes onde está o Mário?   7. Vocês gostam de peixe (Fisch)?   8. Ainda há lugares de primeira classe?   9. O senhor já almoçou?   10. Tu também comes sopa?   11. O António já comprou as passagens?   12. O senhor tem filhos?   13. Vocês sabem se o avião chega à

hora? 14. É o seu primeiro voo? 15. A senhora esteve também em Maputo? 16. Você sabe quanto custou o bolo? 17. Posso fechar a mala? 18. Ela já está pronta? 19. Eles gostaram da comida?

13.6 Bilden Sie eine dazu passende Frage.

1. Não, não posso. 2. Partimos, sim. 3. Não, não vemos. 4. Gosto, sim. 5. Não, não faço. 6. Almoça, sim. 7. Não, não compraram. 8. Não, não põem. 9. Tomo, sim. 10. Não, não dizemos. 11. Há, sim.

13.7 Setzen Sie ein! Wiederholen Sie dabei immer den ganzen Satz.

a) *Na próxima segunda-feira* há avião para Lisboa? (Fliegt *am nächsten Montag* eine Maschine nach Lissabon?)
morgen, am Sonnabend, am Montag, heute Nachmittag, freitags, am 29. November, täglich, heute Morgen, sonnabends.

b) A que *peso de bagagem* tenho direito? (Auf *wie viel* (*Frei-*)*Gepäck* habe ich Anspruch?)
auf welchen Pass, auf welches Visum, auf welche Fahrkarte, auf welchen Platz, auf welches Geld, auf wie viel Geld (A quanto ...), auf welche Hotelkategorie (categoria do hotel), auf wie viel Euros (A quantos ...), auf wie viel freie Tage (A quantos ...), auf welches Auto.

c) Quanto se paga por *cada quilo a mais*? (Wie viel ist für *jedes weitere Kilo* zu zahlen?)
jeden weiteren Tag, jedes Gramm, eine Hin- und Rückfahrkarte nach Coimbra, ein kg Butter, fünf kg Kartoffeln, pro Kilo, einen Flug, diese Havanna-Zigarren, eine Schachtel französische Zigaretten, ein Pfund Kaffee, pro Tonne (a tonelada).

d) O avião de Lisboa chega com *uma hora* de atraso. (Die Maschine aus Lissabon hat *eine Stunde* Verspätung.)
15 Minuten, zwei Stunden, 90 Minuten, 45 Minuten, fünf Stunden.

e) *Você sabe* se o avião chega à hora? (*Wissen Sie,* ob das Flugzeug pünktlich ankommt?)
Weiß sie ...; Wisst ihr ...; Weiß er ...; Wissen sie ...; Wissen Sie (mehrere männliche und weibliche Personen) ....

f) Os senhores passageiros com destino a *Lisboa* queiram dirigir-se para a porta de embarque número *cinco*. (Die Passagiere nach *Lissabon* werden gebeten sich zum Ausgang (Nr.) 5 zu begeben.)
Luanda ... 1, Maputo ... 3, o Porto ... 2, Berlim ... 5, o Rio de Janeiro ... 4, São Paulo ... 6, a Terceira (eine der Azoreninseln) ... 7.

TAP Air Portugal – HORÁRIO – Inverno

Como consultar este horário

Dias de operação	Part. Desde (Partida)	Voo Até	Av. (Avião)	Cl. (Classe)	Transbordo Em	Cheg.	Part.	Voo	Av.	Cl.	Cheg. (Chegada)
De **LISBOA** ← Local de partida											
Para **SAO PAULO**, Congonhas ← Aeroporto escalado											
			Local de destino →								
7	0020	RG703	D10	PCY							1 Stop
4 ← Dias de operação											
1 6	0020 ← Horas de partida										0850 ← Horas de chegada
1	2300	RG701 ← Número de voo e código da Companhia									
2	2350	RG707	D10 ← Tipo de avião								
4	2359	RG717	D10	PCY ← Classe							0850
Para **VIENA**					Ligações						
4	0930	TP582	70M	Y	FRA (= Franco- forte)	14.40	16.40	LH254	AB3	FY	1805
								Período de validade 1 NOV a 26 MAR quando não indicadas outras datas			
5	1050	TP552	727	Y	FRA	14.50	14.50 ← Horas de partida do ponto de ligação				
6	1050	TP572	70M	Y	FRA	14.50 ← Horas de chegada ao ponto de ligação					
Para **ZURIQUE**											
1234567	1035	TP522	727	Y		NONSTOP					
1234567	1335	SR691	D98	FY		1 STOP					

Número de escalas intermédias:
NONSTOP – Sem escala   1 STOP – 1 escala, etc.

Observação: Todos os tempos expressos em horas locais

13.8 Beantworten Sie die folgende Frage nach den deutschen Vorgaben:

A que horas me devo apresentar para o check-in? (Wann soll ich auf dem Flugplatz sein?)
1. eine Stunde vor Abflug,   2. eine halbe Stunde vor Abflug,   3. 20 Minuten vor Ankunft des Flugzeuges,   4. zur Ankunftszeit der Maschine,   5. in einer Stunde   6. in einer halben Stunde.

13.9 Machen Sie die folgende Übung schriftlich:

A que horas devo estar *na estação de caminho de ferro*? (Wann soll ich *auf dem Bahnhof* sein?)
1. am Eingang,   2. auf der Post,   3. im Hotel,   4. im Restaurant,   5. auf dem Flugplatz,   6. beim Zoll,   7. bei Herrn Schulz,   8. an der Grenze,   9. zu Hause,   10. vor dem Bahnhof,   11. im Wartesaal.

13.10 Beantworten Sie die in 13.9 gestellte Frage nach folgenden deutschen Vorgaben schriftlich:

1. um eins,   2. halb vier,   3. Viertel nach eins,   4. gegen 1 Uhr,   5. Viertel vor 7,   6. zwanzig nach 11,   7. um zwölf,   8. halb eins.

13.11 Lesen, übersetzen und beantworten Sie die folgenden Fragen anhand des Lektionstextes.

1. Há um avião para Lisboa na próxima sexta-feira?   2. A que horas parte o avião?   3. De que companhia é o avião?   4. Ainda há dois lugares livres nesse avião?   5. Quanto custa um bilhete de ida e volta para Lisboa?   6. Quem faz estas perguntas?   7. A que peso de bagagem tem direito o senhor Schulz na classe turística?   8. Quanto se paga por cada quilo a mais?   9. Que tarifa está em vigor agora?   10. A que horas é que se deve estar no aeroporto?   11. Donde parte o autocarro para o aeroporto?   12. A que horas parte?   13. Quem encontramos na próxima sexta-feira na sala de espera do aeroporto?   14. O senhor Reimann é o pai do senhor Schulz?   15. O senhor Schulz sabe se o avião chega à hora?   16. Como é que se avisa a chegada dos aviões?   17. Quem anuncia os aviões pelo altifalante?   18. O avião de Estocolmo para Lisboa chega à hora?   19. A que horas parte o avião para Lisboa?   20. Para onde devem dirigir-se os passageiros com destino a Lisboa?   21. É o primeiro voo do senhor Reimann?   22. Eles vão em voo directo?   23. Onde fazem escala?   24. O que diz a hospedeira a bordo do avião?   25. A que altitude voam?   26. O senhor Reimann sente-se bem?   27. O que tem?   28. O senhor Schulz tem alguma coisa contra o enjoo?   29. O que recomenda o senhor Schulz ao senhor Reimann?   30. Onde ficam os lavabos?   31. O avião vai aterrar dentro de poucos minutos?   32. O que é que o senhor pode dizer sobre a voz da hospedeira?   33. Onde devem ficar os passageiros depois da aterragem?   34. Quando podem sair?

13.12 *Fragen Sie Ihren Nachbarn (bzw. Ihre Nachbarin). Ihr Nachbar (bzw. Ihre Nachbarin) beantwortet die Frage ...*

- ob er schon einmal geflogen ist
- ob er weiß, wo der Flugplatz ist
- ob jede Woche ein Flugzeug nach Maputo fliegt
- wann es abfliegt
- welche Fluggesellschaft nach Lissabon fliegt
- ob das Flugzeug immer pünktlich abfliegt oder ob es oft (muitas vezes) Verspätung hat
- wie viel ein Ticket nach Luanda, Hin- und Rückflug, kostet
- wie viel Freigepäck man in der Ersten Klasse haben darf
- wie viel man pro Kilo Übergewicht bezahlen muss
- wie viele Stunden vor Abflug man auf dem Flugplatz sein muss
- wo der Zubringerbus hält
- wann Verspätungen angekündigt werden
- ob ihm im Flugzeug schlecht wird
- in welcher Höhe Linienmaschinen gewöhnlich fliegen
- ob das Flugzeug auf dem Flug nach Maputo zwischenlandet
- was die Stewardess an Bord der Maschine vor dem Abflug sagt
- was man im Flugzeug bei Unwohlsein gewöhnlich braucht
- ob man sofort (imediatamente) nach der Landung aussteigen kann.

13.13 *Übersetzen Sie!*

1. Geht am Dienstag eine Maschine nach Rio de Janeiro? – Ja, um 13.40 Uhr.   2. Wissen Sie, ob das Flugzeug pünktlich kommt? – Nein, das weiß ich nicht.   3. Haben Sie ihn schon getroffen? – Nein, noch nicht.   4. Hast du das Brot gekauft? – Ja doch!   5. Musst du auch um 8 Uhr kommen? – Ja.   6. Fliegen Sie auch nach Luanda? – Ja.   7. Wie viele Stewardessen sind an Bord? – Vier.   8. Ist das dein erster Flug? – Ja.   9. Hast du die Flugtickets gekauft? – Natürlich.   10. Kommt sie um 9 Uhr mit ins Restaurant? – Ja.   11. Hat er Anspruch auf das Geld? – Nein.   12. Haben Sie Ihre Ankunft schon angekündigt? – Nein, noch nicht.   13. Kann ich die Tür ein wenig öffnen? – Ja.   14. Hat er Ihnen das Hotel empfohlen? – Ja.

Portugiesische Sprichwörter

Ao homem ousado a fortuna lhe dá a mão.
A pão duro, dente agudo.
De alto cai quem alto sobe.
Doce é a guerra, para quem não anda nela.
Quem não vai à guerra, não morre nela.

LIÇÃO 14

Texto

No hotel

Sr. Weber: Mandei reservar um quarto em nome de Weber.
Recepcionista: Um quarto individual ou um quarto de casal?
Sr. Weber: Um quarto de casal.
Recepcionista: Ah, sim. Avisaram-nos da sua chegada. Reservámos-lhe o quarto 357.
Sr. Weber: Quem avisou da minha chegada?
Recepcionista: A representação comercial em Lisboa.
Sr. Weber: Posso ver o quarto?
Recepcionista: Com certeza. Faz favor de vir por aqui. Subimos no elevador.
Sr. Weber: A janela dá para a rua?
Recepcionista: Não senhor, dá para o pátio.

O senhor Weber, um homem minucioso, examina o quarto. Verifica que a porta da casa de banho não fecha. A torneira de água quente pinga água. Os lençóis parecem não estar bem dobrados. Um candeeiro não acende. Mas, fatigado como está, diz:

Sr. Weber: Está bem, fico neste quarto. Quanto é por dia?
Recepcionista: Cinquenta euros. Serviço incluído. Mas o pequeno almoço é à parte.
  Queira ter a bondade de preencher a ficha de registo.

*"Do berço até ao caixão – formulários, formulários ..." pensa o Sr. Weber.
Na ficha de registo encontra as seguintes indicações:*

Apelido:	Weber
Nome próprio:	Thomas
Local de nascimento:	Berlin
Data de nascimento:	3 de Abril de 1972
Profissão:	agente comercial
Nacionalidade:	alemã
Estado civil:	casado
N.º do passaporte:	2759099119
e data de emissão:	2 de Novembro de 2006
Morada:	81375 Munique/Alemanha
(no país de origem):	Eichenstr. 2

Sr. Weber: Quer o meu passaporte? – Ah, o formulário continua no verso.
Recepcionista: Não, não. Basta assinar. O resto é comigo. Quanto tempo tenciona ficar aqui?
Sr. Weber: Quatro meses, mais ou menos. Faz favor de mandar levar a minha bagagem para o quarto. Acorde-me amanhã às sete. Bata à porta com força, pois durmo profundamente. A propósito, a que horas servem o pequeno almoço?
Recepcionista: Das seis às dez.

No restaurante do hotel, o senhor Weber manda vir a especialidade da casa e bebe vinho da região do Dão. Depois de jantar, volta ao quarto pois tem muito sono.

Sr. Weber: A chave, faz favor. Três-cinco-sete.

Novas palavras

reservar reservieren, vorbestellen
   Mandei reservar um quarto em nome de Weber. Ich habe ein Zimmer auf den Namen Weber reservieren lassen.
o quarto individual / de pessoa só das Einbettzimmer
o quarto de casal das Doppelzimmer
a representação die Vertretung
comercial Handels- (in Zusammensetzungen), kommerziell
a representação comercial die Handelsvertretung
Faz favor de vir por aqui. Bitte kommen Sie hier entlang.

subir *(unr.)* hinaufgehen, -fahren
o elevador der Fahrstuhl
   Subimos no elevador. Wir fahren mit dem Fahrstuhl hinauf.
a janela das Fenster
dar para gehen nach, auf (beim Fenster)
   A janela dá para a rua. Das Fenster geht auf die Straße / zur Straße hin.
o pátio der Hof
minucioso gewissenhaft, pedantisch
examinar untersuchen, in Augenschein nehmen; prüfen

14

a casa de banho das Badezimmer
a torneira der Wasserhahn
a água das Wasser
pingar tropfen
   A torneira pinga água. Der Wasserhahn tropft.
o lençol (*pl. os lençóis*) das Laken
parecer scheinen
dobrar falten
   Os lençóis parecem não estar bem dobrados. Die Bettlaken scheinen nicht gut gefaltet zu sein.
o candeeiro die Lampe
acender anbrennen; anzünden
   Ele acende o candeeiro. Er schaltet die Lampe an.
estar fatigado müde sein, erschöpft sein
por dia pro Tag
o serviço die Bedienung; die Dienstleistung
estar incluído inbegriffen sein
   serviço incluído Bedienung inbegriffen
ser à parte extra sein, außerhalb sein
   O pequeno almoço é à parte. Das Frühstück wird extra berechnet.
queira ter a bondade würden Sie bitte so gut sein
a ficha de registo der Meldeschein; die Karteikarte
o berço die Wiege
até (a + *Substantiv*) bis (zu)
o caixão der Sarg
seguinte folgend
a indicação die Angabe
indicar angeben
o apelido der Familienname
o nome der Name
o nome completo der ganze/vollständige Name
o nome próprio der Vorname
o nascimento die Geburt
o local de nascimento der Geburtsort
a data de nascimento das Geburtsdatum
o agente comercial der Handelskaufmann
o representante comercial der Handelsvertreter; der Handelskaufmann
o estado civil der Familienstand
casado verheiratet
a emissão 1. die Ausgabe, die Ausstellung (eines Dokuments); 2. die Sendung
a data de emissão das Ausstellungsdatum
a morada die Wohnanschrift, die Adresse
o país (*pl. os países*) das Land
a origem der Ursprung
   no país de origem im Herkunftsland; im Ursprungsland
continuar a fazer alguma coisa fortsetzen etwas zu tun
   continua a escrever er schreibt weiter
o verso (*hier:*) die Rückseite
   continua no verso etwa: Fortsetzung auf der Rückseite, auf der Rückseite geht es weiter
bastar genügen
assinar unterschreiben, unterzeichnen
   basta assinar es genügt, wenn Sie unterschreiben, *oder:* Ihre Unterschrift genügt
o resto der Rest
   O resto é comigo. Der Rest ist meine Sache. *oder:* Das übrige erledige ich.
tencionar beabsichtigen, vorhaben
   Quanto tempo tenciona ficar aqui? Wie lange beabsichtigen Sie hierzubleiben?
mais ou menos mehr oder weniger, mehr oder minder, ungefähr
levar a (para) wegbringen zu/nach
   Faz favor de mandar levar a minha bagagem para o meu quarto. Lassen Sie bitte das Gepäck auf mein Zimmer bringen.
acordar wecken; aufwachen
   Acorde-me às sete. Wecken Sie mich um 7 Uhr!
bater klopfen, schlagen
bater à porta an die Tür klopfen
a força die Kraft
dormir (*unr.*) schlafen
   durmo profundamente ich schlafe tief, ich habe einen tiefen Schlaf
a propósito übrigens
a especialidade da casa die Spezialität des Hauses
a região die Gegend, das Gebiet
o sono der Schlaf
ter sono müde sein
voltar a, para zurückkehren nach, in, zu
a chave der Schlüssel

Gramática

14 A Verben mit Unregelmäßigkeiten in der Konjugation: Indikativ Präsens von *subir, dormir, incluir*

subir (hinaufgehen)	dormir (schlafen)	incluir (einschließen, einbeziehen, einrechnen)
subo	durmo	incluo
sobes (offenes o)	dormes	incluis
sobe (offenes o)	dorme	inclui
subimos	dormimos	incluímos
subis	dormis	incluís
sobem (offenes o)	dormem	incluem

14 B Pretérito perfeito simples unregelmäßiger Verben

dar	ir	ser	estar	poder
dei	fui	fui	estive	pude
deste	foste	foste	estiveste	pudeste
deu	foi	foi	esteve	pôde
demos	fomos	fomos	estivemos	pudemos
destes	fostes	fostes	estivestes	pudestes
deram	foram	foram	estiveram	puderam

14 C Verschmelzung des unverbundenen Personalpronomens mit der Präposition *com*

Wie bereits in Lektion 10 dargelegt, verschmilzt das unverbundene Personalpronomen außer mit den Präpositionen ‚em' und ‚de' noch mit der Präposition ‚com'. Die Präpositionen ‚em' und ‚de' verschmelzen jedoch nur mit der dritten Person, ‚com' verschmilzt dagegen mit der ersten und der zweiten Person (*zur Form ‚consigo' siehe Lektion 12*).

	Singular		
1. Person	com + mim	→	**comigo**
2. Person	com + ti	→	**contigo**
3. Person	com + ele/ela		com ele / com ela – *keine Verschmelzung*

	Plural		
1. Person	com + nós	→	**connosco** *
2. Person	com + vós	→	**convosco**
3. Person	com + eles/elas		com eles / com elas – *keine Verschmelzung*

* Dies ist die einzige Form im Portugiesischen, in der Doppel-n steht.

14 D Der Gebrauch von *parecer* – scheinen

‚Parecer' kann persönlich und unpersönlich gebraucht werden.

1. Persönlicher Gebrauch: dabei wird ‚parecer' mit einem Infinitiv verbunden:

As mulheres parecem estar prontas.	Die Frauen scheinen fertig zu sein.
Parecem ter razão.	Sie scheinen recht zu haben. / Anscheinend haben sie recht.

2. Unpersönlicher Gebrauch: ‚parece que':

Parece que as mulheres estão prontas.	Es scheint, dass die Frauen fertig sind. / Anscheinend sind die Frauen fertig.
Parece que têm razão.	Es scheint, dass sie recht haben. / Anscheinend haben sie recht.

Merken Sie sich folgende Wendungen:

O filho parece-se muito com o pai.	Der Sohn ähnelt sehr dem Vater.
ao que parece	wie es scheint
Que lhe parece?	Was meinen Sie? Was halten Sie davon?
Aquela pareceu-lhe a melhor solução.	Jene erschien ihm (stellte sich ihm dar als) die beste Lösung.
Parece esnobe, mas é pessoa de grandes qualidades.	Er scheint ein Snob zu sein, aber er ist ein Mensch mit großen Qualitäten.

Exercícios

14.1 Konjugieren Sie!

Não dormir bem – *Präsens Indikativ*; subir no elevador – *Präsens Indikativ*; continuar a fazer perguntas – *Präsens Indikativ*; dar-lhe o passaporte – *pretérito perfeito simples* (*pps*); ir para casa – *pps*; ser rico – *pps*; estar na representação comercial – *pps*; não poder dormir – *pps*.

14.2 Setzen Sie die entsprechenden Verbformen ein (pps)!

1. Os cigarros não (estar) incluídos no preço.   2. Eu (dormir) neste quarto.   3. Ela (subir) no elevador.   4. As janelas (dar) para o pátio.   5. Nós (dormir) em baixo.   6. Eles (dormir) no meu quarto.   7. Eles (ficar) neste quarto.   8. Ela (preencher) o formulário.   9. Nós não (encontrar) as passagens.   10. Ele não (poder) vir.   11. Eu (levar) a bagagem para o seu quarto.   12. Eu (tomar) a especialidade da casa.   13. Ele (mandar) reservar dois quartos de casal.

14.3 Drücken Sie in den folgenden Sätzen eine höfliche Aufforderung an eine oder mehrere Personen aus, die Sie mit ‚Sie' anreden, und verwenden Sie dabei die Höflichkeitsfloskeln.

Por favor
Faz favor (de)
Faça(m) o favor de
Queira(m)
Queira(m) ter a bondade de
Queira(m) fazer o favor de
Tenha(m) a gentileza de (Hätten Sie die Freundlichkeit …)

Mandar reservar dois quartos
- → Por favor, mande reservar dois quartos.
- → Mande reservar dois quartos, faz favor.
- → Faz favor de mandar reservar dois quartos.
- → Faça o favor de mandar reservar dois quartos.
- → Queira mandar reservar dois quartos.
- → Queira ter a bondade de mandar reservar dois quartos.
- → Queira fazer o favor de mandar reservar dois quartos.
- → Tenha a gentileza de mandar reservar dois quartos.
- — avisar da minha chegada
- — preencher a ficha de registo
- — comprar duas passagens de primeira classe para Berlim.

14.4 Drücken Sie die Vorgaben nach folgendem Muster unpersönlich aus:

abrir a porta → Abre-se a porta. (Man öffnet die Tür.)

pagar antes da saída
quanto pagar por cada quilo a mais
a bordo do avião ouvir a voz da hospedeira
onde fazer o despacho da bagagem
verificar os passaportes na fronteira
dormir bem neste hotel
poder ver o pátio
não encontrar nada
servir o pequeno almoço às 8 h.

14.5 Setzen Sie ein! Wiederholen Sie dabei immer den ganzen Satz.

a) A janela dá para *a rua*. (Das Fenster geht *auf die Straße*.)
   auf den Hof, auf die Allee, auf den Marktplatz, auf den Bahnhof.

b) Mandei *reservar um quarto*. (Ich habe *ein Zimmer reservieren* lassen.)
   die Tickets kaufen, die Formulare ausfüllen, Sie um 7 Uhr wecken, das Frühstück servieren, den Wein bringen, die Bettlaken waschen, das Fenster schließen, Ihr Gepäck auf Ihr Zimmer bringen.

c) Reservámos-lhe o quarto 357. (Wir haben für *Sie* (ihn, sie) das Zimmer 357 reserviert.)
   Sie (zwei Herren), euch, Sie (eine Dame), Sie (zwei Damen), dich, sie (Plural).

d) Posso ver *o quarto*? (Kann ich *das Zimmer* sehen?)
   das Visum, den Brief des Direktors, das Anmeldeformular, den Pass von Herrn Weber, Ihren (Plural) Pass, den Hof, die Handelsvertretung, das Hotel, welches (que) Sie mir empfohlen haben.

e) Ele verifica que *a porta da casa de banho não fecha*. (Er stellt fest, dass *die Badezimmertür nicht schließt*.)
   sie das Brot noch nicht gekauft hat; sie seine Ankunft schon angekündigt haben; die Lampe nicht brennt; der Wasserhahn tropft; sie müde ist; das Gepäck noch nicht auf seinem Zimmer ist; das Flugzeug bereits gelandet ist; das Abendessen sehr gut war.

f) *As maçãs* parecem ser boas. (*Die Äpfel* scheinen gut zu sein.)
   das Gemüse (*beachten Sie die Übereinstimmung in Numerus und Genus*), das Fleisch, die Kartoffeln, der Wein, der Salat, der Kuchen, die Blutwurst, die Küche dieser Gaststätte.

g) *O pequeno almoço é* à parte. (*Das Frühstück* wird extra berechnet.)
   der Kaffee, das Abendbrot, die Getränke (*3. Pers. Pl. von „ser"*), der Wein, die Vorspeise, der Nachtisch, der Rückflug, die Bedienung.

h) Basta *assinar*. (Es genügt, wenn Sie *unterschreiben*.)
   um 9 Uhr kommen; den Brief morgen schreiben; die Anschrift angeben; die Ankunft ankündigen; das Anmeldeformular morgen ausfüllen; die Passnummer angeben; das Frühstück um 9 Uhr servieren lassen.

i) *O resto é comigo.* (Der Rest ist *meine* Sache.)
   seine, ihre, eure, unsere, Ihre (*Sing., mask.*), Ihre (*Pl., fem.*).

j) *Quanto tempo* tenciona ficar aqui? (*Wie lange* beabsichtigen Sie hierzubleiben?)
   wie viele Tage, wie viele Wochen, wie viele Stunden, wie viele Jahre, wie viele Monate.

k) Faça o favor de mandar *levar a minha bagagem para o meu quarto.* (Bitte lassen Sie *mein Gepäck auf mein Zimmer bringen*.)
   gegen 8 Uhr das Abendessen servieren; zwei Einzelzimmer auf meinen Namen reservieren; den Kellner rufen; das Kleid waschen (lavar); Herrn Weber kommen.

14.6 Lesen, übersetzen und beantworten Sie folgende Fragen anhand des Textes.

1. Quem manda reservar um quarto de casal? 2. Qual é o número de quarto do senhor Weber? 3. Quem avisou da sua chegada? 4. O senhor Weber examina o quarto? 5. Onde fica o quarto? 6. O senhor Weber sobe no elevador? 7. Para onde dá o seu quarto? 8. O que verifica o senhor Weber quando examina o quarto? 9. O senhor Weber está fatigado ou não? 10. Ele fica neste quarto? 11. Quanto custa por dia? 12. O preço inclui o serviço? 13. O que é à parte? 14. Como se chama o formulário que o senhor Weber tem de preencher? 15. Onde nasceu o senhor Weber? 16. Quando nasceu? 17. Qual é o seu endereço? 18. Qual é o número do seu passaporte? 19. Qual é a data da emissão do passaporte? 20. O formulário continua no verso? 21. O senhor Weber deve preencher o verso também? 22. Quem preenche o verso? 23. Quanto tempo tenciona ficar em Lisboa? 24. A que horas é que o recepcionista deve mandar acordá-lo? 25. Devem bater à porta? 26. A que horas servem o pequeno almoço neste hotel? 27. O que toma o senhor Weber no restaurante do hotel? 28. Que vinho tinto bebe? 29. O senhor Weber é um homem minucioso? 30. Como é que ele se sente depois do jantar? 31. O que diz ao recepcionista quando quer a chave do seu quarto?

14.7 Fragen Sie Ihren Nachbarn (bzw. Ihre Nachbarin). Ihr Nachbar (bzw. Ihre Nachbarin) beantwortet die Frage ...

– ob er gern im Hotel wohnt
– ob er das Zimmer reservieren lässt
– ob man seine Ankunft ankündigt
– ob er gern mit dem Fahrstuhl fährt
– wohin die Zimmer seiner Wohnung gehen
– ob er weiß, wie viel ein Doppelzimmer in einem Hotel pro Nacht kostet
– ob das Frühstück im Zimmerpreis inbegriffen ist oder ob es extra berechnet wird
– ob er schon einmal ein Anmeldeformular ausgefüllt hat
– welche Angaben auf einem Anmeldeformular zu finden sind
– ob er einen Dienstpass (passaporte de serviço) hat
– wo er wohnt
– wann er geboren wurde
– wo er geboren wurde

- ob er gern Formulare ausfüllt
- wann er sich gewöhnlich morgens wecken lässt
- wann er gewöhnlich zu Mittag isst.

14.8 Übersetzen Sie!

„Haben Sie ein Zimmer frei?"
„Haben Sie (Pl.) Ihre Ankunft angemeldet?"
„Nein."
„Wir haben noch ein Doppelzimmer mit Bad."
„Gut, das nehmen wir (‚nehmen' hier: ficar com). Wie viel kostet es pro Woche?"
„290 Euro."
„Geht das Frühstück extra oder ist es im Preis inbegriffen?"
„Frühstück und Bedienung sind im Zimmerpreis inbegriffen."
„Brauchen Sie unsere Pässe?"
„Ja! Würden Sie bitte das Anmeldeformular ausfüllen."
„Können Sie schon unser Gepäck aufs Zimmer bringen lassen?"
„Natürlich. Wann soll ich Sie morgen früh wecken lassen?"
„Sie brauchen uns nicht wecken zu lassen. Danke."
„Hier ist der Schlüssel, 4-8-2."

LIÇÃO 15

Texto

No correio

Ronaldo: Tenho que comprar selos, mandar um vale de correio e um telegrama. Onde fica o correio mais próximo?

Maria: Na Rua da Misericórdia. Leva esta carta. Vai registada. Não te esqueças de telefonar ao tio Juca. Ah, e leva esta encomenda também. Vai para a Itália.

Ronaldo: Dê-me 20 selos de 55 cêntimos, 10 selos de 90 cêntimos, 10 selos de 1 euro e vinte postais. E esta carta vai registada.

Empregada: Vai por avião ou normal?

Ronaldo: Normal. Um impresso para vale e um para telegrama, por favor. Quanto custa um telegrama para Viena?

Empregada: Depende do número de palavras.

Ronaldo: Ah, sim! Qual é a taxa por palavra?

Empregada: 10 cêntimos. Mais nada?

Ronaldo: Posso mandar um telegrama com resposta paga?

Empregada: Sim, tem de pôr a indicação RP.

Ronaldo: Muito bem. E agora desejava fazer uma chamada para o Rio. O número é 3742869. Vai demorar muito?

Empregada: Bem, esta ligação internacional ainda não é automática, é feita pela telefonista. Normalmente demora uns vinte minutos.

Ronaldo: Entretanto posso mandar esta encomenda para a Itália.

Empregada: Dirija-se, por favor, à secção das encomendas, postigo 5.

Ronaldo: Queria mandar esta encomenda para a Itália. Quanto pesa?

Empregada: 16 quilos. Tem excesso de peso. Já preencheu o talão de encomenda?

Ronaldo: Não, minha senhora. Não sei como é.

Empregada: Tem de indicar o endereço do remetente e do destinatário. Também precisa de preencher uma declaração para a alfândega. Tem de discriminar a natureza e o valor dos artigos.

Ronaldo: Que maçada! Estes formulários ...

15

Empregada: A chamada para o Rio. Atenda na cabine 3, faz favor.

O Ronaldo entra na cabine e levanta o auscultador. Ouve a voz da telefonista que diz: "Espere um momento. Não desligue ... falem, por favor."

Ronaldo: Está lá? Quem fala?

Voz de homem: Aqui Santini.

Ronaldo: Mas eu não conheço nenhum senhor Santini. Queria falar com o meu tio, Júlio de Carvalho Mendes. Que número tem o senhor?

Voz de homem: 3-7-5-2-7-5-8

Ronaldo: Eu pedi 3-7-4-2-8-6-9. Desculpe, foi uma ligação errada. É a tecnologia moderna ...

Novas palavras

o vale (de correio) die Postanweisung
o telegrama das Telegramm
registado eingeschrieben
a carta registada der Einschreibebrief
telefonar a jmdn. anrufen
o tio der Onkel
Não te esqueças de telefonar ao tio Juca! Vergiss nicht, Onkel Juca anzurufen!
a encomenda 1. das Paket, die Sendung; 2. die Bestellung
a Itália Italien
o postal die Postkarte
por avião per Luftpost
o impresso der Vordruck; die Drucksache
Viena Wien
depender de abhängen von
   Isso depende. Das kommt drauf an.
a palavra das Wort
   Depende do número de palavras. Das hängt von der Anzahl der Wörter ab.
a taxa die Gebühr
   Qual é a taxa por palavra? Wie ist die Gebühr pro Wort? / Was wird für das Wort berechnet?
a resposta paga die bezahlte Rückantwort
   Posso mandar um telegrama com resposta paga? Kann ich ein Telegramm mit bezahlter Rückantwort schicken?
Tem de pôr a indicação RP. Sie müssen die Angabe ‚RP' hinzusetzen.
a chamada das Telefongespräch; der Ruf
demorar dauern
   Vai demorar muito? Wird es lange dauern? Dauert es lange?
a ligação die Verbindung, die Schaltung
internacional international
a telefonista die Telefonistin; (Telefon-)Vermittler
A ligação é feita pela telefonista. Die Verbindung geht über die Vermittlung.
automático automatisch, selbsttätig
normalmente normalerweise
entretanto inzwischen, mittlerweile
a secção 1. die Abteilung, der Bereich 2. der Querschnitt
o postigo, o guiché der Schalter (bei der Post u. a.)
o talão de encomenda, o boletim de expedição die Paketkarte
Não sei como é. Ich weiß nicht, wie man das macht.
o remetente der Absender
o destinatário der Empfänger
discriminar (genau) angeben, aufführen; aufschlüsseln, genau ausweisen
a natureza die Art
o valor der Wert
o artigo der Artikel; der Posten einer Ware

Tem de discriminar a natureza e o valor dos artigos. Sie müssen Art und Wert der Artikel (oder: der Ware) angeben.

Que maçada! *Ausruf:* Ach du meine Güte! Wie lästig!

atender 1. (Gespräch) abnehmen, sich melden, ans Telefon gehen; 2. beachten, berücksichtigen

a cabine die Kabine; die Telefonzelle

Atenda na cabine 3. Ihr Gespräch ist in Kabine 3.

levantar hochheben; hochziehen

o auscultador der (Telefon-)Hörer

Ela levanta o auscultador. Sie hebt den Hörer ab.

Espere um momento. Warten Sie einen Augenblick. Bleiben Sie am Apparat.

desligar aufhängen, auflegen (beim Telefon); trennen, abschalten, ausschalten

Não desligue! Legen Sie nicht auf!

Está lá? Hallo (?)!

Quem fala? Mit wem spreche ich?

pedir *(unr.)* a alguém alguma coisa jemanden um etwas bitten

Peço-lhe um favor. Ich bitte Sie um einen Gefallen.

desculpar entschuldigen

desculpe Entschuldigung, *oder*: Entschuldigen Sie bitte

errado falsch

Está errado. Das ist falsch. Da irren Sie sich.

a tecnologia die Technik

moderno modern

Gramática

15 A Das Imperfekt / O pretérito imperfeito

1. Konjugation	2. Konjugation	3. Konjugation
desej**ar**	com**er**	part**ir**
desej**ava**	com**ia**	part**ia**
desej**avas**	com**ias**	part**ias**
desej**ava**	com**ia**	part**ia**
desej**ávamos**	com**íamos**	part**íamos**
desej**áveis**	com**íeis**	part**íeis**
desej**avam**	com**iam**	part**iam**

Die Verben *ser, ter, vir* und *pôr* bilden den Indikativ Imperfekt unregelmäßig (*diese Formen lernen Sie in Lektion 21 C*).

1. Das *pretérito imperfeito do indicativo* beschreibt Aussagen über vergangenes Geschehen:
Ele comia.   Er aß.   (*Näheres dazu erfahren Sie in Lektion 21 C.*)

2. Neben dieser zeitlichen Funktion kann das Imperfekt vor allem bei Verben des Wünschens auch eine modale Funktion haben (die sonst durch den Konditional I ausgedrückt wird; *siehe dazu Lektion 27*):

Eu desejava fazer uma chamada para Roma.	Ich hätte gern/möchte ein Gespräch nach Rom.
Queríamos mandar esta encomenda para Maputo.	Wir möchten dieses Paket nach Maputo schicken.
Eles gostavam de aprender a língua portuguesa.	Sie würden/möchten gern Portugiesisch lernen.

15 B   Ortsadverbien / Os advérbios de lugar

aqui, ali, acolá

aqui – hier	Der Gegenstand (oder eine Person) ist in der Nähe des Sprechers. Der Raum ist relativ eng begrenzt und genau umrissen.
ali – da, dort	von beiden Sprechern entfernt, jedoch noch in einer räumlichen Entfernung, die beide Sprecher überblicken (bzw. in der Nähe einer dritten Person).
acolá – da, dort	von den Sprechern weiter entfernt, der Gegenstand oder die Person ist meist sichtbar.

Pedro, onde estás? – Estou aqui, na sala.	Pedro, wo bist du? – Hier bin ich, im Zimmer.
Onde estão a Vera e a Ângela? – A Vera está ali, à janela e a Ângela está acolá, no jardim.	Wo sind Vera und Angela? – Vera ist dort am Fenster und Angela ist da, im Garten.
Onde está a sua senhora? – Está ali, em frente da vitrina.	Wo ist Ihre Frau? – Sie steht dort vor dem Schaufenster.
E o seu carro, onde está? – Está acolá, no fundo.	Und Ihr Auto, wo ist das? – Es steht da hinten.

cá, aí, lá

cá – hier	Der Raum ist nicht genau begrenzt; er ist unscharf umrissen. Der Sprecher betrachtet den Raum als groß und weit.
aí – da, dort	in der Nähe der angesprochenen Person
lá – da, dort	Der Gegenstand oder die Person ist meist nicht sichtbar.

cá em casa	hier zu Hause
cá em Portugal (*auch*: aqui em Portugal)	hier in Portugal
António, vem cá!	António, komm mal (hier-)her!
Aí vêm, já me viram.	Da kommen sie, sie haben mich schon gesehen.
lá, em Portugal (*nicht:* acolá)	dort in Portugal

Besonderer Gebrauch der Ortsadverbien

Cá und **lá** können in der Umgangssprache ohne jegliche räumliche Bedeutung als Verstärkungspartikel verwendet werden, das sich schwer übersetzen lässt:

Ouve cá: Já sabes quem foi que veio ontem?	(He!) Hör mal. Weißt du schon, wer das war, der gestern gekommen ist?
Eu cá não percebo.	Was mich betrifft, verstehe ich das nicht.
Cá por mim não há dificuldades.	Ich für meinen Teil habe da keine Schwierigkeiten.
Ele lá sabe o que faz.	Er weiß schon, was er da macht.
Sei lá!	Was weiß ich!
Diga lá: O Gilberto casou?	Sagen Sie mal, hat Gilberto geheiratet?
Lá está ela.	Da ist sie ja.

Aí, ali und **lá** haben gelegentlich auch eine zeitliche Bedeutung und geben dabei eine Zeit an, die nicht genau bestimmt ist:

Aí por meados do Verão irei (Futur) fazer-lhe uma visita.	So um die Mitte des Sommers herum werde ich ihn besuchen.
Lá para o Natal é que ele chegará (Futur).	Er wird so gegen Weihnachten kommen.
... se chegarem até aí (Konjunktiv Futur)	... wenn sie überhaupt bis dahin kommen / wenn sie das überhaupt schaffen

Darüber hinaus wird aí im Sinne von ‚então' (nun, denn, eben) besonders in der Umgangssprache verwendet, um die Aussage oder Rede flüssiger und lebhafter zu gestalten:

Aí está.	Das ist es eben.
E por aí se compreende porque ela não escreve.	Und so versteht man, warum sie nicht schreibt.
Espere aí!	Moment mal! / Nun warten Sie mal!

Exercícios

15.1 Konjugieren Sie!

a) im Indikativ Präsens:
   Pedir-lhe este favor – ihn um diesen Gefallen bitten
   Pôr a indicação RP no telegrama – die Angabe RP aufs Telegramm setzen

b) im pretérito perfeito simples:
   pedir-lhe um copo de água – sie um ein Glas Wasser bitten
   esquecer-se dela – sie vergessen

c) im Imperfekt:
   desejar fazer uma chamada para Roma – ein Gespräch nach Rom wünschen
   querer mandar um telegrama – ein Telegramm schicken wollen.

   (*Anmerkung:* Wenn Sie diese Sätze im Imperfekt konjugieren, müssen Sie in der deutschen Übersetzung den Modus entsprechend verändern, da hier das Imperfekt die Funktion eines Konditionals haben soll.)

d) Setzen Sie das unverbundene (betonte) Personalpronomen: Ele não se lembrou de …. – Er erinnerte sich nicht an mich, dich, ihn usw.

15.2 Ersetzen Sie die Substantive (präpositionale Objekte) durch Pronomen.

Depende do pai. → Depende dele.

1. Depende da sua irmã.   2. Depende das empregadas.   3. Falaram com o guarda.   4. Falou com o tio.   5. Falei com a vizinha.   6. Falamos com aqueles senhores.   7. Não me lembro do amigo.   8. Lembraram-se destas raparigas.   9. Lembrou-se do empregado.   10. Que é feito do seu tio?

15.3 Setzen Sie die Verben ins pretérito perfeito simples. Lesen und übersetzen Sie die Sätze.

1. Lembro-me da senhora.   2. Ela esquece-se de tudo.   3. Tenho de comprar selos.   4. Mando um vale de correio.   5. Ele sobe no elevador.   6. O avião parte às três horas.   7. Preencho o formulário.   8. Ele manda um telegrama com resposta paga.   9. Ele não presume isso.   10. Gosto de beber cerveja.   11. A taxa depende do número das palavras.   12. O João deseja fazer uma chamada para São Paulo.   13. Ele dirige-se à secção de encomendas.   14. Dirijo-me ao chefe.   15. Ela indica o endereço da irmã.   16. Ele preenche o boletim de expedição.   17. Ele discrimina a natureza e o valor dos artigos.   18. Ele atende na cabine 5.   19. Entro no correio.   20. Você continua a comer.   21. Este senhor desliga o telefone.   22. Falamos com as colegas.   23. Ela pede-lhe um copo de leite.   24. Você conhece a estação muito bem.   25. Ele telefona ao tio.

15.4 Übersetzen Sie und setzen Sie in den Plural.

Não o encontrou ontem. → Não os encontraram ontem.

1. Não a conheci.   2. Telefonaste-me ontem?   3. Recomendei-lhe o vinho.   4. Falei contigo.   5. Ele não se lembrou de mim.   6. Ela presumiu que nasceu em Coimbra.   7. Ela desligou.   8. Desliguei-o.   9. Você comprou-o.   10. Ela telefonou ao irmão dele.   11. Ele não lho vendeu.   12. Mandei-lha ontem.   13. Falei de ti.   14. Falaste dele.   15. Você gostou dela.   16. A que horas almoçou você ontem?   17. Fechei a porta.   18. Você fechou-a.

15.5 Setzen Sie die Ortsadverbien ‚aqui', ‚aí' oder ‚ali' nach folgendem Muster ein:

(aqui)   O meu lápis é *este*. − O meu lápis é aqui.
(aí)   *Essas* poltronas são verdes. − Essas poltronas aí são verdes.
(ali)   Quem são *aquelas* meninas? − Quem são as meninas ali.

1. Aquele senhor de fato azul é o doutor Moreira.   2. Essa poltrona é sua?   3. Estes documentos são seus?   4. Essas senhoras são suecas (Schwedinnen).   5. Aquela mesa também é escura?   6. A minha pasta é esta.   7. Este sofá é dela.   8. Essa caixa também não pode entrar.   9. Estas chaves são suas?   10. Aquele mala também é pesada.

15.6 Setzen Sie ‚aqui' oder ‚cá' ein.

1. A senhora fica por ... muito tempo?   2. ... tem, minha senhora.   3. ... por mim estou muito contente.   4. De ... a quinze dias vou ir ao Porto.   5. Não é possível dar ... muitas explicações (Erklärungen).   6. Ela gostou imenso de o ver ...

15.7 Setzen Sie ‚aí' oder ‚lá' ein.

1. ... está porque ele não quer falar comigo.   2. Espere ... !   3. Sei ... !   4. Deixe ... a menina divertir-se (Spaß haben, sich vergnügen)!   5. Toma ... !   6. Você está bem por ...?   7. Que estão eles a fazer ... no escuro (im Dunkeln)?

15.8 Verwenden Sie die entsprechenden Formen des unverbundenen Personalpronomens.

1. Este lugar é para (tu) e aquele é para (ela).   2. Comprei o jornal para (ele) ou para (ela).   3. Vens com (eu) à estação?   4. Não, não posso ir com (tu).   5. Os nossos pais estão muito contentes com (nós).   6. Você vem com (eu) à empresa?   7. Falaste de (ela)?   8. Ele falou com (nós).   9. Vamos com (vós).

15.9 Setzen Sie ein! Wiederholen Sie dabei immer den ganzen Satz.

a) Desejava mandar um *vale de correio*. (Ich möchte *eine Postanweisung* schicken.)
   eine Postkarte nach Setúbal, ein Telegramm, ein Paket, zwei Briefe nach Coimbra, meiner Mutter Geld, diesen Brief per Einschreiben, diese beiden Briefe per Luftpost, ein Telegramm mit bezahlter Rückantwort.

b) (Isso) Depende *do número das palavras*. (Das hängt *von der Anzahl der Wörter* ab.)
vom Preis, von meinem Vater, von meiner Schwester, von meinem Onkel, von ihm, von ihr, von uns, von euch, von Ihnen (*Sg.*), von ihnen (*Pl. mask.*), von dir, von mir, von seiner Auskunft, von ihrer Auskunft, von ihrer Abfahrt, von der Ankunftszeit des Flugzeuges, von der Höhe des Hauses, vom Gewicht, von der Art (o tipo) der Fahrkarte, vom Ausstellungsdatum des Passes.

c) Não se esqueça de *telefonar à sua esposa*. (Vergessen Sie nicht, *Ihre Frau anzurufen*.)
den Absender anzugeben; die Art der Gegenstände anzugeben; den Wert der Gegenstände anzugeben; den Pass verlängern zu lassen; sie (*Pl. fem.*) anzurufen; den Personalausweis; ein Zimmer zu bestellen; zu bezahlen; mit ihm zu sprechen.

d) Telefonei *ao meu chefe*. (Ich habe *meinen Chef* angerufen.)
meine Schwester, meinen Bruder, Herrn Reimann, Frau Meyer, die Polizei, das Mädchen, den Ingenieur, sie (*Sg. fem.*), ihn, Sie (*Sg. fem.*), Sie (*Pl. mask.*), nicht sie, sondern ihn (*Hervorhebung*), beim Zoll, beim Fleischer, den Angestellten der Firma in Luanda.

e) Vai demorar *umas duas horas*. (Das wird *so an die zwei Stunden* (*ungefähr 2 Stunden*) dauern.)
zwei Wochen, ungefähr 14 Tage, zirka 2 Monate, eine halbe Stunde, ein Jahr, eine Viertelstunde, ungefähr eine Woche (mais ou menos).

f) Queria *mandar esta encomenda para Berlim*. (Ich möchte *dieses Paket nach Berlin schicken*.)
einen Tisch bestellen; zwei Pfund Äpfel; 20 Briefmarken zu 55 Cent; ein Gespräch nach Rom; eine Paketkarte; meinen Vater anrufen; meine Frau anrufen; ihr einen Brief schreiben; mit ihm sprechen; mit Ihnen (*Sg. mask.*) sprechen; mit dem Polizeibeamten sprechen; mit dir sprechen; mit ihnen sprechen; mit diesem Herrn dort sprechen.

g) Continue a *escrever*. (*Schreiben* Sie weiter.)
essen, frühstücken, ausfüllen, fahren, sprechen, Fragen stellen, auf der Rückseite weiterschreiben, arbeiten (trabalhar), schlafen.

15.10 Lesen, übersetzen und beantworten Sie folgende Fragen zum Lektionstext.

1. Quem vai ao correio?   2. O que tem de fazer ele no correio?   3. O que lhe dá a irmã?   4. Para onde vai a encomenda?   5. Quantos selos e postais compra o Ronaldo?   6. A carta vai por via normal?   7. O que quer o Ronaldo para o vale e para o telegrama?   8. De que depende o preço do telegrama?   9. O telegrama que ele manda é um telegrama especial (besonderes)?   10. A quem quer ele telefonar?   11. Onde mora o tio?   12. Qual é o número de telefone dele?   13. Quantos minutos demora a ligação internacional normalmente?   14. O que faz o Ronaldo entretanto?   15. Aonde é que ele se dirige?   16. Quanto pesa a encomenda?   17. Que tipo de impresso deve ele preencher para a encomenda?   18. Ele sabe como se faz?   19. O que tem de indicar?   20. O que precisa de preencher também?   21. O que tem de discriminar?   22. Onde deve atender a chamada para o Rio?   23. O que faz o Ronaldo na cabine?   24. O que diz a telefonista?   25. O tio Juca atende a chamada no Rio?   26. Quem atende?   27. Que número tem o outro senhor no Rio?   28. O que diz o Ronaldo desta ligação?   29. Ele gosta da tecnologia moderna?

15.11 Fragen Sie Ihren Nachbarn (bzw. Ihre Nachbarin). Ihr Nachbar (bzw. Ihre Nachbarin) beantwortet die Frage...

– ob er weiß, wo das nächste Postamt ist
– ob er Briefmarken und Postkarten im Hause hat
– ob er seine Briefe per Einschreiben schickt
– wie viel ein Brief per Luftpost kostet
– wovon die Luftpostgebühr abhängt
– ob er oft (muitas vezes) Telegramme abschickt
– wovon die Telegrammgebühr abhängt
– ob er schon einmal ein Telegramm mit bezahlter Rückantwort aufgegeben hat
– ob er zu Hause Telefon hat (o telefone)
– wie seine Telefonnummer lautet
– wie viele Male (quantas vezes) er wöchentlich seinen Chef anruft
– wen er besonders gern anruft
– ob er schon einmal eine Paketkarte und eine Zollerklärung ausgefüllt hat.

15.12 Übersetzen Sie!

1. Das hängt von dir ab.   2. Vergiss mich nicht!   3. Sprich mit ihm!   4. Ich habe die Paketkarte bereits ausgefüllt.   5. Setzen Sie die Angabe RP aufs Telegrammformular!   6. Ich möchte gern mit Berlin telefonieren.   7. Er hat ihn (*Gegenstand, mask.*) vergessen.   8. Vergessen Sie diesen Herrn!   9. Die Gebühr hängt von der Anzahl der Wörter ab.   10. Geben Sie die Art und den Wert der Gegenstände an!   11. Es dauert nicht lange.   12. Schicken Sie ihn zur Post!   13. Der Preis hängt vom Gewicht ab.   14. Das hängt nicht von ihr ab, sondern von ihm.   15. Ich brauche nicht ihre Tasche, sondern seine.   16. Sie haben (*Pl. fem., keine Anrede*) uns bereits vergessen.   17. Das hing nicht von mir ab, sondern von ihm.   18. Kennen Sie mich nicht?   19. Wissen Sie, wie man das macht?   20. Nimm den Hörer ab!   21. Legen Sie nicht auf!   22. Bitte schreiben Sie auf der Rückseite weiter!   23. Ich möchte gern mit dir sprechen.   24. In der Zwischenzeit kann er schon das Paket aufgeben.   25. Das Paket hat Übergewicht.   26. Ich habe ihn gebeten, mir den Brief zu geben.   27. Er hat uns gebeten, das Paket noch heute abzuschicken.   28. Worum haben Sie ihn gebeten?   29. Worum hat er sie gebeten?   30. Er hat uns gebeten, morgen zu kommen.   31. Sie haben die Firma darum gebeten, das Paket nicht abzuschicken.   32. Er hat mit mir gesprochen.   33. Er erinnerte sich nicht an ihn.   34. Ich erinnere mich nicht an Sie.   35. Sie hat sich noch an mich erinnert.   36. Warum sprechen Sie nicht mit uns?

LIÇÃO 16

Texto

Um passeio de automóvel

Sr. Santos: Vamos fazer um piquenique na praia?

D. Helena: É uma ideia excelente. Vou já fazer compras ao supermercado.

Pedro (o filho): Aonde vamos?

Sr. Santos: Vamos a Cascais. Levei o carro à estação de serviço para a revisão. Mandei fazer uma lavagem simples, lubrificação e mudança de óleo. Quando fui buscar o carro o mecânico disse: "Está tudo em ordem." e apresentou-me uma conta pesada.

Teresa (a filha): A que distância fica Cascais?

Sr. Santos: Uns trinta quilómetros. A estrada para Cascais está em boas condições mas tem muitas curvas e é muito movimentada.

No domingo de manhã, os Santos sentam-se no carro mas o motor não pega.

Pedro: O motor deve estar frio.

O senhor Santos tenta ligar o carro mais uma vez – em vão.

Sr. Santos: A bateria parece estar descarregada. Vou ver se o nosso vizinho me empresta a dele.

Voltou com ar triunfante e colocou a bateria do vizinho. Sentou-se ao volante e pôs o motor em marcha. Na Estrada Marginal houve outro incidente.

Sr. Santos: Temos um furo. Vou parar o carro à beira da estrada.

Todos saíram, num concerto de buzinas dos carros seguintes. O pai foi procurar o macaco para substituir a roda.

Pedro: Vamos montar o pneu de reserva. Já encontrou o macaco?

 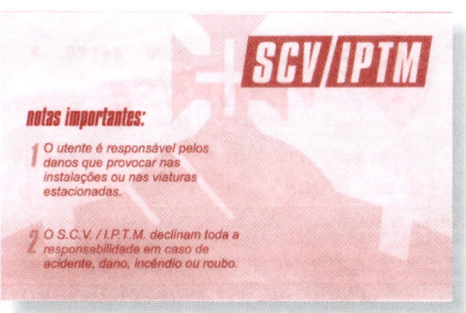

Com a ajuda do Pedro esta operação decorreu bem, mas entretanto surgiu um polícia motorizado.

O polícia: O senhor esqueceu-se de pôr o triângulo de aviso. Mostre-me a sua carta de condução, faz favor.

Sr. Santos: Desculpe, esqueci-me do triângulo. Aqui tem a minha carta.

O polícia: O que o senhor fez é perigoso. Tem de pagar uma multa – cem euros, por favor.

Sr. Santos: Já são dez horas. Agora tenho que andar mais depressa.

Pedro: O pai não reparou nesse sinal de trânsito "velocidade máxima de 60 km/h"?

Sr. Santos: Que maçada! A gasolina está quase no fim. Tenho de meter gasolina. Pedro, vê no mapa se aqui perto há uma bomba de gasolina.

Pedro: A bomba de gasolina mais próxima fica a uma distância de 15 quilómetros.

Sr. Santos: Bem, até lá chega.

Na bomba de gasolina

Pedro: Mais para a frente. Essa bomba é para gasóleo. Nós precisamos de gasolina sem chumbo.

Vendedor: Aproxime mais o carro. Quer gasolina normal ou super?

Sr. Santos: Meta trinta litros da super ... ah não, ateste o depósito, faz favor. Meta água no radiador e verifique a pressão dos pneus.

Sr. Santos: Agora, tenho de voltar para trás?

Pedro: Não, o pai tem de virar à esquerda.

Sr. Santos: E agora, sigo sempre a direito? Mostra-me a estrada no mapa. (Pedro mostra-lha.) Está bem, então vamos.

Pedro: O que é isto?

PASSAGEM PROIBIDA

Novas palavras

o **passeio** der Spaziergang, die Spazierfahrt
o **automóvel** (= o carro) das Auto
o **piquenique** das Picknick
a **praia** der Strand
a **ideia** die Idee
o **supermercado** die Kaufhalle, der Supermarkt
a **estação de serviço** die Vertragswerkstatt
a **revisão** die Durchsicht
Levei o carro à estação de serviço para a revisão. Ich habe den Wagen in die Vertragswerk statt zur Durchsicht gebracht.
a **lavagem** die Wäsche (Waschvorgang)
a **lubrificação** das Abschmieren; die Schmierung
a **mudança** der Wechsel; die Änderung
o **óleo** das Öl
ir buscar suchen; holen, abholen
Fui buscar o carro. Ich habe den Wagen abgeholt.
o **mecânico** der Mechaniker
a **ordem** die Ordnung; der Auftrag
estar em ordem in Ordnung sein
Está tudo em ordem. Es ist alles in Ordnung.
apresentar vorlegen
Apresentou-me uma conta pesada. Er hat mir eine ‚saftige' Rechnung vorgelegt.
a **distância** die Entfernung
A que distância fica Cascais? Wie weit ist es bis nach Cascais?
a **estrada** die (Land-)Straße
a **condição** die Bedingung; der Zustand
A estrada está em boas condições. Die Straße ist in einem guten Zustand.
a **curva** die Kurve
movimentado belebt, verkehrsreich
o **motor** der Motor
pegar, arrancar (hier:) anspringen
O motor não pega. Der Motor springt nicht an.
tentar versuchen
ligar anlassen, starten, einschalten, verbinden
em vão vergeblich, umsonst
a **bateria** die Batterie

estar descarregado entladen sein
A bateria está descarregada. Die Batterie ist entladen/leer.
emprestar leihen, borgen
Emprestou-me o carro. Er hat mir den Wagen geliehen.
o **ar** 1. die Luft; 2. die Miene
triunfante triumphierend
colocar einsetzen, einbauen
pôr em marcha in Gang setzen
Pôs o motor em marcha. Er setzte den Motor in Gang.
o **volante** das Lenkrad, das Steuer
Sentou-se ao volante. Er setzte sich ans Lenkrad.
o **incidente** der Zwischenfall
Houve um incidente. Es gab einen (oder: es ereignete sich ein) Zwischenfall.
o **furo** 1. die Reifenpanne; 2. die Bohrung, das (Bohr-) Loch
parar halten, anhalten
Ele pára o carro. Er hält den Wagen an.
a **beira** der Rand
à beira da estrada am Straßenrand
o **concerto** das Konzert
a **buzina** die Hupe
o **macaco** 1. der Wagenheber; 2. der Affe
ir procurar suchen gehen
substituir ersetzen, auswechseln
a **roda** das Rad
montar montieren
o **pneu** der Reifen
a **reserva** die Reserve
Montou o pneu de reserva. Er zog den Reservereifen auf.
a **ajuda** die Hilfe
decorrer ablaufen
a **operação** der Vorgang, der Arbeitsgang; die Operation
Com a ajuda do Pedro a operação decorreu bem. Mit Pedros Hilfe lief die Sache gut.
surgir auftauchen

o polícia motorizado Polizist per Krad, Motorradstreife
o triângulo das Dreieck
o aviso Bescheid, Warnung
o triângulo de aviso das Warndreieck
a carta de condução der Führerschein
perigoso gefährlich
a multa die Strafe
andar (hier:) fahren
depressa (nur Adverb) schnell
reparar em (be-)merken, achten auf
o sinal de trânsito das Verkehrsschild
a velocidade die Geschwindigkeit
máximo maximal, Höchst- (in Zusammensetzungen)
a velocidade máxima die Höchstgeschwindigkeit
meter einfüllen, hineintun
a gasolina das Benzin, der Kraftstoff
meter gasolina tanken
o mapa die Landkarte
a bomba de gasolina, o posto de gasolina die Tankstelle
a bomba die Pumpe; die Tanksäule
chegar (hier:) reichen, genügen

Isso chega. Das reicht. Das langt. Das genügt.
Um litro de óleo chega. Ein Liter Öl reicht.
mais para a frente mehr nach vorn
o gasóleo der Dieselkraftstoff
a gasolina sem chumbo das bleifreie Benzin
aproximar herankommen, nähern
Aproxime mais o carro. Fahren Sie den Wagen etwas näher heran.
a super der Kraftstoff ‚Super'
atestar bis zum Rand füllen, hier: volltanken
o depósito der Tank
o radiador der Kühler
a pressão do pneu der Reifendruck
para trás zurück, nach hinten
voltar para trás wenden
virar à esquerda nach links abbiegen
seguir a direito geradeaus fahren
seguir pela direita sich rechts halten
seguir pela esquerda sich links halten
passagem proibida Durchfahrt verboten! auch: Durchgang verboten!

Gramática

16 A Pretérito perfeito simples unregelmäßiger Verben:
dizer, pôr, ter, haver, fazer, vir, ver, sair

dizer	pôr	ter	haver
disse	pus	tive	houve
disseste	puseste	tiveste	houveste
disse	pôs	teve	houve
dissemos	pusemos	tivemos	houvemos
dissestes	pusestes	tivestes	houvestes
disseram	puseram	tiveram	houveram

fazer	vir	ver	sair
fiz	vim	vi	saí
fizeste	vieste	viste	saíste
fez	veio	viu	saiu
fizemos	viemos	vimos	saímos
fizestes	viestes	vistes	saístes
fizeram	vieram	viram	saíram

16 B Der Gebrauch des bestimmten Artikels

Der bestimmte Artikel steht

1. vor Vornamen (nomes próprios):
O João é um bom amigo.   João ist ein guter Freund.

2. bei geographischen Bezeichnungen:
– Ländernamen:
  o Brasil, a Alemanha, a Suécia

  Ausnahmen: Portugal, Angola, Moçambique, São Tomé e Principe, Cabo Verde, Timor, Andorra, Cuba, Honduras, Marrocos, Mónaco, São Marino, São Salvador.

Anmerkung: Einige Länderbezeichnungen wie Espanha, França, Itália, Inglaterra (England) können ohne bestimmten Artikel verwendet werden, besonders nach einer Präposition:

Ele vive em (auch: na) França.   Er lebt in Frankreich.
Ela veio de (auch: da) Espanha.   Sie kam aus Spanien.

– Bezeichnungen für Kontinente, Flüsse, Berge, Meere, Himmelsrichtungen
  a Asia, a Austrália; o Tejo, o Elba; o Quilimanjaro, os Alpes; o Atlântico, o Pacífico; ao norte; ao sul, do oeste (von Westen), ao este (im Osten), jedoch nicht bei der Form 'leste' (Osten): a leste fica a costa – im Osten liegt die Küste.

Anmerkung: Bei Bezeichnungen für Inselgruppen steht in den meisten Fällen der Artikel im Plural, feminin:

as Antilhas, as Canárias

aber: a Madeira (Holz), os Açores (o açor – der Habicht), os Abrolhos (Klippen; zum brasilianischen Bundesstaat Baia gehörig)

- Bezeichnungen für portugiesische Provinzen und brasilianische Bundesstaaten:
o Ribatejo, o Minho, a Beira, a Bahia, o Maranhão
Ausnahmen: Trás-os-Montes, São Paulo, Pernambuco, Mato Grosso, Alagoas, Sergipe, Minas Gerais, Santa Catarina

- Kein Artikel steht bei Städte- und Ortsnamen:
Lisboa, Londres, Berlim, Aveiro, Cascais
Ausnahmen: Gehen Städte- und Ortsnamen auf Sachbezeichnungen zurück, dann steht der bestimmte Artikel:
o Rio de Janeiro (Januarfluß), o Porto (Hafen), a Praia da Rocha (Felsenstrand)

Städtenamen, die in der Landessprache mit bestimmtem Artikel stehen, haben ihn auch im Portugiesischen: o Cairo (al Kahira), a Haia (Den Haag), o Havre (Le Havre), a Havana

3. vor Possessivpronomen:

o meu apartamento	meine Wohnung
os meus negócios	meine Geschäfte
Aqui tem os seus livros.	Hier sind Ihre Bücher.
Eu tenho o meu carro aqui.	Ich habe meinen Wagen hier.
O dele está na garagem.	Seiner steht in der Garage.

Anmerkungen:
(1) Im allgemeinen steht der bestimmte Artikel nicht vor Possessivpronomen, wenn diese nach Verben wie ‚ser' und ‚tornar-se' (werden) im Prädikat allein stehen:

Este livro é meu, esse é seu.   Dieses Buch hier ist mein(s), das da sein(s).

(2) Bei Verwandtschaftsbezeichnungen kann der bestimmte Artikel entfallen:
meus pais – os meus pais
Ele falou com tua mãe. oder: Ele falou com a tua mãe.

(3) Kein Artikel steht in der direkten Anrede (Vokativ) oder wenn das Possessivum Bestandteil einer Anredeform bzw. eines Titels ist:
Sua Majestade, Vossa Excelência, minha senhora
Tem a chave, meu pai? – Hast du den Schlüssel, Vater?

Eine Ausnahme bildet die Anredeform o Sr./a Sra. + Name oder Titel, die bei direkter Anrede stehen kann:
Como está o Sr. Ferreira?   Wie geht es Ihnen, Herr Ferreira?
oder: Como está, Sr. Ferreira?

(4) Kein Artikel steht in folgenden Wendungen:

em meu poder (in meiner Macht)	em minha opinião (meiner Meinung nach)
auch no meu poder	*auch* na minha opinião
em meu nome (in meinem Namen)	em teu entender (deiner Meinung nach)
a teu ver (deiner Ansicht nach)	por minha vontade (meinetwegen)

4. bei dem Wort ‚casa', wenn es durch ein Adjektiv oder ein Attribut näher bestimmt wird:

Ela está na casa dos teus pais.	Sie ist im Hause deiner Eltern.
	Sie ist bei deinen Eltern.

‚Casa' steht meist ohne bestimmten Artikel im Sinne von ‚Wohnung', ‚Zuhause', ‚Heim', besonders dann, wenn eine der folgenden Präpositionen vorausgeht: ‚de', ‚para', ‚a' oder ‚em'.

Ele foi para casa.	Er ist nach Hause gegangen.
Ela vem de casa.	Sie kommt von zu Hause.
Estou em casa toda a tarde.	Ich bin den ganzen Nachmittag zu Hause.
Vou a casa para tomar banho.	Ich gehe nach Hause, um zu baden.

In folgenden Fällen ist der Gebrauch schwankend:

Estou em minha casa. *oder:* Estou na minha casa.
Vou a tua casa. *oder:* Vou à tua casa.

5. bei Titeln wie: o Senhor Doutor, o Senhor Engenheiro usw. (*siehe ‚Anrede' in Lektion 11*)

6. nach ‚todo', ‚todos', ‚toda', ‚todas' zur Bezeichnung einer zahlenmäßigen Gesamtheit, wenn ein Substantiv folgt:

Vieram todos os colegas.	Alle Kollegen sind gekommen.
A sua mãe chega todos os dias.	Seine Mutter kommt jeden Tag.
Ela gastou todo o dinheiro.	Sie hat das ganze Geld ausgegeben.
Toda a cidade está alegre.	Die ganze Stadt ist froh.
Todo o menino e menina recebe um presente.	Jeder Junge und jedes Mädchen erhält ein Geschenk.
a toda a pressa	in aller Eile

Der bestimmte Artikel steht nicht, wenn ein Zahlwort folgt, es sei denn, es wird damit eine Einteilung oder eine sich wiederholende Folge bezeichnet (distributive Funktion).

Todos três assinaram o contrato.	Alle drei haben den Vertrag unterschrieben.

aber:

Todos os cinco dias vou visitar minha mãe.	Alle 5 Tage besuche ich meine Mutter (distributive Funktion).

7. nach ‚ambos', ‚ambas', wenn ein Substantiv oder ein Zahlwort folgt

Ambos os irmãos gostam dela.	Beide Brüder haben sie gern.
Ambas as duas vivem em Dresde.	Alle beide wohnen in Dresden.

8. Der bestimmte Artikel steht **in einigen adverbialen Ausdrücken**:

aos gritos	schreiend	às cegas	blindlings
às escondidas	insgeheim	às furtadelas	verstohlen
às escuras	im Dunkeln	aos magotes	in Haufen; truppweise
aos milhares	zu Tausenden		

sowie in Wendungen wie:

dar os pêsames a alguém	jemandem sein Beileid aussprechen
dar os parabéns	Glückwünsche aussprechen
dar os bons dias	Guten Tag wünschen
da minha parte	was mich angeht

Merke: Die aus dem bestimmten femininen Artikel und der Präposition ‚a' verschmolzene Form ‚à' wird in der Bedeutung „in der Mode von", „im Stile von", „nach Art von" gebraucht:

comida à portuguesa	Essen nach portugiesischer Art
vestido à Luis XV	gekleidet im Stile Ludwig XV.

9. **bei Zeitangaben**:

às duas horas	um 2 Uhr
no Inverno	im Winter
pela tarde	gegen Abend
Cheguei à meia-noite.	Ich bin um Mitternacht angekommen.
Ele chega (na) quarta-feira próxima.	Er kommt nächsten Mittwoch.
Ela vem ver-me ao domingo.	Sie kommt mich am Sonntag besuchen.

Beachten Sie:

São três horas.	Es ist 3 Uhr.
às três horas	um 3 Uhr
depois das duas horas	nach 2 Uhr
depois de duas horas	nach 2 Stunden

10. Der bestimmte Artikel **kann ein Demonstrativpronomen vertreten**.

A chave que você encontrou não é a que procuramos.	Der Schlüssel, den Sie gefunden haben, ist nicht der, den wir suchen.
As laranjas deste ano são melhores do que as do ano passado.	Die Apfelsinen von diesem Jahr sind besser als die vom vergangenen Jahr.

Tenho aqui dois contratos; o de que quero falar é de uma empres a angolana.

Ich habe hier zwei Verträge; der, über den ich sprechen will, ist von einem angolanischen Unternehmen.

11. Der bestimmte Artikel, vor allem maskulin Singular, dient zur **Substantivierung**.

o viajar — das Reisen
o cinco — die Fünf
o formoso — das Schöne

Monatsnamen
Gehen Präpositionen voran, ist der Gebrauch des bestimmten Artikels fakultativ.

Ele vem em Junho (*selten:* no Junho). — Er kommt im Juni.

Conhecemo-nos em Agosto do ano passado. (*oder:* Conhecemo-nos no mês de Agosto do ano passado). — Wir haben uns im August vergangenen Jahres kennengelernt.

Wochentagsnamen
Der bestimmte Artikel muss stehen, wenn Präpositionen vorangehen.

Terça-feira vou à tua casa. — (Am) Dienstag gehe ich zu dir.

Está aberto o museu terças, quintas e sábados. — Das Museum ist dienstags, donnerstags und sonnabends geöffnet.

Parto na quarta-feira próxima. — Ich reise nächsten Mittwoch ab.

Bei abstrakten Substantiven oder Substantiven, die eine verallgemeinernde Bezeichnung ausdrücken, sowie in urteilenden oder lehrhaften Sprichwörtern steht kein Artikel:

Pobreza não é vileza. — Armut ist kein Verbrechen. Armut schändet nicht.
Cão que muito ladra nunca é bom para a caça. — Der/Ein Hund, der viel bellt, ist niemals gut für die Jagd.
Em boca fechada não entra mosca. — In einen geschlossenen Mund fliegt keine Fliege. d. h., wer den Mund hält, kann sich nicht die Zunge verbrennen.

Água mole em pedra dura tanto dá (*oder:* bate) até que fura. — Steter Tropfen höhlt den Stein.

16 C Der Gebrauch des unbestimmten Artikels

Der Gebrauch des unbestimmten Artikels im Portugiesischen stimmt im Wesentlichen mit dem im Deutschen überein. Im modernen Portugiesisch, besonders in der Presse, besteht in mehreren Fällen die Tendenz, den unbestimmten Artikel wegzulassen (Überschriften, kurz gefasste Meldungen usw.). Nachfolgend sind die Fälle aufgeführt, in denen der Gebrauch vom Deutschen abweicht.

a) Der unbestimmte Artikel steht bei Emphase in der Bedeutung von ‚ein einziger':

Ele não tem um centésimo.	Er hat keinen einzigen Cent.
nem uma palavra	kein einziges Wort

b) Im Unterschied zum Deutschen steht der unbestimmte Artikel *nicht*

1. vor ‚meio' (halb):

meio litro	ein halber Liter

2. bei einer Reihe von Indefinitpronomen bzw. -adjektiven wie ‚certo' (gewiss), ‚tal' (solch ein), ‚semelhante' (ähnlich, solch) sowie bei bestimmten Ausdrücken der Ungewissheit oder Unbestimmtheit:

Eu sei que isso é de certa importância para o senhor.	Ich weiß, dass das von einer gewissen Bedeutung für Sie ist.
(em) certo dia	an einem gewissen Tag
Nunca vi tal acidente.	Ich habe noch nie einen solchen Unfall gesehen.
Ele nunca comprou máquina semelhante.	Er hat nie eine solche (*oder:* ähnliche) Maschine gekauft.
Semelhante proposta é quase um insulto.	Ein solcher Vorschlag ist fast eine Beleidigung.

3. bei Ausrufen:

que ideia!	was für eine Idee!
que homem!	was für ein Mensch!

4. bei einer Reihe fester Ausdrücke sowie nach ‚como':

dar bom resultado	ein gutes Ergebnis erzielen
fazer exame	eine Prüfung ablegen
fazer sinal	ein Zeichen geben
levar vida agradável	ein angenehmes Leben führen
pôr termo a	ein Ende machen
ter direito a	ein Recht haben auf
ter fim	ein Ende haben
tomar banho	ein Bad nehmen, baden
outra vez	ein andermal
Ele nada como peixe.	Er schwimmt wie ein Fisch.

Exercícios

16.1 Konjugieren Sie im pretérito perfeito simples.

- pôr o motor em marcha
- ter de meter gasolina
- fazer um piquenique na praia
- não ver o sinal de trânsito
- ir buscar o carro (*pps* von 'ir')
- ser mecânico
- sair do carro
- estar em casa
- dizer a verdade.

16.2 Setzen Sie die entsprechenden Formen von ‚muito' ein und übersetzen Sie die Sätze.

(Beachten Sie: ‚Muito' als Adjektiv ist veränderlich und richtet sich nach dem dazugehörigen Substantiv. ‚Muito' als Adverb (dt. ‚sehr' oder ‚viel') ist unveränderlich.)

1. Vejo … carros.   2. A chamada não demora …   3. É … longe?   4. É uma rapariga … bonita.   5. Durmo ….   6. Faz … perguntas.   7. A mãe almoça sempre … cedo.   8. Conheço … homens.   9. Ele bebe … cerveja.   10. Já é … tarde.   11. Fiz … compras.   12. A estrada para Cascais tem … curvas e é … movimentada.   13. Hoje, ela está … contente.   14. Estou … bem.   15. Aquele senhor teve … casas.   16. Os carros foram … caros.   17. … raparigas não gostaram deste empregado.

16.3 Setzen Sie die folgenden Sätze in den Plural. Lesen und übersetzen Sie die Sätze.

Este é o meu vestido. – Estes são os meus vestidos.

1. Aquele não é o meu vestido.   2. Aquele é o teu vestido.   3. O seu vestido é novo?   4. O nosso carro novo está aqui.   5. O vosso carro é preto.   6. O seu vestido é caro.   7. Esta é a minha casa nova.   8. Aquela casa nova é minha.   9. A sua casa é nova?   10. A casa dele é boa.   11. A casa dele é branca.   12. É a casa do senhor?   13. É a casa da senhora?   14. A nossa casa nova é boa.   15. A nossa casa nova é aqui.   16. A vossa casa nova é bonita.   17. A sua casa é cara?

16.4 Setzen Sie das entsprechende Possessivum ein.

A minha bateria está descarregada. Vou ver se o nosso vizinho me empresta a dele.
O meu carro está na garagem. Onde está o teu?

1. O meu carro está na garagem. Onde está (*3. Pers. Sg., mask.*)?   2. O meu carro está na garagem. Onde está (*3. Pers. Sg., fem.*)?   3. Eu tenho os meus mapas no carro. Eles têm (*3. Pers. Pl., mask.*) em casa.   4. Os pais dela estão aqui na estação de serviço, mas (*1. Pers. Pl.*) estão no posto de gasolina.   5. A minha irmã e (*3. Pers. Sg., fem.*) são da mesma idade.   6. A mãe (*3. Pers. Sg., fem.*) vai muitas vezes ao museu.   7. De que cor é o carro (*3. Pers. Sg., mask.*)?   8. Já sabes o que fez o professor (*3. Pers. Pl., mask.*)?

16.5 Setzen Sie die Präposition ‚a' oder ‚em' ein. Beachten Sie die Verschmelzung mit dem bestimmten Artikel.

1. Nós estamos ... rua e ele está ... casa. 2. O senhor Perreira tem o seu carro ... garagem (*fem.*). 3. Os teus pais estão ... museu. 4. Os nossos amigos estão ... estes quartos (hier Verschmelzung mit Demonstrativpronomen). 5. O irmão está ... estação e a irmã está ... correio. 6. Ele recomendou este vinho ... meu pai. 7. Ele emprestou a bateria ... camarada (*mask.*). 8. Encontrei o meu amigo ... a estação de serviço. 9. Está tudo ... ordem. 10. Ela sentou-se ... volante. 11. Entraram ... meu quarto. 12. Eles foram ... restaurante. 13. Ela pôs tudo ... frigorífico. 14. Mostre-me a estrada ... mapa.

16.6 Setzen Sie ein! Lesen Sie dabei immer den ganzen Satz.

a) Mandei *fazer uma lavagem do carro*. (Ich habe *das Auto waschen* lassen.)
   eine Durchsicht machen, Ölwechsel machen, das Auto abschmieren, das Auto holen, die Rechnung bringen, die Batterie laden (carregar), die neue Batterie einbauen, den Ersatzreifen aufziehen, das Warndreieck aufstellen, die Fahrerlaubnis zeigen, das Auto volltanken (atestar, auch: encher), den Kühler mit Wasser auffüllen (encher), den Reifendruck prüfen, den Mechaniker rufen.

b) Ele foi buscar *o carro*. (Er holte *das Auto*. / Er ging *das Auto* holen.)
   den Mechaniker, den Schlüssel, die neue Batterie, die Rechnung, Zigaretten, den Wagenheber, das Warndreieck, die Fahrerlaubnis, Benzin, Wasser, den Ersatzreifen, das Ersatzrad, eine Landkarte.

c) Vamos tentar *ligar o carro*. (Wir werden (wollen) versuchen, *den Wagen anzulassen*.)
   zum Strand zu fahren; noch heute in der Kaufhalle einzukaufen; den Wagen zur Werkstatt zu bringen; einen Ölwechsel machen zu lassen; den Mechaniker zu holen; die Batterie zu laden; ihn anzurufen; den Motor in Gang zu setzen; ein Ersatzrad zu kaufen; einen neuen Reifen aufzuziehen; uns einen Wagenheber zu borgen; eine Landkarte zu finden; Wasser in den Kühler zu füllen (meter).

d) A que distância fica *Cascais*? (Wie weit ist *Cascais* entfernt? / Wie weit ist es bis *Cascais*?)
   Rio de Janeiro, die Werkstatt, die Tankstelle, der Strand, die Landstraße nach Coimbra.

e) Ele foi procurar *o macaco*. (Er ging *den Wagenheber* suchen.)
   einen Polizisten, den Pass, seinen Freund, das Reserverad, ihren Ausweis, den Chef, Brot, Getränke, unsere Landkarte, ein Restaurant.

f) Tenho de *meter gasolina*. (Ich muss *tanken*.)
   Öl einfüllen (pôr); Wasser einfüllen (deitar, meter, pôr); Wein eingießen (deitar); Milch hineingießen (deitar); Bier hineingießen od. hineinschütten (deitar); Kaffee eingießen (deitar); den Tank (voll-) füllen (encher); den Film einlegen (meter).

g) Deve estar *frio*. (Es (das) ist wahrscheinlich (vermutlich) *kalt*.)
   alles in Ordnung, voll, fertig, frei, heiß, in einem guten Zustand.

LIÇAO DEZASSEIS

h) Ele deve estar *no correio*. (Er ist wahrscheinlich *auf der Post*.)
zufrieden, hier, im Werk, zu Hause, in der Vertragswerkstatt, auf dem Flugplatz.

i) Ele deve ser *excelente*. (Er scheint *ausgezeichnet* zu sein.)
sehr klein, gut, sympathisch, blond, teuer (ele = o carro), Portugiese, sehr verkehrsreich (ele = o bairro – der Stadtteil).

j) Faça o favor de me mostrar *a sua carta de condução*. (Zeigen Sie mir bitte *Ihre Fahrerlaubnis*.)
diese Strecke auf der Landkarte, Ihren Pass, die Tankstelle, den Bahnhof, den Weg zur Kaufhalle, die Landstraße nach Cascais, Ihr Warndreieck, das Zimmer, das Haus, wo der nächste Bäcker ist, das Verkehrsschild.

k) Pedro, vê se aqui perto há *uma bomba de gasolina*. (Pedro, sieh dich mal um, ob hier in der Nähe *eine Tankstelle* ist.)
ein Hotel, ein Restaurant, ein Lebensmittelgeschäft, eine Werkstatt, ein Tabakladen, eine Kaufhalle, eine Toilette, ein Gemüsegeschäft, ein Fleischer

16.7 Lesen, übersetzen und beantworten Sie folgende Fragen anhand des Lektionstextes.

1. Quem fez um passeio de automóvel?   2. O que achou a D. Helena da ideia?   3. Aonde foi a família Santos?   4. O que fez o pai antes?   5. O que mandou fazer na estação de serviço?   6. O que disse o mecânico?   7. Apresentaram uma conta normal?   8. O que é que pode dizer sobre a estrada para Cascais?   9. Quando partiram os Santos?   10. O que tem o motor?   11. A bateria está bem carregada?   12. Quem emprestou ao senhor Santos uma bateria?   13. O que houve na Estrada Marginal?   14. Onde parou o pai o carro?   15. A família saiu do carro?   16. O que procurou o senhor Santos?   17. O Pedro ajudou?   18. Quem surgiu depois?   19. O que disse ele?   20. O que pediu o polícia ao senhor Santos?   21. O senhor Santos pagou uma multa?   22. O que fizeram depois?   23. O senhor Santos meteu bastante gasolina?   24. O que disse o empregado do posto de gasolina?   25. Quantos litros é que o Sr. Santos mandou meter primeiro?   26. O que disse ele depois?   27. Voltou para trás?   28. Virou à esquerda?   29. Que sinal de trânsito viram no fim?

16.8 Fragen Sie Ihren Nachbarn (bzw. Ihre Nachbarin). Ihr Nachbar (bzw. Ihre Nachbarin) beantwortet die Frage ...

– ob er ein Auto hat
– ob er immer die Verkehrszeichen beachtet
– ob er manchmal mit dem Auto einen Ausflug an den Strand macht
– ob er mit dem Wagen zur Kaufhalle fährt
– wann er seinen Wagen zur nächsten Durchsicht bringen muss
– ob er sein Auto waschen lässt
– wie viele Male im Jahr er Ölwechsel macht
– wie hoch die Rechnungen von der Durchsicht gewöhnlich sind
– ob die Straßen in Berlin in einem guten Zustand sind
– ob sein Auto immer anspringt
– wann er seine Batterie laden ließ

- wie alt seine Batterie ist
- ob er schon einmal eine Reifenpanne hatte
- was er bei einer Reifenpanne macht
- ob er ein Warndreieck und einen Wagenheber hat
- wie oft (quantas vezes) er schon Strafe zahlen musste
- wo die nächste Tankstelle ist
- ob er, wenn er Auto fährt, immer eine Landkarte mitnimmt
- welche Sorte Benzin er tankt
- wie der Zustand seiner Reifen ist
- ob er gern nach links abbiegt
- ob er gern geradeaus fährt
- was er macht, wenn er das Schild ‚Durchfahrt verboten' sieht.

16.9 Übersetzen Sie!

1. Sie sind nach Cascais gefahren.   2. Ich habe versucht, den Motor in Gang zu setzen.   3. Gestern haben wir ein Picknick am Strand gemacht.   4. Ich brauche nicht seinen Pass, sondern ihren.   5. Der Motor wird wohl kalt sein.   6. Ich habe vergeblich versucht, ihn zu finden.   7. Versuchen Sie es noch einmal.   8. Holst du den Mechaniker?   9. Ich habe den Wagen zur Durchsicht gebracht.   10. Gestern musste ich das Rad wechseln.   11. Er hat mir nicht gesagt, ob sie kommt.   12. Der Motor sprang nicht an.   13. Er hat heute 20 Liter Super getankt.   14. Er hat versucht, den Wagen zu starten.   15. Ich muss einen Ölwechsel machen lassen.   16. Such den Wagenheber!   17. Sieh dich mal um, ob in der Nähe eine Toilette ist!   18. Mein Wagenheber ist in der Garage. Gib mir deinen!   19. Sein Onkel ist nach Berlin gefahren, nicht ihrer.   20. Er hat seine Landkarte zu Hause und sie hat keine.   21. Er spricht nicht von Ihrer Frau, sondern von seiner.   22. Ist das Ihr Pass? – Nein, ihrer.   23. Hat er die Batterien laden lassen?   24. Gestern habe ich den Reifendruck geprüft.   25. Alles in Ordnung.

16.10 Lesen und übersetzen Sie die folgenden Sätze. Achten Sie dabei auf den Gebrauch (bzw. die Weglassung) des Artikels.

bestimmter Artikel
Ela tem os olhos azuis. Lava as mãos! Ele está em casa. Estimo muito as melhoras. Posso falar com o Senhor Doutor Ramos? A senhora mora longe daqui? O carro da senhora está na garagem. Como está o Sr. Costa? – O Sr. Costa está bem. Senhor Duarte, como está? – Eu estou bem. E o senhor?
O António é um bom amigo. A Maria é a minha irmã. O meu irmão e o teu são da mesma idade. O carro está na garagem, pai? Eu tenho aqui o meu carro. O seu está ali. Aqui tem o seu dinheiro. Falo com o meu pai.
Ela escreve uma carta em meu nome. Ontem fomos a minha casa. Na minha casa não há telefone. Isso não esteve em meu poder. Esta tua carta veio de Berlim. A Ásia é o maior continente. O Brasil é um país gigantesco. Ele já partiu para Portugal. Ele mora no Rio de Janeiro. A Haia encontra-se na Holanda. O Cairo é a capital do Egipto. Cuba é uma ilha. Ele vem de Berlim. Eu fui à Alemanha. Ambas as marcas são boas. Os pais dele já mor-

reram. Ontem choveu todo o dia. Todos os dias ele telefona à noiva. Todas as mulheres gostam de beber café. O espectáculo (die Vorstellung) começa às oito horas. Ela almoça ao meio-dia. Telefono-lhe depois das seis horas. São seis horas. Cheguei depois da uma hora. Cheguei depois de uma (oder: duma) hora. Cheguei depois das duas horas. Cheguei depois de duas horas. Escrevi em Maio. Eles têm férias no mês de Julho. Estes cigarros são mais baratos do que os que comprei ontem. Venha o mais cedo possível! Gosto dos que estudam o mais possível.

unbestimmter Artikel
São documentos de certa importância. Tal museu não se encontra em Angola. Parti num domingo. Nasci numa terça-feira. Vai voltar outra vez. É um amigo meu. Em certo momento não se pode resistir. Vou comprar meio litro de vinho. Meia hora depois houve outro incidente. Que vida miserável! Que maravilha!
Na quinta-feira passada fiz exame. Ela fez-me sinal. O controle deu bom resultado.

LIÇÃO 17

Textos

O senhor Nunes está doente

Pedro Nunes: Sinto-me muito mal. Dói-me a cabeça e tenho dores no estômago.
Arnaldo: O que tens? Acho que não suportas os dias muito quentes.
Pedro: Pode ser. Vou consultar o doutor Pereira. É médico de clínica geral. Mas não sei se dá consulta aos sábados.
Arnaldo: Vamos ver.

Em casa do doutor Pereira a esposa do médico abre a porta.
Pedro: O senhor doutor está? Tenho de falar com ele.
Mulher do médico: Faz favor de se sentar na sala de espera.
Dr. Pereira: Olá, Pedro. Você tem um ar muito preocupado. Onde é que sente dores?
Pedro: Dói-me a barriga e a cabeça. Não faço bem a digestão.
Dr. Pereira: Respire fundo. – Mostre a língua. – Dói-lhe aqui?
Pedro: Não, mais para baixo.

O médico examina a região abdominal, toma o pulso, manda tirar a temperatura, ausculta-o e torna a perguntar:
Dr. Pereira: Tem diarreia?
Pedro: Sim, doutor. – O meu caso é grave?
Dr. Pereira: Infelizmente o seu estado é grave. É uma infecção dos intestinos.
Pedro: Donde vem uma tal infecção?
Dr. Pereira: Bem, meu caro, é o calor, a comida e a água. Você não aguenta bem este clima quente. Tem de fazer dieta rigorosa. Não pode comer saladas nem fruta. E tem de ferver a água antes de beber.
Pedro: Tenho de ficar na cama?
Dr. Pereira: Sim. Tem de tomar cuidado. Precisa de sossego. Vai levar uma injecção de dois em dois dias. Além disso, vou mandar fazer uma radiografia.
Pedro: E vai passar depressa?

Dr. Pereira: Primeiro faz-se uma análise às fezes e urina. Tudo depende do resultado da análise. Vou-lhe passar uma receita. Mande o seu amigo à farmácia de serviço. Tome estes comprimidos três vezes por dia, com meio copo de água, antes de comer.
Pedro: Muito obrigado, Dr. Pereira. Quanto é que lhe devo?
Dr. Pereira: Isso não é comigo, meu caro. É com a minha secretária. Estimo muito as melhoras.

Os sentidos e o corpo

O homem tem cinco sentidos que são: a vista, o ouvido, o olfacto, o paladar e o tacto. Os órgãos da vista são os olhos, os do ouvido são as orelhas e os ouvidos, o do olfacto o nariz; o paladar está localizado na língua e no céu da boca; o tacto está localizado nas pontas dos dedos e um pouco em toda a pele. Com a vista distinguimos a luz, as cores, as formas, as dimensões e a posição dos objectos; com o ouvido distinguimos os sons; com o tacto podemos sentir os objectos e distinguimos as formas, as dimensões, a posição, a textura, o frio e o calor das coisas; com o olfacto distinguimos os cheiros e com o paladar o gosto das coisas e da comida.

As partes principais do corpo humano são a cabeça, o tronco e os membros. Estes dividem-se em braços e pernas.

A cabeça contém o cérebro, órgão do pensamento. Está coberta de cabelos. A parte anterior da cabeça é a testa. Os lados da testa são as fontes. Na cara temos os olhos, o nariz, a boca, as faces, o queixo e as orelhas. Na boca, com os lábios na parte exterior, estão os dentes e a lingua.

Entre a cabeça e o tronco temos o pescoço que está fixo entre os ombros. A parte superior da frente do tronco chama-se peito, a parte inferior é o abdómen (barriga). A parte de trás é o dorso (as costas).

Os braços terminam nas mãos, que têm cinco dedos. As pernas terminam nos pés, e estes nos dedos do pé. Cada um dos dedos da mão tem um nome. O primeiro dedo chama-se polegar. O segundo dedo chama-se indicador. O terceiro dedo chama-se médio. O quarto dedo chama-se anular. O quinto chama-se mínimo. O mínimo é o dedo mais pequeno. O dedo maior é o médio. O polegar é mais pequeno que o indicador.

Novas palavras

estar doente krank sein
mal *(Adv.)* schlecht
doer *(unr., defektiv)* schmerzen, wehtun
a cabeça der Kopf
  Dói-me a cabeça. Mir tut der Kopf weh.
a dor der Schmerz
o estômago der Magen
  Tenho dores no estômago. Ich habe Schmerzen im Magen.
suportar ertragen, aushalten, vertragen
  O senhor não suporta bem este clima. Sie vertragen dieses Klima nicht gut.
Pode ser. Kann sein. Schon möglich.
consultar konsultieren
o médico der Arzt
o médico de clínica geral der (allgemein) praktische Arzt
dar consulta Sprechstunde haben
O senhor doutor está? *(idiom.)* Ist der Herr Doktor zu Hause?
estar preocupado besorgt sein
  Você tem um ar muito preocupado. Sie haben/machen eine sehr ernste Miene.
Onde sente dores? Wo haben Sie Schmerzen?
a barriga der Bauch
a digestão die Verdauung
  Não faço bem a digestão. *(idiom.)* Ich habe Schwierigkeiten mit der Verdauung.
respirar atmen
respirar fundo tief atmen
a língua 1. die Sprache; 2. die Zunge
para baixo nach unten
mais para baixo weiter (nach) unten
a região abdominal die Bauchgegend
tomar o pulso den Puls fühlen/nehmen
tirar a temperatura die Temperatur (Fieber) messen
auscultar abhören
tornar a fazer alg. coisa etwas wieder tun, etwas von Neuem tun
  Tornou a perguntar. Er fragte wieder. Er fragte von Neuem.

a diarreia der Durchfall
o caso der Fall
grave ernst, schwer
infelizmente leider
o estado 1. der Staat; 2. der Zustand
a infecção die Infektion
o intestino der Darm
meu caro mein Lieber
o calor die Hitze, die Wärme
aguentar (= suportar) vertragen
o clima das Klima
a dieta die Diät
rigoroso streng
  Tem de fazer dieta rigorosa. Sie müssen strenge Diät halten.
a salada der (angerichtete) Salat
ferver kochen, abkochen; sieden
ficar na cama im Bett bleiben
tomar cuidado vorsichtig sein; sich schonen
o sossego die Ruhe
  Precisa de sossego. Sie brauchen Ruhe.
a injecção die Injektion
  levar uma injecção eine Injektion bekommen/erhalten
além disso außerdem
a radiografia die Röntgenaufnahme
a análise (a) die Analyse
as fezes der Stuhlgang
  a análise às fezes die Stuhluntersuchung
a urina der Urin
o resultado das Ergebnis
a receita das Rezept
  passar uma receita ein Rezept ausschreiben
a farmácia die Apotheke
a farmácia de serviço die diensthabende/dienstbereite Apotheke
o comprimido die Tablette
três vezes por dia dreimal täglich
Tome estes comprimidos com meio copo de água! Nehmen Sie diese Tabletten mit einem halben Glas Wasser!

Isso não é comigo. Das ist nicht meine Sache.
Estimo muito as (suas) melhoras. Ich wünsche recht gute Besserung.
o corpo der Körper
o sentido der Sinn
O homem tem cinco sentidos. Der Mensch hat fünf Sinne.
a vista Sehen
o ouvido Hören, Gehör; Ohr
o olfacto Riechen, Geruchssinn
o paladar Schmecken, Geschmackssinn
o tacto Fühlen, Tastsinn
o órgão das Organ (auch staatlich)
a orelha das Ohr
o nariz die Nase
estar localizado sich befinden
o céu da boca der Gaumen
a ponta die Spitze, das Ende
o dedo der Finger
   a ponta do dedo die Fingerspitze
a pele die Haut
distinguir wahrnehmen, unterscheiden
a luz das Licht
a forma die Form, die Gestalt
a dimensão die Abmessung; das Ausmaß
a posição die Stellung
o som der Ton
a textura die Struktur, das Gewebe
o frio die Kälte
o calor die Wärme, die Hitze
o cheiro der Geruch, der Duft
principal hauptsächlich, Haupt- (in Zusammensetzungen)
a parte principal der Hauptteil
humano menschlich
o tronco der Rumpf
os membros die Gliedmaßen; die Glieder
dividir-se em sich (auf-)teilen in
o braço der Arm
a perna das Bein
o cérebro das Gehirn
o pensamento das Denken
estar coberto de bedeckt sein mit
a parte anterior der vordere Teil

a testa die Stirn
a fonte die Quelle
as fontes die Schläfen
a cara das Gesicht
as faces die Wangen
o queixo das Kinn
a parte exterior der äußere (außenliegende) Teil
o dente der Zahn
o pescoço der Hals
estar fixo fest sein
o ombro die Schulter
a parte superior da frente der obere vordere Teil
o peito die Brust
a parte inferior der untere Teil
o abdómen der Unterleib, der Bauch
a parte de trás der hintere Teil
o dorso (= as costas) der Rücken
terminar em enden in; abschließen mit
o pé der Fuß
o dedo do pé die Zehe
   o dedo grande do pé die große Zehe
o polegar der Daumen
o médio der Mittelfinger
o anular der Ringfinger
o mínimo der kleine Finger
o menor der kleinste
o maior der größte

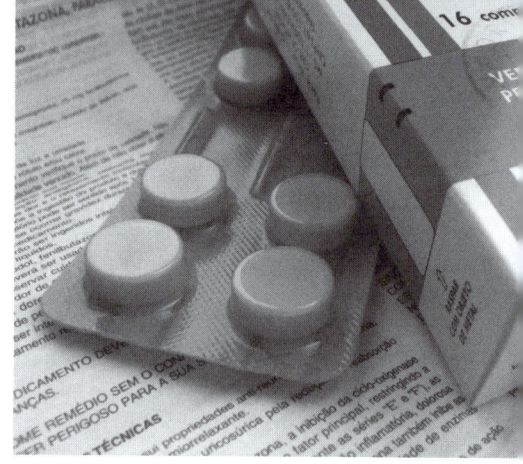

Gramática

17 A Verben mit Unregelmäßigkeiten in der Konjugation: Indikativ Präsens von *sentir*

sinto	sentimos
sentes	sentis
sente	sentem

Sinto muito.   Es tut mir sehr leid.

17 B Konjugation unregelmäßiger Verben: *doer*

Indikativ Präsens		pretérito perfeito simples	
doo	doemos	doí	doemos
dóis	doeis	doeste	doestes
dói	doem	doeu	doeram

‚Doer' wird in die Klasse der defektiven Verben eingestuft. Diese Verben zeigen Lücken im Paradigma und bilden bestimmte Tempusformen nicht. Auch aus Gründen der inneren sprachlichen Logik werden Sie z. B. die 1. Person Singular (*Ich tue weh. Ich tat weh.*) nicht hören.

17 C Steigerung

1. Der Komparativ / O comparativo de superioridade e de inferioridade

a) Der Komparativ wird gebildet, indem ‚mais' (mehr) oder ‚menos' (weniger) dem Adjektiv vorangestellt und ‚que' oder ‚do que' (als) nachgestellt wird. In einigen Fällen wird der Vergleich durch Vorsetzen von ‚ainda' (noch), ‚bem' (gut, ganz schön, doch) oder ‚muito' (sehr) verstärkt.

O senhor Santos é mais amável que (*oder*: do que) o senhor Vieira.	Herr Santos ist freundlicher als Herr Vieira.
Esta casa é mais linda que (*oder*: do que) aquela.	Dieses Haus ist schöner als jenes.
O José é ainda mais simpático que (*oder*: do que) a irmã.	José ist noch sympathischer als die Schwester.
A Luisa é muito mais nervosa que (*oder*: do que) o Carlos.	Luisa ist viel nervöser als Carlos.
A Maria é menos loura que (*oder*: do que) a Teresa.	Maria ist nicht so blond (*wörtlich*: weniger blond als) wie Teresa.

LIÇÃO DEZASSETE

b) Wenn das zweite Vergleichsglied ein Verb enthält, steht nur ‚do que'.

O assunto é mais importante do que você pensa.	Die Angelegenheit ist wichtiger als Sie denken.

c) Nach anterior (vorhergehend, früher, Vor-, Vorder-), exterior (äußerer, Außen-), inferior (unter, untergeordnet, Nieder-; minderwertig), posterior (nachherig, später, Hinter-), superior (höher, größer, höchst; best; überlegen; vortrefflich) und ulterior (später; weiter; letzt) steht anstelle von ‚que' oder ‚do que' ‚a'.

Este vestido verde é superior ao azul.	Das grüne Kleid ist von besserer Qualität als das blaue.
Ele é superior a sua irmã.	Er ist seiner Schwester überlegen.
Este pano é inferior àquele.	Dieser Stoff ist minderwertiger / von schlechterer Qualität als jener.

d) Wenn Zahlwörter (Mengenangaben oder Zeitangaben) nach ‚mais' oder ‚menos' stehen und kein wirklicher Vergleich vorliegt, dann wird „als" durch ‚de' ausgedrückt.

há mais de vinte anos	vor mehr als zwanzig Jahren
em menos de cinco dias	in weniger als fünf Tagen

e) Wenn zwischen den Gliedern eines Vergleichs kein Unterschied besteht, wird diese Übereinstimmung oder Gleichheit mit ‚tão' + Adjektiv + ‚como' ausgedrückt (*comparativo de igualdade*).

Essa casa é tão alta como a Torre de Belém.	Dieses Haus ist genauso hoch wie der Turm von Belém.
Este vestido é tão bonito como o vestido azul.	Dieses Kleid ist genauso schön wie das blaue.

In der Sprache der Literatur finden Sie ‚tão' + Adjektiv + ‚quão' oder ‚tão' + Adjektiv + ‚quanto'.

A senhora Silva é tão bonita quão simpática.	Frau Silva ist ebenso schön wie sympathisch.
A esposa é tão trabalhadora quanto o marido é preguiçoso.	Die Ehefrau ist so fleißig wie der Mann faul ist.

2. Der Superlativ

a) relativer Superlativ

Der relative Superlativ wird gebildet, indem der bestimmte Artikel dem Komparativ vorangestellt und die Präposition ‚de' (mitunter ‚entre' oder ‚dentre') nachgestellt wird. ‚De' kann manchmal auch weggelassen werden. Der aus ‚mais' + Adjektiv bestehende Teil des relativen Superlativs wird dem Substantiv gewöhnlich nachgestellt, während der bestimmte Artikel vor das Substantiv tritt.

O dia mais frio do Inverno	der kälteste Tag des Winters (*attributive Stellung*)
A Vera é a mais bonita das irmãs.	Vera ist die hübscheste der Schwestern. (*prädikative Stellung*)
O António é o mais rico entre os irmãos.	António ist der reichste unter den Geschwistern.

In attributiver Stellung ist der relative Superlativ oft nicht vom Komparativ unterscheidbar:

o vestido mais bonito	das schönere Kleid (*Vergleich zwischen zwei Kleidern*)
o vestido mais bonito	das schönste Kleid (*Vergleich zwischen mehr als zwei Kleidern*)

b) absoluter Superlativ (durch Anfügen von Endungen gebildet)

Der einfache absolute Superlativ wird durch das Suffix -íssimo oder seltener durch -ílimo und -érrimo gebildet. Wenn das Adjektiv auf unbetonten Vokal endet, entfällt dieser Vokal beim Anhängen der Endung -íssimo, wenn das Adjektiv auf -ão, -m, -z oder -vel endet, werden diese Endungen in -an-, -n-, -c- oder -bil- umgewandelt.

muito	–	muitíssimo (äußerst, überaus, recht viel)
belo	–	belíssimo (sehr schön, äußerst schön)
caro	–	caríssimo (sehr teuer, furchtbar teuer)
quente	–	quentíssimo (sehr heiß, äußerst heiß, furchtbar heiß)
rico	–	riquíssimo (sehr reich, äußerst reich)
são	–	saníssimo
comum	–	comuníssimo
feliz	–	felicíssimo
amável	–	amabilíssimo
fácil	–	facílimo
pobre	–	paupérrimo

Die Superlative auf -ílimo und -érrimo gelten als gewählt und sind in der Umgangssprache kaum zu hören. Eine Ausnahme bilden facílimo und dificílimo, die auch in der Umgangssprache gebraucht werden. Der auf -íssimo gebildete Superlativ gilt als emphatisch.

c) zusammengesetzter absoluter Superlativ

Der zusammengesetzte absolute Superlativ wird gebildet, indem die Adverbien ‚muito' (sehr), ‚altamente' (sehr, höchst), ‚bastante' (ziemlich), ‚bem' (sehr, recht, ganz schön), ‚extremamente' (äußerst, ausgesprochen, höchst), ‚extraordinariamente' (außergewöhnlich), ‚consideravelmente' (beträchtlich), ‚sumamente' (höchst), ‚excepcionalmente' (außergewöhnlich, ungewöhnlich) usw. dem Adjektiv vorangestellt werden.

Ele é bem gordo.	Er ist ganz schön dick.
A lição é extremamente difícil.	Die Lektion ist äußerst schwierig.
Ela fala excepcionalmente bem.	Sie spricht außergewöhnlich gut.

3. Adjektive mit Sonderformen für Komparativ und Superlativ

muito	mais	o mais
viel	mehr	am meisten

pouco	menos	o menos
wenig	weniger	am wenigsten

Positiv	Komparativ	Superlativ	
		absolut	relativ
bom	melhor	óptimo	o melhor
mau	pior	péssimo	o pior
grande	maior	máximo	o maior
pequeno	menor	mínimo	o menor
alto	superior	supremo/sumo	o superior
baixo	inferior	ínfimo	o inferior

Ela é melhor do que eu.	Sie ist besser als ich.
Ela é a melhor.	Sie ist die beste.
Ele é o melhor.	Er ist der beste.
Eles são os melhores.	Sie sind die besten.
Elas são as melhores.	Sie sind die besten.

Die Komparativ- und Superlativformen von alto (superior, supremo oder sumo) sowie von baixo (inferior, ínfimo) werden seltener gebraucht.

Wird die Eigenschaft von zwei Lebewesen oder Gegenständen verglichen, dann sind die zusammengesetzten Formen ‚mais bom', ‚mais mau', ‚mais grande' und ‚mais pequeno' nicht möglich, sondern nur die Formen ‚melhor', ‚pior', ‚maior' und ‚menor'.

Ele é bom e inteligente; mais bom do que inteligente.

(Es steht ‚mais bom', weil die Eigenschaften ein und derselben Person gegenübergestellt werden.)

Eine gewisse Ausnahme bildet die Form ‚mais grande', die in Portugal als sehr inkorrekt empfunden wird.

Auf Personen bezogen bedeutet ‚maior', dass die Person die Volljährigkeit (a maioridade) erreicht hat.

O João é maior. (O João atingiu a maioridade).   João ist volljährig.

Auf Personen bezogen bedeutet ‚menor', dass die Person noch nicht volljährig ist.
O Pedro é menor. (O Pedro não atingiu a maioridade).   Pedro ist minderjährig.

Anmerkung: Der relative Superlativ von

muito		pouco	
a maioria de a maior parte de o maior número de	die meisten	a menor parte de o menor número de	die wenigsten

A maior parte dos colegas dizem   Die meisten (der) Kollegen sagen ...
(*auch:* diz) ...

Exercícios

17.1 Konjugieren Sie!

a) im Indikativ Präsens: sentir-se muito mal; distinguir os sons;
b) im pps: sentir dores no estômago; não suportar os dias muito quentes; não distinguir a cor.

17.2 Setzen Sie den Imperativ

a) für eine Person, die Sie mit ‚Du' anreden;
b) für eine Person, die Sie mit ‚Sie' anreden.

1. sentar-se na sala de espera,   2. respirar fundo,   3. não respirar,   4. consultar o médico,   5. tomar o pulso,   6. mandar tirar a temperatura,   7. perguntar a esta mulher,   8. fazer dieta rigorosa,   9. ferver a água,   10. usar o macaco,   11. ficar na cama,   12. não tomar estes comprimidos,   13. chamar o colega.

17.3 Übersetzen Sie!

1. Hoje faz mais calor do que ontem.   2. Tenho menos dinheiro que tu.   3. A carne foi mais barata do que o peixe.   4. A Maria é bonita.   5. A Adélia é mais bonita do que a Maria.   6. Mas a Tereza é a mais bonita.   7. Aproxime mais o carro.   8. Meta mais gasolina.   9. A parte anterior da cabeça é a testa.   10. A parte superior da frente do tronco chama-se peito.   11. Na parte inferior do corpo encontram-se as pernas.   12. Ao lado esquerdo do livro grande está outro mais pequeno.   13. Este livro é pequeno, aquele livro é grande.   14. O livro da direita é menos bonito que o livro da esquerda.   15. Aquele livro é menos bonito e menos caro que este.   16. Este livro é mais bonito e mais caro que aquele.   17. O polegar é mais pequeno que o indicador.   18. O anular é mais pequeno que o médio, mas é maior que o dedo mínimo.   19. O Pedro é o mais pequeno dos três filhos.   20. O José é o maior dos três.   21. O João é mais novo do que o José e mais velho

do que o Pedro.   22. Este carro é bom, mas aquele é melhor.   23. Estes comprimidos são maus, mas a injecção é pior.

17.4 Setzen Sie ein!

1. (kälter) A tarde está ... a manhã.
2. (schlechter) Ela fala português ... o marido.
3. (größer) A Maria já está ... a mãe.
4. (teurer) Estes comprimidos são ... aqueles.
5. (der kleinste) O Pedro é ... dos irmãos.
6. (früher) Este ano as aulas começam ... (früh – cedo).
7. (schlimmer) Isso agora ainda está ...
8. (höher) As outras casas são ... estas.
9. (so klein wie) As chaves da porta principal são ... essas.
10. (besser) Os pneus do seu pai são ... do que os do avô.
11. (mehr) A Teresa come ... o João.
12. (länger) Os nomes portugueses são ... os alemães.
13. (der wichtigste) Ele é o homem ... da cidade.
14. (wärmer) Hoje está ... ontem.
15. (der beste) O Mário é ... amigo do António.
16. (hübscher) A filha do sr. Ferreira é ... Teresa.

17.5 Setzen Sie ein! Wiederholen Sie dabei immer den ganzen Satz.

a) Dói-me *a cabeça*. (Mir tut *der Kopf* weh.)
   der Hals, die Hand, der Finger, das Bein, der rechte Daumen, der Mittelfinger der linken Hand, der Fuß, der Bauch, die Zunge, die Augen (Pl. des Verbs!), die Ohren, die rechte Schulter.

b) Não sei se dá consulta *aos sábados*. (Ich weiß nicht, ob er *sonnabends* Sprechstunde hat.)
   heute, jeden Tag, jeden Vormittag, montags, mittwochs, nächsten Freitag, an Werktagen (nos dias úteis), in der ersten Woche im Oktober, diese Woche, heute Nachmittag, nachmittags.

c) *O senhor doutor* está? (Ist *der Doktor* da (zu Hause)?)
   Herr Pinheiro, Frau Rosa Maria Matos, Fräulein (menina, senhora) Ingrid Schulz, der Ingenieur, der Mechaniker, der Onkel, Herr Weber und sein Sohn.

d) *Você tem* de tomar cuidado. (*Sie müssen sich* schonen / sich in acht nehmen.)
   Sie müssen (*Pl. fem.*) ...; Er muss ...; Wir müssen ...; Ich muss ...; Sie (*Anrede, Pl. mask.*) müssen ....

e) Além disso, vou mandar *fazer uma radiografia*. (Außerdem werde ich *eine Röntgenaufnahme* machen lassen.)
   die Temperatur messen, Sie untersuchen, Ihren Urin untersuchen, die Medizin aus der

Apotheke holen, das Fenster ein wenig öffnen, Sie abhören, Ihren Stuhlgang untersuchen, ein Rezept ausschreiben.

f) Isso não é comigo. É com *a secretária*. (Das ist nicht meine Sache. Das ist Sache *der Sekretärin*.)
des Polizisten, des Arztes, des Chefs, des Angestellten, meines Vaters, meines Kollegen, meiner Frau, meiner Kollegin, der Firma, des Zolls, der Polizei.

g) *O polegar* é mais pequeno (do) que *o indicador*. (*Der Daumen* ist kleiner als *der Zeigefinger*.)
O indicador é maior (do) que *o polegar*. (*Der Zeigefinger* ist größer als *der Daumen*.)
A cabeça … o tronco; O médio … o anular; O mínimo … o anular; O médio … o polegar; O indicador … o mínimo.

h) *O senhor Nunes* está doente. (*Herr Nunes* ist krank.)
mein Bruder, die beiden Angestellten (*Pl. des Verbs!*), die beiden Ärzte, die Kollegin, zwei Lehrer (o professor), ein Mechaniker, drei Sekretärinnen.

i) Ele tornou a *perguntar*. (Er *fragte* wieder. / Er *fragte* weiter.)
schrieb, verkaufte, aß, sprach, atmete, untersuchte, rief, fuhr, telefonierte.

17.6 Beantworten Sie die folgenden Fragen:

1. Quantos braços temos? 2. Qual é o braço direito? 3. Quantos dedos temos em cada mão? 4. Como se chama o primeiro dedo? 5. Qual é o dedo maior? 6. O polegar é o dedo maior da mão? 7. Qual é o dedo mais importante da mão? 8. Qual é o dedo mais pequeno? 9. Que dedo fica entre o polegar e o médio? 10. Entre que dedos fica o anular?

17.7 Lückentext – Einsetzübung

(Der menschliche Körper) trabalha como uma máquina maravilhosa. E conhecemos tão mal esta máquina! Sabemos que temos (Beine) para andar ou para correr; servimo-nos dos (Arme) ou das (Hände) a toda a hora, para pegar numa criança ou para lavar (das Gesicht); quando queremos transportar coisas mais pesadas, pomo-las (auf den Rücken)... Mas o que se passa ao mesmo tempo na nossa (Kopf)? Tantas coisas que fazemos (ohne zu denken), sem compreender...

(Mit den Augen) vemos um programa de televisão ou lemos uma carta que um amigo nos escreveu; aos nossos (Ohren; Gehör) chega a música do rádio ou (der Lärm) dos vizinhos; (mit der Nase riechen wir) uma flor ou sentimos o (Geruch, Aroma) de uma laranja; (mit den Fingern) podemos sentir a diferença que há entre uma camisola fina e outra grossa; a nossa (Mund) "sabe" que este bolo é (süß) ou que aquele café é (schwach).

17.8 Lesen, übersetzen und beantworten Sie die folgenden Fragen anhand des Textes.

1. Quem está doente? 2. Como se sente o Pedro? 3. O que lhe dói? 4. O que acha o seu amigo Arnaldo? 5. Que tipo (Art) de médico consulta o senhor Nunes? 6. Ele sabe se o médico dá consulta aos sábados? 7. Quem abre a porta em casa do Dr. Pereira? 8. O

senhor Nunes tem de esperar muito tempo?   9. O que diz ele ao médico?   10. O que é que o Dr. Pereira lhe diz para fazer?   11. O que faz o médico?   12. Que torna a perguntar depois? 13. A doença (die Krankheit) do senhor Nunes é grave?   14. Qual é a causa (Ursache) desta infecção?   15. O senhor Nunes aguenta bem o clima quente?   16. O que deve ele fazer? 17. O que deve fazer com a água da torneira?   18. Onde tem de ficar?   19. De que precisa?   20. O que vai levar?   21. De que depende o diagnóstico (Diagnose) do médico?   22. O médico passa uma receita?   23. Aonde manda ele o amigo do senhor Nunes?   24. O que deve tomar o senhor Nunes?   25. A quem paga o senhor Nunes?   26. Que lhe deseja o médico?

17.9 Übersetzen Sie!

„Mir tut der Bauch weh."
„Dann musst du zum Arzt gehen."
„Wo ist der nächste Arzt?"
„In der Rua da Misericórdia."
„Hat der heute Sprechstunde?"
„Ich weiß nicht. Geh hin! Versuch es!"

„Was fehlt Ihnen?" (= Que sente?)
„Mir tut der Bauch weh und ich habe Durchfall."
„Was haben Sie heute gegessen?"
„Ein normales Frühstück, Brötchen mit Butter und ein Ei. Zu Mittag habe ich Kotelett mit Kopfsalat gegessen."
„Zeigen Sie die Zunge! – Atmen! Haben Sie Fieber?"
„Ja, 38,7 (trinta e oito vírgula sete)."
„Gut. Gehen Sie zuerst ins Labor (o laboratório). Danach machen wir eine Röntgenaufnahme. Von diesen Tabletten nehmen Sie 3 x täglich eine halbe vor den Mahlzeiten mit einem Glas Wasser. Diesen Tee holen Sie sich aus der Apotheke."
„Muss ich im Bett bleiben?"
„Ja, Sie brauchen Ruhe. Ich gebe Ihnen jetzt eine Spritze. Am Dienstag kommen Sie wieder. Dann erhalten Sie noch eine Spritze."
„Was bin ich Ihnen schuldig?"
„Nichts. Die Konsultation ist gratis (grátis). Die Medikamente (os medicamentos) müssen Sie jedoch bezahlen."
„Recht vielen Dank, Herr Doktor."
„Keine Ursache. Ich wünsche Ihnen gute Besserung."

17.10 Lesen, übersetzen und beantworten Sie folgende Fragen.

1. Qual é o primeiro dia da semana? (= Como se chama o primeiro dia da semana?)   2. Que dia vem depois do domingo?   3. Que dia é antes do sábado?   4. Que dia fica entre segunda-feira e quarta-feira?   5. Quantos dias ficam entre domingo e quinta-feira?   6. Qual é o quinto mês do ano?   7. Quais são os meses com 31 dias?   8. Quantos dias tem

Fevereiro?   9. Em que mês estamos?   10. Em que estação do ano estamos?   11. Quando acaba o Outono?   12. Quando começa a Primavera?   13. Em que dia é o Natal (Weihnachten)?   14. Em que estação do ano é o Carnaval?   15. Quais são os dias feriados (Feiertage) na Alemanha?

17.11 Übersetzen Sie!

1. Er macht eine besorgte Miene.   2. Ich fühle mich sehr schlecht.   3. Tut dir der Hals weh?   4. Tut es Ihnen hier weh? – Nein da nicht, weiter unten.   5. Halten Sie strenge Diät.   6. Die Krankheit geht bald vorbei.   7. Haben Sie ein Rezept ausgeschrieben?   8. Ich rieche nichts.   9. Zwischen dem Kopf und dem Rumpf befindet sich der Hals.   10. Wie viele Finger hat der Mensch?   11. Wie viele Zehen hat der Mensch?   12. Der Daumen ist kleiner als der Zeigefinger.   13. Der Mittelfinger ist größer als der Ringfinger.   14. Das ist eine hohe Rechnung.   15. Die Rechnung von heute ist höher als die von gestern.   16. Diese Rechnung ist am höchsten.   17. Die Rechnung ist äußerst hoch.   18. Diese Straße ist belebter als jene.   19. Diese Straße ist am belebtesten.   20. Diese Tankstelle ist näher als jene.   21. Diese Tankstelle ist am nächsten.

LIÇÃO 18

Texto

Uma visita

Sr. Silva: Bons dias, senhor Schwarz. Bom dia. Como estão os senhores?

Sr. Schwarz: Muito bem, obrigado. O senhor tem uma casa muito bonita!

Sr. Silva: Está à sua disposição. Ah, mas queria apresentar-lhe a minha mulher, Maria Helena.

D. Helena: Muito prazer em conhecê-lo.

Sr. Schwarz: O prazer é meu, minha senhora. Se me permitem, apresento-lhes o senhor Weber, um colega meu.

Sr. Silva e esposa: Muito prazer.

Sr. Weber: Igualmente.

D. Helena: Estes são os nossos filhos.

Sr. Weber: Que lindas crianças! – Como te chamas?

Teresa: Chamo-me Teresa.

Sr. Weber: E como se chamam os teus irmãos?

Teresa: A minha irmã chama-se Renata e o meu irmão chama-se Jorge.

Sr. Silva: O senhor tem filhos, Sr. Schwarz?

Sr. Schwarz: Não, não sou casado. Nunca se me apresentou uma oportunidade, pois os meus negócios trazem-me ocupadíssimo.

D. Helena: Os alemães dizem sempre que estão muito ocupados.

Sr. Silva: Os senhores trazem apetite? Vamos ter um almoço à portuguesa.

A D. Helena põe a mesa. Primeiro põe a toalha, depois os pratos, os copos e os talheres: as colheres, os garfos e as facas.

Teresa: Faltam os guardanapos e aqui falta uma faca. Mãe, traga mais uma faca da cozinha.

Caldo verde

Bolinho de bacalhau

Carne de porco à portuguesa

Papos de anjo

D. Helena: O almoço está servido. Vamos para a sala de jantar? Senhor Weber, tenha a bondade de se sentar aqui.

Sr. Silva: Helena, não te parece que a sopa está um pouco insossa?

D. Helena: Para o meu gosto não, mas podes pôr um pouco de sal. Está aqui o saleiro.

Sr. Schwarz: Não quer pão, minha senhora?

D. Helena: Sim, se faz favor, muito obrigada. – O rádio incomoda-o?

Sr. Schwarz: Não, não! É uma música agradável.

D. Helena: Gosta deste peixe?

Sr. Schwarz: Muitíssimo, está delicioso.

Sr. Silva: Que lhe parece este vinho branco?

Sr. Schwarz: É muito bom e não é muito forte.

Sr. Silva: Dê-me o seu copo, Sr. Weber.

Sr. Weber: Mais não, muito obrigado. Tenho que conduzir, no regresso.

D. Helena: Carlos, podes passar-me o abridor de garrafas? É para a laranjada das crianças.

Sr. Silva: Com certeza, minha querida. – Ah! Aqui vem o meu prato preferido, cabrito assado.

Sr. Weber: Está muito saboroso. Foi a senhora que o preparou?

D. Helena: Fui eu. Fico muito satisfeita por ver que gostam.

Sr. Weber: Dou-lhe os meus parabéns, minha senhora. É uma belíssima cozinheira.

Sr. Silva: É verdade. Ela tem muito jeito para cozinhar. – Fizeste alguma sobremesa especial?

D. Helena: Fiz pudim. Sabem, com tantos elogios até me sinto embaraçada. – Toma café, Senhor Weber?

Sr. Weber: Sim, muito obrigado.

Sr. Silva: Os senhores aceitam um charuto depois do almoço?

Sr. Schwarz: Não, agora não, obrigado.

Sr. Silva: Posso perguntar porquê?

Sr. Schwarz: Receio incomodar a D. Maria Helena.

D. Helena: Não se prive de fumar. Há muito tempo que estou habituada ao fumo do tabaco.

Novas palavras

a visita (a) der Besuch (in/von)
   uma visita à empresa ein Besuch im Werk, ein Besuch *des* Werks
de visita zu Besuch
bons dias (= bom dia) (schönen) guten Tag!
estar à disposição (de) zur Verfügung stehen (von)
apresentar vorstellen; an-, darbieten
Queria apresentar-lhe a minha mulher. Ich möchte Ihnen meine Frau vorstellen.
muito prazer angenehm
muito prazer em conhecê-lo *etwa*: freut mich, Sie kennenzulernen
o prazer é meu ganz meinerseits
   Se me permite, apresento-lhe um colega meu. Gestatten Sie, dass ich Ihnen einen Kollegen von mir vorstelle.
igualmente gleichfalls, ebenfalls
os filhos die (leiblichen) Kinder
a criança das Kind
os irmãos die Geschwister
a oportunidade die (günstige) Gelegenheit
   Nunca se me apresentou uma oportunidade. Mir bot sich niemals eine Gelegenheit.
o negócio das Geschäft, die Angelegenheit
estar ocupado beschäftigt sein
o apetite der Appetit
um almoço à portuguesa ein Mittagessen auf portugiesische Art
pôr a mesa den Tisch decken
a toalha das Tischtuch, Handtuch
o prato der Teller; das Gericht
o copo das (Trink-)Glas
o talher das Besteck
a colher der Löffel
o garfo die Gabel
a faca das Messer
o guardanapo die Serviette
O almoço está servido. Das Mittagessen ist aufgetragen.
a sala de jantar das Esszimmer
a sopa die Suppe
insosso, ensosso salzlos, fad

o gosto der Geschmack; die Freude
o sal das Salz
o saleiro der Salzstreuer, das Salznäpfchen
o rádio das Radio
incomodar stören, belästigen
   O rádio incomoda-o? Stört Sie das Radio?
a música die Musik
agradável angenehm
o peixe der Fisch
estar delicioso köstlich sein
conduzir fahren, führen, leiten
regresso Rückfahrt, Rückkehr
passar hier: bei Tisch etwas reichen
a garrafa die Flasche
o abridor de garrafas der Flaschenöffner
(o tira-cápsulas der Flaschenöffner für Kronenverschlüsse)
   O senhor pode-me passar o abridor de garrafas, faz favor. Können Sie mir bitte den Flaschenöffner reichen.
a laranjada die Limonade
o meu prato preferido mein Lieblingsgericht
a cabra die Ziege
o cabrito das Zicklein
assado gebraten
saboroso schmackhaft
preparar vorbereiten; zubereiten
Foi a senhora que preparou o prato? Haben *Sie* das Gericht zubereitet?
   Fico muito satisfeita por ver que gostam. Es freut mich sehr, dass es Ihnen schmeckt.
os parabéns die Glückwünsche
a cozinheira die Köchin
cozinhar kochen
   É uma belíssima cozinheira. Sie sind eine ausgezeichnete Köchin.
   Ela sabe cozinhar muito bem. Sie kann sehr gut kochen.
ter jeito para Geschick haben für/zu; eine Ader haben für
o pudim der Pudding
o elogio das Lob; die Lobrede
até sogar; bis

sentir-se embaraçado verlegen werden
aceitar annehmen, einwilligen, akzeptieren
Posso perguntar porquê? *Darf* ich fragen warum?
recear fürchten
  Receio incomodá-la. Ich fürchte sie/Sie zu stören.

privar-se de verzichten auf
  Não se prive de fumar. Rauchen Sie ruhig.
estar habituado a gewohnt sein an
o fumo der Rauch

Gramática

18 A Konjugation unregelmäßiger Verben: Pretérito perfeito simples von *saber*, *trazer*, *querer*

saber – wissen, kennen		
soube	ich erfuhr, ich habe erfahren (!)	soubemos
soubeste	du erfuhrst …	soubestes
soube		souberam

Beachten Sie den Bedeutungswandel im Pretérito perfeito simples! Die Bedeutung ‚ich wusste, ich habe gewusst' kann nur mit dem Imperfeito realisiert werden (eu sabia usw.).

trazer – bringen		*querer* – wollen	
trouxe	trouxemos	**quis**	quisemos
trouxeste	trouxestes	quiseste	quisestes
trouxe	trouxeram	quis	quiseram

Das Kompositum ‚requerer' (beantragen; verlangen; erfordern) von ‚querer' ist im Perfeito simples regelmäßig (requeri, requereste, …); unregelmäßig sind hier nur die 1. Person Sg. Indikativ Präsens (requeiro) und die von ihr abgeleiteten Konjunktivformen sowie die 3. Person Sg. Indikativ Präsens ‚requer'.

18 B Ausrufesätze

que + Substantiv in Ausrufen	
Que homem!	Was für ein Mensch!
Que calor!	Was für eine Hitze!
Que charutos!	Was für Zigarren!

que + Adjektiv in Ausrufen	
Que lindo!	Wie schön! (Ach wie schön!)
Que simpático!	Wie sympathisch!

que + Adjektiv + Substantiv in Ausrufen	
Que lindas crianças!	Was für hübsche Kinder!
Das Adjektiv kann auch nachstehen:	
Que cor bonita!	Was für eine schöne Farbe!
Que peixe delicioso!	Was für ein köstlicher Fisch!

18 C Relativpronomen / Os pronomes relativos

1. Que / o que

que (der, die, das; welcher, welche, welches)

‚Que' ist in Geschlecht und Zahl unveränderlich. Es ist das häufigste der portugiesischen Relativpronomen und kann sich auf Personen und Sachen beziehen. Vor ‚que' können Präpositionen stehen, die in der Regel einsilbig sind.

O dinheiro que tenho não chega.	Das Geld, das ich habe, reicht nicht.
Eu visitei um amigo que está de cama com febre.	Ich habe einen Freund besucht, der mit Fieber im Bett liegt.
A pessoa em que penso vive agora em Coimbra.	Die Person, an die ich denke, lebt jetzt in Coimbra.

o que (das, was; was)

‚O que' wird als Relativpronomen verwendet, wenn auf den Inhalt eines ganzen (vorausgehenden) Satzes Bezug genommen wird.

Não sabemos o que é.	Wir wissen nicht, was es ist.
Ele tinha saído o que eu não sabia.	Er war weggegangen, was ich nicht wusste.
Ele me disse tudo o que eu queria saber.	Er hat mir alles gesagt, was ich wissen wollte.
É exactamente do que preciso.	Es ist genau das, was ich brauche.

2. quem (der, die, das; welcher, welche, welches)

‚Quem' ist in Geschlecht und Zahl unveränderlich und kann sich als Relativpronomen nur auf Personen beziehen. ‚Quem', dem gewöhnlich eine Präposition vorausgeht (außer ‚sem'), ist in der Umgangssprache nicht sehr häufig und wird oft durch ‚que' ersetzt.

Este é o rapaz a quem (*auch:* a que) dei o livro.	Das ist der Junge, dem ich das Buch gegeben habe.

Os colegas com quem (*auch:* com que) ele vinha pareciam simpáticos.	Die Kollegen, mit denen er gekommen ist, schienen sympathisch.

‚Quem' findet sich häufig in Sprichwörtern in der Bedeutung von ‚aquele que' (derjenige, welcher).

Quem tudo quer, tudo perde.	Derjenige, der alles will, verliert alles. Wer alles will, verliert alles.

3. o qual, a qual, os quais, as quais (welcher, welche, welches)

Dieses veränderliche Relativpronomen kann sich auf Personen oder Sachen beziehen. Es richtet sich in Geschlecht und Zahl nach dem vorausgehenden Beziehungswort. Die vier Formen ermöglichen es, die Beziehung zum übergeordneten Substantiv klar und eindeutig auszudrücken, besonders auch dann, wenn das Relativpronomen vom Beziehungswort weit entfernt steht. Man gebraucht es vor allem nach zwei- und mehrsilbigen Präpositionen, nach ‚sob' sowie nach bestimmten Wendungen. In den übrigen Fällen wird ‚que' bevorzugt.

A mãe do rapaz **a** qual encontrei ontem está doente.	Die Mutter des Jungen, *die* ich gestern traf, ist krank.
A mãe do rapaz **o** qual encontrei ontem está doente.	Die Mutter des Jungen, *den* ich gestern traf, ist krank.
O inverno durante o qual estive em Praga era muito suave.	Der Winter, in dem (*wörtlich:* während dessen) ich in Prag war, war sehr mild.
As condições sob as quais trabalhamos aqui, são boas.	Die Bedingungen, unter denen wir hier arbeiten, sind gut.
Essa firma tem 500 empregados 40 dos quais têm formação universitária.	Diese Firma hat 500 Angestellte, von denen 40 eine Hochschulausbildung haben.

4. cujo, cuja, cujos, cujas (dessen, deren)

Die Formen von ‚cujo' richten sich nach dem folgenden Substantiv, mit dem sie in Geschlecht und Zahl übereinstimmen. Sie werden in der gesprochenen Sprache kaum gebraucht. An ihrer Stelle steht gewöhnlich ‚de quem, de que, do qual, da qual, dos quais, das quais'.

Ele é um homem cujo carácter muito admiro.	Er ist ein Mensch, dessen Charakter ich sehr bewundere.
O colega cujo filho encontrámos ontem foi promovido.	Der Kollege, dessen Sohn wir gestern getroffen haben, ist befördert worden.
O vizinho cuja filha casou-se na semana passada, vai mudar de casa.	Der Nachbar, dessen Tochter vergangene Woche geheiratet hat, zieht um.
A empresa cujos produtos foram expostos na feira recebeu uma medalha de ouro.	Der Betrieb, dessen Erzeugnisse auf der Messe ausgestellt wurden, erhielt eine Goldmedaille.

5. quanto, quanta, quantos, quantas (das, was; soviel wie)

'Quanto' steht im Allgemeinen zusammen mit 'tudo' und 'todo(s)' / 'toda(s)':

Fez (tudo) quanto pôde.	Er tat (alles), was er konnte.
Ela é respeitada por todos quantos a conhecem.	Sie wird von allen, die sie kennen, geachtet.
Podes comer quantas maçãs quiseres.	Du kannst soviele Äpfel essen, wie du willst. (*Konjunktiv Futur*)

Exercícios

18.1 Konjugieren Sie im pretérito perfeito simples.

estar habituado ao fumo de tabaco; fazer uma sobremesa especial; trazer a sopa.

18.2 Setzen Sie die entsprechenden Formen des pretérito perfeito simples.

1. Os senhores (aceitar) fumar um charuto depois do almoço.   2. Ele não (querer) vir.   3. Eu (recear) incomodar os vizinhos.   4. Eu (ter) uma casa bonita.   5. Eles não (realizar) a viagem.   6. Eles (chamar) a policia.   7. Ela (ter) que ficar na cama.   8. Nós (ir) para a sala de jantar.   9. Ela (fazer) muito barulho.   10. A comida (ser) excelente.   11. Ela (conduzir) o carro.   12. A que horas (vir) os teus irmãos?   13. As senhoras (preparar) este almoço.   14. Eles (tomar) o café sem leite.   15. Eles não se (privar) de fumar.

18.3 Beantworten Sie die Fragen nach folgendem Muster:

Vocês dormiram bem? – *Ele* dormiu bem, mas *eu* não dormi bem.

1. Vocês comeram cabrito assado?   2. Vocês almoçaram no mesmo restaurante?   3. Vocês apagaram a luz nos seus quartos?   4. Vocês pagaram a conta?   5. Vocês beberam vinho?   6. Vocês abriram a janela?   7. Vocês fizeram o trabalho?   8. Vocês foram de autocarro?   9. Vocês tiveram sono?   10. Vocês estiveram em Coimbra ontem?   11. Vocês quiseram tentar ligar o carro?   12. Vocês pediram o número de telefone à senhora D. Vera?   13. Vocês moraram em Cascais?   14. Vocês trouxeram a chave?   15. Vocês serviram a sopa e dois pratos?   16. Vocês souberam isso?

18.4 Setzen Sie den Komparativ mit 'mais' nach folgendem Muster:

Ela é menos simpática do que ele, quer dizer → ele é *mais* simpático do que ela.

a) Esta casa é menos bonita do que aquela, quer dizer ...
b) A irmã está menos ocupada do que o irmão, quer dizer ...
c) O vinho branco é menos forte do que o vinho tinto, quer dizer ...
d) O peixe é menos saboroso do que o cabrito assado, quer dizer ...
e) Estes senhores são menos amáveis do que aquelas senhoras, quer dizer ...
f) Estou menos habituada ao clima do que o meu marido, quer dizer ...

18.5 Setzen Sie den absoluten Superlativ.

A rapariga é muito linda. → A rapariga é lindíssima.

a) O homem está muito ocupado.
b) O autocarro está muito cheio.
c) A casa é muito pequena.
d) O tempo é muito mau.
e) Sua irmã é muito amável.
f) O chefe está muito contente.
g) O vinho tinto é muito forte.

18.6 Setzen Sie den Superlativ nach folgendem Muster:

É um hotel bom. → É o melhor hotel que eu conheço.

a) É uma praça bonita.
b) É uma padaria boa.
c) É uma mercearia pequena.
d) É uma rua movimentada.
e) É uma estrada perigosa.
f) É um prato saboroso.
g) É uma pessoa amável.

18.7 Bilden Sie Komparative nach folgendem Muster:

Gosto mais de *bananas* do que de *maçãs*.

1. Pflaumen ... Birnen,   2. Fisch ... Kalbssteak,   3. Bier ... Wein,   4. Wasser ... Milch,   5. portugiesischen Tabak ... französischen Tabak.

18.8 Drücken Sie den Grad der Gleichheit nach folgendem Muster aus:

Ele é *tão* amável *como* a irmã. – Er ist *genauso* liebenswürdig *wie* die (seine) Schwester.

a) Der Bus ist genauso voll wie die Bahn (o carro eléctrico).
b) Die Butter ist genauso teuer wie die Wurst (o chouriço).
c) Das Steak ist genauso gut (ser saboroso) wie der Fisch.
d) Die Sekretärin ist genauso beschäftigt wie der Chef.
e) Mein Haus ist genauso schön wie Ihr Haus.
f) Frau Madalena Silva ist genauso krank wie ihr Mann.

18.9 Setzen Sie ein! Wiederholen Sie dabei immer den ganzen Satz.

a) *A minha casa* está à sua disposição. (*Mein Haus* steht zu Ihrer Verfügung.)
   mein Auto, mein Wagenheber, mein Kühlschrank, mein Zimmer, meine Sekretärin, seine Angestellte, mein Reserverad, mein Radio.

b) Queria apresentar-lhe *a minha mulher, Maria Helena*. (Ich möchte Ihnen *meine Frau Maria Helena* vorstellen.)
   meine Mutter, meinen Onkel João, Herrn Weber, meinen Chef, meinen Kollegen, Herrn Richter, meine Sekretärin Fräulein Birgit Heilmann, meine jüngste Tochter Verena.

c) Muito prazer em conhecê-*lo*. (Sehr erfreut, *Sie* kennenzulernen.)
Sie (*Anrede, Pl. mask.*), Sie (*Sg. fem.*), sie (*Pl. fem.*), sie (*Pl. mask.*).

d) O seu marido teve a bondade de *me levar à empresa*. (Ihr (Ehe-)Mann war so freundlich, *mich zum Werk zu führen*.)
mich an den Strand zu fahren (levar de carro); ihm das Museu Nacional de Arte Contemporânea zu zeigen; uns zur Tankstelle zu bringen (levar); alles zu bezahlen; sie zum Arzt zu bringen (levar); mir das Haus zu zeigen; mir seinen Wagen zu leihen; sie zu holen (ir buscar); meine Schwester zu rufen; einen Mechaniker rufen zu lassen.

e) Que *lindos*! (Ausruf: Wie *schön*! oder: Wie *niedlich*!)
Wie sympathisch! (*Pl. fem.*, d. h. Sie finden mehrere Damen sympathisch); Wie klein! (*Sg. mask.*); Wie voll! (*Sg. fem.*); Wie ausgezeichnet! (*Sg. fem.*); Wie weich (macio)! (*Pl. fem.*).

f) Nunca se *me* apresentou uma oportunidade. (*Mir* bot sich nie eine Gelegenheit.)
ihm, ihr, uns, dir, Ihnen (*Pl. mask.*), Ihnen (*Pl. fem.*), ihnen (*Pl. mask.*).

g) Traga mais *uma faca* da cozinha. (Bringen Sie noch *ein Messer* aus der Küche mit.)
eine Gabel, ein Tischtuch, einen Teller, zwei Löffel, drei Gläser, zwei Servietten, Wein, Kartoffeln, Suppe, zwei Messer.

h) *Os meus negócios* trazem-*me* sempre ocupado. (*Meine Geschäfte* halten *mich* immer beschäftigt / in Beschäftigung.)
Meine Tochter ... mich (*Sg. des Verbs*); Seine Söhne ... ihn; Das Auto ... sie; Unser Chef ... uns; Eure Kinder ... euch; Die Einkäufe ... sie; Ihre Familie ... Sie; Sein Haus ... Sie (*Anrede, Pl. mask.*); Sein Haus ... ihn.

i) *O rádio* incomoda-o? (Stört Sie *das Radio*?)
die Musik, der Tabakrauch, der Lärm (o barulho), meine Kinder (*Pl. des Verbs*), die vielen Autos, die Flugzeuge.

j) Que lhe parece *este vinho branco*? (Was halten Sie von *diesem Weißwein*?)
dem Kaffee, diesem Kuchen, den Äpfeln (*Pl. des Verbs*), dem Fisch, der Suppe, diesem Rotwein, diesem Geschäft, dem Nachtisch.

k) O senhor pode-me passar *o tira-cápsulas*? (Können Sie mir *den Flaschenöffner* reichen?)
die Milch, die beiden Gläser, die Kartoffeln, das Fleisch, das Obst, den Kaffee, den Zucker, die Butter, das Brot.

l) Foi *a senhora* que o fez (Hervorhebung)? (Haben *Sie* das gemacht?)
Sie (Frage geht an einen Herrn), sie (*Pl. mask.*), sie (*Pl. fem.*), Herr Weber, dein Kollege, seine Sekretärin, Ihr Mechaniker. Herr Weber, haben Sie *das* gemacht?

18.10 Setzen Sie das entsprechende Relativpronomen ein.

1. Este é o amigo ... você já conhece.   2. Esta é a caneta com ... escrevi a carta.   3. Esta é a caneta ... comprei no Brasil.   4. Estes são os senhores ... encontrámos no domingo.   5. Estes são os senhores para ... comprei os bilhetes.   6. Estas são as meninas ... dançam tão maravilhosamente.   7. Estas são as meninas com ... dançámos no sábado.   8. Este é o amigo com ... estive em Paris.   9. O empregado de ... te falei está ali.   10. A sala de ... te falei tem uma área de 26 m².   11. A casa em ... moro é muito pequena.   12. A senhora de ... te falei tem uma figura excelente.   13. O livro de ... fala o jornal saiu há 5 meses.

18.11 Setzen Sie die entsprechenden Formen von ‚cujo' ein.

1. Este é o carro ... motor está avariado.   2. A criança ... pais estão na Itália ainda não frequenta a escola.   3. O colega ... mulher vive em Coimbra tem quatro filhos.   4. O país ... praias são lindíssimas é um dos países mais pobres da Europa.

18.12 Setzen Sie das entsprechende Relativpronomen ein und übersetzen Sie anschließend die Sätze.

1. Tenho o maior respeito (Achtung) por ... assim pensa.   2. ... fez o barulho fui eu.   3. Já sei ... o senhor é.   4. O dilema perante ... se encontra o presidente é dramático.   5. Eis uma pergunta a ... não é fácil responder.   6. Tenho 300 livros, 100 ... portugueses.   7. Elas são as pessoas em ... tenho muita confiança (Vertrauen).   8. É este o amigo sem ... não tinha (*oder*: teria) conseguido o emprego.   9. Você é ... decide.   10. Em terra de cegos (Blinde), ... tem um olho é rei. (Sprichwort)

18.13 Lesen, übersetzen und beantworten Sie folgende Fragen anhand des Lektionstextes.

1. Quem visita quem?   2. O senhor Silva tem uma casa bonita?   3. Quem é que o sr. Silva quer apresentar ao sr. Schwarz?   4. O que diz o sr. Silva?   5. O que responde a D. Maria Helena?   6. O sr. Schwarz queria apresentar um colega?   7. O que diz ele?   8. O que respondem o sr. Silva e a mulher?   9. O que responde o sr. Weber?   10. Quantos filhos tem o casal (das Ehepaar) Silva?   11. Como se chamam as crianças?   12. Porque é que o sr. Schwarz não tem filhos?   13. Que diz a sra. D. Maria Helena sobre os alemães?   14. Como vai ser o almoço?   15. Quem põe a mesa?   16. Que coisas põe ela na mesa?   17. O que falta?   18. Quem reparou nisso?   19. O que diz o sr. Silva sobre a sopa?   20. A D. Maria Helena também acha que a sopa está insossa?   21. A D. Maria Helena fala sobre o rádio. O que é que ela diz?   22. Ela quer saber se o sr. Schwarz gosta do vinho branco?   23. O que é que ela lhe pergunta?   24. Porque é que o sr. Weber não dá o copo à D. Maria Helena?   25. Depois, a D. Maria Helena pede uma coisa ao marido. O que diz ela?   26. Qual é o prato preferido do sr. Silva?   27. Porque é que a D. Maria Helena fica satisfeita?   28. Porque é que ela se sente embaraçada?   29. O que fez ela para sobremesa?   30. Porque é que os homens não querem fumar um charuto depois do almoço?   31. O sr. Silva fuma?

18.14 Fragen Sie Ihren Nachbarn (bzw. Ihre Nachbarin). Ihr Nachbar (bzw. Ihre Nachbarin) beantwortet die Frage ...

- wen er in den letzten Wochen besucht hat
- ob er seine Verwandten gern besucht
- was er sagt, wenn er einem Freund seine Frau vorstellt
- was der Freund darauf erwidert
- ob er den Bekannten, die ihn besuchen, die Stadt zeigt, in der er wohnt
- an welche Orte er sie führt
- ob ihn sein Beruf sehr beschäftigt
- ob er Zeit hat für seine Familie
- ob seine Bekannten immer großen Appetit mitbringen, wenn sie ihn besuchen
- ob seine Bekannten Mittagessen auf deutsche Art schätzen
- ob seine Frau gut kochen kann
- wer bei ihm zu Hause den Tisch deckt
- welche Gegenstände zu einem gedeckten Tisch gehören
- ob er zu Hause ein Esszimmer hat
- ob er die Speisen gern salzlos bzw. wenig gesalzen mag
- ob er während der Mahlzeiten gern Musik hört
- ob er nach dem Abendbrot fernsieht (ver o programa de televisão)
- welche Fragen (allgemeinster Art) er gewöhnlich seinen Gästen stellt, um zu erfahren, ob Essen bzw. Getränke gut sind
- was er sagt, wenn ihm jemand den Flaschenöffner reichen soll
- ob er ein Lob seiner Gäste (os convidados) über gutes Essen schätzt (apreciar)
- ob seine Frau das Essen zu Hause zubereitet, oder ob er seine Gäste lieber in ein Restaurant führt
- ob er Milch in den Kaffee nimmt (deitar)
- ob er gern nach dem Essen eine Zigarre raucht
- ob Rauchen seine Frau stört
- ob seine Frau an Tabakrauch gewöhnt ist.

LIÇÃO 19

Texto

No grande armazém

D. Adélia passa uma vista de olhos pela roupa do marido. Escolhe os fatos que tem de limpar e passar a ferro. Um dos fatos está tão sujo e cheio de nódoas que ela tem de o levar à tinturaria, para limpeza a seco. Mesmo assim, a D. Adélia não está satisfeita com a revisão.

D. Adélia: António, tu precisas dum fato de verão antes da chegada dos teus amigos. Além disso faltam-nos muitas coisas para a casa. Vamos ao grande armazém da Rua Augusta. Lá há praticamente de tudo.

Sr. Mendes: Está bem. Vamos deixar o carro no Cais do Sodré e depois vamos a pé até à Baixa.

D. Adélia: Onde é a secção de tecidos e pronto-a-vestir?

Sr. Mendes: Deixa-me ver ...

- rés-do-chão: supermercado, artigos de higiene, perfumaria e cosméticos, confeitaria, fotografia, artigos de desporto
- primeiro andar: chapelaria, retrosaria, tecidos, lãs, malas e artigos de couro, calçado
- segundo andar: artigos de malhas, camisaria, roupa de criança, artigos e confecção de senhora, artigos e confecção de homem
- terceiro andar: livraria, papelaria, brinquedos, ourivesaria e relojoaria, discos, rádio, televisão e alta-fidelidade
- quarto andar: loiças, utensílios de cozinha, artigos de decoração, móveis, iluminação, electro-domésticos ... então, temos que ir ao segundo andar. Vamos no elevador.

D. Adélia: Faz favor, onde podemos encontrar fatos de homem?

Vendedora: Lá ao fundo, à esquerda.

Sr. Mendes: Boa tarde, queria um fato leve, de verão. Pode-me mostrar alguns modelos clássicos?

Vendedora: Que número?

Sr. Mendes: 52. O casaco com duas filas de botões.

Vendedora: Ah sim, um jaquetão. Quer de tecido liso, com riscas ou de xadrez?

Sr. Mendes: Tecido liso, claro.

Vendedora: O senhor usa calças com suspensórios ou com cinto?

Sr. Mendes: Com cinto.

Vendedora: O senhor prefere um fato de linho ou de fibra sintética?

Sr. Mendes: De linho, e em cores claras.

Vendedora: Aqui tem alguns modelos em azul claro, beige, castanho, cinzento claro e branco.

Sr. Mendes: Posso provar o fato azul?

Vendedora: Venha por aqui, faz favor. A cabina é do lado direito.

D. Adélia: Não gosto desta cor, António. O casaco não te assenta bem. Repuxa nas cavas e as calças têm que ser apertadas.

Sr. Mendes: A minha mulher não gosta deste fato. Posso provar o fato cinzento?

Vendedora: Com certeza.

D. Adélia: Ah, esse fica-te bem. Mas as calças têm que ser deitadas abaixo. – Podem deitar a bainha abaixo aqui?

Vendedora: Podemos, sim. Está pronto amanhã.

D. Adélia: Muito bem. Agora mostre-nos algumas camisas de tecido leve. Tamanho 41.

Vendedora: De meia manga ou manga comprida?

Sr. Mendes: De manga comprida, e uma gravata a condizer.

Vendedora: Pode escolher à sua vontade.

Sr. Mendes: Bem, levo esta. E agora queria um par de sapatos castanhos.

Vendedor: Que número calça o senhor?

Sr. Mendes: Calço número 42.

O vendedor traz vários modelos.

Sr. Mendes: Estes sapatos apertam-me um pouco o peito do pé. – Estes estão-me muito largos, e os saltos são muito altos. – Estes assentam bem. Pode embrulhar. – Agora, aonde vamos?

D. Adélia: À secção de blusas e saias.

D. Adélia: António, olha que grande variedade de blusas há nesta casa!

Vendedora: Em que posso servi-la?

D. Adélia: Desejava uma blusa de cetim. – Esta não me agrada, é muito escura. Mostre-me aquela de seda. Quanto custa?

Vendedora: 125 euros, minha senhora.

D. Adélia: Não é nada barato ... Vamos embora, António. Não consigo encontrar o que queria. Depois volto a passar por cá.

Novas palavras

o **armazém** das Warenlager, das Lagerhaus; das Kaufhaus
o **grande armazém** das Warenhaus, das Kaufhaus
passar uma vista de olhos por einen Blick werfen auf
a **roupa** die Wäsche; die Garderobe
escolher auswählen
o **fato** der Anzug
passar a ferro bügeln
estar sujo schmutzig sein, dreckig sein
a **nódoa** der Fleck
   cheio de nódoas voller Flecken
a **tinturaria** die chemische Reinigung; die Färberei
a **limpeza a seco** die Trockenreinigung
praticamente praktisch, (*hier*:) fast
ir a pé zu Fuß gehen
Cais do Sodré (Platz und Viertel am Ufer des Tejo in Lissabon)
a **Baixa** (das Zentrum Lissabons)
o **tecido** der (Kleider-)Stoff, das Gewebe
o **pronto-a-vestir** die Konfektion (prêt-à-porter)
o **rés-do-chão** das Erdgeschoss
artigos de higiene Drogerie
a **perfumaria** Parfümerie
os **cosméticos** die Kosmetika
a **confeitaria** die Konditorei
a **fotografia** (*hier*:) Fotoartikel
os **artigos de desporto** die Sportartikel
o **andar** die Etage, das Stockwerk
a **chapelaria** Hüte
a **retrosaria** Kurzwaren
a **lã** die Wolle
as **lãs** Woll- und Strickwaren
o **couro** das Leder
artigos de couro Lederwaren
o **calçado** die Schuhe, das Schuhwerk
artigos de malha Trikotagen
a **camisaria** Hemden
a **roupa de criança** Kinderbekleidung
a **confecção de senhora** Damenkonfektion, Damenoberbekleidung

artigos e confecção de senhora *etwa*: Damenmode
a **confecção de homem** Herrenkonfektion, Herrenoberbekleidung
a **livraria** die Buchhandlung, Bücher
o **brinquedo** das Spielzeug
a **ourivesaria** das Juweliergeschäft, Schmuck
a **relojoaria** das Uhrengeschäft, Uhren
o **disco** die Schallplatte
a **televisão** das Fernsehen, das Fernsehgerät
a **alta-fidelidade** HiFi-Geräte, Unterhaltungselektronik
a **loiça** das Geschirr
os **utensílios de cozinha** die Küchengeräte, Haushaltwaren
os **artigos de decoração** kunstgewerbliche Artikel, Kunstgewerbe
os **móveis** die Möbel
a **iluminação** die Beleuchtung, Lampen
os **electro-domésticos** die elektrischen Haushaltgeräte
o **fundo** der Hintergrund; der Boden; der Kern (einer Sache)
   lá ao fundo, à esquerda dort hinten, links
a **vendedora** die Verkäuferin
o **modelo** das Modell
clássico klassisch
o **casaco** die Jacke
a **fila** die Reihe
o **botão** der Knopf
   o **casaco com uma fila de botões** der Einreiher
o **jaquetão** der Zweireiher
liso glatt, einfarbig
às riscas gestreift
de xadrez kariert
claro hell
a **calça** die Hose
os **suspensórios** die Hosenträger
   O senhor usa calças com suspensórios ou com cinto? Tragen Sie die Hosen mit Hosenträgern oder mit Gürtel?
o **linho** das Leinen

a fibra die Faser
sintético synthetisch
em cores claras hell
azul claro hellblau
beige beige
castanho braun
cinzento grau
cinzento claro hellgrau
provar anprobieren
Venha por aqui, faz favor. Kommen Sie bitte hier entlang.
assentar passen, sitzen
repuxar spannen, zerren
as cavas die Achseln; der Ärmelansatz
Repuxa nas cavas. Es spannt unter den Achseln.
apertar (*hier*:) enger machen
  As calças têm que ser apertadas. Die Hosen müssen enger gemacht werden.
ficar bem gut stehen, gut passen
  Esse fato fica-te bem. Dieser Anzug steht dir gut.
deitar abaixo (Kleidung) länger machen, etwas herauslassen
  A calça tem de ser deitada abaixo. Die Hose muss länger gemacht werden.
a bainha der Saum
a camisa das Hemd
o tamanho die Konfektionsgröße, die Größe
a manga der Ärmel
  a manga comprida der lange Ärmel

a manga curta, a meia manga der kurze Ärmel
a gravata die Krawatte, der Schlips
condizer com passen zu
(*Konj. wie* ,**dizer**')
  uma gravata a condizer com a camisa eine zum Hemd passende Krawatte
um par ein Paar
os sapatos die Schuhe
  um par de sapatos ein Paar Schuhe
calçar (Schuhe, Strümpfe) tragen
  Que número calça o senhor? Welche (Schuh-)Größe haben Sie?
  Calço número 42. Ich habe/trage Größe 42.
apertar drücken
o peito do pé der Spann
largo weit
o salto der Absatz
a blusa die Bluse
a saia der Rock
a variedade (*hier*:) das Sortiment
Em que posso servi-la? (*idiom.*) Womit kann ich Ihnen dienen? (Die Frage geht an eine Frau.)
o cetim der Satin, Atlas
agradar (a) gefallen
ser escuro dunkel sein
a seda die Seide
ir embora, ir-se embora weggehen, wegfahren
Volto a passar por cá. (*idiom.*) Ich komme wieder vorbei.

Gramática

19 A Konjugationstypen – Systematisierung

a) In Lektion 1 sind die drei Konjugationsklassen der **regelmäßigen Verben** aufgeführt. In einschlägigen Konjugationsschemata dieser als ,regelmäßig' bezeichneten Verben wird in den meisten Fällen nicht berücksichtigt, dass bestimmte Konjugationsformen der ,regelmäßigen' Verben phonetische Veränderungen erfahren. Das betrifft besonders die Öffnung bzw. Schließung der betonten und unbetonten Stammvokale e und o in bestimmten Personen, ohne dass diese phonetische Änderung orthographisch zum Ausdruck kommt. In *Tabelle I des Anhangs* finden Sie sämtliche konjugierten Formen der drei Konjugationsklassen.

b) Neben den regelmäßigen Verben gibt es eine Reihe **unregelmäßige Verben**, die sowohl im Präsens als auch in anderen Zeiten unregelmäßige Konjugationsformen aufweisen. Ein Verb gilt als unregelmäßig, wenn Präsens und pretérito perfeito simples des Indikativs unregelmäßig sind. Nach dieser Definition sind folgende Verben unregelmäßig: caber (enthalten sein; passen; zustehen), dar, dizer, estar, fazer, haver, ir, poder, pôr, querer, saber, sair, ser, ter, trazer, ver, vir. Die Konjugation dieser Verben finden Sie in *Tabelle II des Anhangs*.

c) Verben mit Besonderheiten in der Konjugation wie conseguir, dormir, ouvir, pedir, perder, preferir, referir-se a, requerer, seguir, sentir, servir u. a. weisen im Indikativ Präsens Unregelmäßigkeiten auf. In den meisten Fällen ist die 1. Person Singular des Indikativ Präsens unregelmäßig. Damit ist auch der gesamte Konjunktiv Präsens (sowie der verneinte und ‚höfliche' Imperativ) unregelmäßig, weil er von der 1. Person Singular des Indikativ Präsens abgeleitet wird. Regelmäßig indessen ist das pretérito perfeito simples sowie die anderen Zeiten. Die Konjugation dieser Verben finden Sie in *Tabelle III des Anhangs*.

In diese Gruppe können auch die Verben auf -ear (passear), -iar (odiar), -guar (averiguar), -oer (doer), -uir (concluir; construir), -uzir (conduzir) und -unir (reunir) einbezogen werden. Für diese Verben gibt das alphabetische Wörterverzeichnis den entsprechenden Konjugationstyp an. Diese Verben finden Sie in *Tabelle IV des Anhangs*.

d) Die letzte Gruppe innerhalb der Konjugationstypen betrifft **Verben mit orthografischen Veränderungen** in der Konjugation zur richtigen Wiedergabe der Lautung. In Lektion 6 wurde bereits das Verb ‚dirigir' und in Lektion 8 das Verb ‚conhecer' vorgestellt. Diese Verben sind eigentlich nicht unregelmäßig, da hier lediglich orthografisch nachvollzogen wird, was lautlich vorgegeben ist. Das *Endungsschema in Lektion 20* erfasst alle Verben, bei denen orthografische Veränderungen vor sich gehen.

19 B Diminutivformen / Os diminutivos

Verkleinerungsformen werden im Portugiesischen wie auch im Deutschen (*-chen* und *-lein*) durch Anhängen bestimmter Suffixe gebildet und häufiger verwendet als im Deutschen. Sie verleihen oft die Bedeutungsnuance des Liebenswürdigen, Zarten, Kleinen und sind Ausdruck von Zärtlichkeit, Mitleid oder Ironie. Überlassen Sie den Gebrauch dieser Formen besser dem Muttersprachler.

Im Gegensatz zum Deutschen können im Portugiesischen auch Adjektive und Adverbien Diminutivformen erhalten. Die wichtigsten Diminutivsuffixe sind **-inho/-a**, **-zinho/a** und **-ito/a**. Die folgenden seltener gebrauchten Diminutivsuffixe können einen leicht abwertenden Charakter haben: **-acho/-a**, **-icho/-a**, **-ucho/-a**, **-elho/-a**, **-olo/-a**, **-ico/-a** und **-ejo/-a**.

mesa	mesinha (Tischchen)
rapaz	rapazinho, rapazelho (kleiner Junge, Jungchen)
sapatos	sapatitos (Schühchen)
lugar	lugarejo (kleine Ortschaft, Nest)
pequeno	pequeninho, (sehr klein, klitzeklein)
cedo	cedinho (recht früh)
devagar	devagarinho (schön langsam).

Die Betonung verlagert sich auf das Diminutivsuffix, das immer den Hauptton trägt:

mesa	mesinha
lugar	lugarejo

(Siehe auch Betonungsregeln im Anhang.)

Verkleinerungsformen von Vornamen werden im Portugiesischen durch Anhängen von -inho, -inha, seltener durch -ito, -ita gebildet bzw. werden besondere Diminutivformen verwendet.

Leninha (*dt. etwa:* Lenchen) – von Helena oder Madalena

Zé, Zeca, Zezinho – von José

Joãozinho, Janjão (*dt. etwa:* Hänschen) – von João

Chico, Chiquinho – von Francisco

Tonecas, Toninho, Tóino – von António

Luisinho, Lula – von Luís

Exercícios

19.1 Konjugieren Sie im pretérito perfeito simples.

preferir cerveja em vez de vinho (lieber Bier anstelle von Wein trinken);
deixar(-o) passar (ihn vorbeilassen).

19.2 saber oder poder? Übersetzen Sie die Sätze ins Deutsche.

1. Eu ... falar português.   2. O senhor ...-me dizer onde fica a entrada?   3. Eu ... que Luís de Camões é o mais ilustre dos poetas portugueses.   4. Não se ... onde nasceu.   5. Você ...

também porquê? 6. Eu não ... carregar mais. 7. Você ... se o nosso avião chega à hora? 8. Nós não ... à que horas o avião chega. 9. Eu não ... como se faz isso. 10. O senhor ... preencher um boletim de expedição? 11. A senhora ...-me passar o abridor de garrafas, por favor? 12. O seu marido ... cozinhar bem. 13. Neste armazém, nós ... comprar de tudo. 14. A senhora ...-me mostrar algumas camisas? 15. (eu) ... provar o fato castanho? 16. ...-se emendar o fato aqui? 17. A senhora ... embrulhar os sapatos? 18. Ele ... ir contigo à praia? – Não, não ... vir comigo porque hoje não vou. 19. O senhor ... quem vem?

19.3 mandar (fazer) oder deixar?

1. Ele ... (*pps*) as compras no carro. 2. Ela ... (*pps*) procurar o filho. 3. Vamos ... o automóvel na garagem. 4. Eu ... (*pps*) fazer uma revisão. 5. Nós ... carregar a bateria. 6. Eu ... (*pps*) verificar a pressão dos pneus. 7. Ela ... (*pps*) lavar o cabelo. 8. Eles ... (*pps*) ir buscar o carro. 9. ...-me ver! 10. Nós ... (*pps*) os filhos em casa. 11. ... a filha em casa! 12. Faça o favor de ... levar a minha bagagem para o meu quarto. 13. Ele ... chamar o chefe. 14. Eles ... (*pps*) servir o jantar às 8 horas. 15. Eu ... (*pps*) reservar uma mesa em meu nome. 16. Ele ... (*pps*) passar o outro carro.

19.4 Setzen Sie ein! Wiederholen Sie dabei immer den ganzen Satz.

a) Ela escolhe *os fatos* que tem de passar a ferro. (Sie legt *die Anzüge* heraus (*oder*: beiseite), die sie bügeln muss.)
   die Bettlaken, die Kleider, die Sommeranzüge, die Wäsche, die Jacken, den Zweireiher, die Hosen, die Sporthemden, die Krawatten, die seidenen Blusen, die Röcke.

b) *O fato* está cheio de *nódoas*. (*Der Anzug* ist voll von *Flecken*.)
   Das Museum ... Menschen; Die Straße ... Autos; Das Haus ... Gästen; Die Tasche ... Geschenken; Der Anzug ... Haaren; Der Tisch ... Gläsern; Der Kühlschrank ... Getränken.

c) Vamos deixar o automóvel *na Rua do Benformoso*. (Wir lassen das Auto *in der Rua do Benformoso* (stehen).)
   in der Garage, vor dem Kaufhaus, vor der Reinigungsanstalt, in der Nähe der Tankstelle, vor deinem Haus, im Stadtzentrum, vor der Fleischerei, am Flugplatz, am Strand.

d) *Deixe-me conduzir.* (Lassen Sie *mich fahren*.)
   ihn die Einkäufe machen (nicht im Sinne von ‚veranlassen', sondern im Sinne von ‚zulassen'); sie die Bluse aussuchen; mich die Schuhe anprobieren; mich gehen; ihn rauchen; ihn die Batterie einbauen; sie essen; mich sehen; ihn den Brief schreiben.

e) Pode-me mostrar *alguns modelos clássicos*? (Können Sie mir *einige klassische Modelle* zeigen?)
   die graue Jacke, die Hosenträger, den dunklen Anzug, das gestreifte Hemd, den karierten Zweireiher, diesen Gürtel, die wollene Hose, den hellblauen Sommeranzug, die braunen Schuhe, diesen blauen Stoff aus synthetischem Material, den Leinenstoff.

f) O senhor prefere *algodão* em vez de *fibra sintética*? (Ziehen Sie *Baumwolle synthetischem Material* vor?)

die weiße Bluse der beigefarbenen, die braune Hose der grauen, den hellen Anzug dem dunklen, Lederschuhe Schuhen aus Kunstleder, den gemusterten Stoff dem gestreiften Stoff, die gelbe Krawatte der grünen Krawatte, die Bluse aus Leinen der Bluse aus Seide, den einfarbigen Rock dem karierten Rock, den Einreiher dem Zweireiher, Kaffee Milch.

g) Posso provar *o fato*? – Posso prová-*lo*? (Kann ich *den Anzug* anprobieren? – Kann ich *ihn* anprobieren?)
den grauen Rock, die schwarze Krawatte, das karierte Hemd, die helle Hose, die dunkelblaue Bluse, die beiden weißen Blusen, den gestreiften Einreiher, das rote Kleid.

h) *A gravata* não condiz com *a camisa*. (*Die Krawatte* passt nicht *zum Hemd*.)
Die graue Jacke ... zur schwarzen Hose; Der Ledergürtel ... zum hellen Sommeranzug; Der dunkle Rock ... zur gelben Bluse; Der gestreifte Zweireiher ... zur gemusterten Hose; Die hellbraunen Schuhe ... zur dunkelblauen Hose; Der karierte Wollstoff ... zum einfarbigen Leinenstoff.

i) Fico com *a camisa branca*. – Fico com *ela*. (Ich nehme *das weiße Hemd*. – Ich nehme *es*.)
die schwarze Hose, den dunkelblauen Anzug, die hellgrüne Bluse, den Fotoapparat (o aparelho fotográfico), das Strickhemd (de malha), das beigefarbene Sporthemd, den hellbraunen Ledergürtel, die beiden Hosenträger, den Seidenstoff und den Wollstoff, die karierten Krawatten, das gestreifte Kleid.

19.5 Lückendialog – Vervollständigen Sie die Sätze.

Vendedora: Que deseja o senhor?
Sr. Mendes: _____ comprar uma camisa.
Vendedora: Que número _____ o senhor?
Sr. Mendes: 41.
Vendedora: Venha por aqui. Temos uma grande _____ de camisas.
Sr. Mendes: _____ uma camisa azul clara, de algodão (Baumwolle).
Vendedora: Aqui _____ alguns modelos.
Sr. Mendes: _____ custam?
Vendedora: _____.
Sr. Mendes: _____ muito caras. _____ camisas um pouco mais baratas?
Vendedora: Pode ver estas. Mas não são de _____.
Sr. Mendes: _____ material são?
Vendedora: São de fibra sintética.
Sr. Mendes: _____ é a cabina?
Vendedora: A cabina é do lado _____.
Sr. Mendes: Bem, levo _____.
Vendedora: O senhor queria também uma _____ a condizer com a camisa?
Sr. Mendes: _____ de seda.

Vendedora:	Aqui tem. _____ euros.	
Sr. Mendes:	_____ menos cara?	
Vendedora:	Aqui tem _____ de algodão.	
Sr. Mendes:	_____ Ah, essa _____ bem. _____ preço?	
Vendedora:	_____ euros. Mais nada?	
Sr. Mendes:	_____ tudo.	
Vendedora:	_____ .	

19.6 *Lesen, übersetzen und beantworten Sie folgende Fragen zum Lektionstext.*

1. Aonde vão D. Adélia e o marido?   2. O que tem ela de limpar e passar a ferro?   3. Aonde tem de levar os fatos que estão cheios de nódoas?   4. O que precisa o marido?   5. O que diz D. Adélia sobre o grande armazém da Rua Augusta?   6. Onde vão deixar o automóvel?   7. Que secções tem este grande armazém no rés-do-chão, no primeiro andar, no segundo andar, no terceiro andar e no quarto andar?   8. Como sobem ao terceiro andar?   9. Onde é a secção de fatos para homem?   10. Que tipo de fato quer o sr. Mendes?   11. Que número tem ele?   12. Ele quer um fato de tecido às riscas?   13. O sr. Mendes usa calças com suspensórios?   14. Ele prefere linho ou fibra sintética?   15. De que cor são os modelos que a vendedora mostra?   16. O sr. Mendes prova um fato preto?   17. Onde prova os fatos?   18. De que cor gosta D. Adélia?   19. O que diz ela sobre o jaquetão e as calças?   20. O que é que ela diz sobre o fato cinzento?   21. Que tipo de camisas quer ela para o marido?   22. Que tamanho?   23. De que cor é a camisa?   24. O que quer comprar o sr. Mendes depois?   25. Qual é o número que o sr. Mendes calça?   26. O primeiro par de sapatos que a vendedora traz assenta bem?   27. O sr. Mendes gosta de sapatos com saltos altos?   28. Aonde vão depois?   29. O que pergunta a vendedora na secção de blusas?   30. D. Adélia compra uma saia, não é?   31. Que blusa desejava D. Adélia?   32. Porque é que não compra blusa nenhuma?   33. Ela vai voltar ao grande armazém?

19.7 *Fragen Sie Ihren Nachbarn (bzw. Ihre Nachbarin). Ihr Nachbar (bzw. Ihre Nachbarin) beantwortet die Frage ...*

- wo das nächste Kaufhaus ist
- ob er nur mit seiner Frau ins Kaufhaus geht oder auch allein
- ob er das Kaufhaus dem normalen Geschäft vorzieht
- wohin er seine schmutzigen Anzüge bringt
- ob seine Frau für ihn die Garderobe aussucht
- ob er mit dem Auto zum Einkaufen fährt
- welche Abteilungen es in einem Warenhaus gibt
- welche Anzüge er gern trägt
- ob er einfarbige oder gestreifte Stoffe bevorzugt
- ob er Hosenträger oder Gürtel benutzt
- ob er sich in Kleidung aus synthetischem Material wohlfühlt

- welche Konfektionsgröße er hat
- wo man im Kaufhaus Anzüge anprobiert
- ob ihm Anzüge von der Stange (fatos feitos) passen
- ob sie weiter oder enger gemacht werden müssen
- welche Hemdgröße (Kragenweite) er hat
- ob er sich die Krawatte passend zum Hemd kauft
- welche Schuhgröße er hat
- welche Farbe er bei Schuhen bevorzugt
- ob ihn Schuhe am Spann gewöhnlich drücken
- ob er für seine Frau schon einmal eine Bluse gekauft hat
- ob seine Frau gestreifte, karierte oder einfarbige Röcke bevorzugt
- wie lange (quanto tempo) seine Frau sucht, um die richtige Bluse zu finden.

19.8 Übersetzen Sie!

1. Lassen Sie mich gehen. 2. Er ließ mich nicht gehen. 3. Haben Sie einen Mechaniker kommen lassen? 4. Lassen Sie mich mal sehen. 5. Lassen Sie Ihren Pass verlängern! 6. Ich trinke lieber Bier (etwas lieber tun = preferir). 7. Ich fühle mich gut. 8. Ich habe den Schlüssel verloren. 9. Sie hat mir gestern diesen Stoff gebracht. 10. Haben Sie Herrn Reimann gesehen? – Nein. 11. Was? Sie können nicht bezahlen? 12. Ich habe die Rechnung bereits gestern bezahlt. 13. Verliert den Schlüssel nicht! 14. Schlafen Sie gut! 15. Haben Sie gut geschlafen? 16. Ich kenne ihn nicht. 17. Werden Sie nicht verlegen! 18. Gestatten Sie, dass ich Ihnen meine Frau vorstelle? 19. Bitten Sie *ihn* um den Brief, nicht *mich*! 20. Wo waren Sie gestern?

Quatro brasileiros em Lisboa

"Um milhão de habitantes montados sobre as sete colinas, que são o seu seio de cetim e que repousam sobre a majestade do Tejo", isso é Lisboa, na letra do fado. Salvador (do Brasil) tem muito dela, especialmente da parte antiga. E como Salvador, Lisboa tem também cidade baixa e cidade alta, na baixa o centro comercial e na alta os bairros mais típicos. E um elevador, na baixa, leva para o bairro alto, – coisa, que todo português sabe. Mas nós não sabíamos e então perguntámos a um guarda de trânsito para que servia aquele elevador.

"O ilevador serve para transpurtar p'ssoas", respondeu com gentileza o homem da lei. Como a resposta não satisfazia, insistimos: "Sim, ele transporta pessoas. Mas, para onde?" "Para cima!", esclareceu definitivo o guarda tão gentil.

LIÇÃO 20

Texto

Um passeio pela cidade

Werner: Estou ansioso por conhecer melhor esta bela cidade.
Ricardo: Vamos aproveitar bem o dia, que está lindo. Primeiro vamos à Baixa.
Werner: Pode-se ir a pé ou fica muito longe?
Ricardo: Apanhamos o eléctrico número 6 e depois vamos de autocarro.
Werner: Onde é a paragem?
Ricardo: No próximo cruzamento viramos à esquerda. Não é longe.
Werner: Qual é o horário deste carro eléctrico?
Ricardo: Passa de dez em dez minutos.

Werner: Dois bilhetes para a Praça dos Restauradores.
Condutor: Este eléctrico não vai aos Restauradores. Os senhores têm que sair na Rua Alexandre Herculano e depois apanhar um autocarro.
Werner: Em que paragem temos de sair?
Condutor: Depois, eu aviso.
Ricardo: Olha, o condutor diz que é aqui. Saída pela frente.

Straßenszene in der Baixa von Lissabon.

Der Rossio, das eigentliche Zentrum Lissabons.

Die 1998 fertiggestellte Ponte Vasco da Gama ĩ mit 17,2 Kilometern die längste Brücke Europa

Na praça dos Restauradores

Werner: O que é este edifício?
Ricardo: É o Palácio Foz.
Werner: Pode-se visitar?
Ricardo: Não, não se pode. Neste edifício funcionam repartições do governo.
Werner: O que é aquilo que parece um eléctrico?
Ricardo: É um ascensor que os lisboetas chamam teleférico. Começa na Calçada da Glória e vai até ao Miradouro de S. Pedro de Alcântara. Lá de cima tem-se uma vista panorâmica excelente.
Werner: Qual é o caminho mais perto para o Rossio?
Ricardo: Basta seguir esta rua e depois virar à esquerda.
Werner: A pé, quantos minutos leva?
Ricardo: Uns cinco minutos.
Werner: Então vamos a pé, e no Rossio tomamos o autocarro.
Ricardo: Vamos atravessar a rua na passagem de peões. Cuidado! Olha o auto-carro! Temos que esperar pelo sinal verde. Agora já podemos atravessar.

Ricardo: Olha, aqui temos o largo do Rossio. Repara como é bonita esta praça, com filas de árvores à volta, as fontes e a estátua de D. Pedro IV de Portugal – D. Pedro I do Brasil.
Werner: Aqui na Baixa há algum museu?
Ricardo: Há o Museu de Arte Contemporânea, perto do Largo do Chiado.
Werner: Gostava de ver esse museu. Os guias falam alemão?
Ricardo: Acho que não.
Werner: Quanto custa a entrada?
Ricardo: Não sei ao certo. – Tenho sede. Vamos tomar qualquer coisa naquele café?
Werner: Está bem. Também me está a apetecer.

Ricardo: Bem, então vamos tomar uma cerveja. Mas sentamo-nos aqui fora, na esplanada, lá dentro está muito calor.
Werner: Continuemos o nosso passeio. – Onde podemos comprar cigarros?
Ricardo: Ora bolas! Está a começar a chover. Vamos tomar um táxi. – Táxi, táxi!
O motorista: Para onde querem ir os senhores?
Ricardo: Leve-nos ao Cais do Sodré.
Werner: Não consigo fechar a porta.
Motorista: Pronto, já está.
Ricardo: Quanto custa mais ou menos o percurso.
Motorista: É uma corrida curta. Seis euros, mais ou menos.
Werner: Não vá tão depressa. É melhor ir mais devagar. O piso está muito escorregadio.
Motorista: Cá estamos.
Ricardo: Quanto é?
Motorista: O taxímetro marca 6 euros e oitenta cêntimos.
Ricardo: Aqui tem oito euros, guarde o troco.
Motorista: Muito obrigado. – Eh! Um momento. O senhor esqueceu-se do guarda-chuva.
Ricardo: Oh! Muito obrigado.

Novas palavras

a cidade die Stadt
um passeio pela cidade ein Spaziergang durch die Stadt
estar ansioso por begierig sein nach/auf
  Estou ansioso por conhecer melhor esta bela cidade. Ich brenne darauf, diese schöne Stadt besser (näher) kennenzulernen.
aproveitar nutzen, die Gelegenheit wahrnehmen
Pode-se ir a pé até esta praça? Kann man zu diesem Platz zu Fuß gehen?
apanhar ergreifen; nehmen
  apanhar o carro eléctrico die Straßenbahn nehmen
paragem die Haltestelle
o cruzamento die Kreuzung
o horário der Fahrplan; der Zeitplan; die Öffnungszeit
o condutor der Schaffner
saída pela frente Ausgang vorn
o edifício das Gebäude

Pode-se visitar este edifício? Kann man dieses Gebäude besichtigen?
a repartição die Dienststelle, das Amt; die Einrichtung; die Abteilung
o governo die Regierung
o ascensor der Aufzug; hier: Schwebebahn
o lisboeta, a lisboeta der/die Einwohner(in) von Lissabon
o teleférico die Drahtseilbahn, die Schwebebahn; die Zahnradbahn
(em cima oben)
de cima von oben
lá de cima von dort oben
a vista panorâmica der Rundblick, das Panorama
A pé, quantos minutos leva? (*idiom.*) Wie lange dauert das zu Fuß? Wie lange braucht man zu Fuß?
atravessar überqueren
o peão (*Pl.* peões) der Fußgänger
a passagem de peões der Fußgängerschutzweg

cuidado! Vorsicht! Aufgepasst!

esperar por warten auf

   Esperou por uma oportunidade. Er wartete auf eine (günstige) Gelegenheit.

o sinal das Signal; die Ampel

largo breit, weit; weitläufig; ausgedehnt

o largo der (öffentliche) Platz

a árvore der Baum

Repara! Sieh mal!

à volta rund herum

a fonte die Quelle; der Brunnen

a estátua die Statue

D. = Dom Adelstitel, Bezeichnung für die portugiesischen Könige

a arte die Kunst

contemporâneo zeitgenössisch

o guia der Führer (Person oder Broschüre)

a guia (eine Frau als) Führer; der Begleitschein, Zollschein, Frachtschein

a entrada (*hier:*) die Eintrittskarte

ao certo genau

   Não sei ao certo. Ich weiß nicht genau.

ter sede, estar com sede Durst haben, durstig sein

qualquer coisa etwas, irgendetwas

apetecer Appetit haben, begehren; Lust haben

   Também me está a apetecer. Das möchte ich auch.

fora draußen, außerhalb

a esplanada der Vorplatz; das Terrassencafé

   aqui fora hier draußen

dentro drinnen, innerhalb

dentro de innerhalb von

   dentro de poucos minutos innerhalb (binnen) weniger Minuten

   lá dentro da drinnen

Está muito calor. (*idiom.*) Es ist sehr warm.

Ora bolas! (*etwa:*) Ach, du liebe Güte!

Está a começar a chover. Es fängt (gerade) an zu regnen.

chover regnen

conseguir (*Konj. wie seguir*) gelingen, schaffen, erreichen; können

   Ela não conseguiu comprar entradas. Es ist ihr nicht gelungen, Eintrittskarten zu bekommen.

   Não consigo encontrar a chave. Ich kann den Schlüssel nicht finden.

o motorista der Berufskraftfahrer

o condutor der Fahrer

o percurso die Strecke

a corrida der Lauf; hier: die Fahrt

depressa (*Adv.*) schnell

   Não vá tão depressa! Fahren Sie nicht so schnell!

devagar (*Adv.*) langsam

o piso der Boden; die Fahrbahn, das Pflaster

escorregar rutschen, gleiten

escorregadio glatt

o taxímetro der Taxameter, der Fahrpreisanzeiger

guarde o troco. (*idiom.*) der Rest ist für Sie

a chuva der Regen

o guarda-chuva (*Pl.* os guarda-chuvas) der Regenschirm

Der Torre de Belém, eines der Wahrzeichen Lissabons.

Gramática

20 A Verben mit orthografischen Veränderungen in der Konjugation

Infinitivendung	Veränderung	Beispiele
-car	c wird zu qu vor e	ficar, fiquei (p.p.s.)
-gar	g wird zu gu vor e	pagar, paguei
-ger/-gir	g wird zu j vor o und a	proteger, protejo
-cer	c wird zu ç vor o und a	conhecer, conheço
-çar	ç wird zu c vor e	começar, comecei
-guir	gu wird zu g vor o und a	distinguir, distingo
-quir	qu wird zu c vor o und a	extorquir, extorco

20 B *estar + a + Infinitiv*

Der Verlauf oder die Kontinuität einer Handlung kann im Portugiesischen mit der Konstruktion ‚estar (*oder*: andar) + a (Präposition) + Infinitiv' ausgedrückt werden. Mit dem Hilfsverb ‚estar' im Präsens betont diese Konstruktion gegenüber dem Präsens des Verbs den augenblicklichen oder unmittelbaren Charakter der durch das Verb ausgedrückten Handlung. Im Deutschen steht keine vergleichbare Konstruktion zur Verfügung. In den meisten Fällen wird diese Konstruktion mit dem Adverb ‚gerade' umschrieben.

O João está a fumar.	João raucht gerade.
O João fuma.	João raucht (im Sinne von: Er ist Raucher.)
Estou a escrever a carta que me pediu.	Ich schreibe gerade den Brief, um den er mich gebeten hat.
Eu estava a escrever uma carta quando chegou.	Ich war gerade dabei, einen Brief zu schreiben, als er kam.

20 C Stellung der Adjektive

Die in Lektion 3 zur Stellung der Adjektive gegebenen Hinweise können wie folgt ergänzt werden:

1. Nachstellung

Das Adjektiv wird dem Substantiv, auf das es sich bezieht, nachgestellt, wenn es

a) eine Eigenschaft bezeichnet, die unterscheidend wirkt, z. B. Nationalität, politische Zugehörigkeit, Farben, Formen u. a.:

o vinho português	(zum Unterschied:	o vinho francês)
a Igreja católica	(zum Unterschied:	a Igreja protestante)
a camisa azul	(zum Unterschied:	a camisa branca)
a mesa redonda	(zum Unterschied:	a mesa rectangular)
o feriado nacional	(zum Unterschied:	o feriado religioso)

b) durch ein Adverb oder einen adverbialen Ausdruck näher bestimmt wird, wie z. B. muito, pouco, bastante, extremamente usw.:

um problema extremamente difícil	ein äußerst schwieriges Problem
uma cidade muito interessante	eine sehr interessante Stadt
uma lei contrária à natureza	ein Gesetz, das der Natur zuwider läuft / ein Gesetz wider die Natur
um riacho rico em trutas	ein an Forellen reicher Bach

2. Voranstellung

a) Das Adjektiv wird vorangestellt, wenn es eine Eigenschaft bezeichnet, die für eine Person oder Sache charakteristisch bzw. ihr von Natur aus eigen ist:

a branca neve	der weiße Schnee
a bela Helena	die schöne Helena (griechische Sagengestalt)
o saudável clima da Madeira	das gesunde Klima von Madeira

b) Das Adjektiv wird vorangestellt, wenn es eine Eigenschaft angibt, die nicht unterscheidend wirken soll, sondern für eine Person oder Sache nur nebenbei erwähnt wird:

aquele bom homen	jener gute Mann
um excelente clima	ein ausgezeichnetes Klima

c) Die folgenden Adjektive werden sowohl voran- als auch nachgestellt und *ändern dementsprechend ihren Sinngehalt*:

um homem bom	um bom homem
ein guter, rechtschaffener Mensch	ein gutmütiger Mensch
uma casa cara	meu caro amigo
ein teures Haus	mein teurer Freund
um amigo certo	um certo amigo
ein verlässlicher, wahrer Freund	ein gewisser Freund
um homem grande	um grande homem
ein großer Mann	ein (geistig) großer, hervorragender Mann
uma mala leve	uma leve dúvida
ein leichter Koffer	ein leichter Zweifel
dias longos	longos dias
lange Tage	langweilige, öde, ermüdende Tage

um livro novo	um novo livro
ein neues, unbenutztes Buch	ein neues, kürzlich erschienenes Buch
homens novos	novos homens
junge Männer	neue Männer, neue Leute, erst kürzlich hervorgetretene oder berühmt gewordene Männer
uma viúva pobre	uma pobre viúva
eine (an Geld und Gütern) arme, mittellose Witwe	eine arme, unglückliche, leidgeprüfte Witwe
um amigo verdadeiro	o seu verdadeiro nome
ein wahrer, wirklicher Freund	sein richtiger, wirklicher Name
um amigo velho	um velho amigo
ein an Jahren alter Freund	ein alter Freund (die Freundschaft ist alt, der Freund kann jung sein)

d) Gewöhnlich werden ‚meio' (halb), ‚mero' (rein), ‚muito' (viel) und ‚pouco' (wenig) vorangestellt. In diese Kategorie können auch die Indefinitadjektive einbezogen werden, die dem Substantiv gewöhnlich vorausgehen. Sie werden in Lektion 32 behandelt.

mero soldado	*ein* gewöhnlicher Soldat
meio litro	*ein* halber Liter

3. Voran- oder Nachstellung bei zwei oder mehr Adjektiven

a) Bestimmen zwei oder mehr Adjektive, die durch ‚e' (und) oder ‚ou' (oder) verbunden sind, ein Substantiv, dann werden sie nachgestellt. Das kennzeichnendste Adjektiv steht an letzter Stelle:

um homem simples e simpático	ein einfacher und sympathischer Mensch
vento fraco ou moderado	leicht oder schwach windig

b) Sind zwei Adjektive unterscheidend gedacht, stehen sie hinter dem Substantiv:

mercadores americanos ambiciosos	ehrgeizige amerikanische Händler

Da es vielerlei Arten oder Erscheinungsformen amerikanischer Händler gibt, bezieht sich das zweite Adjektiv (ambiciosos) auf den vom Substantiv und ersten Adjektiv gebildeten Bedeutungskomplex. Folglich ist ‚ambiciosos' das ‚spezifizierendere' der beiden Adjektive und muss deshalb an letzter Stelle stehen:

uma rapariga inteligente mas preguiçosa	ein intelligentes aber faules Mädchen

c) Wird eines von zwei oder mehreren Adjektiven nicht unterscheidend gebraucht, dann wird dieses Adjektiv vorangestellt:

uma bonita	casa branca	ein schönes weißes Haus
↓	↓	
nicht unterscheidend gebraucht	unterscheidend gebraucht	
um grande centro comercial		ein großes Handelszentrum

Anmerkungen:

1. Wird ein Substantiv durch zwei Adjektive bestimmt, die ohne unterscheidende Funktion gebraucht werden sollen, dann könnten sie theoretisch beide vorangestellt werden. Eine solche Stellung vermeiden Sie jedoch besser. Verbinden Sie die beiden Adjektive mit ‚e' und stellen Sie sie nach.
2. Bestimmte Adjektive haben stets unterscheidende Funktion, sodass für sie nur Nachstellung in Frage kommt.

Merken Sie sich abschließend Folgendes:

1. Wird ein Adjektiv für eine subjektive Bewertung gebraucht, dann wird es dem zugeordneten Substantiv vorangestellt. Das trifft besonders dann zu, wenn die Bewertung, die ein Adjektiv ausdrückt, durch emotionale Reaktionen (Mitleid, Mitgefühl, Anteilnahme, Bewunderung, Hass, Verachtung) hervorgerufen wurde.
2. Soll mit dem Adjektiv das zugeordnete Substantiv nach objektiven Kriterien, d. h. unpersönlich, teilnahmslos eingestuft werden, dann wird es nachgestellt.

Exercícios

20.1 Konjugieren Sie die folgenden Verben im Indikativ Präsens und pretérito perfeito simples. Beachten Sie dabei die orthographischen Veränderungen. Schlagen Sie die Ihnen unbekannten Verben im Wörterbuch nach.

a) indicar, ficar, marcar
b) pagar, negar
c) proteger, abranger, dirigir, exigir
d) conhecer, agradecer
e) começar, forçar
f) distinguir, erguer.

20.2 Übersetzen Sie die nachfolgenden Sätze und Wendungen und achten Sie dabei auf die Stellung der Adjektive.

1. Bom dia. 2. Com muito gosto. 3. Elas são bonitas raparigas. 4. Que paisagem maravilhosa! 5. O João tem uma mala pesada, mas a Maria tem uma mala ainda mais pesada. 6. Desejo-lhes boa viagem. 7. Tenho imenso gosto. 8. O português é uma língua difícil. 9. Nas povoações principais (in den größeren Ortschaften) há bombas de gasolina. 10. É um restaurante típico. 11. Faz vento fraco ou moderado. 12. Há muita gente na rua. 13. Ela vem na próxima semana. 14. Hoje é Feriado Nacional. 15. Trata-se dum negócio importante 16. Houve um grande desastre. 17. Ele escreve para a im-

prensa local.   18. Ele estuda a vida económica de Portugal.   19. Este país tem problemas comerciais.   20. Ele fez um discurso (eine Rede) sobre política internacional.   21. O senhor Weber sabe muito sobre a política interna de Angola.   22. Ela recebeu uma carta anónima.   23. Ele é um moço alto.   24. Ela tem boas qualidades.   25. É uma boa ideia.   26. São Paulo é um grande centro comercial da América Latina.   27. Coimbra é uma velha cidade universitária.   28. Você conhece o Algarve com as suas belas praias?   29. A camisa azul é muito bonita.   30. Recebi bonitos presentes.

20.3 ‚estar a' + Infinitiv – Setzen Sie die entsprechenden Formen von estar (Präsens) ein und übersetzen Sie die Sätze ins Deutsche.

1. (Nós) ... a ouvir rádio.   2. (Ele) ... a escrever.   3. (Eu) ... a aprender português.   4. Porque (tu) ... a rir assim?   5. Agora (ele) ... a atravessar a rua.   6. O senhor Reimann ... a dormir.   7. A Maria ... a trabalhar.   8. Os filhos ... a cantar (singen).

20.4 Setzen Sie ein! Lesen und übersetzen Sie dabei immer den ganzen Satz.

a) Estou ansioso por *conhecer melhor esta bela cidade*. (Ich brenne darauf, *diese schöne Stadt näher kennenzulernen*.)
sie kennenzulernen (*Pl. mask.*); sie kennenzulernen (*Sg. fem.*); ihn kennenzulernen; die portugiesische Sprache zu lernen; diese Stadt zu sehen; das dunkelblaue Auto zu kaufen; ein größeres Haus zu kaufen.

b) Vou aproveitar a oportunidade para *sair*. (Ich werde die Gelegenheit nutzen, um *wegzugehen*.)
ihr eine Bluse zu kaufen; mir das Stadtzentrum anzusehen; mit der Drahtseilbahn zu fahren; sie zu fragen; zu tanken; ihn anzurufen; mit ihm über dieses Problem zu sprechen; mit ihr das Museum zu besuchen.

c) Pode-se visitar *este museu*? (Kann man *dieses Museum* besuchen / besichtigen?)
die Kirche, diesen großen Palast, dieses schöne helle Gebäude.

d) Qual é o caminho mais perto para *o Rossio*? (Welcher ist der kürzeste Weg / Wie kommt man am schnellsten *zum Rossio*?)
zum Bahnhof, zur Tankstelle, zum Museum für Zeitgenössische Kunst, zur Post, zur Polizeistation, zur Handelsvertretung, zum Hotel ‚International', zur Haltestelle der Linie 6, zum Kaufhaus, zur Apotheke.

e) Quantos *minutos* leva? (Wie viele *Minuten* dauert das / braucht man?)
Stunden, Tage, Wochen, Monate, Sekunden, wie lange (= wie viel Zeit).

f) É uma coisa *bastante difícil*. (Das ist eine *ziemlich schwierige* Sache.)
ziemlich wichtige, ziemlich dringende (urgente), leichte, ausgezeichnete, schlechte, typische, schöne, wunderbare.

g) Temos que esperar *pelo sinal*. (Wir müssen *auf das Signal* (oder: Zeichen) warten.)
auf ihn, auf sie (*Pl. fem.*), auf Herrn Müller, auf die Antwort, auf die Entscheidung (a decisão), auf die Straßenbahn, auf den Bus, auf den Zug, auf seine Schwester, auf meine Mutter, auf euren Chef, auf ihren (*Pl. mask.*) Einschreibebrief.

h) Há várias estátuas à volta *da praça*. (Rund um *den Platz* sind verschiedene Statuen.)
das hohe Haus, das große Gebäude, das schöne Museum, den kleinen Bahnhof, die kleine Kirche, den breiten Platz.

i) Eles têm um guia que fala *alemão*. (Sie haben einen Führer, der *Deutsch* spricht.)
Englisch, Portugiesisch, Französisch, Spanisch, Italienisch (italiano), Russisch (russo).

j) Leve-nos à *Praça dos Restauradores*. (Bringen Sie uns *zur Praça dos Restauradores*.)
nach Hause, zum Bahnhof, zum Flugplatz, ins Werk, in die Botschaft (embaixada), ins Hotel ‚Internacional', zur Polizei, zur Haltestelle der Zahnradbahn, ins Museum für Zeitgenössische Kunst, zum nächsten Arzt.

k) Não consegui *encontrá-lo*. (Es ist mir nicht gelungen, *ihn zu finden*. / Ich konnte *ihn nicht finden*.)
die Tür zu schließen; einen Mechaniker zu bekommen; hellbraune Lederschuhe zu kaufen; Eintrittskarten zu bekommen; sie zu verstehen; das Formular zu finden; einen einfarbigen Anzug aus Baumwollstoff in meiner Größe zu kaufen; sie (Sg. fem.) anzurufen; das Auto in Gang zu setzen.

l) É melhor *ir mais devagar*. (Es ist besser, *langsamer zu fahren / wenn Sie langsamer fahren*.)
mit der Straßenbahn zu fahren; mit dem Zug zu fahren; zu fliegen; ihn noch heute anzurufen; nicht hinzugehen; ihn gleich mitzunehmen; das Museum morgen früh zu besuchen.

20.5 Beantworten Sie die folgenden Fragen zum Text.

1. Quem está ansioso por conhecer melhor a cidade?   2. Faz bom tempo nesse dia?   3. Aonde vão Ricardo e Werner primeiro?   4. Eles vão a pé?   5. Que eléctrico apanham?   6. Onde é a paragem?   7. Qual é o horário do carro eléctrico?   8. Eles podem ir directamente à Praça dos Restauradores de carro eléctrico?   9. O que lhes indica o condutor?   10. Porque é que não se pode visitar o Palácio Foz?   11. A saída do carro eléctrico é atrás?   12. Que meio de transporte (Verkehrsmittel) há na Calçada da Glória?   13. O Rossio é uma avenida?   14. Quantos minutos demora a pé, dos Restauradores ao Rossio?   15. Eles tomam outro eléctrico na Rua Alexandre Herculano?   16. Por onde atravessam a rua?   17. Que veículos (Fahrzeuge) estão sempre a passar?   18. Que estátua se encontra no Rossio?   19. Os guias do Museu de Arte Contemporânea falam alemão?   20. Quanto custa a entrada no Museu?   21. Quem tem sede?   22. O que tomam no café?   23. Onde é que se sentam?   24. O Werner quer comprar charutos depois?   25. Eles vão a pé para o Cais do Sodré?   26. Porque vão de táxi?   27. O percurso do táxi é longe?   28. Porque é que o condutor de táxi deve ir mais devagar?   29. Como se chama o instrumento que indica o preço no táxi?   30. Quantos euros recebe o motorista de gorjeta?   31. Quem se esqueceu do guarda-chuva?

20.6 Algumas Perguntas

1. Onde mora o senhor?   2. Ah, que bom! Portanto pode-se dizer que o senhor mora practicamente no centro da cidade?   3. Em que sítio (an welcher Stelle) da rua X mora o

senhor? 4. O senhor mora perto da carreira de autocarro (Buslinie)? 5. O eléctrico passa perto da sua casa? 6. Da sua casa até à paragem, quantos metros são? 7. Há muito barulho (Krach) à volta da sua casa? 8. Morar fora da cidade é muito agradável, não é?

20.7 Fragen Sie Ihren Nachbarn (bzw. Ihre Nachbarin). Ihr Nachbar (bzw. Ihre Nachbarin) beantwortet die Frage ...

- ob er Berlin gut kennt
- was er einem Besucher in Berlin zuerst zeigt
- ob er mit der Straßenbahn zur Arbeit fährt
- welche Linie er benutzt
- wie der Fahrplan der Straßenbahn bzw. des Busses ist, den er täglich benutzt
- wo sich in Berlin Einrichtungen der Regierung befinden
- ob er im Bus vorn oder hinten aussteigen muss
- ob die Berliner (os Berlinenses) immer die Fußgängerschutzwege benutzen
- ob er gern vom Alexanderplatz zur Friedrichstraße zu Fuß geht
- was er vom Stadtzentrum von Berlin hält
- welche Straßen sehr belebt sind
- welche Museen Berlin hat
- wie viel ein Kilometer im Taxi kostet.

20.8 Übersetzen Sie!

1. Er hat eine sympathische Frau. 2. Sie hat einen sehr schweren Koffer. 3. Portugiesisch ist eine schwierige Sprache. 4. Er spricht über eine wichtige Angelegenheit. 5. Sie schreibt für die hiesige Presse. 6. Es ist sehr interessant, das wirtschaftliche Leben eines Landes zu studieren. 7. Heute wollen wir über die Weltpolitik sprechen. 8. Sie macht einen guten Kaffee. 9. Das war ein ausgezeichnetes Frühstück. 10. Sie sprechen über die gute Qualität der Artikel. 11. Coimbra ist eine alte Universitätsstadt. 12. Die Algarve hat herrliche Strände. 13. Sie hat sich einen grauen Rock gekauft. 14. Sie ist ein intelligentes Mädchen. 15. Er hat blonde Haare. 16. Die April-Revolution zerstörte das alte faschistische Regime. 17. Sie kam vergangenen Mittwoch an. 18. Kommst du am nächsten Freitag? 19. Mit einer so hübschen Frau ist er gewiss sehr glücklich. 20. Sieh mal, was für schöne Blumen! 21. Hier sind noch zwei freie Plätze. 22. Wir fliegen in einer mittleren Höhe von 5000 m. 23. Sprechen Sie lauter! 24. Was halten Sie von der modernen Technik? 25. Das ist eine ausgezeichnete Idee. 26. Ich habe eine einfache Durchsicht machen lassen. 27. Er hat mir eine hohe Rechnung vorgelegt. 28. Die Straße ist in einem guten Zustand. 29. Ich habe den nachfolgenden Wagen nicht gesehen. 30. Wollen Sie normalen Kraftstoff oder ‚Super'? 31. Vertragen Sie das heiße Klima gut? 32. Der obere Teil ist für dich. 33. Das ist eine angenehme Musik. 34. Sie haben ein sehr schönes Haus. 35. Der Anzug ist voller Flecken. 36. Es fehlt noch eine ganze Menge in unserer neuen Wohnung. 37. Können Sie mir einige klassische Modelle zeigen. 38. Er trägt braune Schuhe zur schwarzen Hose. 39. Kann ich den grauen Anzug anprobieren? 40. Fahren Sie langsamer!

LIÇÃO 21

Texto

Do latim ao português

Filho: Quantas línguas há no mundo, Pai?
Pai: Dizem que há umas três mil.
Filho: Tantas?! E línguas assim mais importantes, quantas são?
Pai: Bem, deve haver cerca de setenta que são faladas, pelo menos, por cinco milhões de pessoas.
Filho: O inglês é a língua mais falada em todo o mundo, não é
Pai: Não, não, em primeiro lugar vem o chinês, muito mais falado do que outras línguas tão conhecidas como o inglês, o espanhol, o russo ou o alemão.
Filho: Espero que o português também se conte entre as línguas mais importantes...
Pai: O português está realmente entre as dez línguas mais faladas. Nota que, só no Brasil, há quase cento e oitenta milhões de habitantes que falam a nossa língua.
Filho: Ouvi dizer que o português teve origem no latim. Como foi isso?
Pai: Deves saber que o latim era a língua que os Romanos falavam, "Romano" vem de Roma, que hoje é a capital da Itália. Os Romanos começaram a chegar à Península Ibérica no século III antes de Cristo e por cá ficaram durante cerca de 600 anos.
Filho: Então, se os Romanos falavam latim, como é que a gente, que aqui vivia, os compreendia?
Pai: Pouco sabemos sobre esses tempos. A verdade é que o latim se modificou pouco a pouco e deu origem às línguas que hoje se falam na Península.
Filho: Por isso o português é tão parecido com o espanhol...
Pai: E não se parece só com o espanhol. Também o mesmo se passou noutras terras, e assim apareceram outras línguas com origem no latim. Talvez te lembres como se diz "pé" em francês...
Filho: "Pied".
Pai: Exacto. Pois em espanhol é "pie" e em italiano "piede".
Filho: "Piede", "pied", "pie", "pé" ... Que interessante! O português deve ser difícil de aprender, não acha, Pai?
Pai: Os estrangeiros dizem que não é nada fácil. Conheço um senhor inglês que, embora viva aqui há mais de quinze anos, continua a dar os mesmos erros de sempre. Ele diz, por exemplo: "Quer que eu 'abro' a janela?" – em vez de 'abra'. Ou ainda: "A minha mulher lamenta que eu 'chego' tão tarde a casa." – quando devia dizer 'chegue'.
Filho: Pois é, nós falamos correctamente e nem precisamos de pensar se está certo ou errado.

Pai: Isso é assim porque aprendemos a nossa língua desde muito cedo. A todo o momento estamos a falar ou a escrever, a ouvir ou a ler português. O português é a nossa língua materna. 'Materna' vem de 'mãe', quer dizer que cada um começou a aprendê-la desde os primeiros tempos da sua vida.

Novas palavras

latim lateinisch
falado (*Partizip Perf.* von ,falar') gesprochen
  são faladas por (*Passiv*) werdern gesprochen von
pelo menos wenigstens, mindestens
a pessoa die Person
inglês englisch
chinês chinesisch
conhecido bekannt
espanhol spanisch
russo russisch
contar entre zählen zu
  O português conta-se entre as línguas mais importantes. Portugiesisch zählt man zu den wichtigsten Sprachen.
realmente (*Adverb* von ,real') wirklich
notar bedenken, beachten; anmerken
o habitante der Einwohner
ouvi dizer ich habe sagen hören / ich habe gehört
ter origem em Ursprung haben in
o Romano der Römer; römisch
a capital die Hauptstadt
a Itália Italien
a Península Ibérica die iberische Halbinsel
antes de Cristo vor Christus
ficaram por cá sie blieben hier
a gente die Leute
compreender verstehen

a verdade die Wahrheit
modificar-se sich verändern
pouco a pouco allmählich
dar origem a den Ursprung oder die Ausgangsbasis bilden für
ser parecido com ähneln, Ähnlichkeit haben mit
passar-se vor sich gehen
noutras terras (em outras terras) in anderen Gebieten oder Ländern
aparecer entstehen; erscheinen; zum Vorschein kommen
italiano italienisch
aprender lernen
  difícil de aprender schwer zu (er)lernen
(o) estrangeiro der Ausländer; ausländisch
não é nada (de) fácil es ist überhaupt nicht leicht
embora + *Konjunktiv* obwohl
continuar a dar os mesmos erros de sempre dieselben Fehler wie immer machen / immer wieder dieselben Fehler machen
por exemplo zum Beispiel
há mais de quinze anos seit mehr als 15 Jahren
em vez de anstelle von
lamentar beklagen
correctamente richtig, korrekt (*Adverb* von *correcto*)
nem precisamos de pensar se wir brauchen nicht einmal darüber nachzudenken, ob

LIÇÃO VINTE E UM | 203

Gramática

21 A Der Konjunktiv Präsens / O presente do conjuntivo
(zur Bildung siehe ‚Imperativ', Lektion 8)

	1. Konjugation	2. und 3. Konjugation	
	comp**rar**	perd**er**	dirig**ir**
(eu)	compr**e**	perc**a**	dirij**a**
(tu)	compr**es**	perc**as**	dirij**as**
(ele/ela)	compr**e**	perc**a**	dirij**a**
(nós)	compr**emos**	perc**amos**	dirij**amos**
(vós)	compr**eis**	perc**ais**	dirij**ais**
(eles/elas)	compr**em**	perc**am**	dirij**am**

Der Konjunktiv Präsens einiger unregelmäßiger Verben bzw. von Verben mit Unregelmäßigkeiten oder Besonderheiten in der Konjugation *(siehe Lektionen 19 und 20)*:

dizer	digo	→	diga, digas, diga, digamos, digais, digam
dormir	durmo	→	durma, durmas, durma, durmamos, durmais, durmam
fazer	faço	→	faça, faças, faça, façamos, façais, façam
ficar	fico	→	fique, fiques, fique, fiquemos, fiqueis, fiquem
ouvir	ouço	→	ouça, ouças, ouça, ouçamos, ouçais, ouçam
pedir	peço	→	peça, peças, peça, peçamos, peçais, peçam
pôr	ponho	→	ponha, ponhas, ponha, ponhamos, ponhais, ponham
preferir	prefiro	→	prefira, prefiras, prefira, prefiramos, prefirais, prefiram
trazer	trago	→	traga, tragas, traga, tragamos, tragais, tragam
ver	vejo	→	veja, vejas, veja, vejamos, vejais, vejam
vir	venho	→	venha, venhas, venha, venhamos, venhais, venham

Die obigen Formen können Sie nach der in Lektion 8 genannten Bildungsregel sowie unter Beachtung der Regeln für die orthografischen Veränderungen in Lektion 20 selbst ableiten. Nicht ableiten lassen sich die Konjunktivformen der Verben ‚dar', ‚estar', ‚haver', ‚ir', ‚querer', ‚saber' und ‚ser':

dar	estar	haver	ir	querer	saber	ser
dê	esteja	haja	vá	queira	saiba	seja
dês	estejas	hajas	vás	queiras	saibas	sejas
dê	esteja	haja	vá	queira	saiba	seja
dêmos	estejamos	hajamos	vamos	queiramos	saibamos	sejamos
deis	estejais	hajais	vades	queirais	saibais	sejais
dêem	estejam	hajam	vão	queiram	saibam	sejam

21 B Der Gebrauch des Konjunktivs

Der Gebrauch des Konjunktivs im Portugiesischen unterscheidet sich von dem im Deutschen grundlegend! Deshalb wurde auch auf eine deutsche Übersetzung der Konjunktivformen verzichtet. Hinsichtlich seines Gebrauchs lässt sich eine Einteilung in drei Hauptgruppen vornehmen: 1. Konjunktiv im Hauptsatz, 2. Konjunktiv im Nebensatz (der mit ‚que' (dass) eingeleitet wird) nach unpersönlichen Ausdrücken sowie nach bestimmten Verben und 3. Konjunktiv nach bestimmten Konjunktionen.

1. Der Gebrauch des Konjunktivs im Hauptsatz

a) Der Konjunktiv Präsens steht als Ersatz für den Imperativ – siehe Lektion 8.

Venha cá!	Kommen Sie her! (an eine Person gerichtet)
Venham cá!	Kommen Sie her! (an mehrere Personen gerichtet)
Não venhas cá!	Komm nicht her!
Não venha cá!	Kommen Sie nicht her! (an eine Person gerichtet)
Não venham cá!	Kommen Sie nicht her! (an mehrere Personen gerichtet)
Estude!	Studieren Sie! (an eine Person gerichtet)
Estudemos!	Wir wollen studieren! / Lasst uns studieren! / Studieren wir!
Estudem!	Studieren Sie! (an mehrere Personen gerichtet)

b) nach ‚talvez' (sofern ‚talvez' vor dem Verb steht)

Talvez ele tenha tempo.	Vielleicht hat er Zeit.
Talvez venha amanhã.	Vielleicht kommt er morgen.
Talvez seja melhor ...	Vielleicht ist es besser ...

‚Talvez' kann auch hinter das Verb gestellt werden. In diesem Fall steht der Indikativ:

Ele vem talvez amanhã.	Er kommt vielleicht morgen.
É talvez melhor ...	Es ist vielleicht besser.

2. Konjunktiv im Nebensatz nach unpersönlichen Ausdrücken wie:

basta que	es genügt, dass
é bom que	es ist gut, dass
é conveniente que	es ist angebracht, dass; es empfiehlt sich, dass
é impossível que	es ist unmöglich, dass
é indispensável que	es ist unumgänglich, dass; es ist unerlässlich, dass
é lógico que	es ist logisch, dass
é melhor que	es ist besser, dass (bzw. wenn)
é necessário que	es ist nötig, dass
é óptimo que	es ist vortrefflich, dass
é pena que	es ist schade, dass
é possível que	es ist möglich, dass
é preciso que	es ist nötig, dass
é provável que	es ist wahrscheinlich, dass
há quem	es gibt welche, die; es gibt Leute, die; es gibt jemanden, der

Nach ‚é certo que' (es ist sicher, dass), ‚é claro que' (es ist klar, dass), ‚é evidente que' (es ist offenkundig, dass), ‚é verdade que' (es stimmt, dass) steht der Indikativ. Sind diese Ausdrücke verneint, steht der Konjunktiv.

Hauptsatz mit unpersönlichem Ausdruck (unpersönliches Subjekt ‚es')	‚que' (dass) zur Einleitung des Nebensatzes	Verb im Nebensatz steht im Konjunktiv (eigenes Subjekt im Nebensatz)
É preciso	que	ele **venha**.
(Es ist notwendig,	dass	er kommt.)

É possível que o Pedro esteja doente. Es ist möglich, dass Pedro krank ist.
É bom que o sr. não fume. Es ist gut, dass Sie nicht rauchen.

3. Konjunktiv im Nebensatz nach bestimmten Verben wie:

querer, desejar, esperar, contar, pedir, precisar, agradecer, deixar, evitar (vermeiden), proibir (verbieten), duvidar (bezweifeln), lamentar, sentir muito (leid tun, bedauern), admirar(-se) (bewundern; sich wundern), ter medo (sich fürchten), ter pena (bedauern), ter dúvidas (zweifeln).

Duvido que seja boa ideia. Ich bezweifle, dass das eine gute Idee ist.
Quer que eu abre a janela? Möchten Sie, dass ich das Fenster öffne?

In den folgenden Lektionen werden die Gruppen von Verben, nach denen der Konjunktiv im Nebensatz steht, systematisiert.

21 C Der Indikativ Imperfekt / O pretérito imperfeito do indicativo

Die Bildung des Imperfekts wurde bereits in Lektion 15 behandelt. Die folgenden Verben bilden das Imperfekt unregelmäßig:

ser	ter	pôr	vir	sair
era	tinha	punha	vinha	saía
eras	tinhas	punhas	vinhas	saías
era	tinha	punha	vinha	saía
éramos	tínhamos	púnhamos	vínhamos	saíamos
éreis	tínheis	púnheis	vínheis	saíeis
eram	tinham	punham	vinham	saíam

Das Imperfekt stellt einen Vorgang in der Vergangenheit dar, der zeitlich nicht begrenzt wird. Das Imperfekt schließt dabei die Vorstellung des Verlaufs ein; es betont die Fortdauer der Handlung im Gegensatz zum pretérito perfeito simples, das den Abschluss der Handlung in der Vergangenheit hervorhebt. Deshalb eignet sich das Imperfekt besonders für Erzählungen und Beschreibungen vergangener Ereignisse.

Im Einzelnen ist folgende Verwendung zu beachten:

1. Der Erzähler versetzt sich gedanklich in einen Zeitraum der Vergangenheit und beschreibt im Imperfekt, was zu jener Zeit war.

O latim era a língua que os Romanos falavam.	Das Latein war die Sprache, die die Römer sprachen.
Se os Romanos falavam latim, como é que a gente, que aqui vivia, os compreendia?	Wenn die Römer Latein sprachen, wie haben die Leute, die hier wohnten, sie dann verstanden?

Anmerkung: Beachten Sie, dass eine bloße Aneinanderreihung von Geschehnissen folgender Art mit dem pretérito perfeito simples ausgedrückt wird: As 8 h fui ao correio. Fiquei em casa toda a manhã. Depois fui à empresa. Em seguida, visitei o meu tio.

2. Läuft eine Handlung in der Vergangenheit ab und eine neue tritt hinzu, dann steht die bisherige im Verlauf begriffene oder andauernde Handlung im **Imperfekt** und die neu hinzutretende Handlung im **pretérito perfeito simples**.

Quando ela telefonava (*eine sich in der Vergangenheit vollziehende Handlung*) chegou o marido (*neue Handlung tritt hinzu*).

Als sie telefonierte, kam ihr Ehemann.

LIÇAO VINTE E UM

| Quando a mãe morreu (neu hinzutretendes vergangenes Geschehen) ele estudava em Berlim (ablaufendes vergangenes Geschehen). | Als die Mutter starb, studierte er in Berlin. |

| No momento em que eu estava com ela na cozinha e lhe dava a carta (bisherige Handlung) entrou o meu irmão (neu hinzutretende Handlung). | Als ich mit ihr in der Küche war und ihr den Brief gab, kam mein Bruder herein. |

Laufen indessen zwei Handlungen oder Zustände parallel bzw. gleichzeitig ab, dann steht in beiden das Imperfekt.

| Na rua onde morávamos havia muitas árvores. | In der Straße, in der wir wohnten, gab es viele Bäume. |

3. Das Imperfekt dient zur Bezeichnung einer gewohnheitsmäßigen oder wiederholten bzw. mit einer gewissen Regelmäßigkeit ablaufenden Handlung.

| Ele dizia sempre a verdade. | Er sagte immer die Wahrheit. / Er pflegte stets die Wahrheit zu sagen. |

| Naquele tempo, ele sempre tomava banho às 5 h. da manhã. | Zu jener Zeit badete er immer um 5 Uhr morgens. |

Beachten Sie: Die Wiederholung darf nicht folgender Art sein:

| Hoje, já tomei três vezes dois comprimidos. | Heute habe ich bereits dreimal zwei Tabletten genommen. |

Anmerkung:

O 'trust' norte-americano Cabinda Gulf Oil Co. extraía (*Imperfekt!*) quase todo o petróleo de Cabinda.	Die deutsche Übersetzung lautet für beide Sätze: ‚Der USA-Trust Cabinda Gulf Oil Co. förderte fast das gesamte Erdöl in Cabinda.'	O 'trust' norte-americano Cabinda Gulf Oil Co. extraiu (*pps!*) quase todo o petróleo de Cabinda.
	Das bedeutet aber:	
Der Trust tat das gewohnheitsmäßig bzw. regelmäßig.		Es ist kein Erdöl mehr vorhanden. Die Ölquelle ist versiegt.

4. Das Imperfekt steht oft in mit ‚como' (da) oder ‚porque' (weil) eingeleiteten Nebensätzen, um die im Hauptsatz getroffene Aussage zu erläutern oder zu vervollständigen.

| Como o Mário fazia anos no sábado, convidou lá para casa um grupo de colegas e amigos. | Da Mário am Sonnabend Geburtstag hatte, lud er eine Gruppe von Kollegen und Freunden nach Hause ein. |

| Passámos uns dias muito agradáveis, porque tomávamos banho todos os dias, no Atlântico. | Wie verbrachten einige sehr angenehme Tage, weil wir jeden Tag im Atlantik badeten. |

Unter diesen Punkt lassen sich auch die Fälle einordnen, in denen das Imperfekt zur Beschreibung von Eigenschaften von Personen (besonders mit dem Verb ‚ser') sowie von beiläufigen Äußerungen oder Nebenumständen dient.

| Ele era de estatura mais que ordinária. | Er war von außergewöhnlicher Statur. |
| No sábado, ele trouxe a mala, que estava cheia de roupa, para cá. | Am Sonnabend hat er den Koffer, der voller Kleidungsstücke war, hierher gebracht. |

5. Besonders in der Umgangssprache steht das Imperfekt häufig anstelle des Konditional I – *siehe Lektion 15*.

Exercícios

21.1 Konjugieren Sie die folgenden Verben im Konjunktiv:
guardar, acontecer, trocar, chegar, conhecer, conseguir, marcar, manter, repetir.

21.2 Bilden Sie den Imperativ nach folgendem Muster:
vir a pé → a) Vem a pé!   → b) Não venhas a pé!   → c) Venham a pé!
1. atravessar a rua.   2. partir cedo.   3. telefonar ao chefe.   4. mudar este pneu.   5. ir de comboio.   6. emprestar-lhe o carro.   7. ver-se no espelho.   8. agradecer ao sr. Ferreira.   9. sair daqui.   10. convidá-la para jantar.   11. pôr a carne no frigorífico.   12. dar-lhe o bilhete. 13. abrir a janela.   14. ouvir o que ela diz.   15. dormir neste quarto.

21.3 Setzen Sie die entsprechenden Formen des Konjunktivs ein. Lesen und übersetzen Sie die Sätze.
1. É necessário que ele (vir) ainda hoje.   2. É preciso que se (falar) desse assunto.   3. É conveniente que eles (ajudar).   4. Pode ser que (tu) (ter) razão.   5. É possível que ela não (saber) isso.   6. É preciso que eu (mandar consertar) o carburador (Vergaser).   7. É indispensável que cada mecânico (ter) as suas próprias ferramentas (Werkzeuge).   8. É pena que o senhor não (poder) vir connosco.   9. É bem provável que eles não (ter) dinheiro.   10. É possível que ela (dar) tudo ao irmão.   11. É necessário que os passageiros se (sentar) nos lugares indicados.   12. Pode ser que o senhor não (estar) informado de todos os detalhes (Einzelheiten) daquele assunto.   13. É impossível que ele (pôr-se) em contacto directo com esse senhor.   14. É provável que ele o (conhecer).   15. Não se pode dizer que eles (ser) agradáveis.   16. É preciso que os estudantes (aprender) a gramática.   17. É pro-

vável que eles (partir) amanhã. 18. Pode ser que (tu) (aprender) a falar bem o português. 19. É possível que eles não (querer). 20. Basta que (tu) (telefonar).

21.4 Lassen Sie die folgenden Sätze mit ‚talvez' beginnen:

1. Ela é médica. 2. Passamos as férias com uns amigos. 3. O carro dele é velho. 4. Ela dá um presente a Maria. 5. Ela vem amanhã. 6. Ele pensa nela. 7. Não sabem falar português. 8. Responde amanhã à carta dela. 9. Ela sabe onde está o Carlos. 10. Eles não gostam de se levantar cedo. 11. Vou ao teatro. 12. Mandamos um telegrama. 13. Ainda não são sete e meia. 14. Ela está doente. 15. Pode ainda encontrar-nos amanhã. 16. Há um meio (Mittel) de arranjar isso. 17. Não é má ideia ouvir a opinião (Meinung) dele. 18. É melhor explicar isso mais uma vez. 19. É conveniente comprá-lo. 20. Ele pode emprestar-me 1000 euros. 21. Eles têm razão.

21.5 Übersetzen Sie!

1. Es ist sehr wahrscheinlich, dass sie ihn anruft. 2. Es kann sein, dass ich Ihre Hilfe brauche. 3. Es ist absolut notwendig, dass sie noch heute erscheinen. 4. Es ist wohl besser (É preferível), wenn (que) ich hinaufgehe. 5. Vielleicht schläft er noch. 6. Es kann sein, dass er das nicht weiß. 7. Es ist schade, dass er schon geht. 8. Es ist wahrscheinlich, dass er ihn im Büro trifft. 9. Es ist möglich, dass kein Wasser da ist. 10. Vielleicht ist er krank. 11. Es ist vielleicht besser, sich direkt an ihn zu wenden. 12. Vielleicht finden Sie die Unterlagen im Zimmer des Geschäftsführers (o gerente). 13. Vielleicht ist es Ihnen möglich, morgen Vormittag zu kommen.

21.6 Setzen Sie ein! Wiederholen Sie dabei immer den ganzen Satz.

a) É possível que *ela não possa vir.* (Es ist möglich, dass *sie nicht kommen kann.*)
   er das weiß; die Maschine mit Verspätung ankommt; sie das machen lassen; sie wissen, wann er kommt; er recht hat; sie damit (com isso) zufrieden sind; er noch heute kommt; Sie das nicht tun können; er das schafft (conseguir); sie noch schlafen; er nicht mit ihnen mitgehen will.

b) É pena que *ele não compreenda isso.* (Es ist schade, dass *er das nicht versteht.*)
   sie das nicht verstehen will; sie schon wieder zu spät kommen; Sie nichts sagen; er es uns nicht sagt; wir am Sonntag nicht kommen können; sie nicht zufrieden ist; der Tisch zu klein ist; die Kiste zu groß ist.

c) Talvez *ele ainda esteja em casa.* (Vielleicht *ist er noch zu Hause.*)
   kann sie den Brief schreiben; kauft er uns ein Eis (gelado); kommt sie mit; können Sie das reparieren; können Sie mir die Formulare mitbringen; schicken Sie die Unterlagen der Firma direkt zu; sieht sie ihn nicht; sagen sie uns nicht, was sie wirklich wollen; trinken Sie lieber Tee als Kaffee (preferir); gibt es dort Lederschuhe.

21.7 Lassen Sie die folgenden Sätze mit ‚Espero que' beginnen:

Ela não se esquece do guarda-chuva.
Espero que ela não se esqueça do guarda-chuva.

1. Toda a gente compreende o que se está a passar.   2. O preço da gasolina não sobe.   3. Os colegas lembram-se do endereço.   4. O senhor Ferreira visita-nos no domingo.   5. Vocês arranjam as bebidas. 6. As chaves ainda aparecem.   7. Nós chegamos lá antes da meia-noite.   8. O vosso amigo chinês também fala outra língua.   9. O Paulo modifica-se com a idade (Alter).   10. Não chove durante o piquenique.   11. Os pneus não custam mais de 200 euros.   12. Ela ainda me conhece.   13. A Verena convida-nos para o jantar.

21.8 Setzen Sie ein! Wiederholen Sie dabei immer den ganzen Satz.

a) É preciso que *o senhor me ajude*. (Es ist nötig, dass *Sie mir helfen*.)
   er in die Stadt fährt; sie noch heute antworten; sie das Päckchen heute Nachmittag abschickt; er tanken fährt; Sie ihm die Unterlagen geben; Sie den Pass vorlegen; Sie sich ein Transitvisum besorgen; Sie damit zur Post gehen; Sie diesen Geldschein vorher wechseln; wir ihnen entgegengehen.

b) É indispensável que *ele esteja presente na reunião*. (Es ist unbedingt notwendig, dass *er zu der Versammlung anwesend ist*.)
   er zum Arzt geht; Sie kommen; Sie uns helfen; er ihn holt; sie Sie informiert; du ihn anrufst; sie auf ihn warten (warten auf = esperar por); er sich noch heute mit ihm in Verbindung setzt; ich das Geld bis Sonntag erhalte (bis Sonntag = antes de domingo).

c) É melhor que *ponhamos o carro na garagem*. (Es ist besser, dass (*oder:* wenn) *wir den Wagen in die Garage stellen*.)
   er geht; sie nicht kommt; wir ihn nicht treffen; er das nicht weiß; ich ihn anrufe; Sie am Donnerstag fahren; Sie das machen.

21.9 Geben Sie auf jede der folgenden Fragen eine bejahende und eine verneinende Antwort. Geben Sie dabei nicht die bei Entscheidungsfragen übliche Kurzantwort, sondern wiederholen Sie zum Üben des Konjunktivs den gesamten Satz.

1. É necessário que cheguem aqui antes das sete?   2. É melhor que o Carlos também vá?   3. É inconveniente que digamos ao Sr. Lopes que o esperamos amanhã?   4. Quando é preciso que eu parta?   5. É conveniente que ele faça os seus preparativos imediatamente?   6. É provável que o sr. Rodrigues responda à minha carta? 7. Basta que os sehores cheguem às dez?   8. É possível que ela saiba o conteúdo de cor?   9. É provável que o Carlos venha hoje?   10. E necessário que o senhor faça essa viagem?   11. E oportuno (zweckmäßig) que o senhor faça este negócio?

21.10 Setzen Sie ein! Übersetzen Sie die Sätze anschließend ins Deutsche.

1. Desejo que o senhor (almoçar) comigo.   2. O médico exige (verlangt) que eu (tomar) o remédio.   3. Prefiro que ele (abrir) a porta.   4. Peço ao sr. Figueiredo que (entrar).   5. Não gosto que eles (fumar) durante a lição.   6. Desejo que o senhor (ser) feliz e (ter) muito

dinheiro.   7. Eles preferem que eu (estar) aqui amanhã às dez horas.   8. Peço-lhe que (vir) o mais cedo possível.   9. Ele quer que eu (ver) os quadros dele.   10. Ele pede que ela (dizer) a verdade.   11. Não quero que os meninos (pôr) os pés sobre as cadeiras.   12. Querem que ele (falar) muito devagar.   13. Desejo que tu (comer) e (beber) bem.   14. Proibimos que os nossos filhos (fumar).   15. Exijo (ich verlange) que a criada (lavar) as mãos antes de servir o jantar.   16. O médico não quer que eu (beber) água gelada.   17. Eu desejo que o senhor (partir) imediatamente.   18. É possível que o meu amigo (vir) esta tarde.   19. É bom que os senhores (aprender) línguas estrangeiras.   20. O professor quer que eu (aprender) bem a minha lição.   21. É preciso que nós (abrir) os olhos.   22. Ele proíbe que eu (abrir) a janela.   23. Duvido que, com este engarrafamento de trânsito (Stau), (chegar, nós) a tempo.

21.11 *Übersetzen Sie die Sätze ins Deutsche. Versuchen Sie dabei den Gebrauch des pretérito imperfeito sowie des pretérito perfeito simples zu erklären.*

1. Quando estive em Coimbra ainda lá não havia semáforos (Verkehrsampeln).   2. Na rua onde vivíamos só havia trânsito num sentido.   3. Houve sempre problemas entre eles.   4. No mês passado choveu quase todos os dias.   5. Onde estiveste?   6. Onde estava o livro?   7. Perdeu outra vez a chave?   8. Vivi três anos numa casa que era muito pequena.   9. Já lá estávamos desde as 2 horas.   10. Ele telefonava sempre por volta das 9 horas.   11. Estivemos lá três horas.

21.12 *Setzen Sie die in runden Klammern stehenden Infinitive ins Imperfekt und übersetzen Sie anschließend die Sätze ins Deutsche.*

1. Quando o tempo (estar) ruim, o meu vizinho frequentemente (oferecer) os seus serviços de motorista.   2. Ele (ter) o hábito (die Gewohnheit, die Angewohnheit) de cantar sempre que nós (ir) de carro.   3. Há muito tempo que eu (esperar) por esse momento.   4. Ele (ter) um plano tão audacioso (kühn) que (ser) difícil de acreditar.   5. A partida (estar) marcada para o próximo fim do mês.   6. Há anos que eu (esperar) uma oportunidade destas.   7. Isso também eu (querer) saber!

21.13 *Lesen, übersetzen und beantworten Sie die folgenden Fragen zum Text.*

1. Qual é a língua mais falada no mundo?   2. Pode dizer-se que o português é uma língua importante? Porquê?   3. Em que países se fala o português?   4. Quantos habitantes tem o Brasil?   5. Qual é a capital da Itália?   6. Qual é a origem da língua portuguesa?   7. Até que século estiveram os Romanos na Península Ibérica?   8. Que línguas tiveram origem no latim?   9. A que se chama „língua materna"?   10. Acha o português difícil?   11. Que te parece mais difícil de aprender?

21.14 *Übersetzen Sie!*

1. Kommen Sie herein!   2. Bitte sprechen Sie etwas langsamer.   3. Ich kann ihn nicht verstehen, denn er spricht zu schnell.   4. Verlier den Schlüssel nicht!   5. Vergiss nicht ihn anzurufen!   6. Vielleicht ist ihm das blaue Hemd lieber.   7. Glauben Sie nicht alles, was er

sagt! 8. Folgen Sie mir! 9. Glauben Sie das nicht! 10. Es ist möglich, dass er Sie darum bittet. 11. Es ist schade, dass du nichts hörst. 12. Mir glaubt er nicht, vielleicht glaubt er ihr. 13. Es kann sein, dass er noch schläft. 14. Ist es wirklich notwendig, dass wir hinaufgehen? 15. Er glaubt ihr möglicherweise nicht. 16. Es ist schade, dass er nichts erreicht (conseguir). 17. Es ist unmöglich, dass ich dir helfe. 18. Vielleicht fährt er nach Rio de Janeiro. 19. Es ist möglich, dass er nicht mehr in dieser Straße wohnt. 20. Es ist schade, dass er erst am Wochenende kommt. 21. Es ist besser, dass (wenn) du das niemandem (ninguém) erzählst. 22. Es ist schade, dass Sie nichts davon wissen. 23. Vielleicht ist er schon zu alt. 24. Es ist möglich, dass ich ihn dort treffe. 25. Es ist unerläßlich, dass er Sie benachrichtigt. 26. Es ist wirklich schade, dass Sie nicht kommen können. 27. Es ist unmöglich, dass er sie findet. 28. Es ist unmöglich, sie zu finden. 29. Es ist unmöglich für ihn, sie zu finden.

LIÇÃO 22

Texto

Chega um velho amigo

António: (*Abrindo a porta*) Mas é o Ronaldo! Que bom voltar a ver-te. Como estás? Que te traz a Lisboa?

Ronaldo: Eu também me alegro muitíssimo por tornar a ver-te, depois de tanto tempo. Estás óptimo, os anos não passam por ti. Venho resolver vários assuntos e rever esta cidade.

António: Não podes dizer que os anos não passem por mim, visto que precisamente hoje é o dia do meu aniversário.

Ronaldo: Homem! Que este dia se repita por muitos anos e sempre com saúde; os meus parabéns. Isto é para a tua vivenda nova. Pensei que devias gostar. E isto é para a tua filha, Verena.

António: Oh! Ainda nos traz presentes! Não era preciso. Muito obrigado. Bom, quantos dias vais ficar em Lisboa? Evidentemente, ficarás aqui em casa.

Ronaldo: Uma semana aproximadamente. Eu queria telefonar-vos, mas nem sabia se o número do vosso telefone ainda era o mesmo. Mas não vos quero incomodar com a minha estada; deixei as malas na estação e penso ir para um hotel.

António: De forma nenhuma. Ainda não temos telefone aqui. Não nos incomodas, nem a mim nem à minha mulher. Agora vou mandar buscar a tua bagagem à estação.

Ronaldo: Bem, bem, ficarei mas não quero dar-vos nenhum transtorno.

António: Não faltava mais nada. Com licença, vou dizer à minha filha que te prepare o quarto. Tenho aqui um "Whisky" especial para ti ...

Ronaldo: Olha, para dizer a verdade, tomava um café. Não é lá muito bom para o meu coração, mas dois ou três por dia não fazem mal à saúde, pois não?

António: Aqui tens o teu quarto. Faz de conta que estás em tua casa.

Ronaldo: Não sei como agradecer-te tanta gentileza. A que horas almoçam?

António: Às duas, mas queres comer alguma coisa antes ...?

Ronaldo: Não, não pergunto por isso. E que, já que não posso mudar de roupa, quero lavar-me um pouco. Sujei-me muito na viagem.

António: Aqui tens o lavatório com tudo o que é necessário: sabão, toalhas, escovas ... e caso falte alguma coisa, não tens mais que pedir. Agora deixo-te sozinho para que te prepares com tranquilidade.

António: Clara, antes do almoço, quero dar um passeio com o Ronaldo para que ele veja um pouco das grandes modificações da cidade. A propósito, queres ir esta noite ao teatro?

Clara: Óptima ideia, mas então não te esqueças de comprar os bilhetes com antecedência. Até logo, e divirtam-se.

Novas palavras

Que bom voltar a ver-te. Wie schön, dich wiederzusehen.

alegrar-se em (por) sich freuen über

Eu também me alegro muitíssimo por tornar a ver-te. Ich freue mich auch riesig, dich wiederzusehen.

Os anos não passam por ti. Die Jahre gehen an dir nicht vorbei. (Im Sinne von: Man sieht dir die Jahre nicht an.)

resolver lösen, erledigen

rever (*konjugiert wie* ,ver', *aber:* **eles reveem**) wiedersehen

 Venho resolver vários assuntos e rever esta cidade. Ich bin gekommen, um verschiedene Sachen zu erledigen und mir *die* Stadt wieder anzusehen.

o dia do meu aniversário mein Geburtstag

Que este dia se repita por muitos anos! Auf dass sich so ein Tag oft wiederholen möge!

a saúde die Gesundheit

 à saúde! zum Wohl!

 à sua saúde! auf Ihr Wohl!

os parabéns die Glückwünsche

a vivenda die Wohnung

evidente offenkundig, offensichtlich; selbstverständlich, natürlich

incomodar stören, ungelegen kommen

de forma nenhuma keineswegs, keinesfalls; kommt gar nicht in Frage

o transtorno die Verwirrung, die Störung, die Unannehmlichkeit

 Não quero dar-vos nenhum transtorno. Ich will euch keine Ungelegenheiten machen.

com licença (*hier:*) wenn du gestattest

preparar o quarto das Zimmer herrichten

fazer mal a nicht bekommen, nicht gut tun

fazer de conta que so tun als ob

 Faz de conta que estás em casa. Tu so, als ob du zu Hause wärst.

Não pergunto por isso. Ich frage nicht deswegen.

já que da; da ... doch

mudar de roupa *sich* umziehen

sujar-se sich schmutzig machen

o lavatório das Waschbecken; auch: WC

o sabão die Seife

a toalha das Handtuch

caso + *Konjunktiv* falls, wenn

Não tens mais que pedir. (*idiom.*) Du musst nur darum bitten. Du brauchst es nur zu sagen.

a tranquilidade die Ruhe

para que + *Konjunktiv* damit

 Deixo-te sozinho para que te prepares com tranquilidade. Ich lass dich allein, damit du dich in Ruhe zurechtmachen kannst.

a modificação die Veränderung, die Umwandlung

ir ao teatro ins Theater gehen

com antecedência (= **com antecipação** = **antecipadamente**) vorher, im Voraus

divertir-se sich unterhalten, sich vergnügen

 Divirto-me bem. Ich unterhalte mich gut.

 Divirtam-se bastante! Viel Spaß! Unterhaltet euch gut!

 As crianças divertiam-se no parque. Die Kinder tollten im Park herum.

 Ele divertiu a multidão. Er unterhielt die Menge.

Gramática

22 A Der Gebrauch des Konjunktivs (Fortsetzung von Lektion 21)

1. Der Gebrauch des Konjunktivs im Hauptsatz (Fortsetzung)

c) nach oxalá:

Oxalá cheguem a tempo.	Hoffentlich kommen sie rechtzeitig.
Oxalá não faça mau tempo.	Hoffentlich ist kein schlechtes Wetter.
Oxalá que ela venha.	Hoffentlich kommt sie. / Möge sie doch kommen.

d) in Wunschsätzen folgender Art:

Que ela seja feliz com o Manuel!	Möge sie mit Manuel glücklich werden!
Que venha a conta!	Her mit der Rechnung!
Que se me permita abordar esse problema mais uma vez. (*jedoch auch*: Permita-se-me abordar ...)	Man gestatte mir, dieses Problem nochmals zu erörtern. / Es sei mir gestattet, dieses Problem nochmals zu erörtern.

Merken Sie sich: Bei diesen mit der Konjunktion ‚que' eingeleiteten Sätzen kann das Verb in der 3. Person Singular oder Plural des Konjunktiv stehen.

Deus me ajude!	Gott möge mir helfen!
Viva (*Konjunktiv Präsens von ‚viver'*) a amizade entre os povos!	Es lebe die Freundschaft zwischen den Völkern!

2. Der Gebrauch des Konjunktivs im Nebensatz nach Verben der Notwendigkeit und des Wollens

Dabei lassen sich im Einzelnen unterscheiden:

a) **Verben des Wünschens und Wollens** wie

querer que (wollen, dass)
desejar que (wünschen, dass)
preferir que (vorziehen / lieber wollen, dass)
insistir em que (darauf bestehen, dass)

Quero que voltes às dez.	Ich will, dass du um 10 (Uhr) zurückkommst.

b) Verben des Befehlens und Bittens wie

ordenar que (befehlen, dass)
mandar que (befehlen, dass)
pedir a alguém que (jemanden bitten, dass)
rogar a alguém que (jemanden bitten, dass)

Ele pede que o gerente telefone à empresa em Coimbra.	Er bittet, dass der Geschäftsführer die Firma in Coimbra anruft.
A mãe pede à filha que ajude na cozinha.	Die Mutter bittet die Tochter, dass sie in der Küche hilft.

c) Verben des Zulassens und Veranlassens wie

admitir que (zulassen, dass)
aprovar que (billigen / genehmigen, dass)
conceder que (gewähren / erlauben, dass)
consentir que (zustimmen / einwilligen, dass)
deixar que ((zu)lassen, dass)
fazer com que (bewirken, dass)
permitir que (erlauben / gestatten, dass)

Ele permite que saiamos às três.	Er gestattet, dass wir um 3 (Uhr) gehen.

d) Verben des Verbietens und Verhinderns wie

impedir que (verhindern, dass)
proibir que (verbieten, dass)
evitar que (vermeiden, dass)

Proíbo-te que lhe fales.	Ich verbiete dir, dass du mit ihm sprichst. / Ich verbiete dir, mit ihm zu sprechen.

e) Verben des Vorschlagens und Anratens wie

aconselhar a alguém que (jemandem raten, dass)
propor que (vorschlagen, dass)
recomendar que (empfehlen, dass)
julgar que (glauben / meinen, dass)

Ele propõe que ela consulte um médico.	Er schlägt vor, dass sie einen Arzt aufsucht. / Er schlägt ihr vor, einen Arzt aufzusuchen.

f) Verben des Sagens, Behauptens, Glaubens und Denkens wie

dizer que (sagen, dass)
crer que (glauben, dass)
julgar que (glauben / meinen, dass)
pensar que (denken, dass)

- wenn sie verneint sind:

Não podes dizer que eles trabalhem mal.	Du kannst nicht sagen, dass sie schlecht arbeiten.

- wenn im Nebensatz eine Aufforderung ausgedrückt wird:

Ele diz que venhas na terça-feira.	Er sagt, dass du am Dienstag kommen *sollst*.

(Diesem Satz entspricht in der direkten Rede ein Imperativsatz: Ele diz: ‚Vem na terça-feira!')

3. Der Gebrauch des Konjunktivs nach bestimmten Konjunktionen

a) Konjunktionen, die **nur** mit dem Konjunktiv stehen:

para que (damit)
caso (wenn, falls)

Fale mais alto para que entendamos tudo.	Sprechen Sie lauter, damit wir alles verstehen.

(*wird in Lektion 24 fortgesetzt*)

Exercícios

22.1 Konjugieren Sie ‚rever esta cidade'.

a) Präsens
b) Imperfekt
c) Pretérito perfeito simples
d) Imperativ (alle Formen, bejaht und verneint)
e) Konjunktiv Präsens: É bom que eu ...

22.2 Übersetzen Sie die folgenden Sätze ins Deutsche (Konjunktiv im Hauptsatz).

1. Viva a República!   2. Possa eu ainda terminar esta tarefa!   3. Que estes dias se repitam por muitos anos!   4. Que venha a conta!   5. Pelo que saiba (Soviel ich weiß) estão doentes. 6. Tem muita paciência, não haja dúvida (darüber besteht kein Zweifel, ohne Zweifel).   7. Talvez seja melhor assim. (*aber*: É talvez melhor assim.)   8. Talvez ela já saiba falar alemão.   9. Oxalá tenhas razão.   10. Oxalá que chova.   11. Oxalá que venha.   12. Oxalá melhorem os negócios rapidamente.   13. Oxalá os resultados destas negociações oficiais atinjam o seu objetivo.   14. Não o diga a ninguém!   15. Deus me ajude!   16. Deus o salve!

22.3 Oxalá – Wandeln Sie die Sätze nach folgendem Muster um:

Ela gosta do presente. → *Oxalá ela goste do presente.*
Essas máquinas vendem-se bem. → *Oxalá essas máquinas se vendam bem.*

1. Eu sei trabalhar com a outra máquina.   2. Ele mostra interesse pelos planos do novo edifício.   3. Eu posso contar contigo para esse trabalho.   4. Preparamo-nos a tempo para o exame.   5. Não acontece nada à minha avó.   6. Eles entregam as máquinas no fim do mês.   7. Ele quer ser médico.   8. Tenho tanta sorte como ela.   9. Eles ainda encontram o dono da loja.   10. Nós compramos o carro mais barato.   11. Não há atraso nas partidas dos comboios.

22.4 Setzen Sie ein! Übersetzen Sie die Sätze anschließend ins Deutsche.

1. Se ele quer ver-me é preciso que ele (vir) esta noite.   2. Não permito que ele (ler) durante o almoço.   3. Não desejamos que o senhor (ouvir) a nossa conversação.   4. Eu não quero que os meninos (sentir) frio.   5. Desejamos que os senhores (mandar) a mercadoria por avião.   6. Proíbo que os meninos (escrever) nas paredes.   7. Vou dizer a minha esposa que lhes (preparar) o quarto.   8. Escrevem-nos que (precisar) desta mercadoria.   9. Comunicam que (esperar) a nossa resposta quanto antes possível (sobald wie möglich).   10. Para que (poder) responder a todas as perguntas é necessário que eu me (preparar) bem.   11. Caso ele não (vir) tenha a bondade de tornar a telefonar.

22.5 Übersetzen Sie ins Portugiesische. Achten Sie dabei auf den Gebrauch des Konjunktivs.

1. Er will, dass ich Portugiesisch spreche.   2. Ich möchte, dass Sie diesen Wein trinken.   3. Sie gestattet nicht, dass er sich setzt.   4. Wenn Sie mich sprechen möchten, dann kommen Sie bitte morgen früh wieder.   5. Sie will, dass wir unverzüglich abreisen.   6. Ich bitte darum, dass Sie die Wahrheit sagen.   7. Sie erlaubt nicht, dass die Kinder ins Kino gehen.   8. Willst du, dass ich gehe?   9. Es ist erforderlich, dass sie die Rechnung unverzüglich bezahlen.   10. Ich erlaube nicht, dass Sie das sagen.   11. Vielleicht ist es besser, sich in diesem Fall direkt an die Handelsvertretung zu wenden.   12. Ich bitte darum, dass Sie ihn anrufen.   13. Möchten Sie, dass ich das Fenster öffne?   14. Ich wünsche dir, dass du etwas erreichst.   15. Es ist besser, dass er arbeitet.   16. Es ist möglich, dass sie zu Hause ist.   17. Er will nicht, dass ich gehe.   18. Ich möchte, dass du das weißt.   19. Ich verlange, dass er um 6 Uhr da ist.   20. Vielleicht gibt sie uns den Schlüssel.   21. Vielleicht ist er damit zufrieden.   22. Er will nicht, dass soviele Leute in seinem Haus sind.   23. Der Arzt verlangt, dass ich jeden Tag einen Spaziergang von einer Stunde mache.   24. Sie sagt, dass ich kommen soll.

22.6 Setzen Sie ein! Wiederholen Sie dabei immer den ganzen Satz.

a) Alegro-me muito por tornar a ver-*te*. (Ich freue mich sehr, *dich* wiederzusehen.)
   Ihren Freund, euch, sie, ihn, einen so lieben Gast, Ihren verehrten Kollegen.

b) *Venho* resolver vários assuntos. (*Ich will* verschiedene Sachen erledigen.)
sie wollen, ich wollte, sie wollte, der Vertreter wollte, wir wollten, die Schwiegereltern wollten.

c) Que este dia se repita por muitos anos! (Auf dass sich so ein Tag oft wiederhole!)
1. Auf dass es dir immer gut geht.   2. Auf dass es in eurem Urlaub nicht regnet!   3. Auf dass wir immer genug Wein im Glase haben!   4. Auf dass sich unsere Geschäftsbeziehungen weiterhin so gut entwickeln (desenvolver-se).   5. Auf dass unsere guten Beziehungen fortdauern (continuar) und sich vertiefen (consolidar)!

d) Não *vos quero* incomodar. (*Ich will euch* nicht stören.)
Wir wollen sie (*Sg. fem.*); Ich wollte ihn; Er wollte sie (*Pl. fem.*); Sie wollten Sie; Sie wollten mich; Wir wollen Herrn Weber; Ich wollte seine Frau.

e) Vou dizer à minha filha que *te prepare o quarto*. (Ich werde meiner Tochter sagen, dass sie *dir das Zimmer zurechtmacht / zurechtmachen soll*).
mir die Zeitung holt; ihn anrufen soll; das Radio leiser stellen soll; dich abholen soll; die Oma besucht; uns noch Bier holen soll; lauter sprechen soll; dir eine Platzkarte besorgen soll; Ihnen das übersetzen (traduzir) soll; die Telefonnummer wiederholen soll; zum Flugplatz kommt; zum Arzt gehen soll; sich eine neue Bluse kaufen soll; sich ein Taxi nehmen soll, *aber*: ... dass sie sich ein Taxi nehmen kann.

f) Caso falte alguma coisa não tens mais que pedir. (Falls etwas fehlt, dann brauchst du es nur zu sagen.)
1. Falls sie kommt, werde ich dich sofort (imediatamente) verständigen.   2. Falls Sie ihn noch heute sehen, sagen Sie ihm bitte, dass er mich anrufen soll.   3. Falls du kein Geld hast, borg dir etwas.   4. Falls das Flugzeug Verspätung hat, können wir uns weiter über die Angelegenheit unterhalten.   5. Falls Herr Weber es nicht schafft, seinen Pass verlängern zu lassen, muss Herr Reimann fahren.   6. Falls sie reklamieren, muss er zahlen.   7. Falls er es eilig hat, müssen wir früher aufhören.   8. Falls du ihn nicht erreichst (conseguir contactar com ele), müssen wir die Sitzung unterbrechen (interromper).

g) Deixo-te sozinho para que *te prepares* com tranquilidade. (Ich lass dich allein, damit du *dich* in Ruhe *zurechtmachst / zurechtmachen kannst*).
den Brief schreibst, weiterlesen kannst, die Unterlagen studierst, dich darauf vorbereitest, dich waschen kannst, mit ihm sprechen kannst.

h) Antes do almoço quero dar um passeio com o Ronaldo para que *ele veja um pouco das grandes modificações da cidade*. (Vor dem Mittagessen will ich mit Ronaldo einen Spaziergang machen, damit *er etwas von den großen Veränderungen in der Stadt sieht*.)
er mir über seine Arbeit berichtet; wir die weiteren Aufgaben besprechen können; er mich über die Anweisungen (instruções) seines Chefs unterrichtet; er sich das neue Stadtzentrum ansehen kann; er mir den Plan über die Kundenbesuche mitteilt; er mir die Funktion der neuen Maschinen erläutert (explicar).

i) Queres que *te traga um café*? (Möchtest du, dass *ich dir einen Kaffee bringe*?)
ich dir ein Paar Schuhe kaufe; ich ihn zum Flugplatz bringe; er sie (*Pl.*) fragt; er die Reklamation nochmals prüft; ich die Verhandlung (a negociação) weiterführe; wir die Angelegenheit zu Ende bringen; er die Verhandlung unterbricht; sie bleibt; sie wiederkommen; er es dir nochmals erklärt; ich einen anderen Termin für das Treffen vereinbare.

22.7 Lesen, übersetzen und beantworten Sie die folgenden Fragen zum Text:

1. Quem vem ver quem?   2. Onde vive o António?   3. O que traz o Ronaldo a Lisboa?   4. O que diz o Ronaldo sobre o António?   5. Esse dia é um dia especial para o António?   6. Quantos anos faz o António?   7. O que lhe deseja Ronaldo?   8. Onde é que o António quer que o Ronaldo fique?   9. Quanto tempo quer ficar o Ronaldo em Lisboa?   10. Onde deixou o Ronaldo as malas?   11. Para onde pensava ir o Ronaldo?   12. O Ronaldo incomoda a família do António?   13. O que manda fazer o António com a bagagem do Ronaldo?   14. Já pode descrever ou explicar em português o que é um 'transtorno'? (Anmerkung: ... pode descrever ... hier ist sowohl 'poder' als auch 'saber' möglich).   15. O António diz à filha que faça alguma coisa. - O que é que ele diz?   16. O António deve ter um grande apartamento ou uma casa própria. Qual é o motivo (Grund) desta hipótese?   17. O Ronaldo quer comer alguma coisa antes do almoço?   18. Porque é que o Ronaldo não pode mudar de roupa?   19. Onde é que ele se sujou?   20. Quais são os objectos necessários para se lavar?   21. O que é que o Ronaldo deve fazer caso falte alguma coisa?   22. Porque é que o António quer dar um passeio com o Ronaldo antes do almoço?   23. O que é que a Clara quer que o António compre com antecedência?

22.8 Fragen Sie Ihren Nachbarn (bzw. Ihre Nachbarin). Ihr Nachbar (bzw. Ihre Nachbarin) beantwortet die Frage...

- wie oft seine Schwiegermutter zu Besuch kommt
- ob seine Frau will, dass er am Wochenende die Schwiegereltern besucht
- was er macht, wenn sein bester Freund Geburtstag hat
- wie viele Personen gewöhnlich zu seinem Geburtstag kommen
- ob er möchte, dass sein alter Freund, wenn er zu Besuch kommt, bei ihm übernachtet (pernoitar)
- ob seine Frau will, dass die Familie in ein Hotel geht, wenn sie in den Urlaub fährt
- ob seine Frau möchte, dass er sie täglich von der Arbeit abholt
- ob er will, dass seine Frau Autofahren lernt
- ob er will, dass sich seine Kinder vor dem Essen immer die Hände waschen
- ob Sie seinen Betrieb anrufen sollen, wenn er es nicht mehr schafft, zur Versammlung zu kommen
- ob Sie langsamer sprechen sollen, damit er Sie besser versteht.

22.9 Übersetzen Sie!

1. Es lebe die Revolution!   2. Auf dass er noch lange lebe!   3. Vielleicht kann er mich nicht verstehen   4. Ich möchte, dass Sie sich mit ihm unterhalten.   5. Sagen Sie Herrn Pires, dass er hereinkommen soll.   6. Sie will, dass ich mir ihre Bilder ansehe.   7. Pedro, nimm noch Kartoffeln, damit du satt wirst.   8. Ich sage meiner Frau, dass sie Ihnen Frühstück machen soll.   9. Ich würde mir die Stadt gern noch einmal ansehen.   10. Es ist gut, dass Sie ihn kennen.   11. Ich will Sie nicht stören.   12. Störe ich? 13. Sprechen Sie bitte etwas lauter, damit wir Sie alle verstehen.   14. Sagen Sie ihm, er soll weiterfahren.   15. Hat er Sie soeben angerufen?   16. Wollen Sie, dass ich auch komme?   17. Rufen Sie mal wieder an.   18. Ich wünsche Ihnen, dass Sie sich in diesem Hotel wohlfühlen.

LIÇÃO 23

Texto

O jovem advogado

A anedota já tem barbas, como se costuma dizer, mas realmente é engraçada e talvez ainda não a conheçam. Trata-se da história de um jovem advogado, a quem podemos chamar João Pires. Ora o Dr. Pires tinha acabado o curso há pouco tempo e, exactamente naquele dia, preparava-se para receber os seus primeiros clientes.

Como é natural, sentia-se feliz e bastante excitado. Tinha gasto muito dinheiro a arranjar o escritório, que agora estava com um aspecto agradável e moderno. Ele e outro colega de profissão tinham alugado aquelas salas no 1.º andar dum prédio novo. A renda não era nada barata, mas, enfim, os clientes ficavam logo com boa impressão. A alcatifa, as cortinas, o sofá e as cadeiras de couro, a scretária com telefone verde em cima ('é mais caro, mas sempre dá outro ar', pensava ele), tudo aquilo tinha custado bom dinheiro, mas agora também ia começar a ganhá-lo. Do lado de fora da varanda, já tinha madado pôr a tabuleta:

> · JOÃO PIRES – ADVOGADO ·

"É bom haver uma paragem do autocarro aqui mesmo em frente do escritório. Assim as pessoas vêem o nome mais vezes e torna-se conhecido …"

Abriu dois livros e pô-los sobre a secretária, junto de alguns papéis, para dar o aspecto de quem tem muito que fazer. Mas não conseguia ficar sentado, andava constantemente de um lado para o outro da sala. Estava a olhar pela janela, a imaginar quem podiam ser os primeiros clientes, quando ouviu tocar à campainha. O coração começou a bater-lhe mais depressa. Excitado, foi abrir a porta. Afinal, era o carteiro, que vinha entregar uma carta registada. Dentro do envelope encontrou um bilhete e umas folhas de papel azuis. Leu o bilhete: o dono do prédio enviava-lhe uns documentos que ele devia assinar.

Pouco depois bateram à porta. O Dr. Pires correu a sentar-se à secretária, deixou bater uma segunda vez e então disse em voz alta: "Entre!" Era a mulher-a-dias. Vinha dizer que já tinha feito as limpezas na outra sala e perguntar se precisava de mais alguma coisa. "Não, sra. Maria, obrigado. Então até amanhã!"

Levantou-se e foi de novo até à janela. "Quantro anos na escola, sete no liceu, cinco na universidade…" Finalmente, depois de tanto trabalho, ia começar a sua vida de advogado. "Ao princípio, talvez seja um pouco difícil, mais depois quando já for conhecido…"

Trrrriiin! Trrrriin! "Aí está o primeiro!" Não dava boa impressão ir receber os clientes à porta, mas a empregada ainda não tinha podido vir naquele dia. "Faz favor?!"

– É por causa duns candeeiros, da 'Prolar'. A conta está em nome do Sr. Dr. João Pires.

– Sou eu próprio. Cento e dez cada? Não se pode dizer que sejam baratos, mas enfim. Aqui tem. Bom dia!

"Bom dia não, 'mau dia'... Para começar, parece-me que estou com pouca sorte. Já são quase onze horas!"

Nesse momento, tocaram outra vez à campainha. Rapidamente, tornou a sentar-se à secretária e pegou no telefone. Quando tocaram de novo, disse: "Faz favor de entrar, é só um momento..." À entrada da sala apareceu um homem com fato de trabalho e uma caixa de metal na mão. E o dr. Pires começou a falar ao telefone:

– Sim, claro, o ministro já me tinha pedido para tratar desse caso pessoalmente, o sr. Director sabe que há milhares de euros em jogo. A verdade é que ando agora muito ocupado, talvez tenha de ir à Suíça já depois de amanhã. O assunto do banco vou decidi-lo sozinho, tem de ser. Como? Ah, não precisa de me agradecer. Os amigos são para as ocasiões, óptimo, ficamos assim. Bom dia, senhor director, tive muito prazer em ouvi-lo.

Com o ar mais feliz deste mundo o Dr. João Pires olhou então para o homem que, junto à porta, continuava com a caixa de metal na mão, e perguntou-lhe amavelmente:

– Que deseja o senhor?

– Bem, eu sou da companhia telefónica e venho ligar o telefone...

O Galo de Barcelos
(Der Hahn von Barcelos)

Das lendas da nossa Terra,
A que mais mistério encerra,
É o galo de Barcelos,
Cuja forma artesanal,
É símbolo de Portugal,
Em todos os paralelos.

– É tão certo eu estar inocente,
  como certo é
esse galo cantar quando me
  enforcarem.

Riem-se todos na mesa
E ele a São Tiago reza,
P'ra tenha clemência.
Logo o galo se levanta
E batendo as asas canta,
Provando a sua inocência!

Novas palavras

jovem jung
o advogado der Rechtsanwalt
a anedota die Anekdote
ter barbas *übertr.*: einen Bart haben
costumar etw. zu tun pflegen, gewöhnlich etwas tun
  como se costuma dizer wie man zu sagen pflegt
engraçado lustig, witzig
ora nun
há pouco tempo vor kurzem, erst kürzlich
preparar-se para sich vorbereiten auf
o cliente der Kunde; der Mandant
excitado aufgeregt
gastar dinheiro Geld ausgeben
arranjar herrichten, Wohnung einräumen; ordnen
o escritório das Büro, die Kanzlei
que agora estava com um aspecto agradável das jetzt einen angenehmen Eindruck machte / das jetzt gefällig aussah
o colega de profissão der Berufskollege
alugar mieten
o prédio das Gebäude
a renda die Miete
  a renda não era nada barata die Miete war nicht gerade billig
a impressão der Einruck
  Os clientes ficavam logo com boa impressão. Die Mandanten erhielten gleich zu Beginn einen guten Einruck.
a alcatifa der Teppichboden
as cortinas die Vorhänge; die Gardinen
o sofá das Sofa
a cadeira der Stuhl
a secretária der Schreibtisch; die Sekretärin
sempre dá outro ar es sieht immer nach etwas Besonderem aus
ganhar verdienen
do lado de fora an der Außenseite
a varanda die Veranda, der Balkon
a tabuleta Türschild, Kanzleischild
tornar-se conhecido bekannt werden

para dar o aspecto de quem tem muito que fazer um den Eindruck von jemandem zu erwecken, der viel zu tun hat
constantemente *Adverb* ständig, konstant
imaginar *sich* (etwas) vorstellen
tocar a campainha klingeln
o coração das Herz
  O coração começou a bater-lhe mais depressa. Das Herz begann ihm schneller zu schlagen.
o carteiro der Briefträger
o envelope der Umschlag
a folha das Blatt
o dono do prédio der Hausbesitzer
enviar schicken
bater à porta an die Tür klopfen
correr laufen, eilen
dizer em voz alta etw. mit lauter Stimme sagen
a mulher-a-dias die Reinemachfrau, die Raumpflegerin
fazer a limpeza sauber machen, reinigen
ao princípio am Anfang
quando já for conhecido wenn man schon bekannt ist
por causa de wegen
Sou eu próprio. Ich bin es selbst (*oder*: persönlich).
estar com pouca sorte wenig (*oder*: nicht viel) Glück haben
pegar em greifen nach
o ministro der Minister
tratar de sich kümmern um
andar muito ocupado sehr beschäftigt sein
a Suíça die Schweiz
o assunto die Angelegenheit
decidir entscheiden
a ocasião die Gelegenheit; der Anlass
o ar die Miene, der Gesichtsausdruck
ligar anschließen, anschalten

Gramática

23 A Das Partizip Perfekt / O particípio passado

1. Zur Bildung des Partizip Perfekts wird bei den Verben der 1. Konjugation die Infinitivendung -ar durch die Endung -ado ersetzt. Die Verben der 2. und 3. Konjugation fügen beide die Endung -ido an den Verbstamm an.

1. Konjugation auf -ar:	-ado	fal**ado** (gesprochen)
2. Konjugation auf -er:	-ido	com**ido** (gegessen)
3. Konjugation auf -ir:	-ido	part**ido** (abgefahren)

2. Folgende Verben bilden das Partizip Perfekt unregelmäßig:

abrir (öffnen)	aberto	(geöffnet)
cobrir (bedecken)	coberto	(bedeckt)
descobrir (entdecken, aufdecken)	descoberto	(entdeckt)
descrever (beschreiben)	descrito	(beschrieben)
dizer (sagen)	dito	(gesagt)
escrever (schreiben)	escrito	(geschrieben)
fazer (machen)	feito	(gemacht)
pôr (stellen)	posto	(gestellt)
supor (vermuten)	suposto	(vermutet)
ver (sehen)	visto	(gesehen)
vir (kommen)	vindo	(gekommen)

3. Doppelformen (Verben mit einem regelmäßig gebildeten und einem unregelmäßig gebildeten Partizip Perfekt):

aceitar (annehmen)	aceito, aceite	aceitado*
acender (anzünden)	aceso	acendido*
encher (füllen, befüllen)	cheio	enchido*
entregar (übergeben, abgeben)	entregue	entregado*
ganhar (verdienen; gewinnen)	ganho	ganhado*
gastar (ausgeben)	gasto	gastado*

juntar (zusammenfügen)	junto	juntado*
limpar (reinigen)	limpo	limpado*
matar (töten)	morto (tot)	matado*
morrer (sterben)	morto (tot)	morrido*
pagar (bezahlen)	pago	pagado*
salvar (retten)	salvo (unversehrt)	salvado*
secar (trocknen)	seco (trocken)	secado*

* Diese Formen des Partizips werden vorrangig bei Zeitformen verwendet, die mit dem Verb ‚ter' gebildet werden, z.B. tinha acendido. Jedoch sind die Formen ‚tinha gastado' und ‚tinha pagado' kaum noch zu hören oder zu lesen, sondern fast ausschließlich ‚tinha gasto' und ‚tinha pago'.

a) Das **regelmäßig** gebildete Partizip dient zusammen mit ‚ter' zur Bildung der zusammengesetzten Zeiten (Sie lernen anschließend das mit ‚ter' und dem (regelmäßigen) Partizip gebildete Plusquamperfekt kennen). ‚Ter' hat dabei die Funktion eines Hilfsverbs; das Partizip Perfekt ist hier *unveränderlich*.

b) Das **unregelmäßig** gebildete Partizip Perfekt wird meist in Kombinationen mit Formen von ‚ser', ‚estar' oder ‚ficar' verwendet. In diesem Fall ist das Partizip Perfekt *veränderlich*, d.h., es richtet sich in Numerus und Genus nach dem Subjekt.

	A luz está **acesa**.	Das Licht ist angeschaltet.
(aber:	**Ela** tinha acendido a luz.	Sie hatte das Licht angeschaltet.)

Das Passiv (*siehe Lektion 30*) wird nur mit dem unregelmäßig gebildeten Partizip gebildet.

23 B   Das Plusquamperfekt

1. Das zusammengesetzte Plusquamperfekt / O pretérito mais-que-perfeito composto

Das zusammengesetzte Plusquamperfekt wird mit den Imperfektformen von ‚ter' und dem (regelmäßig gebildeten) Partizip Perfekt (sofern 2 Formen für das Partizip Perfekt existieren) gebildet.

(eu)	tinha	
(tu)	tinhas	falado
(ele/ela)	tinha	comido
(nós)	tínhamos	partido
(vós)	tínheis	
(eles/elas)	tinham	

LIÇÃO VINTE E TRÊS

eu tinha falado	ich hatte gesprochen
nós tínhamos escrito	wir hatten geschrieben
eles tinham completado	sie hatten ergänzt
ela não tinha vindo	sie war nicht gekommen
ele tinha ido	er war gegangen

Das pretérito mais-que-perfeito composto dient wie das Plusquamperfekt im Deutschen zum Ausdruck eines Vorgangs oder Zustands, der vor einem anderen Vorgang oder Zustand in der Vergangenheit liegt.

Ela já tinha jantado quando ele entrou.	Sie hatte bereits Abendbrot gegessen, als er eintrat.

2. Das einfache Plusquamperfekt / O pretérito mais-que-perfeito simples

Das einfache Plusquamperfekt wird von der 3. Person Plural des pretérito perfeito simples gebildet, indem man die Endung -ram durch folgende Endungen ersetzt:

1. Konjugation		2. Konjugation		3. Konjugation	
falar		comer		partir	
falara	faláramos	comera	comêramos	partira	partíramos
falaras	faláreis	comeras	comêreis	partiras	partíreis
falara	falaram	comera	comeram	partira	partiram

Diese Formen des pretérito mais-que-perfeito simples werden selten verwendet und tauchen in diesem Lehrbuch nicht mehr auf.

3. Die Stellung des unbetonten Personalpronomens bzw. des Reflexivpronomens beim pretérito mais-que-perfeito composto

a) Wenn die Bedingungen für die *Nachstellung* gegeben sind (*siehe Lektion 10*), wird das Pronomen mit Bindestrich an die Formen von ‚ter' angefügt.

Eu **tinha-a** visto.	Ich hatte sie gesehen.
Tínhamo-lo feito.	Wir hatten es getan.
Tínhamos-lho dito.	Wir hatten es ihm gesagt.

b) *Voranstellung:*

Eu não **a** tinha visto.	Ich hatte sie nicht gesehen.
Já **o** tínhamos feito.	Wir hatten es bereits getan.

Exercícios

23.1 Übersetzen Sie!
pudeste, digo, soubemos, pôde, sabe, pode, trouxeram, estava, dei, dizemos, sabíamos, pudemos, disseram, sei, podemos, souberam, era, compreendeu, diz, podia.

23.2 Bilden Sie das Partizip Perfekt von folgenden Verben.
comprar, compreender, presumir, escrever, sentar, aprender, abrir, pôr, saber, trazer, ir, ser, dar, estar, arranjar, terminar, receber, partir, ter, aproveitar, esquecer, fornecer, parecer, vender, perder, querer.

23.3 Nennen Sie beide Formen des Partizip Perfekt, sofern möglich.
abrir, absorver, aceitar, acender, cobrir, convencer, eleger, entregar, envolver, escrever, expulsar, ganhar, gastar, imprimir, matar, morrer, pagar, prender, salvar, soltar.

23.4 Nennen Sie das Partizip Perfekt der folgenden unregelmäßigen Verben.
ser, estar, ter, ir, fazer, dizer, ver, vir, pôr, crer, trazer.

23.5 Setzen Sie die entsprechenden Formen des pretérito mais-que-perfeito composto.
1. As crianças (dar) passeios pelos arredores.   2. (Nós) (passar) o verão na praia.   3. (Eu) (lavar-se) dos pés até à cabeça.   4. Ele (comprar) o carro.   5. Eles (partir) no comboio das 8 horas.   6. O engenheiro (ter) muito trabalho.   7. (Eu) (mandar) uma carta para Moçambique.   8. (Eu) (escrever) um postal.   9. (Nós) (ser) muito felizes.   10. Os nossos amigos (sair) de casa.   11. A secretária (marcar) uma entrevista.   12. (Tu) (perder) o comboio.   13. Se me lembro do caso, é porque nunca me (acontecer) tal coisa antes.   14. Nesse sentido, (eu) (aprender) mais com o amigo em dois meses do que na escola em doze anos.   15. O jantar (chegar) ao fim.   16. Durante dois dias (nós) (dormir) muito pouco.   17. No ano passado visitei o Brasil; nunca lá (estar) antes.   18. A nossa fábrica exportou uma máquina especial para Moçambique que lhe (pedir) uma empresa em Nampula.   19. O sr. Weber perguntou pelo quarto que lhe (reservar) o nosso representante.   20. Ele estudava as instruções que (receber) do Ministério do Comércio Exterior.

23.6 Beantworten Sie die Fragen und bilden Sie dabei das pretérito mais-que-perfeito composto nach folgendem Muster:
O director não entregou os documentos? → Já os tinha entregado ontem.
1. Os turistas não visitaram o museu?
2. A Sra. D. Ana não pagou a conta?
3. Você não preencheu os formulários?
4. Ela ainda não escolheu as cortinas para a sala de estar?
5. Eles não trouxeram as malas?

6. Afinal, o director não o chamou?
7. Os senhores não assinaram (unterzeichnen) o documento?
8. Não fizeram o trabalho?
9. Não levou a carta?
10. Ainda não compraste pão?
11. Vocês não viram o plano?
12. Ela não mandou reservar o quarto?
13. Ele não escreveu a carta ao advogado?

23.7 Setzen Sie ein!

Tinha gasto muito dinheiro a *arranjar o escritório.* (Er hatte viel Geld ausgegeben, um *das Büro herzurichten.*)

1. seinem Sohn ein Studium zu ermöglichen.   2. das Haus so zu bauen, wie er es wollte.   3. das Auto reparieren (consertar) zu lassen.   4. die große Wohnung einzurichten.   5. die Qualität zu verbessern (melhorar a qualidade).   6. seinem Büro ein angenehmes und modernes Aussehen zu geben.

23.8 Übersetzen Sie!

1. Er hatte seinen Schlüssel verloren.   2. Wir hatten zu Abend gegessen.   3. Du hattest lange gearbeitet.   4. Ich hatte lange geschlafen.   5. Sie hatten die Ferien in der Umgebung von Berlin verbracht (passar).   6. Wir hatten den Bus verpasst.   7. Sie hatte mir lange nicht geschrieben.   8. Er hatte es ihr nicht billig verkauft.   9. Sie hatten es uns gesagt.   10. Sie hatten es uns verkauft.   11. Hatte er es Ihnen versprochen?   12. Sie hatten es ihm geschickt.   13. Wir hatten bis 12 Uhr in seinem Büro gearbeitet.   14. Sein Freund hatte es ihm gegeben.   15. Ich hatte nicht daran gedacht.   16. Das Examen war sehr schwer gewesen.   17. Sie war schon nach Maputo gefahren.   18. Er war schon zweimal in Porto gewesen.   19. Sie hatten sich in Lissabon getroffen.

23.9 Setzen Sie ein! Wiederholen Sie dabei immer den ganzen Satz.

a) Ele verificou que *se tinha esquecido da cópia.* (Er stellte fest, dass *er die Kopie vergessen hatte.*)
er den Schlüssel verloren hatte; sie bereits abgereist waren; sie bereits zu Bett gegangen war; er das Visum noch nicht erhalten hatte; ich noch keine Anweisungen erhalten hatte; sie die Briefe noch nicht geschrieben hatte; die Maschinen noch nicht angekommen waren; sie sie ihm noch nicht vorgestellt hatte; das Flugzeug schon gelandet war; er krank gewesen war; die Kollegin ihm die Unterlagen gegeben hatte; sie nicht geschlafen hatte; sie bereits Geburtstag gehabt hatte; die Studenten die Vokabeln nicht gelernt hatten; sie sich nicht verabschiedet hatten; er die Gelegenheit nicht genutzt hatte; sie baden gefahren waren; sie sich schon wieder eine Bluse gekauft hatte.

b) Mas isso não fazia mal pois *lembrava-se detalhadamente do conteúdo da carta.* (Aber das machte nichts, denn *er erinnerte sich im Detail an den Inhalt des Schreibens.*)

er hatte sie bereits informiert; ich hatte noch eine zweite Hose mit; Maria hatte 2 Regenschirme; ich hatte ein Reserverad; ich hatte meinen Pass um weitere 3 Monate verlängern lassen; er hatte schon alles verkauft; sie hatte die Lösung bereits gefunden.

23.10 *Lesen und übersetzen Sie den Text. Beantworten Sie die darin gestellten Fragen (Benutzen Sie das Wörterbuch).*

Agora vamos medir

Na minha frente tenho um livro pequeno mas bastante grosso. Ao lado do livro está uma régua de 32 centímetros de comprimento, uma régua escolar comum. Com ela quero medir o comprimento, a largura e a espessura do livro. Meço primeiro o comprimento. Que comprimento terá? Qual será o comprimento deste livro? (Schätzen Sie!) O comprimento é de ... centímetros. Meço agora a largura. Que largura terá? Qual será a largura deste livro? O livro tem uma largura de ... centímetros. A largura é de ... centímetros. Por fim, meço a sua espessura. Qual será a espessura? Que espessura terá este livro? - Um momento, já lhe digo. Sr. Weber, aqui está o metro. Por favor, venha cá e meça o comprimento, a largura a altura desta mesa.

O Sr. Weber vem. Pega no metro e mede. O resultado da medição é o seguinte: A mesa tem ... metro(s) e ... centímetros de comprimento. A largura da mesa é de ... centímetros. A altura é de ... centímetros.

Acho que a minha mesa é um pouco mais comprida do que esta. Pode dizer-me quanto custou esta mesa? Pode dizer-me qual foi o preço desta mesa? – O preço da minha mesa foi de ... euros. Você acha que a minha mesa é um pouco mais comprida do que essa? Esta mesa é tão larga como aquela, não é? Parece que esta mesa é um pouco mais alta do que a minha, não é? Esta mesa tem a côr da minha?

23.11 *Schreiben Sie folgende Angaben inklusive der Zahlen in portugiesischen Wörtern aus.*

73645 km² | 5121 m | 79 cm³ | 957 km | 871 | 6245 m | 532 kg | 700 t | 14 mg | 59 % | 83,7 %.

23.12 *Setzen Sie ein! Wiederholen Sie dabei immer den ganzen Satz.*

Onde costuma *almoçar*? (Wo *gehen Sie gewöhnlich Mittag essen*?)

1. trinken Sie gewöhnlich Ihr Bier,   2. gehen Sie gewöhnlich einkaufen,   3. tanken Sie gewöhnlich,   4. lassen Sie gewöhnlich Ihr Auto reparieren,   5. lassen Sie sich gewöhnlich die Haare schneiden (cortar o cabelo),   6. verbringen Sie gewöhnlich Ihre Ferien (passar as férias),   7. bleiben Sie gewöhnlich während der Weihnachtsfeiertage.

23.13 *Perguntas e respostas*

Beantworten Sie die folgenden Fragen auf der Grundlage der deutschen Vorgaben:

O senhor está a estudar português? – (Ja.)
O senhor sabe falar alemão? – (Ja.)

O senhor estuda sozinho ou com um professor? – (Ich lerne unter Anleitung eines Lehrers.)
O senhor estuda em casa ou frequenta uma escola? – (Ich lerne zu Hause.)
O professor vai a sua casa, ou é o senhor que vai a casa do professor? – (Nein, ich gehe in das Haus meines Lehrers.)
Como se chama o seu professor? – (Er heißt Lehmann.)
O seu professor é alemão? – (Ja.)
Ele sabe falar inglês? – (Ja.)
Ele fala bem alemão? – (Natürlich.)
E o senhor, fala bem alemão? – (Ja.)
Há quantos anos já está em Portugal? – (Seit 9 Monaten.)
Então já fala bem português? – (Ich spreche nur etwas Portugiesisch, es ist nicht viel.)
Acha o português difícil? – (Ja. Ich finde es ziemlich schwierig.)
Não acha o alemão mais difícil do que o português? – (Schwer zu sagen. Ich finde alle Sprachen, außer der Muttersprache (a não ser a língua materna), schwer.)
Quantos anos tem? – (Ich bin 32.)
É solteiro ou casado? – (Ich bin verheiratet.)
Tem filhos? – (Ja, zwei, einen Jungen und ein Mädchen.)
Onde nasceu a sua esposa? – (In Berlin.)
Qual é a profissão da sua esposa? – (Sie ist Lehrerin.)
Nesse caso o senhor já tem uma professora em casa.

23.14 Lesen, übersetzen und beantworten Sie die folgenden Fragen zum Text.

1. Qual era a profissão do Dr. João Pires?   2. Que idade tinha ele, mais ou menos?   3. Quantos anos tinha andado a estudar?   4. Onde era o escritório dele?   5. O que se pode dizer sobre a renda do escritório?   6. Por que razão se sentia excitado naquele dia?   7. Porque é que o Dr. Pires tinha gasto tanto dinheiro a arranjar o escritório?   8. Quem foi a primeira pessoa a tocar à campainha?   9. Quem tinha mandado a carta registada? Com que fim?   10. A segunda pessoa não tocou à campainha, bateu à porta. Quem era?   11. O senhor advogado já tinha uma empregada de escritório?   12. O que queria o empregado da "Prolar"?   13. O homem que apareceu à entrada da sala com fato de trabalho era cliente?   14. O que é que ele tinha na mão?   15. Acha que era verdade o que ele dizia ao telefone? Porquê?   16. Que quer dizer a frase "Os amigos são para as ocasiões"?   17. Parece que o Dr. João Pires era uma pessoa modesta (bescheiden)? Porquê?

LIÇÃO 24

Texto

No teatro

Clara: António, tens os bilhetes?
António: Sim, comprei-os cedo.
Clara: Aonde nos levas? Que espectáculo vamos ver?
António: Vamos ver uma ópera. É o êxito de Lisboa há cerca de três meses.
Clara: Muito bem. Que lugares temos, balcão, camarote, plateia ou frisa?
António: Comprei uma frisa, bem situada, para que possamos contemplar facilmente o palco e a sala. O espectáculo começa às 8 horas.
Clara: António, aluga um binóculo, fazes favor. Compra também um programa.

Clara: Atenção, vai começar. A orquestra está a afinar os instrumentos e a arrumadora já está a fechar as portas. Suponho que gosta de óperas, Ronaldo.
Ronaldo: Muitíssimo. Geralmente têm muito boa música. Que tal é a companhia?
Clara: Dizem que os cantores são de primeira ordem e além disso bons actores. A cantora principal é muito conhecida. Só tenho pena que o meu tenor preferido não cante.
Ronaldo: Que bonita que é a abertura! Já sobe o pano.
Clara: O coro é admirável. Reparem com que autoridade dirige o maestro.

Das am Rossio gelegene Nationaltheater (Teatro Nacional D. Maria II) wurde 1847 eingeweiht.

Ronaldo: O tenor tem uma voz óptima e o soprano é um encanto, é uma artista que canta excepcionalmente bem e tem também uma bela presença. Ultimamente tenho ido ao Teatro Municipal do Porto ... para dizer-lhe a verdade, a encenação tem deixado muito a desejar em comparação com esta.

Clara: Este teatro tem fama pelos seus excelentes espectáculos. Tenho ouvido dizer que chegam às quinhentas representações, pois têm muito êxito. Sabia que a estreia desta ópera foi no Scala de Milão em 1880?

Ronaldo: Não sabia, não. António, surpreende-me que não queiras fazer nenhum comentário.

António: Bem, embora eu não seja um bom entendedor de música devo dizer que ela canta divinamente. Já reparei que o teatro está completamente cheio, até ao segundo balcão. Não há um único lugar desocupado.

Ronaldo: Quanto tempo dura o intervalo?

António: Quinze minutos. Podemos fumar um cigarro no foyer. Muitos aplausos logo depois do primeiro acto – realmente esplêndido. Clara, queres que te traga um sorvete?

Clara: Sim, se fazes favor.

António: Está a tocar a campainha para o começo do segundo acto. Vamos voltar à frisa.

(*Depois da representação*)

Ronaldo: Não encontro a ficha do vestiário ... ah, aqui está.

António: Vou tratar de conseguir um táxi que nos leve para casa.

Ronaldo: Se me permitem, convido-os a tomar alguma coisa. Aonde podemos ir?

António: Que achas Clarinha? Aceitamos?

Clara: Muito obrigada, Ronaldo. Se realmente não está cansado, aceitamos com muito gosto. Podemos ir até à Baixa, onde com certeza encontraremos um restaurante ao nosso gosto.

Ronaldo: Muito bem, vamos até lá.

Novas palavras

o teatro das Theater
o espectáculo die Vorstellung
a ópera die Oper
o êxito der Erfolg
  muito êxito! viel Erfolg
o balcão der Rang
  o primeiro balcão der 1. Rang
o camarote die Loge; die Kajüte, (Schiffs-)Kabine
  o camarote de cena die Orchesterloge

a plateia Parkett
a frisa die Parkettloge, Proszeniumsloge
alugar mieten, ausleihen
o binóculo das Fernglas
o programa das Programm; der Spielplan
a orquestra das Orchester
afinar os instrumentos die Instrumente stimmen
o arrumador der Platzanweiser
a arrumadora die Platzanweiserin

supor annehmen, vermuten
  Suponho que gosta de ópera. Ich nehme an, dass Sie Opern mögen.
a companhia (*hier:*) das Schauspielerensemble
o cantor der Sänger
  a cantora die Sängerin
ser de primeira ordem erstklassig sein
o actor der Schauspieler
a actriz die Schauspielerin
ser conhecido bekannt sein, berühmt sein
ter pena que befürchten; Angst haben, dass
o tenor der Tenor
cantar singen
  Lamento muito que o meu tenor preferido não cante. Ich bedaure sehr, dass mein Lieblingstenor nicht singt.
a abertura das Vorspiel, die Ouvertüre; die Öffnung
o pano der Vorhang
o coro der Chor
a autoridade die Behörde; Autorität, Ansehen
dirigir leiten, dirigieren
o maestro der Dirigent
o soprano der Sopran, die Sopranistin, die Sopranstimme
o encanto der Zauber; das Entzücken
ser um encanto zauberhaft, entzückend sein
o artista der Künstler
  a artista die Künstlerin
excepcional außergewöhnlich
ter uma bela presença gut aussehen, ein gutes Aussehen haben
ultimamente (*Adv.*) kürzlich, zuletzt, in der letzten Zeit
o Teatro Municipal das Stadttheater
a encenação die Inszenierung
deixar a desejar zu wünschen übrig lassen
em comparação com im Vergleich zu, verglichen mit
a fama der Ruf; der Ruhm
ter fama por berühmt sein wegen, einen guten Ruf haben wegen
  Este teatro tem (boa) fama pelos seus excelentes espectáculos. Dieses Theater ist wegen seiner ausgezeichneten Aufführungen berühmt.

a representação (*hier:*) Vorstellung
a estreia die Premiere, Uraufführung
surpreender überraschen
  Surpreende-me que ela não venha. Es überrascht mich, dass sie nicht kommt.
o comentário der Kommentar
fazer comentário(s) einen Kommentar abgeben, kommentieren
embora + *Konjunktiv* obwohl, obgleich
o entendedor der Kenner, der Fachmann
divino göttlich, hinreißend
desocupado unbesetzt
  Não há um único lugar desocupado. Es gibt keinen einzigen freien Platz.
durar dauern
o intervalo die Pause; der Zeitraum
os aplausos der Beifall
o primeiro acto der 1. Akt
explêndido prächtig, glänzend
o sorvete das Speiseeis
tocar a campainha klingeln
a ficha do vestiário die Garderobenmarke
convidar alguém a fazer alg. c. jmdn. zu etwas einladen
  Convido-os a tomar alguma coisa. (*etwa:*) Ich lade euch zu einem Imbiss ein.
aceitar annehmen, akzeptieren
  aceitar o convite die Einladung annehmen
ao nosso gosto nach unserem Geschmack

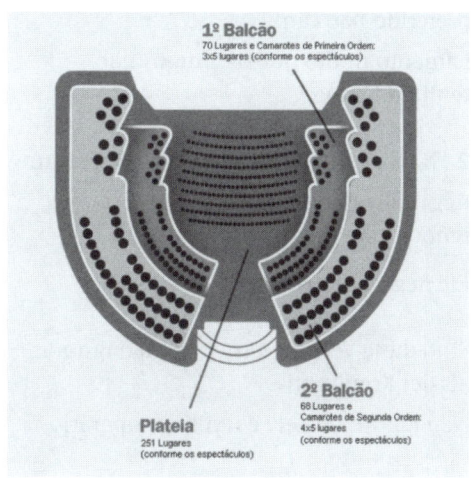

Gramática

24 A Der Gebrauch des Konjunktivs in Nebensätzen (Fortsetzung)

Der Konjunktiv steht außerdem

1. Nach Verben und Ausdrücken der Gemütsbewegung
Dabei lassen sich unterscheiden:

a) Verben und Ausdrücke der Freude, Zustimmung und des Staunens wie

alegrar-se (de) que (sich (darüber) freuen, dass)
estar contente que (zufrieden sein, dass)
ser feliz que (glücklich sein, dass)
surpreende que (es überrascht, dass)

Você está contente que estejamos aqui?	Bist du froh, dass wir hier sind?
Alegro-me muito (de) que ela venha hoje.	Ich freue mich sehr (darüber), dass sie heute kommt.
Surpreende-me que não queiras fazer nenhum comentário.	Es überrascht mich, dass du dich gar nicht äußern willst.

b) Verben und Ausdrücke der Furcht, Ablehnung und des Bedauerns wie

temer que (fürchten, dass)
ter medo que (Angst haben, dass)
ter pena que (befürchten, dass)
lamentar que (bedauern, dass)
sentir que (bedauern, dass)

Só tenho pena que o meu tenor preferido não cante.	Ich befürchte nur, dass mein Lieblingstenor nicht singt.
Lamento muito que os amigos não tenham tempo.	Ich bedaure sehr, dass ihr keine Zeit habt.

2. **Nach Verben mit negativer Bedeutung** wie

negar que (leugnen, dass)
ignorar que (nicht wissen, dass)

Ele nega que a conheça.	Er leugnet, dass er sie kennt.

Sind diese Verben verneint („não ignorar' – recht gut wissen), steht häufiger der Indikativ als der Konjunktiv.

Não ignoro que ele é um bom operário especializado.	Ich weiß sehr wohl, dass er ein guter Facharbeiter ist.

3. wenn das Geschehen oder der Zustand im Nebensatz bezweifelt, als unsicher, unbestimmt oder möglich dargestellt werden soll:

Suponho que haja dúvidas.	Ich vermute, dass Zweifel bestehen.
Duvido que ele chegue.	Ich bezweifle, dass er kommt.

4. in Relativsätzen zum Ausdruck einer gewünschten Eigenschaft oder nach Ausdrücken, die einem Superlativ gleichkommen wie único, último, primeiro, todo:

Ele quer empregar uma secretária que saiba inglês.	Er will eine Sekretärin einstellen, die Englisch kann. (im Sinne von: ... Englisch können soll.)
Vamos mandar a mercadoria a bordo do primeiro vapor que saia deste porto para o Brasil.	Wir werden die Ware mit dem ersten Schiff versenden, das diesen Hafen mit Kurs auf Brasilien verlässt.

5. Gebrauch des Konjunktivs nach bestimmten Konjunktionen

a) Konjunktionen, die **nur mit dem Konjunktiv** stehen (*Fortsetzung von Lektion 22*):

antes que (bevor, ehe)
ainda que (wenn auch)
a fim de que (damit)
a não ser que (es sei denn, dass)
com a condição de que (wenn, unter der Bedingung, dass)
embora (obwohl, obgleich)
mesmo que (selbst wenn)
quer ... quer (sei es (dass) ... oder (dass))
sem que (ohne dass)

b) Konjunktionen, die sowohl mit dem Konjunktiv als auch mit dem Indikativ stehen:

assim que (sobald)
até que (bis dass)
de modo / maneira / forma que (sodass)
enquanto (während)
logo que (sobald)
quando (als; wenn)
se (wenn, falls)
sempre que (immer wenn)

Diese Konjunktionen stehen mit dem **Konjunktiv**, wenn im Konjunktionalsatz ein Wunsch ausgedrückt oder das Geschehen oder der Zustand als unsicher, unbestimmt, möglich usw. dargestellt werden soll.

Esperemos até que ele chegue.	Wir wollen warten, bis er kommt.

Sie stehen mit dem **Indikativ**, wenn eine Tatsache ausgedrückt oder eine Feststellung getroffen werden soll:

O estrangeiro fala devagar de maneira que compreendemos bem.	Der Ausländer spricht langsam, sodass wir gut verstehen.
Esperámos até que chegou.	Wir haben gewartet, bis er kam.
Não quero sair quando chove.	Ich will nicht hinausgehen, wenn es regnet.

24 B   Der Indikativ des zusammengesetzten Perfekts / O pretérito perfeito composto do indicativo

Der Indikativ des zusammengesetzten Perfekts wird gebildet aus den Präsensformen von ‚ter' und dem *Partizip Perfekt* des entsprechenden Verbs.

(eu)	tenho	
(tu)	tens	
(ele/ela)	tem	falado
(nós)	temos	comido
(vós)	tendes	partido
(eles/elas)	têm	

tenho falado	ich habe gesprochen
tenho sido	ich bin gewesen
tenho partido	ich bin abgereist

Das pretérito perfeito composto drückt im Allgemeinen wiederholte vergangene Handlungen oder vergangenes Geschehen, das bis in die Gegenwart reicht, aus.

A minha mulher tem estado doente.	Meine Frau war krank (und ist jetzt immer noch krank).
Quem tem trabalhado como eu não tem medo de trabalho.	Wer so wie ich gearbeitet hat (und ich arbeite immer noch weiter), scheut die Arbeit nicht.

Exercícios

24.1 Setzen Sie Imperativ und Konjunktiv nach folgendem Muster:
dar-lhe os bilhetes
a) Não lhe dês os bilhetes!
b) Querem que lhe dêmos os bilhetes.
c) Talvez elas lhe dêem os bilhetes.

1. mandar consertar o carro.   2. comer maçãs.   3. pagar a conta.   4. ver aquela ópera italiana.   5. vir com a sobrinha.   6. modificar o plano   7. dizer o endereço ao senhor Ferreira.   8. trazer uvas.   9. julgar que tudo está pronto.   10. ir buscar a bagagem.   11. entregar as cartas.   12. divertir os teus amigos.

24.2 Übersetzen Sie! Erläutern Sie an diesen Sätzen den Gebrauch des pretérito perfeito composto.

1. Falo consigo agora. Falei com o sr. Mendes ontem. Tenho falado todos os dias com os meus colegas.   2. Hoje estou aqui. Ontem estive em casa. (Até agora) Tenho estado no campo.   3. Agora vou para a escola. Ontem fui ao teatro. Ultimamente tenho ido a casa do sr. Ribeiro.   4. Escrevo uma carta para Lisboa. Na semana passada escrevi para o Rio de Janeiro. Nestes últimos dias tenho escrito muitas cartas.   5. Com quem falam agora? Com quem falaram ontem? Com quem têm falado (todos os dias)?   6. Onde esteve a senhora ontem? Onde tem estado durante as férias?   7. Para onde escreveu na semana passada? Tem escrito muitas cartas nos últimos dias? Que tem feito o senhor?   8. Não o tenho visto em toda a semana. – Tenho estado muito ocupado com a correspondência.

24.3 Betrachten Sie die folgenden Sätze als Antworten. Bilden Sie dazu passende Fragen.

1. Tenho tomado o autocarro para vir à universidade.   2. Sim, elas têm ido sempre sozinhas ao teatro.   3. Eles têm vindo almoçar comigo aos domingos.   4. Ela tem contado muitas histórias bonitas.   5. Ele tem escrito cartas de manhã.   6. Sim, ele tem falado sempre português.   7. O sr. Nunes tem respondido sempre bem às perguntas do professor.   8. Sim, ela tem-se sentado sempre no mesmo lugar.   9. Não, eu tenho-me levantado tarde.   10. Sim, eles têm gostado muito de estudar.   11. Não tenho podido vir porque tem chovido muito.   12. Eles têm perguntado pelo senhor e também pelo sr. Weber.   13. Porque têm trabalhado até muito tarde.   14. Eles têm comido pouco porque comem menos no verão.   15. Porque tem estado muito escuro.   16. Sim, eu tenho-lhe dito sempre 'bom dia'.

24.4 Lesen und übersetzen Sie die Sätze. Begründen Sie den Gebrauch des Konjunktivs.

1. Alegra-me muito que você tenha vindo.   2. Terei muito prazer que você venha comigo à praia.   3. Surpreende-me que não saiba isso.   4. Eu tenho sempre medo que aconteça um acidente.   5. Lamento que ela não possa vir   6. Que quer o senhor que façamos?   7. Digo que me admiro que uma pessoa tão inteligente como o senhor tenha tanto medo.   8. Estranho (ich finde es seltsam) que ela não tenha reparado na sua chega-

da.   9. Estou desolado (ich bin untröstlich), meu caro amigo, que não queira ir ao teatro comigo.   10. Não parece que a decisão tenha sido feliz.   11. Não há nada que me tire melhor a sede (tirar a sede - den Durst löschen) que uma cerveja.   12. Permita-me que lhe apresente o nosso director geral.   13. Não posso deixar que as crianças fumem.   14. Esperamos que o senhor vá jantar connosco.   15. Caso não seja assim tenha a bondade de nos chamar.   16. Não aceitaremos tais condições embora se trate de um negócio de tanta importância.   17. Embora não tenhamos muito tempo trataremos de terminá-lo no prazo marcado.   18. Evitaremos passar este cruzamento para que o senhor esteja tranquilo.   19. A fim de que a senhora não tenha medo, vamos devagar.   20. Esperámos até que ele chegou.   21. Esperamos até que ele chegue.

24.5 Setzen Sie das in Klammer stehende Verb in die entsprechende Zeitform. Lesen und übersetzen Sie die Sätze.

1. Sinto muito que o senhor não (poder) dar-me essa informação.   2. Não receiam (sie befürchten nicht) que o freguês (comprar) a mercadoria noutros países, pois trata-se de artigos especiais.   3. Não cremos que o novo cliente (estar) plenamente satisfeito.   4. Não tema que ele o (fazer).   5. Não me surpreende que os senhores (queixar-se) de novo.   6. Alegra-me que tais queixas não (repetir-se).   7. Tenho medo de que esta loja (estar) fechada.   8. É pena que o freguês não (ter) interesse nestes artigos.   9. Não é justo que (falar) assim na presença do meu amigo.   10. Pode ser que o senhor não (estar) informado de todos os detalhes daquele assunto.   11. Duvido que tais transações (ser) possíveis.   12. Não é provável que eles (partir) hoje mesmo.   13. É impossível que eu (pôr-se) em contacto directo com esse senhor.   14. Não nego que tal solução (poder) ser definitiva.   15. Surpreende-me que vocês o (saber).   16. O sr. Silva deseja que (fazer) bom tempo.   17. O sr. Gomes surpreende-se que o amigo dele (gostar) desta música.   18. Os negócios irão bem a menos que (haver) guerra (Krieg).   19. Assim que (voltar) a casa esta noite deitar-me-ei.   20. Não é que eu (ser) pobre, mas tenho que reduzir as minhas despesas.   21. Não vão antes que eu os (avisar).

24.6 Setzen Sie die Sätze nach folgendem Muster in den Konjunktiv Präsens:
Não chove durante o passeio.
→ *Espero que* não chova durante o passeio.
1. O Ronaldo convida-nos para o jantar.   2. Só partes depois de amanhã.   3. O director ainda me conhece.   4. Ela ajuda-me fazer as malas   5. O preço dessas máquinas ferramentas não sobe.   6. A Maria lembra-se do endereço.   7. O Mário visita-nos no domingo.   8. Os amigos arranjam as bebidas.   9. Eu chego lá antes da meia-noite.   10. O sr. Rodrigues também fala outra língua.

24.7 Setzen Sie die Sätze nach folgendem Muster in den Konjunktiv Präsens:
Ela traz a mala. (Não quero que ...) → *Não quero que* ela traga a mala.
1. A Ângela tem que voltar para Coimbra. (Sinto muito que ...)
2. Ele sente-se capaz de acabar o trabalho hoje. (Duvidamos que ...)
3. Eles querem partir no domingo. (Não se compreende que ...)

4. Ainda há café. (Espero que ...)
5. O meu pai dorme até tarde. (Só desejo que ...)
6. Saio de Maputo no fim do mês. (Ele não crê que ...)
7. Ele empresta-me a sua bateria. (Acho natural que ...)
8. Eu faço bom exame. (Os meus pais querem que ...)

24.8 Beenden Sie folgende Sätze:

1. Embora eu possa ir à empresa ...   2. Ainda que ele queira que eu vá ...   3. Embora eu não conheça a cidade ...   4. Ainda que os documentos não lhe sirvam ...   5. Embora eles venham cedo ...   6. Ainda que eu resolva o problema ...   7. Embora ela vá de avião ...   8. Ainda que ele se sinta muito bem ...   9. Embora haja tantos acidentes naquele sítio ...

24.9 Verbinden Sie beide Sätze nach folgendem Muster entweder mit ‚como' (da) oder mit ‚embora' (obwohl):

As máquinas são caras. Os clientes compram cem.
→ *Embora* as máquinas sejam caras, os clientes compram cem.
Ninguém sabia alemão. Tivemos de falar português.
→ *Como* ninguém sabia alemão, tivemos de falar português.

1. Estamos sentados longe da mesa. Ouve-se bem o que ele diz.   2. O país é pobre. As pessoas não vivem mal.   3. O António sentia-se doente. A mãe mandou chamar o médico.   4. Os sacos são bastante pesados. Ela carrega três.   5. Não gosto de tomar banho. Vou sempre à praia.   6. Os nossos vizinhos fizeram barulho durante toda a noite. Não pude dormir   7. O Paulo conduz com cuidado. Já teve alguns acidentes com este carro.   8. A chave caiu no rio. Nunca mais a encontraram.   9. Já não falta ninguém. Podemos partir.

24.10 Setzen Sie ein! Wiederholen Sie dabei immer den ganzen Satz.

a) Compro *um rádio* para que *te possas informar bem.* (Ich kaufe *ein Radio,* damit *du dich gut informieren kannst.*)
   Gemüse ... wir einen Salat machen können; Lebensmittel ... wir genug zu essen haben; ein fertiges Gericht ... meine Frau heute Abend nicht kochen muss; ein Opernglas ... du die Szene besser siehst; ein Programm ... ich die Namen der Schauspieler weiß.

b) Lamento muito que *o meu tenor preferido não cante.* (Ich bedaure sehr, dass *mein Lieblingstenor nicht singt.*)
   du keine Zeit hast; sie nicht mit uns ins Theater gehen kann; dir das Theaterstück nicht gefällt; ihm das Essen nicht schmeckt; es hier keinen Rotwein gibt; es regnet; du nicht zufrieden bist.

c) Este teatro tem boa fama *pelos seus excelentes espectáculos.* (Dieses Theater hat einen guten Ruf wegen *seiner ausgezeichneten Aufführungen.*)
   des großartigen Orchesters, der außergewöhnlich guten Schauspieler, der hervorragenden Inszenierungen, der erstklassigen Sänger, des guten Chors; der beiden Sopranistinnen, die so hinreißend singen.

d) Surpreende-me que *não queiras fazer comentários sobre isso*. (Es überrascht mich, dass *du dich dazu nicht äußern willst*.)
sie auch kommt; der Kühlschrank leer ist; du das nicht weißt; keine Getränke mehr da sind; sie krank ist; Sie schon wieder arbeiten; du die Oper schon kennst; Ihr Kollege schon geht; dir das Essen nicht schmeckt; das Theater so groß ist.

e) Embora *eu não seja um bom entendedor de música devo dizer que ela canta divinamente*. (Obwohl *ich kein großer Musikkenner bin, muss ich sagen, dass sie hinreißend singt*.)
1. er mich nicht kennt, hat er mir das Geld geliehen.   2. er schon ein Jahr in Portugal ist, spricht er noch nicht Portugiesisch.   3. wir Karten für den 1. Rang haben, sitzen wir im Parkett.   4. er von Autos nichts versteht, versucht er, den Vergaser zu reparieren.   5. sie nicht viel isst, ist sie dick (corpulento, gordo).   6. wir jetzt schon Hunger haben, essen wir erst in einer Stunde   7. ich die Antwort weiß, frage ich trotzdem.   8. sie mich kennt, sagt sie mir nicht ‚Guten Tag!'.

f) Vou tratar de conseguir *um táxi*. (Ich werde mich bemühen, *ein Taxi* zu bekommen.)
Karten für die Premiere, Karten für die 1. Reihe im Parkett, am Sonnabendmorgen frische Brötchen, ein Programm für Sie, Karten für die nächste Vorstellung.

g) Se me permite convido o senhor a *tomar alguma coisa*. (Wenn Sie gestatten, möchte ich Sie *zu einem Imbiss* einladen.)
zu einem Kaffee, zum Mittagessen, zum Abendbrot, in mein Haus, zum Besuch des Fernsehturms (a torre de televisão), zu einer Spazierfahrt, zu einem Ausflug an den Strand, zu diesem Cocktail, zu diesem Empfang (a recepção) in der Botschaft (a embaixada).

24.11 Beantworten Sie folgende Fragen zum Text. Lesen und übersetzen Sie die Fragen vorher.

1. O António comprou os bilhetes a tempo?   2. Que lugares reservou?   3. Que vão eles ver?   4. Porque escolheu o António esse espectáculo e esse teatro?   5. Que pergunta o Ronaldo a respeito da (im Hinblick auf) companhia?   6. De que tem fama o teatro em questão?   7. Qual é a opinião da Clara sobre a cantora?   8. Quando foi a estreia desta ópera?   9. O Ronaldo gostou da encenação do Porto?   10. Que fazem os dois amigos durante o intervalo?   11. A senhora vai com eles?   12. Como anunciam que vai começar o segundo acto?   13. De que falam o António e o Ronaldo quando voltam à frisa?   14. Como se chama a pessoa que dirige uma orquestra?   15. Que propõe o Ronaldo aos seus amigos depois da representação?   16. Eles aceitam?

24.12 Fragen Sie Ihren Nachbarn (bzw. Ihre Nachbarin). Ihr Nachbar (bzw. Ihre Nachbarin) beantwortet die Frage...
– ob er gern ins Theater geht
– ob er sich lieber eine Oper oder eine Operette (a opereta) ansieht
– wie viele Male er monatlich ins Theater geht
– ob er ein Instrument spielen (tocar) kann
– auf welchem Platz er im Theater am liebsten sitzt

- welche Inszenierung des Berliner Ensembles ihm am meisten gefällt
- wann in den Theatern gewöhnlich die Vorstellung beginnt
- welche Stücke vorrangig auf dem Spielplan des Theaters seiner Heimatstadt stehen
- ob ihm der Zuschauerraum der Berliner Staatsoper gefällt
- welches Theater seiner Meinung nach das beste Orchester hat
- ob er schon einmal in der Premiere eines Theaterstückes war
- welches Theater Berlins weswegen einen guten Ruf hat
- was er in der Pause zwischen zwei Akten macht
- ob er nach dem Theater gern noch auf einen kleinen Imbiss in ein Restaurant geht
- in welches Restaurant er nach einer Theatervorstellung gehen würde.

24.13 Übersetzen Sie!

1. Es ist notwendig, dass er die Rechnungen sofort bezahlt.   2. Schreiben Sie der Firma, dass sie die Maschinen so abschicken soll, dass sie spätestens (o mais tardar) bis 30. Juni dieses Jahres ankommen.   3. Ich empfehle, dass wir warten, bis wir die Antwort des Kunden erhalten.   4. Er nimmt eine Flasche vom Tisch, ohne dass er sieht welche.   5. In den letzten Tagen habe ich viel gearbeitet (und arbeite immer noch).   6. Er will, dass ich den Termin (o encontro) am Dienstag absage (cancelar).   7. Es überrascht mich, dass er nicht kommt.   8. Ich bedaure sehr, dass Sie schon gehen müssen.   9. Ich kann nicht zulassen, dass sie heute nicht zur Arbeit geht.   10. Warten wir, bis er fertig ist!   11. Falls du keine Theaterkarten bekommst, versuche, Kinokarten für die Vorstellung um 8 Uhr zu bekommen.   12. Wir werden ihn nicht benachrichtigen, selbst wenn er darum bittet.   13. Sobald ich nach Lissabon komme, besuche ich dich.   14. Bevor du heiratest, sieh dir deine Schwiegermutter an. (Das portugiesische Sprichwort lautet: Antes que cases olha o que fazes.)   15. Bleib zu Hause, bis dein Vater zurückkehrt!   16. Es ist nicht notwendig, dass Sie das tun.   17. Für den Fall, dass etwas passiert, rufen Sie diese Nummer an.   18. Du kannst es wenigstens versuchen, selbst wenn es schwierig ist.   19. Bevor ich gehe, werde ich dir das Buch geben.   20. Sobald Sie ihn sehen, rufen Sie mich an.   21. Sei vorsichtig, damit er nichts merkt.   22. Obwohl er viele Beziehungen hat, ist es ihm nicht gelungen, die Maschine zu kaufen.

LIÇÃO 25

Texto

Um encontro

Um português: O senhor é estrangeiro?
Sr. Weber: Sou, sou. Gostava de aprender melhor a lingua portuguesa, é tão difícil.
Um português: Mas o senhor já fala bem a nossa lingua. Onde é que a aprendeu?
Sr. Weber: Em Berlim, na universidade. Ainda tenho de aprender muito vocabulário. Além disso, tenho dificuldades em entender. De vez em quando, os portugueses falam muito depressa o que dificulta ainda mais o entendimento.
Um português: Tem razão. Já vejo que o senhor gosta de falar com as pessoas, assim aprende-se mais depressa.
Sr. Weber: Lá isso é verdade.
Um português: Quando é que o senhor chegou a Portugal?
Sr. Weber: Há três dias.
Um português: Já viu muita coisa aqui no Porto?
Sr. Weber: Não vi quase nada da cidade e dos seus arredores.
Um português: Quanto tempo vai ficar em Portugal?
Sr. Weber: Estou aqui com dois colegas. Com certeza ficamos umas duas semanas. Queremos visitar também uma pessoa que mora em ... um momento, esqueci-me do nome do lugar, mas tenho-o por escrito. Como se pronuncia esta palavra?
Um português: Ah, é Guimarães, o 'Berço da Nação'. É uma cidade a nordeste do Porto que foi a primeira capital. Tem muito que ver.
Sr. Weber: Perdão, eu não compreendi onde é a cidade. Faça o favor de falar mais devagar.
Um português: Com certeza. Eu disse a nordeste.
Sr. Weber: Agora já percebi.
Um português: É a primeira vez que o senhor está em Portugal?
Sr. Weber: Não, é a segunda vez que venho a Portugal. Quando aqui estive, no ano passado, passei as férias no Algarve. Era esplêndido.
Um português: Fazia bom tempo?
Sr. Weber: Fazia, sim. Muitas vezes, comprávamos qualquer coisa para comer e fazíamos piquenique na praia. Tomávamos banho todos os dias. Em Berlim, já nos diziam que o clima aqui era muito mais agradável.
Um português: Praias, céu azul, sol. Estou certo de que gostaram.
Sr. Weber: Gostámos muito dessas férias. Mas, desta vez, gostámos imenso de conhecer esta cidade, os seus arredores e as comidas típicas da região. Eu, pessoalmente, preferi

Das Castelo de Guimarães

contactar com alguns colegas da Universidade. Se bem me lembro, as férias escolares acabam no fim do mês?

Um português: Exactamente. O senhor vai ficar encantado com o Porto, especialmente com o nosso vinho. Desculpe, faz favor de repetir com quem quer contactar?

Sr. Weber: Com alguns colegas da Universidade.

Novas palavras

o encontro die Begegnung
o estrangeiro der Ausländer
estrangeiro ausländisch
aprender lernen
a dificuldade die Schwierigkeit
  Tenho grandes dificuldades em entender. Ich habe große Schwierigkeiten beim Verstehen.
dificultar erschweren
o entendimento das Verstehen, das Verständnis
  Isso dificulta ainda mais o entendimento. Das erschwert das Verständnis noch mehr.
os arredores die Umgebung
um momento einen Moment, Moment mal
por escrito aufgeschrieben, schriftlich (vorliegen)
pronunciar aussprechen
  Como se pronuncia esta palavra? Wie wird dieses Wort ausgesprochen? Wie spricht man dieses Wort aus?
a nordeste im Nordosten
o nordeste der Nordosten
o ,Berço da Nação' die ,Wiege der Nation'
A cidade tem muito que ver. (*idiom.*) In der Stadt gibt es viel zu sehen.

compreender = entender = perceber verstehen
passar as férias die Ferien verbringen
esplêndido prächtig; glänzend
fazer bom tempo (*idiom.*) gutes Wetter sein
tomar banho baden, ein Bad nehmen
o céu der Himmel
o sol die Sonne
  faz sol (*idiom.*) die Sonne scheint
estar certo sicher sein
desta vez diesmal
típico typisch
contactar com sich in Verbindung setzen mit, Verbindung aufnehmen mit
se bem me lembro wenn ich mich recht erinnere
as férias escolares die Schulferien
acabar zu Ende gehen
ficar (estar) encantado com bezaubert, begeistert, entzückt sein von
repetir wiederholen
  Repita, por favor! Wiederholen Sie bitte!

LIÇÃO VINTE E CINCO | 245

Gramática

25 A Präpositionen – Übersicht

Einfache Präpositionen

a	(nach, zu, an)	entre	(zwischen)
após	(nach)	para	(für, nach)
até	(bis)	por	(durch)
com	(mit)	perante	(vor – in übertragener Bedeutung)
contra	(gegen)	sem	(ohne)
de	(von, aus)	sob	(unter)
desde	(seit)	sobre	(über)
em	(in)		

Der Gebrauch der Präpositionen ‚a', ‚em', ‚para' und ‚por' wurde bereits in Lektion 13 behandelt. Die Präpositionen ‚após', ‚desde', ‚perante' und ‚sob' haben Sie bisher noch nicht kennengelernt:

ano **após** ano	Jahr für Jahr
após cinco meses	nach 5 Monaten
Ele vem logo após o Embaixador.	Er kommt (in der Rangfolge) gleich nach dem Botschafter.
desde o primeiro dia da escola	seit dem ersten Schultag, vom ersten Schultag an
desde o leste para o norte	vom Osten bis zum Norden
Ele falou **perante** o Tribunal.	Er sprach vor dem Untersuchungsausschuss (*auch:* vor Gericht).
sob a condição	unter der Bedingung
sob este aspecto	unter diesem Aspekt
Sob D. Manuel floresceram as artes em Portugal.	Unter Dom Manuel kam es zu einem Aufblühen der Künste in Portugal.

Nachfolgend werden Verben und Adjektive genannt, nach denen bestimmte Präpositionen stehen. Das Wörterbuch gibt die entsprechende Präposition an, die nach einem Verb oder Adjektiv steht.

a

Die Präposition ‚a' steht nach *Verben*:

aconselhar (jmdm. etwas raten), agradar (jmdm. gefallen), agradecer (jmdm. danken), assistir (beiwohnen, teilnehmen an; jmdm. beistehen), negar (jmdm. etwas abschlagen, nicht gewähren, verbieten), obedecer (jmdm. gehorchen), pedir (jmdn. bitten), perdoar (jmdm. verzeihen), perguntar (jmdn. etwas fragen), permitir (jmdm. erlauben), prometer (jmdm. versprechen), proibir (jmdm. verbieten), referir-se (sich beziehen auf), responder (jmdm. antworten), rogar (jmdn. bitten), suceder (folgen auf, nachfolgen), telefonar (anrufen)

Isto não agrada a muita gente.	Das gefällt vielen Leuten nicht.
Peço um favor à minha irmã.	Ich bitte meine Schwester um einen Gefallen.
aber: Ela pediu um emprego.	Sie bat um eine Stelle.
(Die Person, die gebeten wird, ist nicht genannt!)	
A República sucedeu à Monarquia.	Die Republik folgte der Monarchie.
Assisti a um bom filme.	Ich habe mir einen guten Film angesehen.
Ele assiste aos pobres.	Er hilft den Armen. Er steht den Armen bei.

Wie Sie bereits in Lektion 8 erfahren haben, wird das indirekte Objekt mit ‚a' angeschlossen (bzw. stehen anstelle von ‚a' die Formen des indirekten Objekts der unbetonten Personalpronomen: me, te, lhe, nos, vos, lhes). Ist das Personalpronomen hervorgehoben, steht die Präposition ‚a' + betontes Personalpronomen:

Pergunto *a ti* e não ao teu irmão.	Ich frage *dich* und nicht deinen Bruder.

Die Präposition ‚a' steht nach Verben, die einen *Zweck* ausdrücken. Dabei hat ‚a', gefolgt von einem Infinitiv, die Bedeutung „zu", „um ... zu":

aprender (lernen), apressar-se (sich beeilen), começar (beginnen), continuar (fortfahren), convidar (*auch*: para; einladen), decidir-se (sich entschließen), habituar (gewöhnen an), pôr-se (sich anschicken), resolver-se (sich entschließen)

Começou a chover.	Es begann zu regnen.
Decidi-me a partir na quinta-feira.	Ich habe mich entschlossen, am Donnerstag abzureisen.
Convidei o seu irmão a almoçar connosco.	Ich habe deinen Bruder eingeladen, mit uns zu essen. / Ich habe deinen Bruder zu unserem Mittagessen eingeladen.

Die Präposition ‚a' steht nach *Adjektiven*:

acessível (zugänglich), acostumado (gewohnt an), conforme (entsprechend, gemäß), contrário (entgegengesetzt, gegenteilig), correspondente (entsprechend), desfavorável (ungünstig), disposto (bereit zu, geneigt zu), equivalente (gleich, entsprechend), favorável (günstig), habituado (gewohnt, gewöhnt an), hostil (feindlich gegenüber), insensível (unempfindlich gegen), nocivo (schädlich für), obediente (gehorsam), oposto (entgegengesetzt), permeável (durchlässig), prejudicial (schädlich für), resistente (widerstandsfähig gegen), semelhante (ähnlich), sensível (empfindlich gegenüber), sujeito (unterworfen, ausgesetzt), fiel (treu), útil (nützlich für).

acessível a novas ideias	neuen Ideen zugänglich
prejudicial / nocivo à saúde	gesundheitsschädlich
insensível ao calor	wärmeunempfindlich
sensível à humidade	empfindlich gegenüber Feuchtigkeit
sensível à luz	lichtempfindlich
resistente à congelação	frostbeständig
resistente ao calor	wärmebeständig, hitzebeständig
resistente à lavagem	waschecht
resistente à acção dos ácidos	beständig gegenüber Einwirkung von Säuren, säurefest

■ **com**

Die Präposition ‚com' steht nach *Verben*:

acabar (Schluss machen mit), casar (jmdn. heiraten, sich verheiraten mit), contar (rechnen mit / auf), dar-se (sich mit jmdm. verstehen), ficar (behalten; nehmen), sonhar (träumen von)

Podes ficar com o livro.	Du kannst das Buch behalten.
Fico com a camisa azul.	Ich nehme das blaue Hemd.
Sonhei com a minha amiga.	Ich habe *von* meiner Freundin geträumt.

■ **em**

Die Präposition ‚em' steht nach *Verben*:

aumentar (zunehmen an, erhöhen), avaliar (schätzen auf), concordar (*auch*: com; zugeben, sich bereit finden zu), confiar (vertrauen auf), consentir (zustimmen), crer (glauben an), diminuir (abnehmen um), entrar (eintreten), estimar (schätzen auf), meditar (nachdenken über), pensar (denken an), pegar (ergreifen, greifen nach), reparar (achtgeben auf, beachten)

■ **para**

Die Präposition ‚para' steht nach *Verben*:

caminhar (wandern nach), partir (abreisen nach), seguir (weiterfahren nach), traduzir para o + Bezeichnung der Sprache (übersetzen ins ...)

■ **por**

Die Präposition ‚por' steht nach *Verben*:

almejar (ersehnen, sehnsüchtig darauf warten zu), ansiar (ersehnen, darauf brennen zu), chamar (rufen nach), comprar (kaufen für + Betrag), gritar (schreien nach), esperar (warten, hoffen auf), lutar (kämpfen für), morrer (sterben für), pagar (bezahlen für), passar (durchlaufen, durchfahren), perguntar (fragen nach), rezar (beten für), velar (wachen über)

■ **de**

1. Bei der heutigen Explosion des Fachwortschatzes kommt der Präposition ‚de' für die *Wortbildung* eine besondere Bedeutung zu. Deutsche Komposita werden im Portugie-

sischen vor allem nach dem Modell ‚Substantiv + de + Substantiv' wiedergegeben. Solcherart gebildete Begriffe gehen besonders in der Sprache der Technik in die Zehntausende:

caixa **de** distribuição	Verteilerdose
indústria **de** construção **de** máquinas	Maschinenbauindustrie
humidade **do** ar	Luftfeuchtigkeit
forma **da** onda	Wellenform
amplitude **de** onda	Wellenamplitude
teoria **das** ondulações	Wellentheorie

Das Deutsche und das Portugiesische unterscheiden sich auch im Verfahren der Wortbildung. Nicht jedes deutsche aus 2 Substantiven bestehende Kompositum hat im Portugiesischen die Entsprechung ‚Substantiv + de + Substantiv'.* So heißt z. B. ‚Wellenbewegung' nicht ‚movimento de ondas', sondern ‚movimento ondulatório' (Modell: Substantiv + Adjektiv. Die Verständigung bleibt aber gewährleistet, wenn Sie ‚movimento de ondas' anstelle von ‚movimento ondulatório' sagen), und ‚Erdbebengebiet' heißt ‚região sísmica'. Zu dieser Schwierigkeit kommt eine andere hinzu: Die portugiesische Grammatik (und die Grammatik der romanischen Sprachen generell) trifft keine klare Aussage darüber, in welchen Fällen (siehe obige Beispiele) beim Modell ‚Substantiv + de + Substantiv' der bestimmte Artikel einbezogen wird. Das wird besonders in der portugiesischen Fachsprache der Technik augenfällig, die im Vergleich zum Deutschen einen geringeren Grad der Normierung aufweist. Da solche Begriffe von einer Sprachgemeinschaft willkürlich ausgewählt werden, kann deshalb die folgende Aussage nur eine Orientierungshilfe sein:

(1) Es besteht die Tendenz, den bestimmten Artikel zu verwenden, wenn mit dem zweiten nach der Präposition stehenden Substantiv ein ganz bestimmter, vom Sprecher ins Auge gefasster Gegenstand bezeichnet wird.

(2) Wenn das der Präposition folgende Substantiv von einem Adjektiv näher bestimmt wird, steht meist der bestimmte Artikel: a Câmara **do** Comércio Exterior die Außenhandelskammer

* *Anmerkung*: Bei solchen Zusammensetzungen steht im Portugiesischen zuerst das Grundwort, dann das mit Präposition angeschlossene Bestimmungswort.

2. ‚De' steht vor dem zweiten Vergleichsglied beim *Komparativ* (siehe Lektion 17).

3. ‚De' steht nach *Verben*:

acabar (soeben etwas getan haben), acusar (anklagen wegen), admirar (sich wundern über), alegrar-se (sich freuen über), apoderar-se (sich einer Sache bemächtigen), aproveitar-se (ausnutzen, sich zunutze machen), arrepender-se (bereuen), carecer (fehlen, entbehren; brauchen), convencer ((sich) überzeugen (von / über)), cobrir (bedecken mit), cuidar (sorgen für, sich kümmern um; sich hüten vor), depender (abhängen von), desconfiar (jmdm. misstrauen), desistir (aufgeben), dotar (ausstatten mit), gozar (eine Sache genießen), gostar (mögen, Gefallen haben an), lembrar-se (sich erinnern an), maldizer (fluchen über), mudar (ändern), munir (versehen mit, ausrüsten mit), necessitar (brauchen, benötigen), persuadir (zu einer Sache überreden), precisar (brauchen, benötigen), prover (versehen mit), rir(-se) (lachen über), ser (jmdm. gehören; bestehen aus, hergestellt sein aus; betragen (bei Zahlenangaben)), servir (dienen als), sofrer (leiden an), tingir (färben), tratar (handeln von), tratar-se (sich handeln um), vingar-se (sich rächen an)

Ele cuida da reparação das ruas.	Er kümmert sich um die Ausbesserung der Straßen.
Ela admirou-se da carta.	Sie wunderte sich über den Brief.
aber: Ela admirou este homem.	Sie bewunderte diesen Mann.
Eu mudei de opinião.	Ich habe meine Meinung geändert. / Ich habe es mir anders überlegt.
Ele serve de intérprete.	Er dient als Dolmetscher. / Er dolmetscht.
Acusam-no de alta traição.	Sie klagen ihn wegen Hochverrat an. / Sie beschuldigen ihn des Hochverrats.

4. ‚De' steht in folgenden *Wendungen*:

chorar de prazer	vor Freude weinen
morrer de fome	vor Hunger sterben
andar, ir, viajar **de** carro, **de** comboio, **de** avião, **de** barco, **de** navio, **de** eléctrico, **de** autocarro	(gehen), fahren, reisen *mit* dem Auto, *mit* dem Zug, *mit* dem Flugzeug, *mit* dem Boot, *mit* dem Schiff, *mit* der Straßenbahn, *mit* dem Bus
um rapaz de nove anos	ein Junge von 9 Jahren
estar de boa saúde	bei guter Gesundheit sein
estar ciente de	Kenntnis haben von
vestir de azul	in blau kleiden
coroar de êxito	mit Erfolg krönen
brasileiro de nascimento	von Geburt Brasilianer
coitado dele!	der Ärmste!
coitada dela!	die Ärmste!

5. ‚De' steht bei *Zeitangaben* wie:

2 de Maio de 1984	der 2. Mai 1984
no ano de 1914	im Jahre 1914
o mês de Dezembro	der Monat Dezember
às 3 da tarde	um 3 Uhr nachmittags
de dia	tagsüber
de noite	nachts
de tarde	nachmittags
de manhã	morgens
de dois em dois dias	alle 2 Tage

6. ‚De' steht bei *Maß- und Mengenangaben* wie:

um quilo de manteiga	ein Kilo Butter
duzentos gramas de açúcar	200 g Zucker
um quarto de litro	ein Viertelliter
uma chávena de chá	eine Tasse Tee
um copo de cerveja	ein Glas Bier
um pouco mais de água	etwas mehr Wasser
uma folha de papel	ein Blatt Papier
um par de sapatos	ein Paar Schuhe
um copo de vinho	1. ein Glas Wein, 2. ein Weinglas

Die Zweideutigkeit kann folgendermaßen ausgeschaltet werden: ‚ein Weinglas' → ‚um copo **para** vinho'

7. ‚De' steht bei *geographischen Bezeichnungen* wie:

a cidade de Berlim	die Stadt Berlin
a ilha da Madeira	die Insel Madeira

aber bei Flussnamen: o rio Elba (*auch*: o Elba) – die Elbe, o rio Reno – der Rhein, o rio Danúbio – die Donau, o rio Tamisa – die Themse.

Zusammengesetzte Präpositionen

ao pé de	neben	dentro de	innerhalb von
junto a, junto de	neben	fora de	außerhalb von
a par de	neben	à roda de	rings um
ao longo de	längs, ... entlang	por baixo de	unten ... hindurch
além de	außer	em cima de	oberhalb von, oben
em torno de	rings um	por cima de	über (*räuml.*)
antes de	vor (*zeitl.*)	a respeito de	im Hinblick auf
depois de	nach	em volta de	ringsum
acima de	oberhalb von	a propósito de	im Hinblick auf
debaixo de	unter, unterhalb von	acerca de	über (*übertr.*)
por causa de	aufgrund von	quanto a	hinsichtlich, im Hinblick auf
longe de	weit von, fern von	apesar de	trotz
perto de	nahe bei, in der Nähe von	através de	durch, ... hindurch, über
em vez de	statt	em virtude de	aufgrund von, kraft
em lugar de	statt, anstelle von	diante de	vor (*räuml.*)
atrás de	hinter	detrás de	hinter

A pasta está debaixo da mesa.	Die Tasche steht unter dem Tisch.
Eles passam por baixo da ponte.	Sie gehen unter der Brücke hindurch.
Ela já chegou antes das três horas.	Sie ist schon vor 3 Uhr gekommen.
A Verena está diante do museu.	Verena steht vor dem Museum.
Os livros estão em cima da mesa.	Die Bücher liegen auf dem Tisch.
O posto de general está acima do de coronel.	Der Rang eines Generals ist höher als der eines Oberst.

Exercícios

25.1 Setzen Sie a) ins Präsens, b) ins pps, c) ins Imperfekt.

(partir) Ele ... às nove e quinze. →
a) Ele parte às nove e quinze.
b) Ele partiu às nove e quinze.
c) Ele partia às nove e quinze.

1. (sentir-se) Esta manhã a minha avó não ... bem.
2. (viver) Os nossos amigos brasileiros ... perto de Estoril.
3. (pôr) Eu ... o carro na garagem.
4. (ir) As meninas ... muitas vezes à praia.
5. (precisar) Tu ... do visto?
6. (trazer) O sr. Santos não ... os documentos.
7. (lembrar-se) Vocês ... do nome da irmã do Ronaldo?
8. (dar) Bem, eu ... um passeio pelos arredores.
9. (ser) Os homens ... muito amáveis.
10. (apanhar) Nós ... o eléctrico no Rossio.
11. (conhecer) Tu ... a cidade bastante bem.
12. (perder-se) O senhor Schulz ... em Lisboa.
13. (ver) Eu não ... quaisquer problemas (irgendwelche Probleme).
14. (voltar) Tu ... cedo da praia?

25.2 Pretérito perfeito ou imperfeito? In einigen Fällen sind beide Formen möglich.

1. Eu (querer) convidar os meus amigos.   2. Não (tomar, nós) banho no mar porque a água (estar) fria de mais.   3. Quando (conhecer, eu) a Verena, ela (ter) o cabelo preto.   4. Ele casou quando (ter) vinte e cinco anos.   5. Esta manhã (haver) tanto nevoeiro que nem se (poder) ver uma casa a quatro ou cinco metros.   6. A Birgit faz hoje 20 anos. Já lhe (dar, tu) os presentes?   7. Quando ele (fazer) anos, os amigos (mandar)-lhe postais de aniversário.   8. Quando eu (telefonar) para casa dele, ele não (estar).   9. Os nossos amigos austríacos (viver) perto de Sesimbra.   10. Em Francoforte, já nos (dizer) que o clima no

Algarve (ser) muito mais agradável.   11. Ela (conhecer) a cidade bastante bem.   12. Hoje de manhã, quando me (levantar, eu), (estar) a chover.   13. Quando nós (chegar) a casa, (ir, nós) à cozinha, porque (estar, nós) cheios de fome.

25.3 Unterstreichen Sie im Lektionstext die Formen des Indikativ Imperfekt. Erläutern Sie den Gebrauch.

25.4 Ersetzen Sie die in Klammern gesetzten Infinitive durch die entsprechenden Formen des pretérito perfeito simples oder des pretérito imperfeito.

1. Quando eles (descer), o homem (esperar)-os à porta.   2. Todas as manhãs ele (ir), alegre, para o escritório, na esperança (in der Hoffnung) de a ver.   3. Quem é este casal a quem a senhora me (apresentar)?   4. (ser) quatro horas, quando o director (sair) do escritório.   5. Eles (dormir) ainda, quando as bombas (cair – fallen) em cima deles.   6. O jovem casal (ter) uma filha de cinco meses.   7. A viagem (durar) umas oito horas.   8. Desculpe. Não (ser) de propósito.   9. Ele (olhar) para o relógio, que (marcar) dez horas.   10. (Chover) a cântaros (Es goss wie aus Kannen) quando nós (chegar) a casa dela.

25.5 Setzen Sie ein! Lesen Sie dabei immer den ganzen Satz.

a) Não tenho dificuldades *em entender*. (Ich habe keine Schwierigkeiten *beim Verstehen*.)
beim Hören, beim Sehen, beim Sprechen, die portugiesischen Wörter richtig zu betonen (acentuar), beim Erlernen der englischen Sprache, die Wörter richtig auszusprechen, diese Speise mit Messer und Gabel zu essen, das Visum verlängern zu lassen, beim Autofahren, beim Anfahren, dabei.

b) *A cidade* tem muito que ver. (*In der Stadt* gibt es viel zu sehen. / *Die Stadt* hat viele Sehenswürdigkeiten.)
in Rio de Janeiro, in Porto, in diesem Museum, in diesem Gebäude, an diesem Ort, auf dem Flugplatz, in dieser Allee, auf dem Bahnhof, in der Umgebung (Pl. des Verbs!) von Berlin.

c) Faça o favor de falar *mais devagar*. (Bitte sprechen Sie *langsamer*.)
schneller, etwas leiser, lauter, nicht so langsam, noch langsamer.

d) Queremos aproveitar esta estada para *dar passeios pelos arredores*. (Wir wollen diesen Aufenthalt nutzen, um *Spaziergänge durch die Umgebung zu machen*.)
Freunde zu besuchen (ir ver); an sie (Pl. mask.) Briefe zu schreiben; etwas zu trinken; ihn anzurufen; das Auto zu reparieren; das Auto waschen zu lassen; zum Arzt zu gehen; mit dem Auto zum Strand zu fahren; das Stadtzentrum zu besichtigen; sie (Sg. fem.) kennenzulernen; Einkäufe zu machen; einen Rock und eine Hose zu kaufen; zu tanken; der Handelsvertretung einen Besuch abzustatten; die Anzüge reinigen zu lassen; alle Rechnungen zu bezahlen; den Pass verlängern zu lassen; etwas zu essen; zur Toilette zu gehen.

e) Eu, pessoalmente, preferia *contactar com alguns colegas*. (Ich persönlich möchte lieber *mit einigen Kollegen Verbindung aufnehmen*.)
noch heute zum Arzt gehen; baden; seine Cousine kennenlernen; mich etwas ausruhen; einen Spaziergang durch die Umgebung machen.

f) Se bem me lembro *ainda são férias*. (Wenn ich mich recht erinnere, *sind noch Ferien*.)
hatte der Zug Verspätung; war er zu jener Zeit krank; ist er noch krank; hatte sie Fieber; sind Sie Herr Reimann; war sie eine der besten Sekretärinnen; haben die Geschäfte sonnabends nur bis 12 Uhr geöffnet; kostete ein Zimmer damals 2000 Cruzeiros; war die Rechnung sehr hoch; hatte er damals noch kein Auto; trug sie ein grünes Kleid.

g) Faça o favor de repetir *com quem quer contactar*. (Würden Sie bitte wiederholen, *mit wem Sie Verbindung aufnehmen wollen*.)
mit wem Sie sprechen wollen; wen Sie anrufen wollen; wann er kommen soll; wie man das macht; wie ich das machen sollte (devia); wohin ich gehen soll; woher er kam; dieses Wort; die Telefonnummer; warum er nicht kommen konnte.

25.6 Os verbos gostar *(etwas gern tun, mögen)* e preferir *(etwas lieber tun).*
Beantworten Sie die Fragen wie vorgegeben:

1. O senhor gosta de vinho? – (Ja. Einen guten Wein mag ich sehr.)
2. O senhor gosta de cerveja? – (Ja. Ein Glas Bier mag ich auch ganz gern.)
3. E de água, também gosta? – (Offen gesagt, ich trinke lieber Wein als Bier. Wasser nehme ich nur zum Waschen.)
4. Ao almoço, de que gosta mais, de cerveja ou de vinho? – (Im Sommer trinke ich zum Mittagessen gern Bier, im Winter trinke ich lieber Rotwein zum Essen.)
5. O senhor gosta de café com leite ou prefere café simples? – (Ich trinke lieber einen Mokka.)
6. De que gosta mais, de pão escuro ou de pão francês? – (Ich esse lieber Schwarzbrot.)
7. Qual é a fruta de que o senhor gosta mais? – (Schwer zu sagen, welche Frucht ich am liebsten esse. Ich mag alle Früchte.)
8. Gosta de ler romances (Romane)? – (Ja, sehr.)
9. Gosta de mim? – (Ja, dich mag ich sehr.)

25.7 Übersetzen Sie die nachfolgenden Beispielsätze für den Gebrauch der einzelnen Präpositionen. Verändern Sie jeden der Beispielsätze etwa nach folgendem Muster:

Sou português de nascimento. – Ich bin von Geburt Portugiese.
→ Ele é francês de nascimento. – Er ist von Geburt Franzose.

a Dei-lhe a pasta. Ela estava à porta. O vinho estava a 10 euros o litro. Ela passou o fato a ferro. A que horas chegaram? Aos domingos não há consultas. Ela chegou às cinco e ele à uma. Vão a pé. Vamos ter um almoço à portuguesa. O correio encontra-se à esquerda. Entendeu, pouco a pouco. Foram à praça. Chegou a Sintra. Morreu a dezassete de Agosto. Recomendaram-lhe o vinho. Depois da visita ao museu tomou uma cerveja. Começou a escrever.

de   Veio do Rio de Janeiro. Este vinho é de Braga. É a casa do senhor? – Não senhor, a casa é de meu tio. Tem mais um copo de vidro (Glas)? Esta caixa é de madeira (Holz). Falo um pouco de português. Está bom de leite o seu café? Ele tem mais do que eu. Mora na cidade de Coimbra. Vou fazer isso, no mês de Setembro. O ano de 1926 foi bom. Conhece bem a ilha de Cuba. É uma menina de olhos negros. É um homem de dois metros de altura. Tenho um quarto de dormir de 40 metros quadrados. Dona Maria tem um filho de dezanove anos. Depende do número de palavras. O rio está cheio de peixe. De vez em quando (von Zeit zu Zeit) ela faz uma pergunta. O carro eléctrico passa de dez em dez minutos. Ronaldo está de boa saúde. Viajou de comboio e de barco. Traz um saco de batatas. (Vergleichen Sie: Traz um saco com batatas.) É português de nascimento.

após   Após quatro anos de luta fez-se a paz.

até   Este comboio não vai até ao Porto.

com   Ela está com o filho. Quer café com leite? Ele ganha muito dinheiro com as suas traduções. Ela trabalha com cuidado. Não saio com este tempo.

dentro de   A situação melhorou dentro de duas semanas. João não está fora, está dentro da sala.

em   Estive em casa. Estamos no século vinte. Nasceu em 1941. No domingo, estive em casa do doutor Pereira. Que horas são no seu relógio? Pode ver essa árvore em flor? O livro está dividido em 20 capítulos. A igreja fica em frente do correio. Dói em cima ou em baixo do ombro? Parto no rápida da tarde. Pedro está na bilheteira.

entre   Combinaram isso entre eles.

para   Partiu para Espanha. Para onde vai o senhor? Vou ficar para jantar. O comboio do Porto para Lisboa vem com uma hora de atraso. Esta água é para beber? Não têm gosto para o estudo. Isso pode ficar para amanhã. Está aqui uma carta para Vossa Excelência. Isso é muito interessante para mim. Para um estrangeiro, fala bem português. Três está para seis como dois para quatro. Ela foi para cima, não para baixo. Vá para trás! Vai comprar bilhetes para mim e para ti.

por   Passou pelas ruas da cidade. Entrou pela esquerda. Chegámos pelas cinco da tarde. Morreu por falta de socorros médicos. Por outras palavras, já saiu. Multiplique por três. Por quanto comprou o carro? – Comprei o carro por duzentos contos. Custa um euro por pessoa. É doido (verrückt) por ela. Por quantas estações passamos até Alcácer do Sal?

sobre   Falaram sobre Portugal.

em redor de   As estátuas ficam em redor da praça.

diante de   Diante da casa fica uma árvore.

durante   Dormi durante toda a viagem.

sem   Tomo o meu café sempre sem leite.

25.8 Setzen Sie die entsprechende Präposition ein.
   (unter): A carteira está *debaixo da mesa.*

1. (auf): A gravata está ... cama.
2. (in): Quantos presentes estão ... pasta?
3. (unter): A saia vermelha está ... azul.
4. (neben): O museu está ... representação comercial.
5. (vor): A rapariga está ... janela.
6. (neben): Dois colegas estão ... sr. Lima.
7. (hinter): Quem está ... vendedora?
8. (vor): Nós não estamos ... casa do Mário.
9. (zwischen): A blusa está ... a saia e o casaco.
10. (auf): O chapéu castanho já está ... sua cabeça.
11. (unter): Os meus sapatos estão ... mesa.
12. (zwischen): A cadeira está ... duas janelas.
13. (neben) : Eu estou ... minha mãe.
14. (vor): Nós estamos sentados ... o António.
15. (in): A chave está ... teu jaquetão.
16. (hinter): O que está .. cama?
17. (in): Tu estás ... quarto ou ... sala?

25.9 Lesen, übersetzen und beantworten Sie folgende Fragen zum Text:

1. De que país vem o sr. Weber?   2. O português acha que o sr. Weber fala mal português?   3. Em que tem o sr. Weber grandes dificuldades?   4. Como falam os portugueses de vez em quando?   5. E fácil de entender português?   6. Quando é que o sr. Weber chegou a Portugal?   7. Quanto tempo tenciona (beabsichtigt) o sr. Weber ficar no Porto?   8. O sr. Weber está sozinho no Porto?   9. Quem é que ele quer ir ver?   10. O sr. Weber sabe de cor (auswendig) o nome do lugar que quer visitar?   11. Onde fica a cidade onde mora o amigo dele?   12. O sr. Weber não compreendeu bem alguma coisa. O quê?   13. O sr. Weber gostou das férias no Algarve?   14. Fale sobre o clima de Portugal!   15. Para que quer aproveitar a sua estada no Porto?   16. Quem é que o sr. Weber preferia contactar?   17. O sr. Weber, quando fala ao português dos seus colegas da universidade, lembra-se de uma coisa. De que se lembra?   18. O que deve o sr. Weber repetir?

25.10 Fragen Sie Ihren Nachbarn (bzw. Ihre Nachbarin). Ihr Nachbar (bzw. Ihre Nachbarin) beantwortet die Frage...

- welche Sprachen er spricht
- ob er gern Portugiesisch lernt
- ob er Schwierigkeiten beim Verstehen hat
- wen er schlecht verstehen kann
- wo man überall Portugiesisch spricht
- welche Laute (der Laut – o som) im Portugiesischen besonders schwierig auszusprechen sind

- was er einem Portugiesen sagt, wenn er langsamer sprechen soll
- was er einen Portugiesen fragt, wenn er nicht weiß, wie ein Wort auszusprechen ist
- was er einem Portugiesen sagt, wenn dieser ein Wort oder einen Satz (a frase) wiederholen soll
- ob er sich noch an seine erste Englischstunde (a aula de inglês) erinnert
- auf welchem Gebiet (o sector) der portugiesischen Sprache er besonders große Schwierigkeiten hat
- ob er auch findet, dass die Portugiesen extrem schnell sprechen
- ob er weiß, welche Getränke und welche Speisen für Portugal typisch sind
- wann die Schulferien sind
- wie lange er schon Portugiesisch lernt.

25.11 Übersetzen Sie!

1. Er aß immer zu Hause.   2. Als Herr Ferreira aus dem Ausland zurückkehrte, war sein Sohn krank.   3. Er ging jeden Tag um 1 Uhr aus dem Haus.   4. Als ich kam, war sie gerade beim Telefonieren.   5. Als ich das Buch kaufte, kam ein Freund in die Buchhandlung (a livraria).   6. Ich möchte gern ein Paar Schuhe kaufen.   7. Als ich auf dem Lande lebte, machte ich viele Spaziergänge durch die Umgebung.   8. Jeden Sonntag kam die Schwiegermutter.   9. Ich erfuhr davon erst gestern.   10. Man sagte mir, dass er zu jener Zeit zu Hause war.   11. Ich dachte an Sie, als Sie eintraten.   12. Ich rief ihn nicht, weil er schon zu weit weg war.   13. Gestern habe ich mit meinem Vater im Hotel Abendbrot gegessen.   14. Ich möchte gern etwas essen.   15. Gestern war er krank.   16. Als ich sie sah, sprach sie mit ihrer Freundin.

LIÇÃO 26

Texto

A família

Introdução

Sr. Mário Silva casou há vários anos com a Sra. D. Adélia Carvalho. O Sr. Silva é o marido da D. Adélia. Ela é a mulher ou a esposa do Sr. Silva. Este casal teve cinco filhos: três rapazes e duas raparigas. Nuno é o mais velho (o primogénito); depois seguem-se Manuel, Paulo, Teresa e Maria (a mais nova). Eles são irmãos e irmãs.

O irmão do Sr. Silva, o Sr. Danilo Silva, é casado com a Sra. D. Francisca. Têm dois filhos: Luis e Teresa. Luis é o sobrinho do Sr. Silva e Maria é a sobrinha. O Sr. (Mário) Silva é tio de ambos. A mulher do Sr. Danilo Silva é cunhada do Sr. Mário Silva.

O Sr. Silva tem, além disso, uma irmã solteira. O pai do Sr. Silva faleceu há já 7 anos com 81 anos, mas a mãe ainda é viva e fará os seus 79 anos dentro de poucos meses.

D. Adélia Carvalho Silva é a nora da mãe do Sr. Silva e esta última, a sogra de D. Adélia.

Os filhos do Sr. Mário Silva são primos ou primas dos filhos do Sr. Danilo Silva. A mãe do Sr. Silva é a avó destes e eles são seus netos e netas. Os bisavós destas crianças já faleceram há muitos anos.

Conversação

Ronaldo: Onde mora o Sr. Silva?

João: Mora na Rua Bartolomeu Dias, em Belém, não muito longe daqui. Conhece a mulher dele?

Ronaldo: Conheço, sim. Já a vi algumas vezes em casa da D. Luisa Ribeiro. Quantos filhos tem?

João: Tem cinco: três rapazes e duas raparigas.

Ronaldo: Que família numerosa! Certamente os mais velhos já frequentam a escola?

João: Claro. O Nuno e o Paulo estão num colégio, e o Manuel frequenta a escola secundária. A Teresa frequenta a escola primária e a Maria ainda não vai à escola.

Ronaldo: O casal ocupa-se muito dos filhos?

João: Sim, o Sr. Silva é um bom pai e a esposa é uma mãe; não pensam senão nos filhos e estes adoram os pais.

Ronaldo: A propósito, tiveste notícias do teu irmão Pedro que foi para o Brasil?

João: Tive, sim. A minha cunhada e o meu sobrinho chegarão a Lisboa na semana que vem, mas o meu irmão ficará no Brasil.

Ronaldo: Que idade tem o rapaz?

João: Terá dez anos. Está muito crescido para a idade, mas, como é filho único, os pais mimam-no demais.

Ronaldo: Que pena! E a tua irmã mais velha, também virá?

João: Não virá, não. A pobre senhora perdeu o marido num acidente, há alguns meses. Ficou viúva. – Já chegámos a casa do Sr. Silva.

Ronaldo: Muito bem. Geralmente, uma caminhada como essa abre-me o apetite.

Novas palavras

Verwandtschaftsbezeichnungen

a família die Familie
o casal das Ehepaar
a mulher = a esposa die Ehefrau, die Gattin
o marido der Ehemann, der Gatte
o filho der Sohn; das (leibliche) Kind
a filha die Tochter
o irmão der Bruder
a irmã die Schwester
o avô der Großvater
a avó die Großmutter
o bisavô der Urgroßvater
a bisavó die Urgroßmutter

o neto der Enkel
a neta die Enkelin
o tio der Onkel
a tia die Tante
o primo der Vetter, der Cousin
a prima die Cousine, die Base
o sogro der Schwiegervater
a sogra die Schwiegermutter
o genro der Schwiegersohn
a nora die Schwiegertochter
o cunhado der Schwager
a cunhada die Schwägerin

o sobrinho der Neffe

a sobrinha die Nichte

o noivo der Verlobte

a noiva die Verlobte

a madrasta die Stiefmutter

o padrasto der Stiefvater

a enteada die Stieftochter

o enteado der Stiefsohn

a meia-irmã die Stiefschwester

o meio-irmão der Stiefbruder

Pluralformen

os pais die Eltern

os filhos 1. die Söhne; 2. die (leiblichen) Kinder

os irmãos die Geschwister

os avós die Großeltern

os bisavós die Urgroßeltern

os tios Onkel und Tanten

os sogros die Schwiegereltern

os padrastos die Stiefeltern

a introdução die Einführung

o rapaz der Junge

a rapariga, a menina das Mädchen

o primogénito der Erstgeborene

ser casado com verheiratet sein mit

a solteira die unverheiratete Frau

o solteiro der Junggeselle

falecer = morrer sterben

ser vivo leben, am Leben sein

  A mãe dele ainda é viva. Seine Mutter lebt noch.

fazer anos Geburtstag haben

  fará seis anos em Maio er wird im Mai 6

numeroso zahlreich

certamente (*Adv.*) gewiss, sicher

velho alt

frequentar (regelmäßig) besuchen, aufsuchen

  frequentar a escola die Schule besuchen

o colégio die Oberschule (meist privat), das Gymnasium

a escola secundária (meist 5. bis 8. Klasse)

a escola primária Unterstufe (1. bis 4. Klasse)

ocupar-se de sich beschäftigen mit; sich widmen

não ... senão nur (noch); bloß

  Não pensam senão nos seus filhos. Sie denken nur (noch) an ihre Kinder.

adorar lieben, verehren

a propósito 1. übrigens; 2. im rechten Augenblick, an der rechten Stelle, gelegen (kommen oder sein)

ter notícias de Nachricht haben von

O rapaz terá dez anos. Der Junge wird wohl 10 sein.

estar crescido groß sein; erwachsen sein; ansehnlich sein

  Ele está muito crescido para a idade. Für das Alter ist er sehr groß.

único einzig

  o filho único der einzige Sohn

mimar verwöhnen

  Os pais mimam-no demais. Die Eltern verwöhnen ihn zu sehr.

Que pena! Wie schade!

pobre arm

o acidente der Unfall

a viúva die Witwe

o viúvo der Witwer

viúvo verwitwet

geralmente (*Adv.*) im Allgemeinen

a caminhada der Fußmarsch, die Wanderung

abrir o apetite den Appetit anregen

Gramática

26 A Futur I / Futuro imperfeito, futuro simples

Das Futur I des Indikativs wird bei allen drei Konjugationen gebildet durch Anhängen der Endungen

-ei, -ás, -á, -emos, -eis, -ão   (Endungen des Präsens Indikativ von ‚haver')

an den Infinitiv des Verbs:

	1. Konjugation	2. Konjugation	3. Konjugation
	fal**ar**	com**er**	part**ir**
(eu)	falar**ei**	comer**ei**	partir**ei**
(tu)	falar**ás**	comer**ás**	partir**ás**
(ele/ela)	falar**á**	comer**á**	partir**á**
(nós)	falar**emos**	comer**emos**	partir**emos**
(vós)	falar**eis**	comer**eis**	partir**eis**
(eles/elas)	falar**ão**	comer**ão**	partir**ão**

Ausnahmen: Bei den Verben ‚dizer', ‚fazer' und ‚trazer' entfällt -ze-:

	dizer	fazer	trazer
(eu)	dir**ei**	far**ei**	trar**ei**
(tu)	dir**ás**	far**ás**	trar**ás**
(ele/ela)	dir**á**	far**á**	trar**á**
(nós)	dir**emos**	far**emos**	trar**emos**
(vós)	dir**eis**	far**eis**	trar**eis**
(eles/elas)	dir**ão**	far**ão**	trar**ão**

1. Das Futur dient zur **Darstellung zukünftiger Handlungen oder Zustände.**

Die Konstruktion *ir + Infinitiv* (*siehe Lektion 6C*) ist ein umgangssprachlicher Ersatz für das Futur I, das deshalb in der Umgangssprache seltener und wenn, dann meist in modaler Bedeutung gebraucht wird (*siehe folgenden Abschnitt*). In der Schriftsprache verhält es sich anders. Auch ein mit einer entsprechenden Zeitangabe versehenes Präsens drückt zukünftiges Geschehen aus.

O irmão dele terá que vir também.	Sein Bruder wird auch kommen müssen. / Sein Bruder muss auch kommen.
O Mário parte na terça-feira da semana que vem.	Mário reist am kommenden Dienstag ab. / Mario reist am Dienstag kommender Woche ab.

2. Das Futur dient zum **Ausdruck der Vermutung, Annahme oder Unsicherheit.** Dabei wird meist die persönliche Meinung des Sprechers oder Schreibers mit eingebracht (*siehe auch Gebrauch von ‚dever' in Lektion 12E*).

Ele terá dez anos.	Er wird wohl 10 sein. / Er ist vermutlich 10.

26 B Zwischenstellung des unbetonten Personalpronomens und Reflexivpronomens beim Futur I

In Lektion 10 finden Sie die Regeln für die Nachstellung der unbetonten Personalpronomen sowie der Reflexivpronomen. Wenn die Voraussetzungen zur Nachstellung gegeben sind, stehen diese Pronomen beim Futur I zwischen Infinitiv und Endung des Futur I:

Escrever-**lhe**-emos esta carta.	Wir werden ihm diesen Brief schreiben.
Ele dir-**mo**-á.	Er wird es mir sagen.
A cunhada ocupar-**se**-á dos filhos.	Die Schwägerin wird sich um die Kinder kümmern.

Die Pronomina ‚o, a, os, as' stehen dann hinter einem Infinitiv und es gehen die in Lektion 10 unter D beschriebenen Veränderungen vor sich:

Eu comprarei o carro. → Eu comprá-**lo**-ei.
Ela frequentará o curso. → Ela frequentá-**lo**-á.
Venderemos a casa. → Vendê-**la**-emos.
Ele trará os documentos. → Ele trá-**los**-á.
Eu direi a verdade. → Eu di-**la**-ei.
(*aber Voranstellung*: Ele **não** os trará. **Quando** lhe escreverás a carta?)

26 C Das Adverb / O advérbio

Adverbien können Verben, Adjektive und andere Adverbien näher bestimmen. Sie sind generell unveränderlich.

1. Wie im Deutschen gibt es auch im Portugiesischen Wörter wie ‚aqui' (hier), ‚tarde' (spät), ‚cedo' (früh), ‚ontem' (gestern), die herkömmlich als *ursprüngliche Adverbien* bezeichnet werden. Mehrere dieser Adverbien sind bereits in den vorangegangenen Lektionen aufgetaucht.

2. Die meisten Adverbien jedoch werden durch Anhängen der Endung -mente an das Adjektiv gekennzeichnet (im Gegensatz zum Deutschen, wo sich Adverbien hinsichtlich ihrer formalen Beschaffenheit nicht von Adjektiven unterscheiden). Die Betonung verlagert sich auf das Suffix -mente, Akzente entfallen (die Tilde bleibt auf auslautendem ã).

a) Bei Adjektiven, die für männliches und weibliches Geschlecht nur eine Singularform haben (*eingeschlechtige Adjektive*), wird zur Bildung des Adverbs -mente an diese Singularendung angefügt.

feliz (glücklich) – felizmente (glücklicherweise)
Felizmente, chegou cedo.   Glücklicherweise ist er früh gekommen.

fácil (leicht) – facilmente
Ele aprende facilmente.   Er lernt leicht.

cortês (höflich) – cortesmente
Responderam cortesmente.   Sie antworteten höflich.

b) Bei Adjektiven, die für das männliche Geschlecht die Endung -o und für das weibliche die Endung -a haben, wird -mente an die **weibliche Form** angehängt.

directo (direkt) – direct**a**mente
Dirija-se directamente ao Ministério.   Wenden Sie sich direkt an das Ministerium.

exacto (genau) – exact**a**mente
O comboio parte exactamente à meia-noite.   Der Zug fährt genau um Mitternacht ab.

c) Bei Adjektiven, die im Singular männlich auf -ês und weiblich auf -esa enden, wird -mente an die **männliche Form** angefügt:

português – portuguesmente (Zirkumflex entfällt!)

3. Das Adverb von ‚bom' ist **bem**, von ‚mau' und ‚ruim' (schlecht) **mal**.

4. In einigen Fällen steht die männliche Singularform des Adjektivs in der Funktion eines Adverbs:

falar alto – laut sprechen   vender caro – teuer verkaufen
falar baixo – leise sprechen   comprar barato – billig kaufen
gostar imenso – besonders mögen   andar ligeiro – schnell gehen

5. Im Prädikatsnomen, das heißt nach den Verben ‚ser', ‚estar' und ‚ficar' als Kopula, darf kein Adverb stehen.

Ela é pequena.   Sie ist klein.
Eles ficam tristes.   Sie sind traurig.

6. Bei den Verben ‚continuar', ‚estar', ‚ficar', ‚permanecer', ‚sair' und ‚parecer' können sowohl die Adjektive ‚bom' und ‚mau' als auch ihre Adverbien ‚bem' und ‚mal' stehen.

Eu estou bem.   Mir geht es gut.

Está bem! = Está bom!	Ist gut. (Ist) in Ordnung. Schon recht.
Ele está mal.	Ihm geht es schlecht.
O doente continua mal.	Dem Kranken geht es weiterhin schlecht.

7. Stehen in einem Satz zwei oder mehr durch ‚e' (und) verbundene Adverbien auf -mente, wird das Suffix -mente nur an das letzte Adjektiv angefügt, die voranstehenden Adverbien haben die feminine Singularform.

directa e indirect**amente**	direkt und indirekt
Ele falou franca e sincer**amente**.	Er sprach offen und aufrichtig.

8. Die häufigsten Adverbien und adverbialen Wendungen

a) der Art und Weise

aliás (im Übrigen, übrigens), assim (so), até (sogar), depressa (schnell), devagar (langsam); de cor (auswendig), de facto (in der Tat), em vão (vergeblich), de mais, demais (zuviel), de menos (zu wenig), de propósito (absichtlich), de repente (plötzlich), de súbito (plötzlich), de joelhos (auf Knien), de pé (stehend), às escondidas (heimlich, insgeheim), às cegas (blindlings), às escuras (im Dunkeln), à vontade (nach Belieben), em geral (im Allgemeinen), no fim de contas, afinal (letzten Endes), ainda assim, mesmo assim (selbst so), em resumo (kurz und gut)

b) der Zeit

hoje (heute), amanhã (morgen), ontem (gestern), anteontem (vorgestern), agora (jetzt), já (schon), nunca (niemals), sempre (immer), cedo (früh), tarde (spät), então (dann), depois (später, danach), jamais (je(mals)), antes (vorher, zuerst; eher; vielmehr), ainda (noch), logo (gleich), entretanto (unterdessen), quando (als), outrora (einstmals), depois de amanhã (übermorgen), por enquanto (einstweilen), de vez em quando (von Zeit zu Zeit, bisweilen, manchmal), de longe em longe (dann und wann), às vezes (zuweilen, manchmal), hoje em dia (heutzutage), quanto antes (so früh wie möglich), daqui a pouco (binnen kurzem), daqui em diante (von nun an)

c) des Ortes

aqui (hier), cá (hier), lá (dort), aí (dort, in der Nähe des Sprechenden, *siehe Lektion 15*), ali (dort, in der Nähe eines Dritten), acolá (dort drüben), acima (oben), abaixo (unten), dentro (innerhalb), fora (außerhalb), diante (vorn), atrás, detrás (hinten), perto (nahe, in der Nähe), longe (weit), junto (daneben; zusammen), onde (wo), donde (woher), aonde (wohin), avante (vorwärts); em parte alguma (nirgendwo), para trás (rückwärts, nach hinten), ao pé de (neben, an), em frente (gegenüber), ao lado (nebenan, zur Seite)

d) der Menge

demais (zuviel; zu sehr), muito (sehr), pouco (wenig), nada (nichts), mais (mehr), menos (weniger), bastante (ziemlich), assaz (genug, hinreichend), apenas (nur), mal (kaum), tão

+ Adjektiv (so), tanto (soviel), quanto (wie viel), quase (fast), mesmo (sogar, selbst); ao todo (insgesamt), de todo em todo (ganz und gar), nem tão-pouco (auch nicht, ebensowenig), tão-só (einzig und allein), ao menos (wenigstens), pelo menos (mindestens), ao certo (genau)

Merken Sie sich: ‚**Mais**' folgt dem Verb unmittelbar:

O senhor deseja mais alguma coisa?	Wünschen Sie noch etwas?
Não quero mais nada.	Ich möchte nichts mehr.

‚**Demais**' folgt stets dem Adjektiv oder dem Adverb, das es näher bestimmt:

É cedo demais para começar a trabalhar.	Es ist noch zu früh, um mit der Arbeit zu beginnen.
Já é tarde demais.	Es ist bereits zu spät.
O senhor é bom demais comigo.	Sie sind zu gut zu mir.
Isso é um pouco demais.	Das ist etwas zu viel (i. S. v ‚übertrieben').

(*aber*: os demais colegas – die übrigen Kollegen – *siehe Indefinitpronomen, Lektion 30*)

e) der Ordnung

primeiro, primeiramente (erstens), segundo (zweitens), sucessivamente (aufeinanderfolgend), consecutivamente (nacheinander; nach und nach); em primeiro lugar (erstens), em segundo lugar (zweitens)

f) der Bejahung

sim (ja), decerto (gewiss), certamente (sicher, gewiss), realmente (wirklich), também (auch), outrossim (ebenfalls, ebenso); sem dúvida (zweifelsohne), com certeza (gewiss, natürlich), possivelmente (möglicherweise), provavelmente (wahrscheinlich)

Die Bedeutung von ‚**pois**' als Adverb der Bejahung ist vom jeweiligen Kontext abhängig:

Que maravilhosa é esta paisagem! – Pois é.
Wie herrlich ist (doch) diese Landschaft? – Ja, wirklich. So ist es.

Ela vai amanhã para Coimbra, não vai? – Pois claro.
Sie fährt morgen nach Coimbra, nicht wahr? – Ja richtig. Ja natürlich. Stimmt.

Amanhã tens de levantar-te muito cedo, não? – Pois tenho.
Morgen musst du sehr früh aufstehen, nicht wahr? – Ja, richtig. Ja, das muss ich.

Ela pensa que eu vou pagar. – Pois sim!
Sie denkt, dass ich bezahle. – Eben. Eben, eben (ironisch).

g) der Verneinung

não (nein), jamais (je; niemals), nunca (niemals), nunca mais (nie wieder), nem sempre (nicht immer), nem (nicht einmal), nem tudo (nicht alles), nem sequer (nicht einmal); de modo algum (keineswegs), de nenhuma maneira, de maneira nenhuma (keineswegs, keinesfalls)

Die Bedeutung von ‚**pois não**' ist ebenfalls vom jeweiligen Kontext abhängig:

Ele não gostou do livro, pois não?
Er mochte das Buch nicht, nicht wahr?

Você pode emprestar-me a sua roda de reserva? – Pois não!
Können Sie mir Ihr Ersatzrad leihen? – Ja. Warum nicht. Natürlich.

h) der Ausschließung

só (nur), somente (lediglich), apenas (nur), unicamente (einzig), senão (wenn nicht, außer)

9. Steigerung der Adverbien

a) Von qualifizierenden Adjektiven abgeleitete Adverbien sowie einige Adverbien der Zeit und der Menge können gesteigert werden. Die Steigerung erfolgt wie bei den Adjektiven durch Vorsetzen von ‚mais' bzw. ‚menos':

exactamente – mais exactamente
tarde – mais tarde
A Teresa chegou mais tarde do que a Vera.   Teresa kam später als Vera.

b) Der Komparativ von bem ist ‚melhor' und der von mal ‚pior'.

Hoje, o doente está pior do que ontem.   Dem Kranken geht es heute schlechter als gestern.

c) Bildung des absoluten Superlativs

– analytisch durch Voransetzen von ‚muito' (sehr):
muito cedo – sehr früh, muito bem – sehr gut

– synthetisch durch Anhängen von -íssimo:
muitíssimo, tardíssimo, cedíssimo, pouquíssimo

Ela trabalha muito mais do que eu.	Sie arbeitet viel mehr als ich.
O Mário trabalha muitíssimo, mas o António estuda muito pouco.	Mário arbeitet sehr, sehr viel, António jedoch studiert sehr wenig.

Merken Sie sich:

Venha o mais cedo possível.	Kommen Sie so früh wie möglich. / Kommen Sie so früh Sie können.
Veio o mais cedo que pôde.	Er kam so früh er konnte.

Exercícios

26.1 Konjugieren Sie die folgenden Wendungen im Futur I:

falar muito, escrever-lhe uma carta, abrir a porta, ocupar-se da avó, dizer-lhe a verdade, trazê-lo ao primo, fazer muitas perguntas.

26.2 Setzen Sie ins Futur I.

a) zeitliche Funktion des Futur I

1. Hoje não chove.   2. Eles não gostam disso.   3. O primo delas vem também?   4. Hoje almoço cedo.   5. Chegam às três e um quarto.   6. Fazemos uma viagem no verão.   7. Eles não dizem a verdade.   8. Não é preciso comprar bebidas alcoólicas.   9. O pai empresta o carro ao filho.   10. Ela telefona ao irmão dela.   11. Estás lá às sete horas?   12. Passo o fim de semana na praia.   13. Passou numa rua muito movimentada.   14. Ele trouxe a cunhada.   15. Ela não traz a filha.   16. Eles fazem muitas perguntas.

b) Ausdruck der Vermutung oder Unsicherheit

1. São seis horas.   2. É melhor ir mais devagar.   3. Está doente.   4. Quem é?

c) Einsetzübung

1. Isso (ser) possível?   2. Onde (estar) a minha noiva?   3. O pai (chegar) logo.   4. Nós não (estar) em casa.   5. Eu (jantar) às oito horas.   6. O professor (explicar) as dificuldades.   7. O comboio (partir) com atraso.   8. Eu (comprar) muitos livros.   9. O senhor (vender) o seu carro?   10. (Haver) muitas pessoas na praça.   11. O táxi (levar)-nos ao centro da cidade.   12. Elas (estar) em casa?   13. Tu (escrever) esta carta?   14. Onde (estar) os tios?   15. Estas meninas (falar) muito.   16. Maria (abrir) a porta.   17. Tu (comprar) esta casa?   18. Os aviões (partir) ao mesmo tempo.   19. Nós (acender) a luz.

26.3 Übertragen Sie die folgenden Sätze ins Futur I und übersetzen Sie sie.

1. Não tive ocasião para visitar a tia.   2. Eu próprio trouxe os documentos.   3. Nunca mais encontraram o formulário.   4. Vieste de comboio ou de avião?   5. O ministro deu uma recepção (Empfang) no dia 14.   6. Os pais foram os primeiros a pensar nisso.   7. Assim pudeste mostrar as tuas qualidades.   8. O criado pôs uma nova toalha de mesa.   9. Eu só disse a verdade ao director.   10. Fomos de autocarro até ao correio.   11. Eles sobem até uma altura de 56 metros.   12. Vimos ainda um quadro famoso de van Gogh.

26.4 Bilden Sie die Adverbien und dazu jeweils einen Beispielsatz.

1. final,   2. natural,   3. certo,   4. feliz,   5. alto,   6. simples,   7. português,   8. amável,   9. difícil,   10. fácil,   11. bom,   12. pontual,   13. exacto,   14. especial,   15. mau,   16. mais exacto,   17. único,   18. pior,   19. real.

26

26.5 Übersetzen Sie die folgenden Sätze ins Deutsche. Achten Sie dabei besonders auf den Gebrauch der adverbialen Ausdrücke. Unterstreichen Sie sie. Benutzen Sie das Wörterbuch.

1. Está completamente errado.   2. É uma pergunta incrivelmente difícil de responder.   3. Percebeu a função perfeitamente.   4. Explicou o sistema detalhadamente.   5. Ambos estão acostumados a pensar rapida e sistematicamente.   6. As instalações tecnicamente mais avançadas continuam a ser caras.   7. Subitamente ela saiu.   8. O senhor pode falar francamente.   9. Isso repete-se mensalmente.   10. Trata-se de um problema extremamente complexo.   11. O ataque deteve temporariamente o inimigo.   12. Felizmente, nada de mau aconteceu.   13. Finalmente, compreendeu o sentido.   14. Eles chegaram imediatamente depois.   15. A dor começou a desaparecer rapidamente.   16. A situação compreende-se facilmente.   17. Realmente, não vale a pena.   18. É exactamente do que preciso.   19. Provavelmente têm razão.   20. Falou nobre, franca e sinceramente.   21. A resposta chegou alguns dias depois.   22. Ainda é bastante cedo.   23. Vem sempre cedo demais.   24. O meu pai trabalha sempre.   25. Ainda há lugar dentro?   26. Fala baixo demais.   27. Fale um pouco mais alto.   28. Gosto imenso de conhecê-la.   29. Vendeu o carro caro (2 Möglichkeiten).   30. Ela comprou barato.   31. Chegámos atrasados.   32. Vens fatigada.   33. Apanhei-a em flagrante.   34. Atrasei-me de propósito.   35. O velho levantou-se a custo.   36. O senhor pode falar à vontade.   37. A doente falou a meia voz.   38. Ele emagrece a olhos vistos.   39. Chegou a são e salvo ao seu destino.   40. A rapariga gritou a plenos pulmões.   41. Ela segue os seus conselhos às cegas.   42. Todos os presentes começaram a falar à uma.   43. A carta estará dactilografada num abrir e fechar os olhos.   44. Na semana passada choveu a cântaros.   45. Explicou a traços largos os riscos da sua missão.   46. Ela chamou em vão.   47. Fiz o erro de tomar a declaração à letra.   48. Ele conhece este tipo de carro de cor e salteado.   49. Ficaram nas suas cadeiras sem dizer chus nem bus.   50. Antes de mais nada, temos que informar o director.   51. Encontrou a chave por acaso.   52. Jamais se viu coisa assim.   53. Nunca jamais o saberá.   54. Aprenderemos isso, sem dúvida nenhuma.

26.6 Übersetzen Sie und achten Sie dabei auf den Gebrauch des Futur I.

1. Er wird mich benachrichtigen.   2. Sie wird 59 Jahre alt.   3. Wirst du ihm schreiben?   4. Wir werden keinen Lärm machen (fazer barulho).   5. Wird sie auch kommen?   6. Er wird auch kommen müssen.   7. Er wird das Zimmer reservieren lassen.   8. Nächsten Monat werden wir in Luanda sein.   9. Wird er dort bleiben?   10. Der Angestellte wird den Schalter gleich schließen (kein Futur I!).   11. Das wird nicht möglich sein.   12. Er wird gleich kommen (kein Futur I!).   13. Er wird wahrscheinlich krank sein.   14. In dieser Sache wird er nichts machen.   15. Sie wird zu Hause sein.   16. Sie wird wohl nicht zu Hause sein.

26.7 Übersetzen Sie und achten Sie dabei auf den Gebrauch der Adverbien.

1. Wahrscheinlich hat er recht.   2. Schließlich kam der Arzt.   3. Glücklicherweise ist nichts passiert.   4. Diese Straße ist sehr stark befahren, besonders an den Wochenenden.   5. Der Kühlschrank ist vollkommen leer.   6. Das ist vollkommen richtig.   7. Fah-

ren Sie langsam.   8. Fahren Sie schneller   9. Du kannst offen reden.   10. Diese Aufgabe (a tarefa) ist äußerst schwierig.   11. Er zahlt monatlich 550 Euro.   12. Das ist wirklich leicht.   13. Das ist ziemlich teuer.   14. Das Restaurant ist ziemlich voll.   15. Er wird das zweifellos machen.

26.8 Setzen Sie ein! Lesen Sie dabei immer den ganzen Satz.

a) Nuno é *o mais velho*. (Nuno ist *der Älteste*.)
der Kleinste, der Fleißigste, der Jüngste, der Ärmste, der Reichste, der Schönste, der Schlimmste.

b) O sr. Silva tem, além disso, *uma irmã solteira*. (Herr Silva hat außerdem *eine unverheiratete Schwester*.)
zwei unverheiratete Brüder, zwei Töchter, einen Sohn, zwei jüngere Kusinen, einen Schwager von 65 Jahren, eine junge Schwägerin, eine Schwiegermutter von 76 Jahren, einen Neffen, zwei Nichten, fünf Enkelkinder, drei verheiratete Töchter, zwei ältere Schwestern, ein Töchterchen von 4 Jahren, eine verwitwete Kusine, einen um 40 Jahre jüngeren Schwager, eine um 13 Jahre ältere Frau.

c) Ela ocupa-se muito *dos filhos*. (Sie beschäftigt sich viel mit *den Kindern*.)
der alten Mutter, der älteren Schwester, den jüngeren Brüdern, ihrem Neffen, der Tochter von Frau Perreira, den beiden Brüdern, den kranken Schwiegereltern, dem großen Haus, dieser Angelegenheit, seinem alten Vater, den beiden kleinen Nichten, den größeren Geschwistern, den kleineren Kindern.

d) Ele fará *79* anos *dentro de poucos meses*. (Er wird *in wenigen Monaten 79* Jahre.)
in zwei Wochen 18, in vier Tagen 21, im nächsten Jahr 5, in einem Monat 86, im nächsten Jahr 65, am Donnerstag 27, am nächsten Mittwoch 48, in 14 Tagen 35, am Dienstag in 14 Tagen 70.

e) Os mais velhos *certamente* vão à escola. (Die Größeren (*oder:* Älteren) gehen *gewiss* in die Schule.)
schon, wahrscheinlich schon, noch nicht, sicher noch nicht, glücklicherweise, natürlich schon, schon lange, oft nicht, immer noch, wieder, nächste Woche wieder.

f) Eles não pensam senão *nos seus filhos*. (Sie denken nur an *ihre Kinder*.)
die kranke Großmutter, den alten Großvater, die beiden Söhne, die armen Kinder, die Arbeit, die vielen Probleme, den hohen Preis, die günstige Gelegenheit, ihre Reise, das Geld, das teure Auto, die hübsche Nichte, die bald kommen wird, den Unfall.

g) A propósito, teve noticias *do seu irmão* que *foi* para o Brasil? (Apropos, haben Sie Nachricht von *Ihrem Bruder, der* nach Brasilien *gegangen ist*?)
ihrer Schwester ... die ... fahren wird; ihren Brüdern ... die ... fahren werden; Ihren Großeltern ... die ... gegangen sind; diesem Ehepaar ... das ... reisen wird; Ihren Geschwistern ... die ... abreisen werden; Ihrer Verlobten ... die ... abgereist ist; seinen Urgroßeltern ... die ... gegangen sind; Ihren Schwiegereltern ... die ... gefahren sind.

26.9 Lesen, übersetzen und beantworten Sie die folgenden Fragen zum Text:

1. Em que rua mora o Sr. Silva?   2. Em que bairro (Stadtteil, Stadtbezirk) de Lisboa mora ele?   3. Onde é que o Ronaldo viu a D. Adélia Silva antes?   4. Quantas filhas tem a D. Adélia?   5. Quais dos filhos frequentam a escola?   6. Quais dos filhos ainda não vão à escola?   7. Qual é a profissão do Sr. Silva?   8. Como se chama o irmão do João que foi para o Brasil?   9. O irmão do João é casado?   10. Quem chegará a Lisboa na semana que vem?   11. Que idade tem o sobrinho do João?   12. É o filho único do irmão do João?   13. O que fazem os pais com ele?   14. A irmã mais velha do João é casada também?   15. O que aconteceu com o marido da irmã mais velha do João?

26.10 Beantworten Sie die folgenden persönlichen Fragen:

1. O senhor é casado?   2. Há quantos anos casou?   3. Como se chama a sua mulher?   4. Quantos anos tem ela?   5. A mãe do senhor ainda é viva?   6. Quando é que o seu pai faz anos?   7. Quantos filhos tem o senhor?   8. Os filhos do senhor já frequentam a escola ou já terminaram a mesma?   9. Os seus avós já faleceram?   10. O senhor tem tios?   11. O senhor foi filho único?   12. O senhor dá-se bem com a sua sogra (dar-se com – sich verstehen mit)?   13. O senhor gosta dos seus parentes?

26.11 Fragen Sie Ihren Nachbarn (bzw. Ihre Nachbarin). Ihr Nachbar (bzw. Ihre Nachbarin) beantwortet die Frage ...

– ob er verheiratet ist
– wie viele Kinder er hat
– wie alt seine Kinder sind
– ob sie schon zur Schule gehen
– was seine Frau von Beruf ist
– wo sein Schwager wohnt
– wie viele von seinen Geschwistern jünger sind als er
– ob er bei den Schwiegereltern wohnt
– wie viele Cousinen und Cousins er hat
– wann sein Vater 65 wird
– wann seine Mutter Geburtstag hat
– ob die Großeltern noch leben
– ob er seine Kinder verwöhnt
– wer sich zu Hause am meisten um die Kinder kümmert, er selbst, seine Frau oder die Oma
– ob er sich freut, wenn die Verwandtschaft zu Besuch kommt.

26.12 Übersetzen Sie!

1. Nächsten Monat werde ich meinen Onkel besuchen.   2. Wahrscheinlich kommt sein Bruder noch in dieser Woche.   3. Er hat den Schwager in flagranti erwischt.   4. Er beschreibt systematisch die Anlage.   5. Sie ist sehr schnell gefahren.   6. Sie haben vollkommen recht.   7. Wird sie pünktlich kommen?   8. Der Neffe wird die Rechnungen monat-

lich vorlegen.   9. Plötzlich standen die Schwiegereltern auf.   10. Die Anlage ist technisch in Ordnung.   11. Das Problem ist äußerst schwierig.   12. Die Tante ist vollkommen zufrieden.   13. Endlich gingen die Verwandten.   14. Großvater, sprich etwas leiser.   15. Sprich lauter, die Großmutter hat das nicht gehört.   16. Der Schwiegervater stellte diese Frage absichtlich.   17. Plötzlich begannen alle Geschwister auf einmal zu reden.   18. Die Cousine macht das im Handumdrehen.   19. Mein lieber Neffe, du kommst umsonst.   20. Mein Cousin hat ihn zufällig kennengelernt.   21. Mein Kollege kennt die Maschine in- und auswendig.   22. Die beiden Nichten saßen da und sagten kein Sterbenswörtchen.   23. Ich habe ihm die Anlage in großen Zügen erklärt.

26.13 Übersetzen Sie mit Hilfe des Wörterbuches.

Os nomes portugueses

A lei portuguesa não permite mais de dois nomes próprios, mas não limita os nomes de família. Contudo, a grande maioria dos portugueses tem dois nomes de família: um dos dois nomes do pai e um dos dois nomes da mãe. O último nome é o que aparece na lista telefónica e em bibliografias (na Espanha é o primeiro).

Não existe em Portugal uma tradição rígida do nome por linha masculina. Contudo, muitas famílias, sobretudo nas cidades, preferem escolher para os filhos o último nome da mãe e o último nome do pai. A lei portuguesa permite todavia a livre escolha do nome – um dos dois nomes da mãe e um dos dois nomes do pai, segundo a ordem que se quiser (entsprechend der gewünschten Reihenfolge). Como os irmãos têm que ter todos o mesmo nome, a escolha é definitiva ao dar o nome ao primeiro filho.

O costume de a mulher portuguesa, ao casar, acrescentar ao seu nome um dos nomes do marido (geralmente o último), é um costume bastante recente (dos anos trinta) que se espalhou nas cidades, mas que nunca chegou à população rural, e que nunca foi obrigatório.

Depois do 25 de Abril está a usar-se cada vez menos escrever o nome do marido.
Vamos voltar ao texto da nossa lição. O Sr. Mário Gomes Silva poderia ser (könnte sein) o marido da Sra. D. Adélia Ferreira Carvalho, e os filhos chamar-se-iam (würden heißen) Nuno, Manuel, Paulo, Teresa e Maria Carvalho Silva.

LIÇÃO 27

Texto

Marcar um encontro pelo telefone

Telefonista: Sociedade Martins e Costa, Lda.
Sr. Schmidt: Tenha a bondade de me ligar a alguém da sua firma responsável pela compra de máquinas de costura.
Telefonista: Com quem? Faça o favor de falar um pouco mais alto, não entendi bem.
Sr. Schmidt: Disse que queria falar com o encarregado de compras de máquinas de costura.
Telefonista: Obrigada, agora percebi muito bem.
 É o senhor Gonçalves. Queira esperar um minutinho
Sr. Schmidt: Obrigado. A senhora é muito amável.
Sr. Gonçalves: Está?
Sr. Schmidt: O meu nome é Schmidt da casa Unitechna.
Sr. Gonçalves: Muito prazer. Em que posso servi-lo?
Sr. Schmidt: O senhor conhece o meu nome?
Sr. Gonçalves: Infelizmente não me lembro.
Sr. Schmidt: O senhor aparentemente não recebeu a nossa carta de 25 do mês passado. Por ocasião da minha visita ao Porto preciso falar com o senhor. A empresa que represento exporta grande variedade de máquinas de costura e como a sua firma se ocupa da venda desses produtos ... está lá?
Sr. Gonçalves: Sim, sim, estou a ouvir, continue.
Sr. Schmidt: Julguei que tinham desligado. Bem, eu gostaria de lhe apresentar os nossos prospectos sobre os diversos tipos de máquinas de costura.
Sr. Gonçalves: Muito bem. Então quando poderia visitar-me?
Sr. Schmidt: Depende completamente do senhor. Estou à sua disposição. Acabo de chegar ontem e permanecerei nesta cidade ainda uns 15 dias, mais ou menos. Mas creio que seria melhor ainda nesta semana.
Sr. Gonçalves: Tanto melhor. (Consulta a sua agenda na mesa.) Eu convidaria o senhor a visitar-me esta tarde, mas não tenho muito tempo ... Talvez na sexta-feira às cinco de tarde. Convém ao sr.?
Sr. Schmidt: Pois, sim ... É muito tarde. Não pode ser antes?
Sr. Gonçalves: Então, o sr. poderia vir terça-feira às 11.30 h?
Sr. Schmidt: Perfeitamente. A hora é conveniente. Combinado. Terça-feira às 11.30 h. Então, obrigado pela sua amabilidade, senhor Gonçalves, até à vista.
Sr. Gonçalves: De nada, senhor Schmidt. Até terça-feira.

Novas palavras

marcar um encontro einen Termin für ein Treffen vereinbaren
pelo telefone telefonisch
  a chamada telefónica das Telefongespräch
a sociedade die Gesellschaft
ligar a verbinden *mit*
alguém jemand
responsável por verantwortlich für; zuständig für
a compra der Kauf, der Ankauf, der Einkauf
a máquina de costura die Nähmaschine
o encarregado der Beauftragte, der Verantwortliche
o encarregado de negócios der Geschäftsträger
um minutinho einen ganz kleinen Moment
aparente offensichtlich, augenscheinlich
por ocasião de anlässlich von, aus Anlass von
  por ocasião da minha visita ao Porto anlässlich meines Besuches in Porto
representar vertreten
exportar exportieren
o produto das Erzeugnis
está lá? (*etwa:*) Hören Sie noch?
julgar glauben, meinen; beurteilen
desligar ab-, ausschalten, trennen
  Julguei que tinham desligado. *etwa*: Ich dachte, wir wären getrennt worden.

o prospecto der Prospekt
  Gostaria de lhe apresentar os nossos prospectos. Ich möchte Ihnen gern unsere Prospekte vorlegen (*oder*: zeigen).
diverso verschieden, verschiedenartig
estar à disposição de alguém jemandem zur Verfügung stehen
  Estou à disposição da empresa angolana. Ich stehe dem angolanischen Unternehmen zur Verfügung.
acabar beenden, Schluss machen, zu Ende gehen
acabar de soeben etwas getan haben
  Acabo de chegar. Ich bin soeben gekommen.
  Acabo de chegar ontem. Ich bin gestern erst angekommen.
permanecer bleiben
tanto melhor umso besser
convidar alguém a jemanden zu etwas einladen
perfeitamente (*hier:*) sehr gut
a amabilidade die Freundlichkeit, die Liebenswürdigkeit
  obrigado pela sua amabilidade vielen Dank *für* Ihre Freundlichkeit

LIÇÃO VINTE E SETE

Gramática

27 A Der Konditional / O condicional

Konditional I / o condicional simples

Der Konditional I wird gebildet durch Anhängen der Endungen

-ia, -ias, -ia, -íamos, -íeis, -iam

an den Infinitiv. (Das sind die Imperfektendungen von ‚haver', außerdem sind die Endungen identisch mit den Imperfektformen des Verbs ‚ir'.)

	1. Konjugation	2. Konjugation	3. Konjugation
	fal**ar**	com**er**	part**ir**
(eu)	fal**aria**	com**eria**	part**iria**
(tu)	fal**arias**	com**erias**	part**irias**
(ele/ela)	fal**aria**	com**eria**	part**iria**
(nós)	fal**aríamos**	com**eríamos**	part**iríamos**
(vós)	fal**aríeis**	com**eríeis**	part**iríeis**
(eles/elas)	fal**ariam**	com**eriam**	part**iriam**

Ausnahmen:

Bei den Verben ‚dizer', ‚fazer' und ‚trazer' entfällt (wie beim Futur I) -ze-:

	dizer	fazer	trazer
(eu)	diria	faria	traria
(tu)	dirias	farias	trarias
(ele/ela)	diria	faria	traria
(nós)	diríamos	faríamos	traríamos
(vós)	diríeis	faríeis	traríeis
(eles/elas)	diriam	fariam	trariam

Konditional II / O condicional composto, o condicional perfeito

Der Konditional II aller Verben wird mit dem Konditional I von ‚ter' und dem Partizip Perfekt gebildet:

(eu)	teria	
(tu)	terias	falado
(ele/ela)	teria	comido
(nós)	teríamos	partido
(vós)	terieis	
(eles/elas)	teriam	

Gebrauch

Den Konditionalformen des Portugiesischen entsprechen die deutschen Formen würde + Infinitiv oder Formen des Konjunktiv Imperfekt:

eu viria	ich würde kommen (*oder*: ich käme)
ele teria	er würde haben (*oder*: er hätte)
elas seriam	sie würden sein (*oder*: sie wären)
eu teria falado	ich hätte gesagt (*evtl. auch*: ich würde gesagt haben)
ele teria partido	er wäre abgereist
nós teríamos vindo	wir wären gekommen

1. Der Konditional dient zum Ausdruck von irrealen Handlungen:

| O que lhe dirias neste caso? | Was würdest du ihm in diesem Fall sagen? |

Besonders in der Umgangssprache steht oft anstelle des Konditionals das Imperfekt (*siehe Lektion 15*):

| A minha esposa desejaria conhecer o sr. Santos. = A minha esposa desejava conhecer o sr. Santos. | Meine Frau möchte gern Herrn Santos kennenlernen. |
| Eu não lhe emprestaria o dinheiro. = Eu não lhe emprestava o dinheiro. | Ich würde ihm das Geld nicht leihen. |

Anmerkung: Von ‚preferir' und ‚querer' benutzt man meist nur die Imperfektform.

2. Der Konditional steht im Hauptsatz des Bedingungsgefüges (*siehe Hypothetisches Satzgefüge – Bedingungssätze, Lektion 29*).

3. Der Konditional steht in Nebensätzen, die mit ‚que' (dass) eingeleitet werden, zum Ausdruck der *Nachzeitigkeit* zur Vergangenheit. Das Verb des Hauptsatzes muss dabei in einer Zeit der Vergangenheit stehen:

| Eles disseram que voltariam amanhã. | Sie sagten, sie kämen morgen zurück. |

Der Konditional steht gleichfalls in indirekten Fragesätzen der Vergangenheit zum Ausdruck der *Nachzeitigkeit* (*siehe Zeitenfolge, Lektion 28*):

Eu não sabia se ela viria.	Ich wusste nicht, ob sie kommen würde.

4. Der Konditional steht zum Ausdruck der Vermutung oder der Behauptung mit Bezug auf die *Vergangenheit*:

Que horas seriam quando ele chegou?	Wie spät mochte es sein, als er ankam?
Quem teria comprado este vinho?	Wer mochte wohl diesen Wein gekauft haben?

5. Stellung der verbundenen Personalpronomen sowie der Reflexivpronomen

a) beim Konditional I:

– *Zwischenstellung*, wenn die Bedingungen für die Nachstellung gegeben sind (*siehe Lektion 10 sowie Stellungsregeln beim Futur in Lektion 26 B*):

Emprestar-lhe-ia o livro.	Ich würde ihm das Buch borgen.
Dir-lho-ia.	Ich würde es ihm sagen.
Lembrar-nos-íamos.	Wir würden uns erinnern.
Ele comprá-lo-ia.	Er würde es (*oder:* ihn) kaufen.
Elas comê-lo-iam.	Sie würden es essen.
Eu fá-lo-ia.	Ich würde es tun.
Ela trá-la-ia.	Sie würde sie herbringen.

– *Voranstellung*:

Eu não lhe telefonaria.	Ich würde ihn (*oder:* sie) nicht anrufen.
Disse que se lembraria desse homem.	Er sagte, dass er sich an diesen Mann erinnern würde.
O que lhe dirias?	Was würdest du ihm sagen?
Quando o compraria?	Wann würde er ihn kaufen?

b) beim Konditional II:

Tê-lo-ias chamado também?	Hättest du ihn auch gerufen?
Eu não o teria chamado.	Ich hätte ihn nicht gerufen.

Exercícios

27.1 Konjugieren Sie schriftlich!

1. Eu disse que queria falar com o gerente. (Ich sagte, dass ich mit dem Geschäftsführer sprechen wollte.) 2. Eu poderia visitá-lo. (Ich könnte ihn besuchen.) 3. Lavar-me-ia. (Ich würde mich waschen.) 4. a) Eu poria o leite no frigorífico. (Ich würde die Milch in den Kühlschrank stellen.) b) Eu (pôr)-o no frigorífico. (Ich würde sie in den Kühlschrank stellen.)

27.2 Bilden Sie den Konditional I und II.

pôr, trazer, dar, dizer, ser, ter, estar, sentar-se, fazer, sair.

27.3 Setzen Sie die Sätze in den Konditional I und übersetzen Sie sie anschließend ins Deutsche.

1. Eles trabalham o dia inteiro. 2. Tenho paciência. 3. A tia chega. 4. Somos nove. 5. Elas estão em casa. 6. Janto às oito horas. 7. O professor explica as dificuldades. 8. Compro estes livros. 9. O senhor vende o seu carro? 10. Não compreendo esta atitude (Haltung). 11. Escreves uma carta? 12. Compras esta camisa? 13. Acendemos a luz.

27.4 Setzen Sie die Sätze in den Konditional I. Achten Sie besonders auf die Angleichung des Pronomens an die Verbform.

1. Compro-o. 2. Compramos-lho. 3. Levo-o ao centro. 4. Digo-lhe a verdade. 5. Digo-lha. 6. Escrevemo-lo. 7. Têm-no. 8. Tem-lo. 9. Faço-o.

27.5 Setzen Sie die folgenden Sätze in den Konditional I und übersetzen Sie sie anschließend.

1. Eu nunca cri nessas informações. 2. Qualquer pessoa fazia o trabalho mais depressa. 3. Que tinhas dito ao encarregado de negócios? 4. Vocês trouxeram as encomendas do correio? 5. Nesse caso receberemos a bagagem à saída. 6. Não consigo encontrar esses documentos. 7. Podias passar pelo aeroporto logo à tarde? 8. Que desculpa (Entschuldigung) daremos ao chefe? 9. Fui com ela até à fronteira. 10. No dia seguinte acordei numa sala grande.

27.6 Übersetzen Sie!

1. Ich würde die Schuhe kaufen, aber ich habe kein Geld. 2. Ich würde das nicht tun. 3. Ich könnte das nicht tun. 4. Er würde gern Bier trinken. (*Zur Übersetzung dieses Satzes sind mehrere Formen möglich. Nennen Sie mindestens vier.*) 5. Sie würde mit ihm sprechen. 6. Ich würde es ihr sagen. 7. Ich würde die Wahrheit sagen. 8. Ich glaube, das wäre besser. 9. Sie (*Pl. mask.*) würden es nicht bringen. 10. Diese Nähmaschine würde ich aber nicht kaufen. 11. Würdest du ihm dein Auto leihen? 12. Ich wäre damit nicht zufrieden. 13. Ich würde ihn anrufen. 14. *Ihm* würde ich es sagen, *ihr* nicht.

27.7 Setzen Sie die folgenden Sätze in den Konditional II.

1. O cliente (escolher) outro tipo mas a firma não tinha nada mais.   2. Eles (encomendar) também alguns artigos de couro, mas as respectivas amostras (Warenmuster) não lhes chegaram a tempo.   3. Eu (visitar)-o antes, mas não foi possível.   4. Eles (dizer)-nos tudo, mas supunham (supor = vermuten, annehmen) que estávamos também informados deste assunto.

27.8 Setzen Sie die folgenden Sätze in den Konditional II und übersetzen Sie sie ins Deutsche.

1. O encontro durou apenas 25 minutos.   2. Assim, teve grandes dificuldades.   3. Ainda não indicaram o dia e a hora da entrevista.   4. Que disseste ao empregado de serviço?   5. Com certeza nunca viu tal acidente.   6. Na opinião (Meinung) do gerente, esses documentos nunca existiram.   7. Com a ajuda da minha irmã fiz este bolo.   8. Fiz o curso de português em pouco menos de dois anos.   9. Os médicos não deram nenhuma explicação para o facto.   10. Além disso, ainda arrumámos a maioria dos aparelhos no armazém.

27.9 Setzen Sie die entsprechende Form des pretérito imperfeito bzw. des pretérito perfeito simples ein.

1. Ele (ter) sempre muito trabalho.   2. Eu (estar) no meu escritório quando (ouvir) de repente um grande barulho (Lärm).   3. Na semana passada, (nós) (ter) muito tempo para dar passeios.   4. Eles (estar) na aula, quando o professor (entrar).   5. Ontem à noite, (nós) (ir) ver um filme.   6. Ele (dizer-me) que (ter) dois cães em casa.   7. Eu (passar) muito tempo na Argélia.   8. Ontem eu (ter) muito que fazer.   9. A filha (ajudar) sempre na cozinha.   10. Anteontem, (fazer) bom tempo.   11. Na noite passada, eu não (conseguir) dormir.   12. Os meninos (comer) sempre bem.   13. (Tu) (gostar) do filme?   14. O senhor (fazer) o seu trabalho?   15. Quando eu (entrar), ele (estar) a telefonar.   16. (Ser) uma vez uma princesa que (viver) num magnífico palácio (Anfang eines Märchens).

27.10 Setzen Sie ein! Wiederholen Sie dabei immer den ganzen Satz.

a) *Disse* que *queria* falar com o encarregado de compras. (*Ich sagte*, dass *ich* mit dem Verantwortlichen für den Einkauf sprechen *wollte*.)
Wir haben gesagt ... Sie ... wollten; Er hat gesagt ... ich ... wollte; Sie haben gesagt ... er ... wollte; Sie sagt ... Sie ... wollen.

b) Gostaria de *lhe* apresentar os nossos prospectos. (Ich möchte *Ihnen* gern unsere Prospekte vorlegen.)
dir, ihr, ihm, euch, ihnen, Ihnen (*Pl. mask.*), Ihnen (*Sg. fem.*), den Verantwortlichen für den Absatz von Nähmaschinen (Gostaria de apresentar a ...), dem Direktor, den neuen Kunden, Frau Ferreira.

c) Quando *poderia o senhor* visitar-me? (Wann *könnten Sie mich* besuchen?)
könnten wir sie, könnte er ihn, könnten sie uns, könnte sie Sie (*Pl. fem.*), könnten Sie (*Pl. fem.*) sie (*Pl. mask.*).

Machen Sie diese Einsetzübung schriftlich.

d) *Eu convidaria o senhor* a visitar-me esta tarde mas não *tenho* muito tempo. (*Ich würde Sie* gern einladen, *mich* heute Nachmittag zu besuchen, aber *ich habe* nicht viel Zeit.)
Er würde Sie ...; Wir würden Sie ...; Sie würden sie (*Pl. fem.*) ...; Sie würde Sie ...; Du würdest sie (*Sg. fem.*) ...; Ich würde ihn ...; Wir würden sie (*Pl. fem.*) ...; Er würde uns ...; Wir würden dich ... .

e) Acabo de chegar. (Ich bin soeben angekommen.)
1. Sie hat den Brief gerade geschrieben. 2. Er ist soeben abgefahren. 3. Sie haben sich soeben verabschiedet. 4. Ich habe soeben gebadet. 5. Er hat Sie (sg. mask.) soeben angerufen. 6. Ich habe soeben getankt. 7. Soeben hat er sich ein Paar Schuhe gekauft. 8. Sie hat ihm soeben den Schlüssel gegeben.

f) Pode marcar-me uma hora para *amanhã*? (Können Sie mir einen Termin für *morgen* geben?)
übermorgen, heute, nächste Woche, Dienstagabend, Montag gegen 4 Uhr nachmittags, heute in 14 Tagen, kommenden Monat, Mittwoch früh.

27.11 Lesen, übersetzen und beantworten Sie folgende Fragen zum Text.

1. Quem telefona a quem? 2. Qual é a profissão do sr. Schmidt? 3. O que diz o sr. Schmidt à telefonista? 4. A telefonista entende-o imediatamente? 5. O sr. Gonçalves é encarregado de quê? 6. Porque é que o sr. Schmidt precisa falar com o sr. Gonçalves? 7. O que julga o sr. Schmidt a meio da chamada com o sr. Gonçalves? 8. Quantos dias permanecerá o sr. Schmidt nesta cidade? 9. O sr. Schmidt crê que seria melhor visitar o sr. Gonçalves no mesmo dia? 10. Que dia e que hora propõe (propor = vorschlagen) o sr. Gonçalves primeiro? 11. Afinal, que dia e que hora marcaram ambos para o encontro?

27.12 Stereotype Wendungen beim Telefonieren – Übersetzen Sie!

Eu quero fazer três chamadas. Esta cabine telefónica ainda funciona com moedas. Primeiro meto as moedas, a seguir levanto o auscultador e marco o número. O primeiro número que marquei não dava sinal, o segundo dava sinal de impedido (Besetztzeichen). Quando disquei o terceiro número atendeu um senhor desconhecido que me perguntou: "O senhor não se teria enganado?" Verificámos que o indicativo (Vorwahl) foi alterado (wurde geändert). Tem mais um sete entre o seis e o cinco.

Pedro:	Está? É do 8732159?
Senhora:	Não, não. Aqui é do 8742159.
Pedro:	Ah, desculpe, foi engano. (Ach Entschuldigung, ich habe mich verwählt.)
Senhor:	Boa tarde, é da empresa Solarent?
Senhora:	Não, é de uma casa particular.
Senhor:	Estou, sim. (Ja, bitte? / Hallo?)
António:	Está? Donde é que fala? (Hallo? Mit wem bin ich verbunden?)
Senhor:	É do 8732159.

António:	Queria falar com a Margarida. Ela está?
Senhor:	Não, a Margarida não está. Quer deixar recado?
António:	Diga-lhe que telefonou o António Ferreira. Eu telefono mais tarde.

Senhora:	Estou.
António:	Boa tarde, é da casa da Margarida?
Senhora:	É, sim. Quem fala?
António:	É o António Ferreira.
Senhora:	Um momento, eu vou chamar.

Ah, o gravador de chamadas! Pode deixar recado e a instituição ou o seu amigo vai com certeza telefonar mais tarde.

27.13 Beantworten Sie die Fragen nach den deutschen Vorgaben.

1. Wie meldet man sich in Portugal am Telefon, wenn man angerufen wird?
2. Wie fragt man, um zu erfahren, ob die Vorwahl stimmt.
3. Was fragt man, um zu erfahren, ob die angewählte Firma oder Institution die richtige ist?
4. Was fragt António, um zu erfahren, ob er die richtige Telefonnummer gewählt hat?
5. Was sagt man, wenn man sich verwählt hat?
6. Was sagt man, wenn man mit einer bestimmte Person sprechen möchte?
7. Wie sagt man, dass die gewünschte Person nicht da ist?
8. Wie fragt man, ob man etwas ausrichten soll?
9. Wie bittet man am Telefon, etwas auszurichten?
10. Die Ansage auf dem Anrufbeantworter lautet oft: ‚Nach dem Piepton können Sie eine Nachricht hinterlassen.' Wie würden Sie das übersetzen?

27.14 Fragen Sie Ihren Nachbarn (bzw. Ihre Nachbarin). Ihr Nachbar (bzw. Ihre Nachbarin) beantwortet die Frage ...

- ob er auf seinem Arbeitsplatz (posto de trabalho) ein Telefon hat
- mit wem er gern telefoniert (*Beachten Sie*: telefonar a + Person, telefonar para + Institution)
- mit wem es besonders schwierig ist, einen Termin zu vereinbaren
- wo sich in seinem Betrieb die Kollegen zur Dienstbesprechung (Umschreiben Sie das Wort!) zusammenfinden
- wann die Dienstbesprechungen gewöhnlich stattfinden
- ob die Sekretärin vorher die Teilnehmer der Besprechung anruft
- ob er einen Terminkalender (a agenda) hat
- welche Termine in dieser Woche in seinem Terminkalender stehen.

27.15 Übersetzen Sie!

1. So würde ich den Brief nicht schreiben.   2. Wir würden ihm ein Motorrad kaufen, aber er hat schon eins.   3. Würde er dir das Buch leihen.   4. Auch in diesem Fall würde ich es ihm sagen.   5. Das hätte ich ihm nicht gesagt.   6. Er wäre mit dem Ankauf von 100 Nähmaschinen zufrieden.   7. Wann würden Sie denn hier sein?   8. Ich würde sie nicht anrufen.   9. Hättest du das auch so gemacht?   10. Wir würden noch in diesem Jahr liefern.   11. Würden Sie mir das noch einmal erklären?

27.16 Übersetzen Sie mit Hilfe des Wörterbuchs.

O telemóvel

Um telefone celular (no Brasil e em Moçambique) ou telemóvel (em Portugal) é um aparelho de comunicação por ondas electromagnéticas que permite a transmissão bidireccional de voz e dados utilizável numa área geográfica que se encontra dividida em células, cada uma delas servida por um transmissor/receptor.

Telefone celular, ou simplesmente "celular" (*Plural:* celulares), é a designação utilizada no Brasil e em Moçambique. Em Portugal, estes aparelhos passaram a ser designados a seu tempo como "telemóvel" (plural: telemóveis), uma simplificação de "telefone móvel". No entanto, a designação 'Telefone Celular' permanece como designação técnica.

Em Portugal, a taxa de penetração dos telemóveis já ultrapassou os 100%, ou seja, existem mais equipamentos que habitantes portugueses. Devido a estes números, os operadores tentam fidelizar os seus clientes através de novos serviços, sobretudo de comunicação de dados, com destaque para o acesso móvel à Internet através de tecnologias de terceira geração (ex: UMTS).

SMS

O Serviço de mensagens curtas ou Short Message Service (SMS) é um serviço disponível em telefones celulares (telemóveis) digitais que permite o envio de mensagens curtas (até 160 caracteres em GSM e 255 em CDMA) entre estes equipamentos e entre outros dispositivos de mão como 'palm' e 'handheld', e até entre telefones fixos (linha-fixa).

SMS originalmente foi projetado como parte do GSM (Sistema de comunicação móvel global) padrão digital de telefone celular, mas está agora disponível num vasto leque de redes, incluindo redes 3G.

Já se discute e planeja-se sua evolução através do MMS (Multimedia Messaging Service). Com o MMS, os usuários poderão enviar e receber mensagens não mais limitados aos 160 caracteres do SMS, bem como poderão enriquecê-las com recursos audiovisuais, como imagens, sons e gráficos.

LIÇÃO 28

Texto

No banco

Sr. Krause: O senhor sabe dizer-me onde fica o banco mais próximo, por favor.

Um português: O mais próximo é o dos Restauradores. O senhor vai por esta rua e depois, na primeira ... segunda ... terceira à direita ... Bem, como é um pouco difícil, eu posso ir com o senhor.

Sr. Krause: É muito amável. Muito obrigado. Eu queria comprar um mapa da cidade e alguns livros. Mas o problema é que tenho aqui apenas alguns trocos. Preciso de cambiar dinheiro. O que tenho, não chega.

Um português: Bem, eu agora tenho de ir à esquerda, mas o senhor deve continuar em frente. São só mais uns cem metros. É sempre a direito até ao largo, depois volta à esquerda e está nos Restauradores.

Sr. Krause: Mais uma vez muito obrigado.

Um português: De nada, o prazer foi todo meu. Boa tarde!

Sr. Krause: Queria trocar dinheiro. A quanto está o câmbio?

Empregado do banco: Bem, depende da espécie do dinheiro que o senhor tem ... dólares, francos suíços, euros, libras inglesas, reais ... e que quantia deseja trocar?

Sr. Krause: Queria cambiar 500 francos suíços em euros. Aqui está o meu cheque de viagem.

Empregado: É um cheque à vista. É do Banco Crédit Lyonnais. Esta conta bancária é sua?

Sr. Krause: É, sim.

Empregado: Bem. A cotação de hoje para o franco suíço é 110 euros por 100 francos, quer dizer, o senhor receberá 550 euros por 500 francos suíços. Faça o favor de assinar o cheque no verso. Tome esta chapa e vá receber na caixa.

Um sueco falando inglês: Desculpe, eu ouvi o senhor falar português. O senhor poderia servir de intérprete para mim?

Sr. Krause: Pois não.

O sueco: A minha empresa mandou transferir dinheiro para mim, por via telegráfica, mas eu não sei como fazer-me entender.

Sr. Krause: Este senhor quer saber se este banco recebeu uma ordem de pagamento telegráfica para ele.

Empregado: Tem o seu bilhete de identidade? (O sueco apresenta o seu passaporte.) Certo. Chegaram 10 000 coroas suecas.

Sr. Krause: Este senhor disse que queria depositar esta quantia.

Empregado: Então, deve abrir uma conta.
Sr. Krause: Ele disse que já abriu uma conta há três meses.
Empregado: Ah, já tem uma conta neste banco. Não sabia disso. Aqui tem um impresso. Indique o número dessa conta bancária, a quantia que quer depositar e peça a esse senhor que assine.
Sr. Krause: Ele tem aqui uma carta de crédito. Quer saber se pode levantar dinheiro aqui com este crédito.
Empregado: Lamento muito. Tem que ir ao Banco Transatlântico.
Sr. Krause: Perguntou se podia descontar este cheque.
Empregado: É um cheque não endossável. Além disso, falta o selo.
Sr. Krause: Tem razão, este senhor enganou-se. Foi este cheque que ele queria apresentar.
Empregado: Muito bem. É um cheque ao portador. Como quer o dinheiro?
Sr. Krause: Ele disse que queria 190 euros em notas pequenas e o resto em moedas.– Esse cheque foi o último cheque que ele tinha. Pede que lhe emita um novo livro de cheques.
Empregado: Com muito prazer. – Aqui tem.

Novas palavras

o banco die Bank

o problema é que ... das Problem besteht darin, dass

o troco das Wechselgeld; das Kleingeld

cambiar (*auch*: trocar) dinheiro Geld umwechseln, Geld einwechseln

   Preciso de cambiar dinheiro. Ich muss Geld wechseln.

o câmbio (*oder*: a cotação) der Wechselkurs, die Kursnotierung

A quanto está o câmbio? Wie steht der Kurs?

Qual é a cotação de hoje para o dólar? Wie steht heute der Dollar? Wie ist der Tageskurs für den Dollar?

a espécie die Art, die Sorte

o franco suíço der Schweizer Franken

a libra inglesa das Englische Pfund

o real Real, brasilianische Währungseinheit

a quantia die Summe, der Betrag, die Menge

cambiar francos em euros Franken in (*oder*: gegen) Euro tauschen, Franken in Euro einwechseln

o cheque de viagem der Reisescheck, Traveller's cheque

o cheque à vista der Barscheck

a conta bancária das Bankkonto; das Girokonto

a chapa die Marke; die Plakette

   Tome esta chapa e vá receber na caixa. (*etwa*:) Mit dieser Marke gehen Sie bitte (zum Empfang des Geldes) zur Kasse.

o sueco der Schwede

servir de intérprete dolmetschen, als Dolmetscher fungieren, als Dolmetscher dienen

transferir dinheiro Geld überweisen (transfiro, transferes ...)

por via telegráfica auf telegrafischem Wege

fazer-se entender sich verständlich machen

   Não sei como fazer-me entender. Ich weiß nicht, wie ich mich verständlich machen soll.

a ordem de pagamento die Zahlungsanweisung

certo (*hier*:) stimmt!, (das ist) richtig!, gut!

a coroa sueca die Schwedische Krone

depositar dinheiro numa conta Geld auf ein Konto einzahlen

abrir uma conta ein Konto eröffnen

a carta de crédito der Kreditbrief, das Akkreditiv

levantar (*auch*: sacar) dinheiro Geld abheben

descontar um cheque einen Scheck einlösen

não endossável nicht übertragbar

o selo (*hier*:) der Firmenstempel, das Geschäftssiegel

o portador der Inhaber

o cheque ao portador der Inhaberscheck

emitir ausstellen

o livro de cheques das Scheckheft

284 | LIÇÃO 28

Gramática

28 A Zeitenfolge im Indikativ: Der Indikativ im Nebensatz (Gliedsatz)

1. Steht das Verb des Hauptsatzes im **Präsens**, **pretérito perfeito composto**, **Futur**, **Imperativ** (oder **Konditional I**), folgt im Nebensatz (der mit ‚que' – ‚dass' eingeleitet wird)

a) das **Präsens** zum Ausdruck der *Gleichzeitigkeit* von Haupt- und Nebensatz:

Digo que ele tem razão.	Ich sage, dass er recht hat.
Tenho dito que ele tem razão.	Ich habe immer gesagt, dass er recht hat. (Ich habe es in der Vergangenheit gesagt und sage es immer noch.)
Diga-lhe que tem razão!	Sagen Sie ihm, dass er recht hat!
Eu diria que ele tem razão.	Ich würde sagen, dass er recht hat.
Direi que ele tem razão.	Ich werde sagen, dass er recht hat.

b) das **pretérito perfeito simples**, **pretérito perfeito composto** (seltener das imperfeito oder mais-que-perfeito composto) zum Ausdruck der *Vorzeitigkeit* der Handlung des Nebensatzes:

Eu digo que tem tido razão.	Ich sage, dass er recht hatte (und immer noch recht hat).
Eu digo que tinha razão.	Ich sage, dass er recht hatte.
Eu digo que teve razão.	Ich sage, dass er recht gehabt hat.
Eu digo que tinha tido razão.	Ich sage, dass er recht gehabt hatte.
Eu diria que ele teve (tinha) razão.	Ich würde sagen, dass er recht hatte.
Direi que teve razão.	Ich werde sagen, dass er recht gehabt hat.
Diga-lhe que ele tinha razão.	Sagen Sie ihm, dass er recht hatte.

c) das **Futur** zum Ausdruck der *Nachzeitigkeit*:

Eu digo que ele terá razão.	Ich sage, dass er recht haben wird.
Eu tenho dito que ele terá razão.	Ich habe gesagt (und sage es weiterhin), dass er recht haben wird.
Eu direi que ela virá.	Ich werde sagen, dass sie kommen wird.
Diga-lhe que ela virá!	Sagen Sie ihm, dass sie kommt!
(*aber*: Diga-lhe que ela venha!	Sagen Sie ihm, dass sie kommen *soll*!)
Eu diria que ele virá.	Ich würde sagen, dass er kommen wird.

2. Steht das Verb des Hauptsatzes in einer Zeit der **Vergangenheit** (imperfeito, pretérito perfeito simples, mais-que-perfeito composto) folgt im Nebensatz

a) das **Imperfekt** (oder seltener das pretérito perfeito simples) zum Ausdruck der *Gleichzeitigkeit* von Haupt- und Nebensatz:

Eu dizia que ele tinha razão.	Ich sagte, dass er recht hatte.
Eu disse que ele tinha razão.	Ich habe gesagt, dass er recht hatte.
Eu tinha dito que ele tinha razão.	Ich hatte gesagt, dass er recht hatte.

b) das **Plusquamperfekt** (mais-que-perfeito composto) zum Ausdruck der *Vorzeitigkeit* der Handlung des Nebensatzes:

Eu dizia que ele tinha tido razão.	Ich sagte, dass er recht gehabt hatte.
Eu disse que ele tinha tido razão.	Ich habe gesagt, dass er recht gehabt hatte.
(Eu tinha dito que ele tinha tido razão.	Ich hatte gesagt, dass er recht gehabt hatte.)

c) das **Konditional** zum Ausdruck der *Nachzeitigkeit* (anstelle des Konditionals kann Imperfekt Indikativ stehen):

Eu dizia que ela viria (*oder*: vinha) no domingo.	Ich sagte, dass sie am Sonntag kommen wird.
Eu disse que ela viria no domingo.	Ich habe gesagt, dass sie am Sonntag kommen wird.
Eu tinha dito que ela viria no domingo.	Ich hatte gesagt, dass sie am Sonntag kommen wird.

d) das **Präsens** bei Allgemeingültigkeit der Aussage:

Ele disse que a vida é curta.	Er sagte, dass das Leben kurz ist. Er sagte, das Leben sei kurz.
Ela soube que ele é de Coimbra.	Sie erfuhr, dass er aus Coimbra stammt.
Eu não sabia que há palmeiras em Portugal.	Ich wusste nicht, dass es in Portugal Palmen gibt.
Ele disse que a terra é redonda.	Er sagte, die Erde ist rund.

28 B Die Umwandlung der direkten Rede in die indirekte Rede / A transposição do discurso directo para o indirecto

Im Gegensatz zum Deutschen steht im Portugiesischen kein Konjunktiv in der indirekten Rede, sondern die entsprechende Zeit des Indikativ.

1. Steht das Verb des Einführungs- oder Nachsatzes zur direkten Rede (in der Regel ein Verb des Sagens oder Denkens) im **Präsens** oder im **Futur**, ergeben sich bei der Umwandlung in die indirekte Rede hinsichtlich des Zeitengebrauchs gegenüber dem Deutschen keine Besonderheiten.

Direkte Rede	Indirekte Rede
Ele diz: – Ontem fui no cinema.	Ele diz que foi no cinema ontem.
Er sagt: „Gestern war ich im Kino."	Er sagt, dass er gestern im Kino war.

2. Steht das Verb des Einführungs- oder Nachsatzes zur direkten Rede in einer Zeit der **Vergangenheit**, kommt es zu folgenden Umwandlungen:

Direkte Rede	Indirekte Rede
a) *Verb im Präsens*	*Verb im Imperfekt* (*oder pps*)
Ela respondeu: – Tens razão. Sie antwortete: „Du hast recht."	Ela respondeu que tinhas razão. Sie antwortete, dass du recht hättest.
Eu disse: – Ele está muito ocupado. Ich sagte: „Er ist sehr beschäftigt."	Eu disse que ele estava muito ocupado. Ich sagte, dass er sehr beschäftigt sei.
Ela perguntou: – O Pedro vem na segunda-feira? Sie fragte: „Kommt Pedro am Montag?"	Ela perguntou se o Pedro vinha na segunda-feira. Sie fragte, ob Pedro am Montag käme (*oder*: kommt).
O Mário perguntou: – Como está a família? Mario fragte: „Wie geht es der Familie?"	O Mário perguntou como estava a família. Mario fragte, wie es der Familie ginge (*oder*: gehe).
este, esse	*aquele*
Ele disse: – Esta casa é bonita. Er sagte: „Dieses Haus ist schön."	Ele disse que aquela casa era bonita. Er sagte, dass jenes Haus schön sei.
b) *Verb im pretérito perfeito simples*	*Verb im mais-que-perfeito composto*
– Chamei o médico – disse a Maria. „Ich habe den Arzt gerufen", sagte Maria.	A Maria disse que tinha chamado o médico. Maria sagte, dass sie den Arzt gerufen hätte.
c) *Verb im Futur*	*Verb im Konditional*
Ela disse: – Voltarei no domingo. Sie sagte: „Ich werde am Sonntag zurückkehren."	Ela disse que voltaria no domingo. Sie sagte, dass sie am Sonntag zurückkehren werde (*oder*: wird).
d) *Verb im Imperativ*	*Verb im Konjunktiv Imperfekt* (s. Lektion 29)
Ela ordenou: – Pare na esquina. Sie befahl: „Halten Sie an der Ecke!"	Ela ordenou que ele parasse na esquina. Sie befahl, dass er an der Ecke halten solle. / Sie befahl, an der Ecke zu halten.

Exercícios

28.1 ... e você?

1. Ele não pôde fazer férias mais cedo porque tem estado doente. E você?
2. É certo que ele tem trabalhado muito, e, agora, gostava de se divertir um pouco. E você?
3. Ele pensou que eles já tinham depositado a quantia. O que pensou você?
4. Ele acha que ela tem estado doente. E você?
5. Ele estava certo de que ela estaria no aeroporto às 8 h. E você?

28.2 Wandeln Sie die Sätze der direkten Rede in die indirekte Rede um.

1. – Eu queria abrir uma conta bancária – disse o António.
2. Ela perguntou: – Desde quando é que o senhor tem esta conta? –
3. O João diz: – Qualquer dia vamos ver o mar. –
4. Ela disse: – Da janela do hotel onde eu me hospedava se via o Mar Báltico (die Ostsee). –
5. – Sou alemão e chamo-me Peter Schulz –, diz ele.
6. Ele disse: – É a cerveja que nos falta. –
7. – Estou a falar sobre coisas que vi realmente. – disse o guarda.
8. Ela perguntou: – Já descontou o cheque? –
9. O Rodrigo perguntou: – Falaste com esse senhor? –
10. Eles escreveram: – Nós chegaremos logo. –

28.3 Wiederholung zum Gebrauch der unbetonten verbundenen sowie der betonten Personalpronomen. – Übersetzen Sie!

1. Er übergab ihm das Buch. – Er übergab es ihm.   2. Alle wissen es.   3. Die ganze Stadt kennt sie (*Sg.*).   4. Wie viel Geld hat er ihm gegeben?   5. Sie kannte ihn nicht.   6. Erinnerst du dich noch an meine Freundin? – Erinnerst du dich noch an sie?   7. Wir interessierten uns für ihn.   8. Ich interessiere mich nicht für sie.   9. Werden Sie ihm das Geld zurückgeben? – Ja, ich gebe es ihm noch heute zurück.   10. Haben Sie die Tür geschlossen? – Nein, ich habe sie nicht geschlossen.   11. Warum verkaufen Sie ihm diese Waren nicht? – Warum verkaufen Sie sie ihm nicht?   12. Sie wird uns den Kreditbrief geben. – Sie wird ihn uns geben.   13. Ich würde ihn nicht fahren lassen.   14. Geben Sie ihm nicht das Auto!   15. Haben Sie ihm schon Ihren Ausweis gezeigt?

28.4 Imperfeito oder pretérito perfeito simples? Setzen Sie ein!

1. Quando nós (chegar) a casa do sr. Ribeiro, a festa (estar) apenas a começar.   2. Nunca se (saber) o que se (passar) nessa entrevista.   3. A viagem (durar) umas oito horas mais ou menos.   4. Tudo (correr) tão bem que nós mal (poder) acreditar (glauben).   5. O condutor do caminhão (afirmar) que (pôr, mais-que perfeito composto) o triângulo de aviso.   6. O senhor está certo de que (ser) o ano passado?   7. Tudo (sair) mais fácil do que eu (esperar).   8. Quando nós (chegar) não (haver) ninguém.   9. Quase não (haver) mais ninguém no restaurante.   10. (ser) tarde quando nós (voltar) para casa.   11. Quando eles (descer), o homem (esperar)-os à porta.   12. Eu (pensar) que (tu) não (ir) aparecer hoje.

28.5 Übersetzen Sie die folgende Schilderung eines Tagesablaufs ins Deutsche.

Levantamo-nos todos os dias pelas seis horas da manhã. Pelas 7 h tenho de sair de casa. Às oito horas em ponto começam as nossas aulas. Desde as dez menos dez até às 10 horas e 10 minutos temos um recreio (große Pause). As aulas terminam às 12 horas em ponto, isto é, ao meio-dia. Chego em casa meia hora depois. Nesse meio tempo também chegam os meus irmãos e o meu pai. Costumamos almoçar à uma hora. Às três e meia tomamos café. Depois tenho de estudar as minhas lições e tenho de escrever o trabalho de casa para o outro dia. A hora do jantar é às seis e meia. Pelas 8 horas ou oito e meia vou para cama. Os meus pais e os meus irmãos mais velhos deitam-se mais tarde. Às vezes parece que são onze horas e mesmo meia-noite, quando o pai apaga a luz. Ainda ouço os meus pais subir a escada. Eu ouço-os fechar a porta do quarto. Conversam mais um pouco e depois silêncio ...

A mãe costuma dizer que "o dia dos pais é tão grande e ainda é curto demais ... e que o dia da criança é pequeno e parece sem fim".

Schildern Sie diesen Tagesablauf in der Vergangenheit. Überlegen Sie, welche Zeitform dafür geeignet ist. Drücken Sie jeden der genannten Sätze in der indirekten Rede aus. Beginnen Sie den Satz jeweils mit 1. Diz que ... und 2. Disse que ... Machen Sie diese Übung schriftlich.

28.6 Setzen Sie ein! Wiederholen Sie dabei immer den ganzen Satz. Beachten Sie bei dieser Übung die Regeln zur Zeitenfolge.

a) Ele disse que *queria trocar dinheiro.* (Er sagte, dass *er Geld tauschen wollte.*)
   er ein Konto eröffnet hat; sie den Kreditbrief nicht finden kann; er einen Stadtplan kaufen wollte; sie am nächsten Dienstag kommt; er noch keine Zeit hatte, die Summe zu überweisen; er die Rechnung noch nicht gesehen hat; es schwierig war, die Bank zu finden; sie das Geld überweisen werden.

b) Fico muito satisfeito com *o automóvel.* (Ich bin mit *dem Auto* sehr zufrieden.)
   der Summe, die Sie auf mein Konto überwiesen haben; dem Geld, das du mir gegeben hast; den 3000 Schweizer Franken, die Sie mir als Honorar überwiesen haben; der niedrigen Rechnung; den 600 Franken, die Sie mir telegrafisch angewiesen haben; dem Geschäft; dem Kurs von heute.

c) Ele prometeu-me ontem que *viria na sexta-feira.* (Er hat mir gestern versprochen, dass *er am Freitag kommt.*)
   er den Kreditbrief noch in dieser Woche besorgt; er ihr die Schreibmaschine (a máquina de escrever) bis Mittwoch zur Verfügung stellt; er die Ersatzteile bis Jahresende liefert; er 500 Dollar bei der Bank einwechselt; er mir den Tageskurs für den Französischen Franc bis 9 Uhr mitteilt; er der Firma den Betrag bis Monatsende überweist; er für die Gespräche am Donnerstag einen Dolmetscher bereitstellt.

d) O problema é que *tenho aqui apenas alguns trocos.* (Das Problem ist (*oder*: besteht darin), dass *ich hier nur etwas Kleingeld habe.*)
   ich nicht wechseln kann; ich keine Schweizer Franken bei mir habe; ich noch kein Konto eröffnet habe; der Scheck nicht übertragbar ist; *sie* Kontoinhaberin (portadora da conta) ist und nicht *er*; wir den Scheck heute nicht mehr einlösen können; die Banken bereits geschlossen sind; ich mein Scheckheft nicht bei mir habe; sie ihren Ausweis

verloren hat; er den Zug verpassen wird, wenn der Bus Verspätung hat; sie Portugal bereits verlassen haben; es hier in der Nähe keine Bank gibt; er den Inhaberscheck nicht auf der Rückseite indossiert hat; Sie das Geld schon überwiesen haben; sie kein Wort Portugiesisch versteht; er das Geld bis Freitag nicht bekommt, selbst wenn Sie es telegrafisch überweisen; ich ohne seine Unterschrift das Geld nicht abheben kann; er vergessen hat, ihn zu informieren; ich die Quittung nicht finden kann.

e) Quantos *euros* recebo por 100 *reais*? (Wie viel *Euro* bekomme ich für 100 *Reais*?) Kwanzas ... Euros; Dollars ... Englische Pfund; Schwedische Kronen ... Schweizer Franken; Meticais ... Euros; Dollars ... Dobra; Kanadische Dollar (Dólares canadianos / canadenses) ... Yen (Ienes japoneses)

f) Desculpe, eu *ouvi* o senhor *falar português*. (Verzeihen Sie, ich habe Sie *Portugiesisch sprechen hören*. / *oder*: Verzeihen Sie, ich habe gehört, *dass Sie Portugiesisch sprechen*.) die Treppe heraufkommen hören; das Fenster öffnen sehen; das Geld wechseln sehen; die Tür öffnen hören; die Schuhe kaufen sehen.

g) Este senhor quer saber se *este banco recebeu uma ordem de pagamento telegráfica para ele*. (Dieser Herr will wissen, ob *für ihn bei dieser Bank eine telegrafische Überweisung eingegangen ist*.)
ob das Ihr letzter Scheck war; ob Sie bei dieser Bank ein Konto haben; ob er das Akkreditiv schon eröffnen soll; ob Sie das Geld bereits auf das Konto eingezahlt haben oder ob Sie es erst später einzahlen wollen; ob Sie ihm hier ein neues Scheckheft ausstellen können; ob 160 Dollar reichen; ob Sie Ihren Pass bei sich haben; ob er mit diesem Kreditbrief Geld abheben kann; ob der Scheck übertragbar ist; wie Sie das Geld haben wollen.

28.7 Wiederholung – Lesen, übersetzen und beantworten Sie die folgenden Fragen.

1. Até que horas tem dormido ultimamente?   2. O senhor tem-se levantado sempre à mesma hora?   3. Quem tem almoçado habitualmente com o senhor?   4. Tem tomado chá ao almoço?   5. O senhor tem recebido muita correspondência?   6. Tem respondido a todas as cartas recebidas?   7. Os seus amigos têm respondido às cartas que lhes escreve?   8. Tem vindo todos os dias à aula?   9. Eu tenho escrito os meus exercícios com lápis; com que tem escrito o senhor?   10. Tem comido bem no restaurante?   11. O seu relógio tem estado sempre certo?   12. Tem visto o seu professor todos os dias desta semana?   13. Tem falado frequentemente com o director?

28.8 Setzen Sie die folgenden Sätze in die Vergangenheit. Entscheiden Sie sich für eine Vergangenheitszeit und setzen Sie Adverbien wie ‚ontem', ‚ultimamente', ‚sempre', ‚habitualmente', ‚de costume' oder andere Zeitangaben hinzu, mit denen Sie den Gebrauch der jeweiligen Zeit der Vergangenheit rechtfertigen können.

1. Durmo até às sete da manhã.   2. Levanto-me, lavo-me e visto-me.   3. Almoço às oito, tomo uma chávena de chá.   4. Depois, vou ao meu escritório e ali leio a minha correspondência.   5. Recebo muitas cartas.   6. Respondo a umas, escrevo outras e quando acabo, volto para casa.   7. Às onze vem o meu professor de português.   8. Ele põe o chapéu

no cabide e os livros sobre a mesa.   9. Senta-se junto à janela e começa a lição.   10. Lê os meus exercícios e corrige-os.   11. Faz perguntas, eu respondo e falamos de diferentes coisas.   12. A lição acaba ao meio-dia.   13. Ele vai para casa e eu vou almoçar.   14. Nós sentamo-nos à mesa e enquanto comemos, conversamos.   15. Quando nos levantamos da mesa vamos para o jardim, onde tomamos café e lemos os jornais.   16. De tarde damos um passeio.   17. Volto para casa, deito-me num sofá e descanso um pouco.   18. À noite vou ao concerto e ouço boa música.   19. Depois do concerto, volto para casa e como alguma coisa.   20. Finalmente, à meia-noite, deito-me.

28.9 Lesen, übersetzen und beantworten Sie die folgenden Fragen zum Text:

1. De que trata esta lição?   2. O que explica o português?   3. Como é que ele explica o caminho para o banco mais próximo?   4. O sr. Krause tem um problema. Que problema tem ele?   5. O que quer o sr. Krause fazer no banco?   6. Que espécie de dinheiro quer trocar?   7. O sr. Krause tem o dinheiro que quer cambiar em numerário (in bar)?   8. Que tipo de cheque tem o sr. Krause?   9. Qual foi a cotação para o franco suíço?   10. Onde deve assinar o cheque?   11. Ele recebe o dinheiro no mesmo balcão em que apresentou o cheque?   12. O que é que ele deve apresentar na caixa?   13. Quem pergunta ao sr. Krause se pode servir de intérprete?   14. De que está o sueco à espera?   15. Como se chama a moeda da Suécia?   16. Que quer fazer o sueco com o dinheiro que chegou?   17. Que deve ele indicar no impresso para transferir uma certa quantia de dinheiro?   18. O sueco tem também uma carta de crédito. O que quer fazer com este crédito?   19. Ele recebe dinheiro nesse banco?   20. O empregado do banco não desconta o primeiro cheque do sueco. Porquê?   21. Que tipo de cheque apresenta o sueco depois?   22. O sueco sacou dinheiro com o seu último cheque. O que pede ele ao empregado do banco?   23. Sabe-se pelo texto exactamente quanto dinheiro levantou o sueco?

28.10 Einsetzübung – Diálogos no banco

A: Eu tenho de (wechseln, tauschen) dinheiro; meus euros acabaram.
B: E eu preciso de (abheben) dinheiro e de requisitar (ein Scheckheft). Também não sei qual é (mein Kontostand). Nao recebi (den Kontoauszug) deste mês.

A: Você sabe qual é (der Kurs) do dólar?
B: Não. Só sei que é variável. Ora (steigt er), ora (fällt er). Mas os jornais trazem todos os dias as cotações (der ausländischen Währungen).
Empregado: Quer o dinheiro todo (in Scheinen) de 100 euros?
Cliente: Queria notas mais pequenas e (etwas Hartgeld), por favor. Eu não gosto de andar sem dinheiro trocado (im Portemonnaie).

A: Para que (dient) aquela máquina que está lá fora?
B: Ah! O caixa automático? Serve para levantar dinheiro e até para pagar o telefone. É muito prático quando os bancos estão (geschlossen). Mas o pior é que o levantamento diário é (begrenzt).

28.11 Fragen Sie Ihren Nachbarn (bzw. Ihre Nachbarin). Ihr Nachbar (bzw. Ihre Nachbarin) beantwortet die Frage ...

- bei welcher Bank er sein Konto hat
- welche Art Konto er hat
- ob er ein Scheckheft hat
- ob seine Frau ebenfalls berechtigt ist (estar autorizado), seine Schecks zu unterschreiben
- ob ihm die Kontoauszüge (os extractos da conta) zugesandt werden, oder ob er sie sich bei der Bank abholen muss
- was er auf einem Scheck alles angeben muss
- an wen er in den letzten beiden Monaten Geld überwiesen hat
- wohin er gehen muss, um eine telegrafische Überweisung aufzugeben
- ob er in etwa den Kurs für den Schweizer Franken gegenüber dem Dollar kennt
- was er machen muss, wenn er auf der kontoführenden Bank Geld abheben will.

28.12 Übersetzen Sie!

1. Herr Müller hat mir gesagt, dass er gestern ein Konto eröffnet hat.   2. Er wollte wissen, seit wann ich das Konto habe.   3. Er sagte mir, dass er noch nicht in Angola gewesen sei.   4. Sie erzählte den Kindern, dass der Vater um 8 Uhr käme.   5. Er sagte mir, dass seine Frau krank sei.   6. Sie fragten, ob wir den Fehler allein finden würden.   7. Er sagt, dass wir das Konto nicht ohne seine Unterschrift eröffnen können.   8. Er wollte wissen, was ich in meiner Freizeit tue.   9. Sie sagte mir, sie sei im letzten Sommer nach Madeira gefahren.   10. Er wusste, dass er das Geld nicht hat.   11. Ich habe nicht bemerkt, dass Sie gekommen sind.   12. Sie können Ihr Geld nur auf der Bank wechseln.   13. Ich möchte 500 Euro auf dieses Konto überweisen.   14. Er konnte mir nicht sagen, ob die Bank den Scheck in Zahlung nimmt.   15. Er hat mich gebeten, den Scheck zu unterschreiben.   16. Lassen Sie sich eine Quittung geben.   17. Meine Firma will, dass ich das Geld telegrafisch überweise.   18. Er wusste nicht, wie er sich verständlich machen sollte.   19. Geben Sie mir bitte die Kontoauszüge!   20. Er erinnerte sich nicht mehr, wer damals unterschrieben hatte.   21. Er glaubte, sie hätte das Geld schon erhalten.   22. Er will, dass ich für ihn das Geld abhebe.   23. Ich wusste nicht, welche Summe Sie einzahlen wollten.   24. Haben Sie die Kontonummer eingetragen, die ich Ihnen gegeben habe?   25. Sie bezweifelt, dass das sein letzter Scheck ist.

LIÇÃO 29

Texto

As consequências de uma reclamação

– Eu queria fazer uma reclamação – disse o cliente do hotel, um homem pequeno.
– Reclamação sobre o quê? – perguntou o recepcionista.
– Não consigo dormir – murmurou o homenzinho.
O outro abriu a gaveta, tirou um comprimido lá de dentro e disse:
– Tome. Vai ver que dorme.
– Não durmo porque os canos da água levam a noite inteira a fazer ruídos. –
E num rasgo de audácia: – Não é caso de pílulas mas de válvulas.
O recepcionista fixou-o demoradamente e voltou a perguntar:
– E que espécie de ruídos fazem os canos no seu quarto? Em que quarto está o senhor?
– No cento e onze – respondeu o homenzinho.
– Cento e onze? Vou mandar ver isso – prometeu solenemente o recepcionista.
E o homenzinho, satisfeito, regressou ao quarto. Nesse instante, os canos faziam mais barulho do que nunca. Sorriu e sentou-se na beira da cama, à espera. Daí a pouco bateram à porta. "É o canalizador", pensou.
– Sou o médico do hotel. Vamos lá ver essa história dos ruídos.
Por instinto, o homenzinho estendeu-se na cama e fechou os olhos. O barulho dos canos tinha cessado repentinamente.

– Não há ruídos – disse muito tempo depois o clínico.
– Não há ruídos – repetiu o homenzinho. E num rompante: – Não há ruídos agora, mas tem havido ruídos sempre e continuará sempre a haver ruídos. Ou julgará que estou doido?
O médico pôs-se a escrever num livro de capa preta.
– Desde quando é que o senhor ouve ruídos?
– Desde que estou neste hotel e neste quarto! – exclamou.
– Estranho – raciocinou o médico. – Que idade tem?
– Cinquenta e cinco.

– Estranho! Cinquenta e cinco anos sem ouvir ruídos. Muito estranho mesmo. – E após uma pausa: – E qual foi a sua primeira reacção ao ouvir ruídos?
– Disse para comigo: "Isto vai acabar. Alguém abriu a água, em baixo ou em cima." Mas não acabou.
– Na sua família houve ou há alguém que já tivesse escutado estes ruídos?
O homenzinho reflectiu uns segundos.
– Não. Na minha família nunca houve ninguém que tivesse estado neste hotel. Nem neste quarto.
– Que lhe acontece quando escuta os ruídos?
– Não durmo.
– Há nos seus antepassados alguém que não tivesse dormido?
– Bom – considerou o homenzinho. – No tempo dos meus antepassados, as estalagens não tinham água corrente.

(*Aus*: Santos Fernando, Os Grilos não Cantam ao Domingo, gekürzt)

Novas palavras

a consequência die Konsequenz, die Folge
o cliente do hotel der Hotelgast
murmurar murmeln
a gaveta die Schublade, das Schubfach
o cano das Rohr
  o cano de água das Wasserrohr; die Wasserleitung
o ruído das Geräusch, der Lärm
levar a fazer es mit sich bringen, zur Folge haben
  Os canos da água levam a noite inteira a fazer ruídos. (*etwa*:) Die Wasserleitungen machen die ganze Nacht Lärm.
o rasgo der (Charakter-)Zug; Schwung; geistreicher Einfall; (Helden-)Tat
a audácia die Kühnheit
  num rasgo de audácia (*etwa*:) in einem Anfall von Kühnheit, mit kühnem Schwung
o caso der Fall; die Sache, der Umstand
a pílula die Pille
a válvula das Ventil; die Rohrdichtung
fixar [-ks-] (*hier*:) den Blick richten auf, fixieren
demorado langsam; langwierig

prometer versprechen
  O dia promete chuva. Heute scheint es Regen zu geben.
  Ele prometeu-lhe inúmeros presentes. Er versprach ihr zahllose Geschenke.
solene feierlich
regressar a zurückkehren nach / in
  Ela regressou ao quarto. Sie kehrte in ihr Zimmer zurück.
o instante der Augenblick
  nesse instante in diesem Moment, in diesem Augenblick
sorrir lächeln
  (*Indikativ Präs*.: **sorrio, sorris, sorri, sorrimos, sorrides, sorriem**)
a espera das Warten, die Erwartung
à espera erwartungsvoll; in Erwartung
estar (*oder*: **ficar**) **à espera de** warten auf
  Estou à espera do médico. Ich warte auf den Arzt.
daí a pouco bald darauf, kurze Zeit später
o canalizador der Klempner, der Rohrleger, der Installateur

o **instinto** der Trieb, der Instinkt

por instinto instinktiv

estender-se na cama sich aufs Bett legen, sich auf dem Bett ausstrecken

cessar aufhören

repentino plötzlich, unerwartet

o **clínico** der (praktische) Arzt

o **rompante** die Heftigkeit; der Ruck; der (Zornes-)Ausbruch

... e num rompante (*hier etwa*:) und heftig fuhr er fort

Ou julgará que estou doido? (*etwa*:) Sie werden doch nicht denken, dass ich verrückt bin?

pôr-se a + *Infinitiv* beginnen zu, anfangen zu

a **capa** der Bucheinband, der Umschlag

exclamar (aus-)rufen

estranho seltsam

raciocinar nachdenken, überlegen, folgern

a **reacção a** die Reaktion auf

Disse para comigo ... Ich sagte zu mir ...

reflectir überlegen, nachdenken über (em); widerspiegeln

Que lhe acontece quando escuta os ruídos? (*etwa*:) Was geht in Ihnen vor (*oder*: Wie ist Ihnen ...), wenn Sie die Geräusche hören?

o **antepassado** der Vorfahr

a **estalagem** die Gaststätte; die Gastwirtschaft mit Herberge

Gramática

29 A   Konjunktiv Imperfekt / Pretérito imperfeito do conjuntivo

Der Konjunktiv Imperfekt kann von der 3. Person Plural des pps abgeleitet werden. Dabei wird die Endung **-ram** durch die Endungen **-sse, -sses, -sse, -ssemos, -sseis, -ssem** ersetzt.

1. Konjugation	2. Konjugation	3. Konjugation
fal**ar**	com**er**	part**ir**
fala**sse**	come**sse**	parti**sse**
fala**sses**	come**sses**	parti**sses**
fala**sse**	come**sse**	parti**sse**
fal**á**s**semos**	com**ê**s**semos**	part**í**s**semos**
fal**á**s**seis**	com**ê**s**seis**	part**í**s**seis**
fala**ssem**	come**ssem**	parti**ssem**

LIÇÃO VINTE E NOVE | 295

Unregelmäßige Verben:

poder	pudesse	pudesses	pudesse	pudéssemos	pudésseis	pudessem
saber	soubesse	soubesses	soubesse	soubéssemos	soubésseis	soubessem
ter	tivesse	tivesses	tivesse	tivéssemos	tivésseis	tivessem
estar	estivesse	estivesses	estivesse	estivéssemos	estivésseis	estivessem
ver	visse	visses	visse	víssemos	vísseis	vissem
vir	viesse	viesses	viesse	viéssemos	viésseis	viessem
ser *und* ir	fosse	fosses	fosse	fôssemos	fôsseis	fossem

Zum Gebrauch

a) siehe auch Konjunktiv Präsens.
b) nach ‚como se' – ‚als ob':

Fala português como se fosse português.   Er spricht Portugiesisch, als sei er ein Portugiese.

c) im Hauptsatz bei Wunschsätzen, die den Charakter eines Ausrufs haben wie:

Tivesse eu mais tempo.   Ach hätte ich doch mehr Zeit.

d) siehe unten ‚Zeitenfolge und irreale Bedingungssätze'.

29 B   Konjunktiv des pretérito perfeito composto

Der Konjunktiv des zusammengesetzten Perfekts (pretérito perfeito composto do conjuntivo) wird gebildet durch Verbindung der Form des Konjunktiv Präsens von ‚ter' mit dem Partizip Perfekt.

tenha	
tenhas	
tenha	falado
tenhamos	comido
tenhais	partido
tenham	

Zum Gebrauch siehe unten ‚Die Zeitenfolge im Konjunktiv'.

29 C Konjunktiv des Plusquamperfekt / Conjuntivo do pretérito mais-que-perfeito composto

Die Formen des Konjunktiv Plusquamperfekt setzen sich zusammen aus den Formen des Konjunktiv Imperfekt von 'ter' und dem Partizip Perfekt.

tivesse	
tivesses	falado
tivesse	comido
tivéssemos	partido
tivésseis	
tivessem	

Zum Gebrauch siehe unten ‚Die Zeitenfolge des Konjunktivs' und ‚Irreale Bedingungssätze der Vergangenheit'.

29 D Die Zeitenfolge im Konjunktiv

Hauptsatz	Nebensatz	
	Handlung in Bezug auf Hauptsatz:	
	vorzeitig	gleichzeitig / nachzeitig
Gegenwartszeit	Konjunktiv des pretérito perfeito composto	Konjunktiv Präsens
Vergangenheitszeit	Konjunktiv des Plusquamperfekt	Konjunktiv Imperfekt

1. Steht im Hauptsatz ein Verb, das den Konjunktiv verlangt, im **Präsens**, **Futur** oder **Imperativ**, folgt im Nebensatz

a) der **Konjunktiv Präsens** zum Ausdruck der *Gleichzeitigkeit* und der *Nachzeitigkeit*:

– *Gleichzeitigkeit*:

Não duvido que ele tenha razão.	Ich bezweifle nicht, dass er recht hat.
Não duvidarei que ele tenha razão.	Ich werde nicht bezweifeln, dass er recht hat.
Peça-lhe que escreva essa carta.	Bitten Sie ihn, dass er diesen Brief schreibt.

– *Nachzeitigkeit*:

Ele não duvida que ela chegue no próximo sábado.	Er bezweifelt nicht, dass sie am nächsten Sonnabend kommen wird (*oder*: kommt).

b) der **Konjunktiv des zusammengesetzten Perfekts** (pretérito perfeito composto do conjuntivo) zum Ausdruck der *Vorzeitigkeit*:

Não duvido que ele tenha tido razão.	Ich bezweifle nicht, dass er recht hatte.
É possível que ela tenha levantado dinheiro.	Es ist möglich, dass sie Geld abgehoben hat.

2. Steht im Hauptsatz ein Verb, das den Konjunktiv verlangt, im **Imperfekt**, **pretérito perfeito simples**, **Plusquamperfekt** (oder Konditional) folgt im Nebensatz

a) der **Konjunktiv Imperfekt** zum Ausdruck der *Gleichzeitigkeit* oder *Nachzeitigkeit*:

– *Gleichzeitigkeit*:

Ele não disse que ela tivesse razão.	Er sagte nicht, dass sie recht hatte.
Não foi possível que ele viesse mais cedo.	Es war nicht möglich, dass er früher kam.

– *Nachzeitigkeit*:

Eu pedi-lhe que chegasse na terça feira da semana que vem.	Ich habe ihn gebeten, dass er nächsten Dienstag kommt. / Ich habe ihn gebeten, Dienstag nächster Woche zu kommen.

b) der **Konjunktiv Plusquamperfekt** zum Ausdruck der *Vorzeitigkeit*:

Ela não duvidava que eu tivesse tido razão.	Sie bezweifelte nicht, dass ich recht gehabt hatte.

29 C Das konditionale Satzgefüge

Das konditionale Satzgefüge besteht aus einem Nebensatz (Gliedsatz), der durch ‚se' – ‚wenn, falls' eingeleitet wird, sowie einem Hauptsatz. Der Nebensatz enthält eine Bedingung, an die die Realisierung der Handlung des Hauptsatzes geknüpft ist. Im konditionalen Satzgefüge gelten besondere Regeln für die Verwendung der Zeitformen in Haupt- und Nebensatz.

1. erfüllbare Bedingung – Dieser Fall wird in Lektion 33 B behandelt.

2. Ist es unwahrscheinlich, irreal, dass die Bedingung erfüllt wird, so steht im ‚se-Satz' der **Konjunktiv Imperfekt** und im Hauptsatz das **Konditional I** (oder der Imperfekt Indikativ).

se-Satz	Hauptsatz
Se eu tivesse tempo	iria também.
Wenn ich Zeit hätte,	ginge ich auch.

Der Hauptsatz kann auch voranstehen:

Iria vê-lo se não fosse a grande distância.	Ich würde ihn besuchen, wenn es nicht so weit wäre.

3. Wurde die Bedingung, die der ‚se-Satz' ausdrückt, in der Vergangenheit nicht erfüllt (Irrealis der Vergangenheit), so steht im ‚se-Satz' der **Konjunktiv Plusquamperfekt** und im Hauptsatz das **Konditional II**.

Se o senhor tivesse prestado mais atenção, isto não teria acontecido.	Wenn Sie besser aufgepasst hätten, wäre das nicht passiert.
Eu teria escrito a carta, se tivesse tido mais tempo.	Ich hätte den Brief geschrieben, wenn ich mehr Zeit gehabt hätte.

Anstelle des Konditional II im Hauptsatz kann auch das Konditional I stehen:

Seria melhor, se ele tivesse ido mais devagar.	Es wäre besser gewesen, wenn er langsamer gefahren wäre.

Beachten Sie: Im ‚se-Satz' darf kein Konditional stehen!

Exercícios

29.1 Konjugieren Sie!
Não creio que (ser necessário, Konjunktiv Imperfekt) que eu (trabalhar, Konjunktiv Imperfekt) tanto.
Ich glaube nicht, dass es notwendig war, dass ich soviel arbeitete.

29.2 Lesen und übersetzen Sie die folgenden Beispielsätze für den Gebrauch des Konjunktiv Imperfekt sowie des Konjunktiv Plusquamperfekt.

1. Ele não deixava que eu vendesse a máquina de escrever.   2. Ele determinou que partíssemos.   3. Ele impediu que eu voltasse.   4. Eles desejavam que continuássemos a trabalhar.   5. Eles exigiram que ele aceitasse a proposta.   6. Ele permitiu que ela ficasse em casa.   7. Gostava que você chegasse também.   8. Eu receava que ele não ouvisse nada.   9. Aconselhou-nos que partíssemos logo.   10. Tivesse eu a sua saúde!   11. Oxalá todos respeitassem a decisão!   12. Escrevi o que pude a fim de que eles ficassem satisfeitos.   13. Eles duvidaram que ele o tivesse feito.   14. Ele afirmou que talvez fosse com toda a família.   15. Eu imaginava que fossem eles, mas não eram.   16. Era provável que não o tivessem preparado.   17. Ele preferia um quarto que não desse para a rua.   18. Eu não podia crer que ela dissesse tal coisa.   19. Não críamos que ele tivesse tido razão.   20. Ele morreu antes que ela chegasse.   21. Talvez ele estivesse doente.   22. Ele pediu que lhe dissesse a verdade.   23. Receio que me tivesse entendido mal.

29.3 Setzen Sie den Konjunktiv Imperfekt ein. Übersetzen Sie die Sätze anschließend.

1. Talvez eles (querer) falar contigo.   2. Talvez nós (estar) a ver televisão e por isso não (ouvir) o telefone.   3. Talvez ela ainda não (receber) a carta.   4. Talvez eles já (ter) mais de oitenta anos.   5. Talvez elas não (concordar) com tudo.   6. Talvez eles não (ter) a certeza.   7. Talvez (tu) ainda não (saber) o que se passou.   8. Talvez eles (ter) pressa.   9. Talvez (tu) já (falar) português nessa altura.

29.4 Setzen Sie den Konjunktiv Imperfekt ein. Übersetzen Sie die Sätze anschließend.

1. Ordenou ao motorista que (esperar).   2. Fez sinal para que eu me (calar – schweigen).   3. Eu gostava tanto que você me (compreender).   4. Não houve assunto que eles não (perguntar).   5. Ele proibiu que nós (fumar).   6. Explicou-no-lo para que nós (compreender).   7. Ele esperou que ela (desligar).   8. Não acreditei que (tu) (chegar) a tempo.   9. Tinham saído sem que ele (perceber).   10. Sinto muito que a nossa conversa (ter) de acabar assim.   11. Desejava que eles (ser) mais enérgicos   12. Nunca ninguém duvidou que assim (ser).   13. Não quis que vocês (estar) zangados (verärgert, 'eingeschnappt').   14. Só é pena que eu tenha de voltar agora para a Áustria, embora (gostar, eu) de ficar aqui mais um bocadinho (Weilchen).

29.5 Übersetzen Sie! Verwenden Sie dabei den Konjunktiv Imperfekt bzw. den Konjunktiv Plusquamperfekt.

1. Ach hätte ich doch mehr Zeit!   2. Ich sagte, dass sie später kommen sollen.   3. Obwohl er keine Zeit hatte, kam er.   4. Wir wollten mit einer Firma Verbindung aufnehmen, die in der Lage war, uns zu vertreten.   5. Wir glaubten nicht, dass er recht hatte.   6. Ich habe nicht gesagt, dass gestern schlechtes Wetter war.   7. Es war schade, dass wir sie nicht sehen konnten.   8. Ich bezweifle, dass die Kunden mit den letzten Lieferungen zufrieden waren.   9. Ich zweifelte daran, dass er Geld hatte.   10. Ich zweifelte daran, dass er Geld gehabt hatte.   11. Er wollte nicht, dass wir an der Versammlung teilnehmen.   12. Schließlich stimmte er zu, obwohl er es gar nicht wollte.   13. Wir fürchteten, der Kunde würde das Angebot nicht annehmen.   14. Ich glaubte nicht, dass er sie informiert hatte.

29.6 Ele duvidava que ...

A minha vizinha vai de avião para Faro.
→ Ele duvidava que a minha vizinha fosse de avião para Faro.

1. Podemos acompanhar os acontecimentos pela rádio.
2. Tu ligas pouco interesse ao assunto.
3. Fazemos o resto em dois ou três dias.
4. Há motivos para acreditar no que ele diz.
5. Nós saímos da universidade só às cinco.
6. Eu digo-te toda a verdade sobre essa questão.
7. A direcçao (die Leitung) proíbe quaisquer visitas durante as horas de serviço.
8. Estas palavras vêm do árabe.

9. És simpático, modesto e corajoso (mutig).
10. Nas nossas estradas morrem milhares (Tausende) de pessoas por ano.

29.7 Welcher Satzteil passt zu welchem?

1. Logo que chegaram à região dos Alpes...	a) ... vou pôr a bagagem no carro.
2. O empregado da agência de viagens duvida...	b) ... levava-o ao dentista.
	c) ... começou a nevar.
3. Equanto acabas de comer a sobremesa...	d) ... porque ele faz anos hoje.
4. Embora eles fossem bastante ricos...	e) ... e não disse nada a ninguém.
5. Se o Alberto continuasse a sentir dores...	f) ... para que o passeio corra bem.
6. Os meus sobrinhos gostam tanto de fruta...	g) ... nunca davam um tostão (Pfennig, Heller) a um porbre.
7. Como já não faltam muitos dias para o Natal...	h) ... que comeram uma dúzia de pêssegos (Pfirsiche).
8. Temos de preparar tudo com cuidado...	i) ... que ainda haja algum quarto livre nesse hotel.
9. A Helena partiu (zerbrach) o espelho do quarto de banho...	
10. Não te esqueças de lhe dar os parabéns...	j) ... podíamos ir agora fazer o presépio (Weihnachtskrippe).

29.8. Irreale Bedingungssätze. Im Hauptsatz steht Konditional oder Imperfekt, im mit ‚se' eingeleiteten Nebensatz steht Imperfekt Konjunktiv. – Setzen Sie ein!

1. Se eu (ser) rico, (ter) uma piscina no jardim. 2. Se eu (ter) dinheiro, (comprar) uma casa no Algarve. 3. Seu eu (comprar) uma casa no Algarve (passar) lá o Verão. 4. Seu eu (passar) lá o Verão, (poder) ir à praia. 5. Seu eu (ir) à praia, (apanhar) sol e (dar) passeios à beira-mar. 6. Seu eu (fazer) isso, as férias (ser) óptimas. 7. Seu eu (poder) escolher, (passar) uma parte do ano em Portugal e a outra na Alemanha.

29.9 Setzen Sie die entsprechenden Formen des Konjunktiv Imperfekt ein.

1. Gostaria que ele (vir) amanhã a minha casa para ter ocasião de conhecer o meu irmão. 2. Se (ele) (ter) tempo iria com ele ao teatro. 3. Se ele (querer) conhecê-lo realmente eu faria um esforço para vir. 4. Gostaria que nós (dar) um passeio juntos. 5. Se (fazer) bom tempo poderia acabar o meu trabalho depressa. 6. Se (eu) (saber) onde está o meu primo escrever-lhe-ia para que (dizer) ao António que não venha até ao próximo mês. 7. Se o meu filho me (pedir) licença para sair esta noite não lha daria. 8. Eu queria que ele (ser) mais velho, assim veria que tenho razão. 9. A mulher dele teria tempo de chegar no sábado se ele (mandar) um telegrama. 10. Se (caber, hineinpassen) todas as coisas na mala grande eu não levaria mais bagagem. 11. Se eu (ser) um passarinho (Vöglein) e (ter) duas asinhas (Flügelein) voaria junto de ti.

29.10 Setzen Sie die entsprechenden Formen des Konjunktiv Plusquamperfekt ein. Übersetzen Sie die Sätze anschließend ins Deutsche.

1. O estrangeiro teria compreendido bem se nós (falar) devagar.   2. Se (ter) tempo teríamos ido ver o novo filme moçambicano.   3. Teríamos ido juntos ao cinema se eles (vir).   4. Eu teria tomado outras medidas se ele se (opor, sich widersetzen) sempre.   5. Se você (ver) Maria, teria podido transmitir-lhe os meus cumprimentos.   6. Se ele (partir) ainda hoje, teria chegado a Maputo a tempo.   7. Teria sido melhor se o João (ir buscar) os documentos na quarta-feira passada.   8. Teria sido melhor se ela (apagar) a luz.   9. Se eles (ter) dinheiro, teriam comprado esta casa linda.   10. Se eu (ser) o sr. Moreira, teria informado o director geral.

29.11 Setzen Sie die Sätze nach folgendem Muster in den Konjunktiv Imperfekt. Beenden Sie den Satz.

Eles mostram certo interesse pelas máquinas ferramentas.

→ Se eles mostrassem certo interesse pelas máquinas ferramentas ...

1. Ela responde à carta.   2. Não consigo resolver este problema.   3. O meu pai ganha mais de 4 mil reais por mês.   4. O chefe parte antes do meio-dia.   5. Eu durmo no outro quarto.   6. Ela veste (trägt) a mesma saia.   7. Ele dá-me, por engano, dinheiro a mais.   8. Ela compra os bilhetes cedo.

29.12 Beenden Sie folgende Sätze.

1. Se eu tivesse sede ...   2. Iria ao teatro se ...   3. Escreveria à Maria se ...   4. Lamento que o Pedro não ...   5. Gostaria que ...   6. Sairia esta noite se ...   7. Voltaria aqui amanhã se ...   8. Comeria no restaurante ...   9. Se o sr. viesse comigo ...   10. Se eu tivesse dinheiro ...   11. Levantar-me-ia tarde se ...   12. Não levaria o passaporte se ...

29.13 Lesen, übersetzen und beantworten Sie folgende Fragen.

1. O senhor iria ao campo no domingo se chovesse?   2. O senhor lamentou-se que fizesse mau tempo durante as suas férias?   3. O senhor alegrou-se que fizesse sol para tirar fotografias?   4. O senhor viria aqui se não tivesse lição?   5. O senhor ficaria feliz se ganhasse na lotaria?   6. O senhor sentir-se-ia infeliz se não ganhasse um prémio?   7. Que faria o senhor se fosse muito rico?   8. O que faria você se fosse ela (em seu lugar)?

29.14 Übersetzen Sie!

1. Ich würde ausgehen, wenn das Wetter besser wäre.   2. Wir würden zum Strand fahren, wenn wir Zeit hätten.   3. Er würde besser arbeiten, wenn Sie ihn besser bezahlten.   4. Wenn ich Sie wäre, würde ich ihn anrufen.   5. Wenn ich du wäre, hätte ich das schon gemacht.   6. Wir hätten ihn nicht gerufen, wenn es nicht absolut notwendig gewesen wäre.   7. Es wäre besser gewesen, wenn wir einen Arzt gerufen hätten.   8. Es wäre besser gewesen, wenn er mit dem Auto gekommen wäre.   9. Wenn ich Geld gehabt hätte, hätte ich mir einen neuen Anzug machen lassen.   10. Ich hätte dich bestimmt besucht, wenn ich Zeit gehabt hätte.

29.15 *Lesen, übersetzen und beantworten Sie die folgenden Fragen zum Text.*

1. Quem queria fazer uma reclamação sobre o quê?   2. Qual é a reacção do recepcionista?   3. Porque é que o cliente do hotel não dorme?   4. Em que quarto está o homenzinho?   5. O que prometeu o recepcionista solenemente?   6. Os canos continuavam a fazer barulho quando o homenzinho voltou ao quarto?   7. Quem pensou o homenzinho que bateu à porta?   8. Quem bateu realmente?   9. Houve ruídos quando o clínico entrou?   10. O que disse o homenzinho ao médico?   11. O médico pensa que ele está doido?   12. Em que é que o médico se pôs a escrever?   13. Depois, o médico fez uma série de perguntas. O que quis ele saber?   14. O que é estranho para o médico?   15. O que é que o médico queria saber sobre a família do homenzinho, especialmente sobre os antepassados dele?   16. O que é que se pode dizer sobre as estalagens no tempo dos antepassados do homenzinho, quer dizer, cerca de 150 anos atrás?

29.16 *Fragen Sie Ihren Nachbarn (bzw. Ihre Nachbarin). Ihr Nachbar (bzw. Ihre Nachbarin) beantwortet die Frage ...*

- worüber er sich in der vergangenen Woche beschwert hat (queixar-se de)
- ob er in der Gaststätte ein Mittagsgericht reklamiert, das bereits kalt ist
- wie oft er sich schon bei der Post über unregelmäßige Zeitungszustellung (distribuição dos jornais) beschwert hat
- an wen er die Reklamation gerichtet hat
- wie oft Kunden bei seiner Firma wegen schlechter Qualität der Erzeugnisse reklamiert haben
- welche Arten von Reklamationen seine Firma erhält
- wann sich seine Frau das letzte Mal bei ihm beschwert hat, weil er ihr nicht im Hause hilft
- was er macht, wenn er eine Platzkarte hat und auf seinem Platz jemand sitzt, der ebenfalls eine Platzkarte für diesen Platz hat.

29.17 *Übersetzen Sie!*

1. Er öffnete die Schublade und nahm ein Buch mit schwarzem Einband heraus.   2. Er ließ nicht zu, dass sie arbeiten geht.   3. Er bedauerte, dass wir nicht kommen konnten.   4. Es war durchaus möglich, dass er das nicht gesehen hatte.   5. Sie konnten nicht glauben, dass sie so etwas gesagt hatte.   6. Ich vermutete, dass er den Brief schon geschrieben hatte.   7. Ich konnte nicht glauben, dass er rechtzeitig kommen würde.   8. Er war hinausgegangen, ohne dass sie es gemerkt hatte.   9. Ich glaubte nicht, dass er recht hatte.   10. Er wollte, dass ich am Sonntag zurückkehre.   11. Es war wahrscheinlich, dass sie das nicht schaffen würde.   12. Er ging arbeiten, obwohl er krank war.   13. Es war schade, dass sie nicht kommen konnten.   14. Es war notwendig, sich mit dem Geschäftsführer in Verbindung zu setzen.   15. Ich wünschte, Sie wären immer zufrieden.   16. Wir wollten nicht, dass sie auch gehen.   17. Er sagte, er käme später.   18. Es war möglich, dass er den Pass zu Hause gelassen hatte.   19. Wir wollten, dass Sie diese Artikel direkt an unsere Zweigstelle in Leipzig schicken.

LIÇÃO 30

Texto

Angola

A República de Angola é um país da costa ocidental de África, limitada ao norte e ao leste pela República Democrática do Congo, ao leste pela Zâmbia, ao sul pela Namíbia e ao oeste pelo Oceano Atlântico. Angola inclui também o turbulento enclave de Cabinda, através do qual faz fronteira com a República do Congo, ao norte. A sua capital é Luanda.

■ *História*

O nome Angola deriva da palavra bantu N'gola, título dos governantes da região no século XVI, época que começou a colonização da região por Portugal.

Foi uma colónia portuguesa até 1975. Esteve em guerra desde 1961 até 2002. O poder político manteve-se na posse do MPLA desde 1975, embora a oposição (UNITA = União Nacional para a Independência Total de Angola) tenha dominado parte do território até ao fim da última guerra civil.

■ *Política*

Na política angolana o MPLA (Movimento Popular de Libertação de Angola) tem sido o partido no governo desde a independência. Nas eleições de 1992 foi eleito um parlamento. A eleição presidencial foi interrompida pela 2ª guerra civil angolana. A UNITA é o principal partido da oposição.

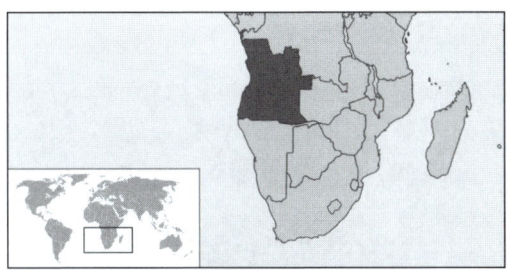 

■ *Geografia*

O país está dividido entre uma faixa costeira árida, que se estende desde a Namíbia até Luanda, um planalto interior húmido, uma savana seca no interior sul e sueste, e floresta tropical no norte e em Cabinda. A faixa costeira é temperada pela corrente fria de Benguela, o que tem como resultado um clima semelhante ao da costa do Peru ou da Baixa Califórnia. Existe uma estação das chuvas curta, que vai de Fevereiro a Abril. Os verões são quentes e secos, os invernos são temperados. As terras altas do interior têm um clima suave com uma estação das chuvas de Novembro a Abril, seguida por uma estação seca, mais fria, de Maio a Outubro. As altitudes variam, em geral, entre os 1000 e os 2000 metros. As regiões do norte e Cabinda têm chuvas ao longo de quase todo o ano.

■ *Economia*

a) *Agricultura*. A economia caracteriza-se por ser predominantemente agrícola, sendo o café sua principal cultura. Seguem-se-lhe cana-de-açúcar, sisal, milho, óleo de coco e amendoim. Entre as culturas comerciais, destacam-se o algodão, o fumo e a borracha. A produção de batata, arroz, cacau e banana é relativamente importante. Os maiores rebanhos são o bovino, o caprino e o suíno.

b) *Mineração*. Angola é rica em minerais, especialmente diamantes, petróleo e minério de ferro; possui também jazidas de cobre, manganês, fosfatos, sal, mica, chumbo, estanho, ouro, prata e platina. As minas de diamante estão localizadas perto de Dondo, no distrito de Lunda. Importantes jazidas de petróleo foram descobertas em 1966, ao largo de Cabinda, assegurando ao país a autosuficiência. Em 1975 foram localizados depósitos de urânio perto da fronteira com a Namíbia.

c) *Indústria*. As principais indústrias do território são as de beneficiamento de oleaginosas, cereais, carnes, algodão e fumo. Merece destaque, também, a produção de açúcar, cerveja, cimento e madeira, além do refino de petróleo. Entre as indústrias destacam-se as de pneus, fertilizantes, celulose, vidro e aço.

Abb. links: In der Hauptstadt Luanda (ca. 2,8 Millionen Einwohner) befindet sich der wichtigste Hafen Angolas.

d) *Transporte*. O sistema ferroviário de Angola compõe-se de cinco linhas que ligam o litoral ao interior. A mais importante delas é a estrada de ferro de Benguela, que faz a conexão com as linhas de Catanga, na fronteira com o Zaire. A rede ferroviária, em sua maioria constituida de estradas de segunda classe, liga as principais cidades. Os portos mais movimentados são os de Luanda, Benguela, Lobito, Moçâmedes e Cabinda. O aeroporto de Luanda é o centro de linhas aéreas que põem o país em contacto com outras cidades africanas e européias.

■ *Línguas*

Para além de numerosos dialectos, Angola possui mais de vinte línguas nacionais.

A língua com mais falantes em Angola, depois de português, é o umbundo, falado na região centro-sul de Angola e em muitos meios urbanos. É língua materna de 26% dos angolanos. O quimbundo (ou *kimbundu*) é a terceira língua nacional mais falada (20%), com incidência particular na zona centro-norte, no eixo Luanda-Malanje e no Quanza-Sul. É uma língua com grande relevância, por ser a língua da capital e do antigo reino dos N'gola. Foi esta língua que deu muitos vocábulos à língua portuguesa e vice-versa. O quicongo (ou *kikongo*) falado no norte (Uíge e Zaire), tem diversos dialectos. Era a língua do antigo Reino do Congo. O chocué (ou *tchokwe*) é a língua do leste que teve maior expansão pelo território actual de Angola – desde a Lunda Norte ao Cuando Cubango.

Embora as línguas nacionais sejam as línguas maternas da maioria da população, o português é a primeira língua de 30% da população angolana – proporção que se apresenta muito superior na capital do país –, enquanto 60% dos angolanos afirmam usá-la como primeira ou segunda língua. O português é a única língua oficial de Angola.

Novas palavras

a costa die Küste
ocidental westlich
o norte der Norden
o leste der Osten
o sul der Süden
o oeste der Westen
o Oceano Atlântico der Atlantik
turbulento unruhig, turbulent
o enclave die Enklave; die Exklave
através de über; durch
fazer fronteira com die Grenze bilden mit, angrenzen an
a capital die Hauptstadt
derivar de (ab-)stammen von, ableiten von
o título der Titel
o governante der Herrscher
a época die Epoche, Zeitabschnitt
a colonização die Kolonisation, die Besiedlung
a colónia die Kolonie
a guerra der Krieg
a guerra civil der Bürgerkrieg
o poder die Macht
manter *(Konjugation: II,3)* aufrechterhalten; halten
a posse der Besitz
a oposição die Opposition
dominar beherrschen
o partido die Partei
a independência die Unabhängigkeit
a eleição die Wahl
eleger *(Part. Perf.: eleito)* wählen
o parlamento das Parlament
a eleição presidencial die Präsidentenwahl, die Wahl zum Präsidenten
interromper unterbrechen
a faixa das Band; der Gürtel
  a faixa costeira der Küstenstrich
árido dürr, trocken
estender-se desde ... até sich erstrecken von ... bis
o planalto die Hochebene, die Hochfläche
húmido feucht

a savana die Savanne
seco trocken
o interior das Landesinnere
(o) sueste der Südosten; südöstlich
a floresta tropical der tropische Wald; der Urwald
temperado gemäßigt
a corrente der Strom; der Meeresstrom
semelhante a ähnlich
o Peru Peru
a Baixa Califórnia (Halbinsel) Niederkalifornien
existir existieren
a estação das chuvas die Regenzeit
o verão der Sommer
o inverno der Winter
a altitude die Höhe (über dem Meeresspiegel)
variar variieren, sich ändern
a economia die Wirtschaft
a agricultura die Landwirtschaft
caracterizar-se por sich auszeichnen durch
predominante vorwiegend
agrícola landwirtschaftlich
a cultura die Kultur, der landwirtschaftliche Anbau
a cana-de-açúcar das Zuckerrohr
o sisal der Sisal(hanf)
o milho der Mais
o óleo de coco das Kokosöl
o amendoim die Erdnuss
destacar-se hervortreten, herausragen
o algodão die Baumwolle
o fumo der Tabak
a borracha der Gummi
o arroz der Reis
o cacau der Kakao, die Kakaobohne
o rebanho die Viehherde
(o) bovino das Rind; Rinder-, Rinds-
caprino Ziegen-
(o) suíno das Schwein; Schweine-
a mineração der Bergbau; die Erzgewinnung
o mineral das Erz; das Mineral

o **diamante** der Diamant
o **petróleo** das Erdöl
o **minério de ferro** das Eisenerz
a **jazida** die Lagerstätte
o **cobre** das Kupfer
o **manganês** das Mangan
o **fosfato** das Phosphat
a **mica** der Glimmer
o **chumbo** das Blei
o **estanho** das Zinn
o **ouro** das Gold
a **prata** das Silber
a **platina** das Platin
a **mina de diamante** die Diamantenmine
descobrir (*siehe:* **cobrir**) entdecken
ao largo de sich erstreckend (über das Gebiet von), weiträumig
assegurar a sichern, sicherstellen
a **autosuficiência** die Selbstversorgung
o **depósito** das Lager
o **urânio** das Uran
o **beneficiamento** die Aufbereitung, die Verarbeitung, die Veredelung
a **indústria de beneficiamento de oleaginosas** die ölverarbeitende Industrie
os **cereais** das Getreide
merecer verdienen
  merecer destaque besondere Erwähnung verdienen
o **cimento** der Zement

o **refino de petróleo** die Erdölraffinierung
o **fertilizante** das Düngemittel
a **celulose** die Zellulose
o **aço** der Stahl
o **sistema ferroviário** das Eisenbahnwesen
compor-se de bestehen aus, sich zusammensetzen aus
o **litoral** die Küstenregion
a **estrada de ferro de Benguela** die Benguelabahn
fazer a conexão com die Verbindung herstellen mit
a **rede ferroviária** das Eisenbahnnetz
constituido de bestehend aus
para além de über ... hinaus, außer
o **falante** der Sprecher
urbano städtisch, Stadt-
  o **meio urbano** das Stadtgebiet
a **incidência** der Einfall; die Verbreitung
o **eixo** die Achse
a **relevância** die Relevanz, die Bedeutung
o **reino** das Königreich
vice-versa umgekehrt
a **expansão** Ausbreitung, Ausdehnung
a **população** die Bevölkerung
a **proporção** der Anteil, die Proportion, das Verhältnis
afirmar bestätigen, behaupten

Gramática

30 A Das Passiv / A voz passiva

Ein Passiv kann nur von transitiven Verben gebildet werden (das sind Verben, nach denen ein objecto directo steht). Die Bildung erfolgt mit dem Hilfsverb ‚ser' und dem Partizip Perfekt des entsprechenden transitiven Verbs. Das Partizip richtet sich dabei nach dem Subjekt des Satzes. Der Urheber der Passivhandlung wird in der Regel mit ‚por' (von) angeschlossen. Er kann aber auch ganz weggelassen werden. Bei Partizipien, die die Bedeutung einer Gefühlsäußerung haben, wird ‚de' statt ‚por' verwendet.

Infinitiv	ser chamado pelo pai	vom Vater gerufen werden
Indikativ		
Präsens	Sou chamado pelo pai. És chamado pelo pai. É chamado ...	Ich werde vom Vater gerufen. Du wirst vom Vater gerufen. Er wird ...
Imperfekt	Era chamado pelo pai.	Ich wurde vom Vater gerufen.
Pret. perf. simples	Fui chamado pelo pai.	Ich wurde vom Vater gerufen. / Ich bin vom Vater gerufen worden.
Pret. perf. comp.	Tenho sido chamado pelo pai.	Ich bin vom Vater gerufen worden.
Plusquamperfekt	Tinha sido chamado pelo pai.	Ich war vom Vater gerufen worden.
Futur I	Serei chamado pelo pai.	Ich werde vom Vater gerufen werden.
Futur II	Terei sido chamado pelo pai.	Ich werde vom Vater gerufen worden sein.
Konditional I	Seria chamado pelo pai.	Ich würde vom Vater gerufen werden.
Konditional II	Teria sido chamado pelo pai.	Ich wäre vom Vater gerufen worden.
Konjunktiv		
Präsens	Ele lamenta que eu **seja chamado** pelo pai.	Er bedauert, dass ich vom Vater gerufen werde.
Imperfekt	Ele não lamentou que eu **fosse chamado** pelo pai.	Er bedauerte nicht, dass ich vom Vater gerufen wurde.
Pret. perf. comp.	Ele não lamenta que eu **tenha sido chamado** pelo pai.	Er bedauert nicht, dass ich vom Vater gerufen worden bin.
Plusquamperfekt	Ele não lamentou que eu **tivesse sido chamado pelo** pai.	Er bedauerte nicht, dass ich vom Vater gerufen worden war.

(*Tabelle I des Anhangs enthält ein Konjugationsbeispiel sämtlicher Formen des Passivs.*)

1. Im Portugiesischen werden Konstruktionen mit dem Verb im Aktiv bevorzugt. Wenn aber zum Beispiel der Handlungsträger (*auch*: Urheber der Passivhandlung) nicht bekannt ist, oder wenn der Sprecher die Absicht hat, den Handlungsträger nicht zu erwähnen, greift er auf Passivkonstruktionen zurück.

Um médico é chamado.	Ein Arzt wird gerufen.
As crianças são levadas ao hospital.	Die Kinder werden ins Krankenhaus gebracht.
Os feridos são ajudados.	Den Verletzten wird geholfen.

O médico tem que ser chamado.	Der Arzt muss gerufen werden.
O médico teve que ser chamado.	Der Arzt musste gerufen werden.
Ele está a ser tratado (pelo médico).	Er wird gerade (vom Arzt) behandelt.

2. Das Ergebnis eines passivischen Vorgangs bzw. der Zustand, der das Ergebnis einer abgeschlossenen passivischen Handlung darstellt, wird im Portugiesischen mit dem Hilfsverb ‚estar' und dem Partizip Perfekt ausgedrückt. Das Partizip Perfekt richtet sich wiederum in Geschlecht und Zahl nach dem Subjekt.

Passiv (Vorgangspassiv)	Zustandspassiv
As cartas são escritas.	As cartas estão escritas.
Die Briefe werden geschrieben.	Die Briefe sind geschrieben. (Die Handlung ist abgeschlossen, die Briefe sind fertig.)

3. Neben dem Passiv mit Hilfsverb existiert im Portugiesischen ein anderes Passiv, das mit dem Reflexivpronomen der 3. Person (Singular oder Plural) ‚**se**' gebildet wird (siehe auch Lektion 9). Bei dieser passivischen Konstruktion wird der Handlungsträger nicht ausgedrückt. Sie hat auch die Bezeichnung **unpersönliches reflexives Passiv** und dient ebenfalls zum Ausdruck des unpersönlichen Subjekts (‚es').

Assinou-se um acordo cultural entre o Brasil e Portugal.	Zwischen Brasilien und Portugal wurde ein Kulturabkommen unterzeichnet.

(*aber mit Handlungsträger:*

O acordo foi assinado pelos representantes diplomáticos dos dois países.	Das Abkommen wurde von den diplomatischen Vertretern der beiden Länder unterzeichnet.)

Die passivische Konstruktion mit ‚se' wird in Portugal vorwiegend dann verwendet, wenn das Passivsubjekt des Verbs unbelebt ist.

Vende-se vinho.	Es wird Wein verkauft. / Man verkauft Wein.
Fala-se espanhol e inglês.	Es wird Spanisch und Englisch gesprochen. / Man spricht Spanisch und Englisch.
Alugam-se apartamentos.	Es werden Wohnungen vermietet. / Wohnungen zu vermieten.
Fala-se agora em novas eleições.	Es wird jetzt von Neuwahlen gesprochen. / Jetzt ist von Neuwahlen die Rede.

30 B Partizipialkonstruktionen

Partizipialkonstruktionen stehen für

a) **Relativsätze:**

As máquinas ferramentas importadas da Alemanha são realmente boas.	Die aus Deutschland importierten Wergzeugmaschinen sind wirklich gut.

Das Partizip steht *hinter* dem Bezugssubstantiv (máquinas ferramentas) und stimmt mit diesem in Genus und Numerus überein (importad<u>as</u>). Der Hauptsatz steht im Präsens, der durch das Partizip vertretene Relativsatz steht in einer Zeitform der *Vorzeitigkeit* (die im Partizipialsatz ausgedrückte Zeit liegt in der Zeitebene vor der Zeit des Präsens, deshalb Vorzeitigkeit). Partizipien von transitiven Verben haben passivischen Charakter.

b) **Adverbialsätze**, vor allem Temporalsätze:

Acabada a lição, a professora voltou para casa.	Nachdem die Lektion beendet war, ging die Lehrerin nach Hause.

Der Partizipialsatz steht zum Hauptsatz in einem Verhältnis der *Vorzeitigkeit*. Das Partizip steht *vor* dem Subjekt des Partizipialsatzes (a lição) und stimmt mit ihm in Genus und Numerus überein.

Die folgenden Beispiele zeigen, dass das Partizip Perfekt in diesen Partizipialkonstruktionen zwar das Resultat einer abgeschlossenen Handlung ausdrückt, jedoch nicht die genaue Zeit an sich. Zur Bestimmung der zeitlichen Beziehungen des gesamten Satzgefüges ist die Zeitform des Verbs des Hauptsatzes ausschlaggebend.

Terminadas as formalidades ele estava satisfeito.	Als die Formalitäten erledigt worden waren, war er zufrieden.
Terminadas as formalidades ele está satisfeito.	Wenn die Formalitäten erledigt sind, ist er zufrieden.
Terminadas as formalidades ele estará satisfeito.	Wenn die Formalitäten erledigt sind (*oder*: sein werden), wird er zufrieden sein.

Beachten Sie: Partizipialkonstruktionen sind im gesprochenen Portugiesisch selten zu hören. Sie erscheinen vornehmlich in der Schriftsprache. Ein eventuell in einer Partizipialkonstruktion auftauchendes unbetontes Personalpronomen oder Reflexivpronomen darf nicht an das Partizip Perfekt angefügt werden.

Anmerkung: Zur Verdeutlichung des zeitlichen Verhältnisses können ‚depois de', ‚após' (nachdem) oder ‚uma vez' (nachdem erst einmal, wenn erst einmal) vor das Partizip Perfekt gesetzt werden.

Após ter sido adiadas inúmeras vezes, eleições legislativas aconteceram em abril.	Nachdem sie mehrmals verschoben worden waren, fanden im April Parlamentswahlen statt.

30 C Unbestimmte Pronomen und Adjektive / Indefinidos

1. Veränderliche Formen / Formas variáveis

algum, -a, alguns, algumas	irgendein, irgendwelche, einige
nenhum, -a, nenhuns, nenhumas	kein
muito, -a, -os, -as	viel
pouco, -a, -os, -as	wenig
todo, -a, -os, -as	ganz; alle
certo, -a, -os, -as	gewiss, bestimmt
uns, umas	einige
outro, -a, -os, -as	andere(r, s)
mesmo, -a, -os, -as	selbst, derselbe, dieselben
próprio, -a, -os, -as	selbst
tanto, -a, -os, -as	so viel
ambos, ambas	beide
tal, tais*	solch
qualquer, quaisquer*	jeder beliebige

* nur im Numerus veränderlich

2. Unveränderliche Formen / Formas invariáveis

alguém	jemand
ninguém	niemand
tudo	alles
nada	nichts
algo	etwas
outrem	jemand anderes
cada	jeder
mais	mehr
demais	zu viel; die übrigen
menos	weniger
a gente	man, die Leute

Alle veränderlichen Formen sowie ‚cada', ‚demais', ‚mais' und ‚menos' haben sowohl die Funktion von Adjektiven als auch von Pronomen. Die übrigen unveränderlichen Formen werden immer pronominal gebraucht.

3. Gebrauch der veränderlichen Formen

■ **algum, -a, alguns, algumas**

alguma coisa	etwas
algumas vezes	manchmal
mais alguma coisa?	noch etwas?
Pode-me arranjar algum dinheiro?	Kannst du mir etwas Geld besorgen?
Ele tem alguns parentes em Coimbra.	Er hat einige Verwandte in Coimbra.

Wenn ‚algum' dem Substantiv, auf das es sich bezieht, nachgestellt wird, betont es die Verneinung stärker als ‚nenhum':

de maneira alguma	auf gar keinen Fall
em parte alguma	nirgendwo

■ **nenhum, -a, nenhuns, nenhumas**

Wenn ‚nenhum' dem Verb nachgestellt wird, muss vor dem Verb ‚não' stehen:

Não vejo nenhum lápis (*oder*: lápis nenhum) na mesa.	Ich sehe keinen Bleistift auf dem Tisch liegen.

Wird ‚nenhum' vor das Verb gestellt, ist kein weiteres Wort zum Ausdruck der Verneinung erforderlich:

Nenhum amigo tenho na cidade.	Ich habe keinen Freund in der Stadt.
Nenhum de vocês conhece o doutor Rodrigues?	Kennt keiner von euch Dr. Rodrigues?

■ **muito, -a, -os, -as**

Não tenho muito tempo.	Ich habe nicht viel Zeit.
Bebe muita água.	Er trinkt viel Wasser.
Ele bebe muito (*Adverb*).	Er trinkt viel.
Ela está muito (*Adverb*) cansada.	Sie ist sehr müde.
Chegaram muitos.	Viele kamen.
Há muita coisa a fazer.	Es gibt viel zu tun.

■ **pouco, -a, -os, -as**

Ela tem pouca paciência.	Sie hat wenig Geduld.
Eles ganham pouco.	Sie verdienen wenig.
Ele compreendeu, pouco a pouco.	Er begriff allmählich.
Deste assunto sei pouco.	Von dieser Angelegenheit weiß ich wenig.
Tinhas muito dinheiro e eu pouco.	Du hattest viel Geld und ich wenig.

■ todo, -a, -os, -as

todos os dias	alle Tage, jeden Tag
toda a semana	die ganze Woche
Queres todo o pão? – Sim, quero-o todo.	Willst du das ganze Brot? – Ja, das ganze.

Steht ‚todo' vor dem Substantiv, so steht der bestimmte Artikel zwischen ‚todo' und dem Substantiv (siehe Adverb, Lektion 26). ‚Todo' kann auch nachgestellt werden:

o dia todo	der ganze Tag, den ganzen Tag
Vieram os colegas todos. (häufiger: Vieram todos os colegas.)	Es sind alle Kollegen gekommen.

Adverbiale Ausdrücke mit 'todo':

Seríamos ao todo uns vinte.	Wir wären insgesamt zirka 20.
todo o necessário	alles Notwendige
Nem todo o útil é belo.	Nicht alles Nützliche ist schön.

■ certo, -a, -os, -as

em certo dia	an einem bestimmten Tag
Seu filho tem certo jeito para a música.	Ihr Sohn hat ein gewisses Talent für die Musik.
Um certo sr. Gonçalves está com o director.	Ein gewisser Herr Gonçalves ist beim Direktor.
O cálculo é certo.	Die Berechnung stimmt.
Não sei dizer-lhe ao certo.	Ich kann es dir (*oder*: Ihnen) nicht mit Bestimmtheit sagen. *(adverbialer Ausdruck)*

■ uns, umas

uns dias	einige Tage
umas horas	einige Stunden

■ outro, -a, -os, -as

No outro dia ele voltou a procurar-me.	Am anderen Tag suchte er mich nochmals auf.
Os outros não receberão nada.	Die anderen werden leer ausgehen.
Nem um nem outro tem razão.	Weder der eine noch der andere hat recht.
outra vez	noch einmal, wieder

■ mesmo, -a, -os, -as

Ele mora na mesma rua.	Er wohnt in derselben Straße.
Chegou ela mesma. (zur Verstärkung des Personalpronomens)	Sie selbst kam. Sie kam selbst.
Isso para mim é o mesmo.	Das ist für mich dasselbe.
Enriqueceu, mas continua o mesmo.	Er ist reich geworden, aber er ist immer noch der alte.
Vamos fazer isso da mesma maneira.	Wir werden das in derselben Weise machen.

Merken Sie sich:

O que eu pretendia mesmo era ir a Berlim no fim da semana.	Ich hatte *eigentlich* vor, am Wochenende nach Berlin zu fahren.

■ próprio, -a, -os, -as

Ele reside em casa própria.	Er bewohnt ein eigenes Haus.
Chegaram na própria hora marcada.	Sie kamen (pünktlich) zur vereinbarten Stunde.

■ tanto, -a, -os, -as

Eu acho que ela não deveria falar tanto.	Sie sollte nicht so viel reden, finde ich.
Tantas lágrimas!	So viele Tränen!
Água mole em pedra dura tanto bate até que fura.	Steter Tropfen höhlt den Stein.

■ ambos, -as

ambos os filhos	beide Söhne; beide Kinder
com ambas as mãos	mit beiden Händen

‚Ambos' kann nicht für Personen oder Sachen verwendet werden, die einen gegensätzlichen Charakter haben oder die sich gegenüberstehen:

Os dois (und nicht: ambos) partidos chegaram a um acordo.	Die beiden Vertragspartner (Konkurrenten) kamen zu einer Übereinkunft.

■ tal, tais

Eu nunca ouvi tal coisa.	Ich habe so etwas noch nicht gehört.
Este chapéu é tal qual o meu.	Dieser Hut gleicht meinem.
O facto passou-se tal qual o descrevi.	Die Sache lief so ab, wie ich sie beschrieben habe.
Tal o amo, tal o criado.	Wie der Herre, so's Gescherre.
um tal	ein gewisser
um fulano de tal	ein Herr sowieso
Custou duzentos e tal euros.	Es hat etwas über 200 Euros gekostet.

■ qualquer, quaisquer

Veio duma cidade qualquer.	Er kam aus irgendeiner Stadt.
qualquer pessoa	irgend jemand
quaisquer dúvidas?	irgendwelche Zweifel?
em qualquer dia	irgendwann
Fazer o que ele fez não é para um qualquer.	Es ist nicht jedermanns Sache, das zu machen, was er getan hat.

Merken Sie sich:

irgendwo	num lugar qualquer; em algum lugar
irgendwie	de alguma maneira, de algum jeito, de uma maneira ou de outra
irgendwann	um dia desses
irgendwas	uma coisa qualquer
irgendwer, irgend jemand	qualquer um, uma pessoa qualquer
irgendeine Zeitung	um jornal qualquer
nirgendwo	em lugar nenhum

Ich brauche Zigaretten. – Warten Sie, ich bringe Ihnen welche.	Preciso de cigarros. – Espere, eu vou trazer-lhe (alguns).
Ich hätte gerne eine Zeitung. – Warten Sie, ich bringe Ihnen eine.	Eu queria um jornal. – Espere, vou trazer-lhe (um).
Haben Sie schon irgendwelche Medikamente genommen?	O sr. já tomou algum remédio?

4. Gebrauch der unveränderlichen Formen

■ alguém

Alguém sabe quando ele volta?	Weiß jemand, wann er zurückkommt?
Ele está à espera de alguém.	Er wartet auf jemanden.

■ ninguém

Ninguém gosta de se levantar cedo. (dem Verb *vorangestellt*)	Niemand steht gern früh auf.
Não vejo ninguém. (dem Verb *nachgestellt*)	Ich sehe niemanden.
Ainda não chegou ninguém para a reunião.	Es ist noch niemand zur Versammlung gekommen.

■ tudo

Vejo tudo.	Ich sehe alles.
Queres as laranjas, as cerejas ou as bananas? – Quero tudo.	Willst du die Apfelsinen, die Kirschen oder die Bananen? – Ich will alles.
Tudo isto já eu sabia.	Das wusste ich alles bereits.
Não te apoquentes porque tudo o mais é comigo.	Reg dich nicht auf, denn alles andere ist meine Sache.
Fazem tudo muito bem.	Sie machen alles sehr gut.

■ nada

Nada posso fazer. (dem Verb vorangestellt)	Nichts kann ich machen.
Não posso fazer nada. (dem Verb nachgestellt)	Ich kann nichts machen.
Brigaram por um nada.	Sie stritten um eine Bagatelle.
Isto não me agrada nada.	Das gefällt mir gar nicht.
É pequenino, um nada.	Er ist so klein, ein Nichts. (*im Sinne von*: ohne Einfluss, keine Persönlichkeit)

■ algo

O Mário sabe algo?	Weiß Mario etwas?
Ele acha-se algo adoentado.	Er fühlt sich etwas krank.

■ outrem (selten)

Não faças a outrem o que não queres que te façam.	Was du nicht willst, das man dir tu', das füg auch keinem andern zu.

■ cada

cada dia	jeder Tag
cada homem	jeder Mann, jeder Mensch
cada um	ein jeder
Cada um puxa a brasa à sua sardinha.	(*wörtlich*: Jeder schürt die Glut für seine eigene Sardine.) Ein jeder ist sich selbst der nächste.

■ mais

A firma vendeu mais máquinas este mês que no anterior.	Die Firma verkaufte in diesem Monat mehr Maschinen als im vorhergehenden.
Já é velho, não trabalha mais.	Er ist schon alt, er arbeitet nicht mehr.
Preste mais atenção ao que lhe digo e faça menos barulho.	Passen Sie mehr auf das auf, was ich Ihnen sage, und machen Sie weniger Lärm.
Esse automóvel não vale mais de mil euros.	Dieses Auto ist nicht mehr als 1000 Euro wert.
as mais **das** mulheres (a maior parte)	die meisten Frauen
São Paulo é o mais populoso dos Estados do Brasil.	São Paulo ist der bevölkerungsreichste der brasilianischen Bundesstaaten.
A vendedora, por engano, deu-me dinheiro a mais (*Adverb*).	Die Verkäuferin gab mir versehentlich zu viel Geld heraus.

■ demais

Não conheço os demais Estados do Brasil.	Ich kenne die übrigen / anderen brasilianischen Bundesstaaten nicht.
Isso é um pouco demais.	Das ist etwas zu viel.
Ele exigiu demais.	Er forderte zu viel.

■ menos

Há menos pessoas aqui do que lá.	Hier sind weniger Leute als dort.
Tenho menos euos que você.	Ich habe weniger Euros als Sie (oder: du).
A roseira floriu menos que antes.	Der Rosenstrauch hatte weniger Blüten als sonst.
Todos saíram, menos o médico.	Alle gingen hinaus, bis auf den Arzt.
Ele trabalhava a menos (*Adverb*).	Er arbeitete zu wenig.

■ a gente (das Verb steht in der 3. Person Singular!)

A gente vai amanhã ao cinema.	Wir gehen morgen ins Kino.

(*Zum Ausdruck von ‚man' siehe auch ‚Passiv'.*)

Exercícios

30.1 Übersetzen Sie folgende Sätze.

1. Essa chave foi encontrada no vestíbulo.   2. Os estudantes são louvados.   3. Estas peças são entregues por uma firma espanhola.   4. A capital de Portugal foi destruída (zerstört) por um terramoto (Erdbeben) no ano de 1755.   5. Os pais devem ser respeitados pelos filhos.   6. É necessário que cada trabalhador tenha a certeza de ser devidamente apreciado (geachtet) e que seja dado ao seu trabalho o seu justo valor.   7. Ela foi respeitada pelos colegas.   8. O médico tem que ser chamado.

30.2 Setzen Sie die entsprechenden Formen des Passivs ein.

1. As crianças (louvar, Präsens) pelo professor.   2. A filha (chamar, Präsens) pela mãe.   3. Em 1983, a produção destes artigos (aumentar, pps) de 15 por cento.   4. Os ladrões (Diebe) (prender, pps) pela polícia.   5. Nós (surpreender, pps) pela escuridão (Dunkelheit).   6. Tu (chamar, pps) pelo gerente.   7. O carro (consertar, Futur I) na próxima quinta-feira.

30.3 Wandeln Sie die Sätze nach folgendem Muster um:

Vorgabe im Aktiv: Ela recebeu a carta. → A carta foi recebida por ela.

Vorgabe im Passiv: O sr. Schulz é esperado no dia 15. → Espera-se o sr. Schulz no dia 15.

1. As meninas estudavam bem a lição.   2. Foram convidados para jantar.   3. Os clientes visitaram depois a fábrica.   4. As caixas foram levadas para a cave.   5. Este prato serve-se muito quente.   6. Você deu esses presentes à Maria?   7. O Pedro chamou o mecânico.   8. Foi

chamado o médico. 9. Ela deixou o guarda-chuva no eléctrico. 10. Ela ajuda muito as colegas. 11. O autor publicou (veröffentlichte) muitos livros. 12. Os outros países seguiram o exemplo. 13. Ninguém toma estas palavras a sério.

30.4 Wandeln Sie die folgenden passivischen Sätze ins Aktiv um.

1. A porta foi fechada pela empregada. 2. A conferência foi ilustrada com diapositivos. 3. Fomos ajudados a encontrar um apartamento novo. 4. Há certas precauções (vorbeugende Maßnahmen) que devem ser tomadas pelo governo. 5. As regras (Regeln) foram explicadas pelo professor. 6. Todos os parentes e amigos foram convidados pelos noivos.

30.5 Wandeln Sie um: Aktiv → Passiv, Passiv → Aktiv.

1. Eles compraram a máquina ferramenta por 35 mil francos suíços. 2. Ninguém a ajuda. 3. Os vizinhos quase nunca o vêem. 4. A Maria põe a mesa. 5. Todo o trabalho é feito por ela. 6. O António foi chamado pelo director. 7. Elas também convidaram a sobrinha. 8. Os móveis velhos eram levados para a cave. 9. Ele pagava a gasolina. 10. Recebem-no às cinco da tarde. 11. Ela trouxe os bilhetes? 12. A torre de Belém é visitada por muitos turistas estrangeiros. 13. Elas gastavam muito dinheiro em presentes. 14. A carta foi escrita em Abril.

30.6 Setzen Sie ein (Formen des Präsens, pps, Imperfekt; Imperativ; Passiv)!

1. (escrever) Nós ... a carta na semana passada.
2. (abrir) Esta caixa só ... quando a alfândega chegou.
3. (chover) Ainda não ... quando partimos de casa.
4. (ouvir) Eu vejo bem, mas ... mal.
5. (convidar) Eu já ... pelo sr. Schmidt três ou quatro vezes.
6. (voltar) Ela teve um acidente quando ... do Porto.
7. (pagar) Os bilhetes ... pela empresa, ele não gastava um tostão.
8. (fazer) Aquela sobremesa ... em dez minutos.
9. (mostrar) Quando eu lhe ... os documentos entrou o director.
10. (comprar) Esta máquina ... há três anos.
11. (esquecer) Pedro, não ... de trazer mais duas cadeiras.
12. (ir) Nós ficámos com as crianças enquanto eles ... ao cinema.

30.7 Übersetzen Sie!

1. Er wollte nicht, dass wir gelobt werden. 2. Wir werden von ihnen abgeholt. 3. Sie wunderte sich, dass der Wagen schon repariert worden war. 4. Er wollte, dass sie ebenfalls eingeladen wird. 5. Er erlaubt nicht, dass das Haus gebaut wird. 6. Er sagte, wir würden schon erwartet. 7. Es ist besser, wenn die Maschinen morgen befördert werden. 8. Sie kamen nicht rechtzeitig, weil der Strom unterbrochen war. 9. Es ist schade, dass sie nicht gerufen worden sind. 10. Sie hörten nicht, trotzdem sie mehrmals gerufen wurden. 11. Ehe das Haus gebaut wird, müssen die Pläne nochmals geprüft werden.

30.8 Übersetzen Sie die Sätze mit Hilfe des Wörterbuchs. Erläutern Sie anschließend den Gebrauch der Partizipialkonstruktionen. Welche sprachlichen Mittel werden im Deutschen zur Übersetzung dieser Partizipialkonstruktionen aufgeboten?

1. As pousadas são estabelecimentos hoteleiros construídos pelo Estado, instalados em edifícios históricos, castelos, palácios e conventos, ou edificados especialmente para esse fim.   2. Acabado o encontro, os jornalistas foram imediatamente aos seus escritórios.   3. Passados 5 dias, o representante partiu para o Brasil.   4. Uma vez explicada a maneira de oferecer os artigos, o senhor pode realizar bons negócios.   5. Uma vez oferecida uma grande variedade, os clientes poderão escolher outros artigos.   6. Depois de assinados os acordos, despediram-se.   7. Terminada a festa, os convidados despediram-se da dona da casa.   8. Passadas 3 semanas, o cliente escreveu uma carta.   9. Ditas estas palavras, afastaram-se.   10. Terminadas as formalidades recebeu o seu passaporte.   11. Dadas as grandes distâncias, o melhor será viajar de avião.

30.9 Übersetzen Sie folgende Sätze unter Beachtung der entsprechenden Formen des Partizip Perfekt (siehe Lektion 23A).

1. Wir haben die Pässe dem Empfangschef übergeben. – Die Pässe wurden dem Empfangschef übergeben.   2. Die Druckerei (a tipografia) in Beja hat alle wichtigen Prospekte gedruckt. – Die Prospekte wurden von der Druckerei in Beja gedruckt.   3. Heute hat die Polizei 5 Diebe festgenommen (prender). – Gestern sind von der Polizei 5 Diebe festgenommen worden.   4. Die Angestellte hat das Licht angeschaltet. – Das Licht wurde von der Angestellten angeschaltet.   5. Sie werden die Maschinen am Freitag liefern. – Die Maschinen werden am Freitag geliefert werden.   6. Gestern haben wir bereits einen Teil bezahlt. – Ein Teil wurde von uns bereits gestern bezahlt.   7. Er hat ihren Vorschlag angenommen. – Ihr Vorschlag wurde von ihm angenommen.

30.10 Wiederholung – Rektion der Verben. Setzen Sie die entsprechende Präposition ein.

1. Na semana passada ele partiu … o Brasil.   2. Falaram muito … Portugal.   3. Entrei … o restaurante.   4. Viajaram … comboio e … barco.   5. Isso pode ficar … amanhã.   6. Agradeço … a senhora a sua ajuda.   7. Recomendei este prato … o meu colega.   8. Ele costuma … ir … o parque de tarde.   9. A mãe põe a carne … o frigorífico.   10. Convém … o seu pai?   11. Vou … o Brasil.   12. O Mário casou-se … uma moça linda.   13. A minha sobrinha cuidava muito … os filhos.   14. Trata-se … um negócio bastante difícil.   15. Ele gostava … aprender melhor a língua portuguesa.   16. Quando é que o senhor chegou … o Rio de Janeiro?   17. Esqueci-me … o nome dessa pessoa.   18. Gostaria … contactar … a D. Maria Pintasilgo.   19. Não me lembro … esse caso.   20. O sr. Ribeiro agradeceu … o sr. Ferreira mais uma vez … o acolhimento amistoso.   21. O sr. Krause desejou … o sr. Gonçalves uma estada agradável na capital da República Popular de Moçambique.   22. O electricista liga o cabo (Kabel) … a tomada (Steckdose).   23. Ele acaba … chegar do trabalho.   24. Ele perguntou … o transeunte … o caminho.

30.11 Übersetzen Sie! Beachten Sie die Rektion der Verben.

1. Ich möchte mich bei Ihnen recht herzlich für die schönen Blumen bedanken.   2. Wir reisen mit dem Flugzeug.   3. Ich kann Ihnen diesen Wein empfehlen.   4. Sie betraten das Büro.   5. Am Donnerstag werde ich nach Luanda ausreisen.   6. Er stellte das Auto in die Garage   7. Sie wird sich um deinen Sohn kümmern.   8. Wovon handelt der Film?   9. Jetzt fahre ich nach Hause.   10. Vergiss deinen Regenschirm nicht!   11. An diese Versammlung kann ich mich noch gut erinnern.   12. Ich wünsche allen eine gute Reise.   13. Er hat gerade gegessen.   14. Ich werde den Polizisten fragen, wo die Straße ist.   15. Passt Ihnen der Termin?   16. Du musst dich bei ihm für das Geschenk bedanken.

30.12 Setzen Sie die passende Form ein.

a) ninguém, nenhum, nada

1. Não conheço ... livro desse autor.   2. A senhora não bebe ...?   3. ... gosta de se levantar cedo.   4. Não falta ... (2 Möglichkeiten).   5. Não está ... em casa.   6. Não encontrei ...   7. ... das senhoras conhece o gerente.   8. O jornal de tarde ... tinha de interessante.   9. Há alguma novidade sobre o projecto? – Não, não há ...   10. Que novidade há? – ... (Keine).   11. Já não há ... de comer.   12. ... destas pessoas fala alemão.   13. Não estava ... em casa.   14. Isto não tem importância ...   15. ... das questões causou surpresa.   16. ... é impossível.   17. Na minha família nunca houve ... que já tivesse estado neste hotel.   18. Acho que não me esqueci de ... .   19. Não há problema ... .

b) algo, alguém, algum

1. Isso seria ... difícil.   2. ... dos seus amigos irá ajudá-lo, não é?   3. ... quer vir comigo?   4. O senhor conhece ... tipos desta máquina?   5. A senhora está à espera de ...?   6. ... me ajudará.   7. Tem ... coisa para comer?   8. Faltam ... caixas.   9. ... abriu a porta.   10. Na sua família houve ou há ... que já tivesse escutado este ruído?

c) todo, tudo, cada

1. Ele vem ... dias.   2. Fiz ... o possível.   3. Num ponto ... parecem estar de acordo.   4. ... tem uma explicação.   5. ... nação tem os seus poetas.   6. Li o livro ...   7. Trabalhava ... o dia.   8. ... a gente sabe isso.   9. ... um tem os seus problemas.

d) mesmo, próprio

1. Eu ... não sei.   2. Os dois beberam pelo ... copo.   3. Nesta casa toda a gente briga, ... tu.   4. Estas são as suas ... palavras.   5. É da ... forma.   6. Muito estranho ...   7. Ele tem a ... idade.   8. ... assim, não virá.   9. Elas ... compraram a fazenda.

e) tal, tanto

1. ... é a situação.   2. Uma ... coisa seria inaceitável.   3. Comeu ... que ficou doente.   4. Ganha uns cento e ... euros.   5. Que ... passou a noite?   6. Ninguém brinca com ... coisas.   7. Não conheço ... homem.   8. A miséria de ... crianças entristece-me.

30.13 Setzen Sie die entsprechenden Indefinitpronomen ein.

1. Durante (der ganzen) tempo morei nessa rua.   2. Eu (selbst) não sou da mesma opinião.   3. Este professor tem (wenig) paciência.   4. (Jeder) deve aprender a nadar (schwimmen).   5. Não precisamos de ajuda (keine).   6. Comprámos (eine gewisse) número de peças sobressalentes.   7. (Beide) autocarros estavam ocupados.   8. Ele não tinha pressa (keine).   9. (Jemand) entrou no nosso jardim.   10. Gastaste dinheiro (zu viel) para esta viagem.   11. (Die Leute, man, wir) vai agora à praia.   12. (Niemand) o viu entrar.   13. (Die ganze) cidade estava em festa.   14. (all, alles) isto me parece muito mal.   15. (Die übrigen) foram ao cinema.   16. Apareceu no meu escritório um (gewisser) Ribeiro.   17. É ainda cedo (zu, – deutsch: Es ist noch zu früh.).   18. ... se esqueceu de fechar a porta.

30.14 Wiederholung – Setzen Sie die entsprechenden Adverbien ein und übersetzen Sie die Sätze anschließend ins Deutsche.

1. (kaum) tenho tempo para me pentear.   2. Ele tem (so viele) problemas.   3. Ela está (weniger) pobre do que eu.   4. Meu caro, bebes (zu viel).   5. Somos (insgesamt) sete pessoas.   6. (Möglicherweise) ela chegará atrasada.   7. (Wahrscheinlich) ele não virá.   8. Ela pagou a renda? – (ja, gewiss).   9. Ele foi louvado? – (Ganz im Gegenteil), foi censurado (getadelt).   10. Elas podem vir com a gente? – (Vielleicht).   11. Como está a sua colega? – (Besser). – E o seu chefe? – (Schlechter).   12. (Von hier) podemos observar bem a estrada.

30.15 saber, conhecer oder poder?

1. Eu não sabia que o senhor ... conduzir um camião.   2. Eu ... o Brasil de cor e salteado, porque vivi muito tempo lá.   3. O senhor ... algum remédio contra a tosse (Husten)?   4. Qualquer um ... fazer isso; é fácil.   5. Ele é motorista e não há estradas em Portugal que ele não ...   6. Eu não ... explicar esta coisa.   7. Porque não (tu) ... fazer o que os outros fazem?   8. O senhor ... jogar xadrez (Schach spielen)?

30.16 Setzen Sie die fehlenden Angaben über Angola ein. Sie finden die Angaben unter anderem auch im Internet unter http://www.angolinks.com (Lista com Links sobre Angola) oder unter http://www.ccia.ebonet.net (Câmara de Comércio e Indústria de Angola, ‚versão em português').

Capital:
Presidente da República:
Primeiro Ministro:
Área total *(em quilómetros quadrados)*:
População:
Data de Independência de Portugal:
Moeda:

| Língua oficial: |
| Fuso horário (Zeitzone): |
| Código Internet: |
| Código telefónico: |

30.17 *Gestalten Sie einen Dialog über Angola anhand der folgenden Stützbegriffe:*

A		B
países que fazem fronteira com Angola?	→	o Congo, a Zâmbia, a Namíbia.
ao noroeste, enclave.	←	localização de Cabinda?
Cabinda destaca-se por quê?	→	produção, refinação e distribuição de petróleo assegurando ao país a auto-suficiência.
jazidas de petróleo por todo o território?	→	não, concentram-se no norte.
além do petróleo também outros minerais?	→	sim, também cobre, manganês, chumbo, estanho, ouro, prata, platina, fosfatos, minas de diamante, depósitos de urânio.
localização dos diamantes e do urânio?	→	diamantes no distrito de Lunda, urânio perto da fronteira com a Namíbia.
país industrial ou agrícola?	→	agrícola, café cultura principal, sisal, milho, arroz, cacau, algodão, fumo, borracha.
estrada de ferro de Benguela?	→	importante, conexão com as linhas de Catanga.
papel do português entre as línguas nacionais ou dialectos?	→	única língua oficial.

30.18 *Übersetzen Sie!*

1. Bist du gerufen worden oder ich?   2. Der Brief wurde nie abgeschickt.   3. Die Erklärung (a declaração) wurde noch nicht veröffentlicht.   4. Die Gegenstände werden nächste Woche bezahlt.   5. Ihm wurden alle Einzelheiten erklärt.   6. Dieser Brief wurde nicht von mir geschrieben, sondern von ihm.   7. Hier darf nicht geraucht werden.   8. Die Rechnung ist bereits bezahlt.   9. Die Rechnung wurde von meinem Kollegen bezahlt.   10. In der letzten Zeit wurden viele Wohnhäuser gebaut.   11. Die Arbeit wird in einigen Monaten beendet sein.   12. Heute werden keine Zeitungen verkauft.   13. In Brasilien wird Portugiesisch gesprochen.

LIÇÃO 31

Texto

Diálogo comercial

Sr. Sousa: Bom dia. O meu nome é Francisco de Sousa. Sou um dos vendedores da firma SALINA.

Sr. Weber: Bom dia Sr. Sousa. Muito prazer em conhecê-lo pessoalmente. Aqui tem o meu cartão de visita. Lamento muito ter chegado atrasado. O nosso encontro estava marcado para as 11 horas. Não foi possível chegar a tempo, apesar de ter saído bem cedo. Tomei o autocarro errado e perdi-me.

Sr. Sousa: Para um estrangeiro, que desconhece a cidade, é sempre difícil tomar o carro eléctrico ou o autocarro à hora desejada.

Sr. Weber: É isso. Depois de ter perdido tanto tempo decidi-me a tomar um táxi. – Ora bem, segundo me disse o meu colega entendi que o senhor está interessado em abordar mais uma vez o problema do fornecimento das máquinas fotográficas.

Sr. Sousa: Infelizmente, não é nada de agradável. O senhor certamente está também informado que os artigos da concorrência são mais baratos e disponíveis em curto prazo.

Sr. Weber: Mas não são da mesma qualidade.

Sr. Sousa: Admito que a qualidade seja inferior, mas a diferença de preço é tão grande que os seus artigos perderam praticamente a possibilidade de venda.

Sr. Weber: O que propõe o senhor para melhorar a situação e manter a nossa posição no mercado?

Sr. Sousa: O único meio é adaptar os preços aos dos competidores. Asseguro-lhe que poderemos fazer bons negócios com os seus produtos se os senhores reduzirem os preços, senão, os clientes deixam de interessar-se pelas suas máquinas fotográficas.

Sr. Weber: Ouvi dizer que a concorrência oferece aparelhos fotográficos por preços que representam 50 por cento dos nossos e nós nem podemos nem queremos vender por tais preços.

Sr. Sousa: Mas não é necessário os senhores reduzirem os preços em 50 por cento. Estou convencido de que bastaria, em alguns casos, uma redução de 15 por cento.

Sr. Weber: O senhor trouxe algumas ofertas dos competidores?

Sr. Sousa: Trouxe, claro.

Sr. Weber: Posso vê-las?

Sr. Sousa: Com certeza. Aqui está, por exemplo, uma oferta da firma japonesa "Kiyuki". O senhor poderá verificar que a qualidade não é assim tão má ... e aqui mais uma da firma inglesa "European Trading Co."

Sr. Weber: Se o senhor não se opõe, levaria estas ofertas para as estudar no hotel. Além disso, gostaria que os meus chefes vissem estas ofertas.

Sr. Sousa: Pode levar. Mas como proceder agora ... o senhor virá novamente?

Sr. Weber: Bem, não estou autorizado a reduzir o preço. Talvez seja boa ideia telefonarmos agora aos nossos directores competentes. Vamos adiar a nossa conversa para amanhã. Se convier ao senhor, eu tenho tempo a partir das 10 horas.

Sr. Sousa: Estou de acordo. Mas ainda não posso marcar a hora exacta agora. O senhor ficará no hotel por toda a manhã, não é?

Sr. Weber: Exactamente.

Sr. Sousa: Vamos fazer o seguinte: Antes de nos encontrarmos amanhã, a minha secretária telefonar-lhe-á para comunicar a hora exacta e o lugar, quer dizer, ela telefonará entre as 10 e meio-dia; o encontro poderia ser de tarde, provavelmente entre as 4 e as 6 h.

No outro dia

Sr. Sousa: Muito boa tarde, Senhor Weber. Qual é a decisão da sua empresa?

Sr. Weber: A minha empresa aceita uma redução de preços de 15 por cento. E quanto ao modo de pagamento ... pode ficar o mesmo?

Sr. Sousa: Em geral, pode: à vista ou em letras a vencer sessenta dias depois da entrega. Só uma coisa: A minha firma insiste em preços a cotação de Roterdão em vez de Liverpool.

Sr. Weber: Ainda não posso prometer nada, mas acho que isso será possível. Comprometo-me a fazer esforços no sentido de obter uma solução positiva para o senhor.

Sr. Sousa: Está bem. A sua firma continua ainda com uma filial em Madrid?

Sr. Weber: Continua, sim. Mas a nossa sucursal em Madrid trata principalmente de lentes e objectivas.

Sr. Sousa: Muito obrigado, Senhor Weber. Talvez possamos ainda aumentar a venda. Pode ter certeza que eu não ignoro que é preciso fazermos esforços constantes, para reconquistar as posições no mercado.

Novas palavras

o diálogo der Dialog
o vendedor der Exportkaufmann; der Verkäufer
o cartão de visita die Visitenkarte
atrasado verspätet; rückständig
chegar atrasado zu spät kommen
perder-se sich verlaufen, sich verfahren
desconhecer nicht kennen; keine Ahnung haben von
decidir-se a sich entscheiden zu
  Decidi-me a tomar um táxi. Ich habe mich entschlossen, ein Taxi zu nehmen.
ora bem nun gut; schön und gut
abordar um problema ein Problem erörtern, über ein Problem diskutieren
o fornecimento die Lieferung
Infelizmente, não é nada de agradável. Leider ist es nichts Angenehmes.
a concorrência die Konkurrenz
disponível verfügbar
admitir eingestehen, zugestehen; zulassen
adaptar a angleichen an
o competidor der Konkurrent; der Wettkämpfer
  Adaptaram os seus preços aos dos competidores. Sie glichen ihre Preise denen der Konkurrenten an.
assegurar a zusichern, versichern
senão sonst, andernfalls
deixar de + *Infinitiv* aufhören, es unterlassen zu
ouvi dizer que (*etwa:*) mir ist zu Ohren gekommen, dass
reduzir os preços em 50 por cento die Preise um 50% herabsetzen
estar convencido de überzeugt sein von
  Estou convencido disso. Ich bin überzeugt davon.
a oferta das Angebot
japonês japanisch
opor (*konj. wie* pôr) entgegensetzen, einwenden
opor-se a sich widersetzen
  Se o sr. não se opõe ... Wenn Sie nichts dagegen haben ...
proceder verfahren, vorgehen, handeln; fortschreiten

Como proceder nesse caso? Wie wollen wir in diesem Fall verfahren?
estar autorizado a berechtigt, ermächtigt sein zu
  Não estou autorizado a assinar. Ich bin nicht unterschriftsberechtigt.
adiar verschieben, vertagen
  Ele adiou a sessão para amanhã. Er hat die Sitzung auf morgen verschoben.
se convier ao senhor (*Konj. Futur*) wenn es Ihnen genehm ist, wenn es Ihnen passt
estar de acordo com einverstanden sein mit, übereinstimmen mit
o modo de pagamento die Zahlungsweise
à vista auf Sicht
em letras a vencer sessenta dias depois da entrega durch/per Akkreditive fällig 60 Tage nach Lieferung
insistir em bestehen auf
a cotação die Preisnotierung
  A minha firma insiste em preços a cotação de Roterdão em vez de Liverpool. Meine Firma besteht auf einer Preisbasis Rotterdam anstelle von Liverpool.
comprometer-se a sich verpflichten zu
fazer esforços Anstrengungen unternehmen
no sentido de im Sinne von
a filial (*auch:* a sucursal) die Zweigstelle, die Filiale, der Zweigbetrieb, die Zweigniederlassung
a lente die Linse (Optik)
a objectiva das Objektiv
ignorar nicht wissen
não ignorar recht gut wissen
constante unablässig, ständig; standhaft
conquistar erobern
reconquistar zurückerobern, wiedergewinnen

Gramática

31 A Der unpersönliche Infinitiv / O infinito impessoal, o infinitivo impessoal

Unpersönlich ist jeder Infinitiv, der kein eigenes Subjekt hat. Das sind zunächst Infinitive, die das Hauptverb des Satzes bilden und nur wegen Anwesenheit von Hilfs- oder Modalverben (im weitesten Sinne) in der infiniten Form stehen, sowie Infinitive in der Funktion von Imperativen. Unpersönlich können aber auch Infinitive sein, die in der Position von Gliedsätzen stehen, wenn kein eigenes Subjekt mitgedacht ist. Der unpersönliche Infinitiv wird gebraucht

1. mit maskulinem Artikel als **substantiviertes Verb:**

O estudar costumes estrangeiros é muito interessante.	Das Studieren fremder Sitten ist sehr interessant.

2. als **Verbalsubstantiv** ohne Bezug auf irgendein Subjekt:

Viver é lutar.	Leben heißt Kämpfen.

3. als **Imperativ** bei kurzen Befehlen an nicht näher bezeichnete Personen:

Não fumar!	Nicht rauchen!, Rauchen verboten!
Não tocar!	Nicht berühren! Nicht anfassen!
Para quaisquer informações telefonar para o número	Weitere Auskünfte erhalten Sie unter der Telefonnummer ....
Não falar ao motorista com o carro em movimento.	Während der Fahrt ist die Unterhaltung mit dem Fahrer verboten.

Militärische Kommandos:

Apontar! Fogo!	Legt an! Feuer!
Deitar!	Hinlegen!, Nieder!
Levantar!	Aufstehen!, Auf!
Direita(,) volver!	Rechts um!
Esquerda(,) volver!	Links um!

4. nach **Hilfsverben** wie ‚querer', ‚poder', ‚dever' u. a.:

Eu não posso vir.	Ich kann nicht kommen.
Quiseram ver tudo.	Sie wollten alles sehen.
Podes ficar cá.	Du kannst hierbleiben.

5. nach **Verben**, die **mit bestimmten Präpositionen** gebraucht werden (‚de', ‚a' oder ‚em'). Der Hauptsatz (mit konjugiertem Verb) hat dabei dasselbe Subjekt wie der Infinitivsatz:

No ano passado, aprendi a nadar.	Ich habe im vergangenen Jahr schwimmen gelernt.
Ela ajudou-nos a fazer a mala.	Sie half uns, den Koffer zu packen.
Corri a fechar a janela.	Ich lief, um das Fenster zu schließen.
Ela fica ainda a estudar.	Sie studiert noch.
Alegraram-se de me ver.	Sie freuten sich, mich zu sehen.
Não devemos deixar de mencionar as condições de pagamento.	Wir müssen unbedingt die Zahlungsbedingungen erwähnen.
Esqueci-me de dizer que ele está em férias.	Ich habe vergessen, zu sagen, dass er in den Ferien ist.
Ele insiste em alterar esse parágrafo.	Er besteht darauf, diesen Abschnitt zu ändern.
Pensei em ir-me embora.	Ich dachte daran, fortzugehen.

6. **nach Adjektiven oder Substantiven**, denen die **Präposition** ‚a' oder ‚de' folgt:

a) **Adjektiv + Präposition ‚de'**

(Bei einigen Adjektiven steht die Präposition ‚de' nur, wenn die Satzgliedfunktion des Infinitivs passivisch ist.)

bom de (gut)	fácil de (leicht)
capaz de (fähig)	impossível de (unmöglich)
contente de (zufrieden)	mau de (schlecht)
difícil de (schwierig)	possível de (möglich) u. a.
duro de (hart)	

É bom viver em paz (aktivisch).	Es ist gut, in Frieden zu leben.
Ele é capaz de resolver este problema.	Er ist fähig, dieses Problem zu lösen.
É uma situação difícil de explicar.	Das ist eine schwer zu erklärende Situation. / Das ist eine Situation, die schwer zu erklären ist.
(*aber:* Era difícil dizer-lhe aquilo.	Es war schwierig, ihm das zu sagen.
oder: Dizer-lhe aquilo era difícil.	Ihm das zu sagen war schwierig.)
Isso é difícil demais de ser entendido.	Das ist zu schwierig, um verstanden zu werden. / Das ist zu schwierig, um es zu verstehen.
(*aber:* É difícil entender isso.	Es ist schwierig, das zu verstehen.)
Isso é fácil de dizer:	Das ist leicht gesagt.
(*aber:* É fácil viajar.	Es ist leicht, zu (ver-)reisen.)
É um material duro de penetrar.	Das ist ein schwer zu durchdringender Werkstoff.
Ele é um homen mau de contentar.	Er ist ein Mensch, der schwer zufriedenzustellen ist.

b) **Substantiv + Präposition ‚de'**

a bondade de (Güte)	o medo de (Furcht)
o favor de (Gunst)	a necessidade de (Notwendigkeit) u. a.
a ideia de (Idee)	

Faça o favor de vir por aqui.	Kommen Sie bitte hier entlang.
A ideia de comprar uma máquina de escrever era boa.	Die Idee, eine Schreibmaschine zu kaufen, war gut.
Thomas fica contente com a ideia de voltar para casa dentro de pouco.	Thomas freut sich darauf, bald wieder nach Hause zu können. / Thomas freut sich darauf, dass er bald wieder nach Hause kommt.
O medo de morrer pode fazer heróis.	Die Furcht zu sterben kann Helden hervorbringen. / Die Furcht vor dem Tode kann Helden erstehen lassen.
Ele não tinha necessidade de apressar-se. = Ele não tinha necessidade de se apressar.	Es war für ihn nicht notwendig, sich zu beeilen.

c) **Adjektiv + Präposition ‚a'**

besonders nach Superlativen wie ‚o melhor a' (beste(r, s)), ‚o único a' (einzige(r, s)), nach Ordnungszahlen wie ‚o primeiro a' (erste(r, s)), ‚o último a' (letzte(r, s)) sowie nach einigen der in Lektion 25 genannten Adjektive:

Ele foi o primeiro a chegar.	Er war der erste, der kam.
O melhor a fazer neste caso é calar.	Das Beste, was in diesem Fall zu tun ist, ist zu schweigen.
Estamos todos sujeitos a errar.	Wir können uns alle einmal irren.

7. nach der Präposition ‚a' in einer **Konstruktion**, die dem Gerundium entspricht:

Vimos um homem a sorrir-nos e a caminhar para nós.	Wir sahen einen Mann, der uns zulächelte und auf uns zukam.
Encontrei-a em casa a chorar.	Ich traf sie weinend zu Hause an.
A não ser assim, partirei.	Da es nicht so ist, reise ich ab. / Wenn es nicht so ist, reise ich ab.
Ele passava dois dias a consertar a máquina.	Er brachte 2 Tage mit der Reparatur der Maschine zu.

8. nach einem **Fragewort** in allgemeinen Fragen, die im Deutschen meist mit ‚sollen' wiedergegeben werden:

Ele não sabia como fazer-se entender.	Er wusste nicht, wie er sich verständlich machen sollte.

Eles não sabem onde ficar.	Sie wissen nicht, wo sie bleiben sollen.
Como fazê-lo?	Wie soll das gemacht werden?
Que fazer?	Was soll man da machen? Was ist zu tun?

31 B Der persönliche Infinitiv / O infinitivo pessoal, o infinito pessoal, o infinitivo flexionado

Der persönliche Infinitiv wird gebildet, indem folgende Endungen an den unpersönlichen Infinitiv angehängt werden:

	Singular	Plural
1. Person	–	-mos
2. Person	-es	-des
3. Person	–	-em

Von dieser Bildungsregel gibt es keine Ausnahmen.

1. Konjugation	2. Konjugation	3. Konjugation
fal**ar**	com**er**	part**ir**
falar	comer	partir
falar**es**	comer**es**	partir**es**
falar	comer	partir
falar**mos**	comer**mos**	partir**mos**
falar**des**	comer**des**	partir**des**
falar**em**	comer**em**	partir**em**

Bei den regelmäßigen Verben sind die Formen des Konjunktiv Futur mit denen des persönlichen Infinitivs identisch. (In Tabelle II des Anhangs ist ein Konjugationsbeispiel für den persönlichen Infinitiv der unregelmäßigen Verben angegeben.)

Zusammengesetzter persönlicher Infinitiv / Infinitivo pessoal perfeito

Der zusammengesetzte persönliche Infinitiv wird mit dem persönlichen Infinitiv von ‚ter' und dem Partizip Perfekt des entsprechenden Verbs gebildet.

ter	falado comido partido
teres	
ter	
termos	
terdes	
terem	

‚Persönlich' ist jeder Infinitiv, der ein eigenes Subjekt hat (unabhängig davon, ob von dem des Hauptsatzes verschieden oder nicht und unabhängig davon, ob ausgedrückt oder nicht). Ob diese persönlichen Infinitive dann flektiert (mit Endungen versehen) werden oder nicht, hängt von einer Reihe von Faktoren ab (ungleiches Subjekt, ausgedrücktes Subjekt, Stellung des Infinitivs, stilistische Faktoren).

Durch die Endungen des persönlichen Infinitivs wird das Verb nur hinsichtlich der Person (und des Numerus) charakterisiert, nicht hinsichtlich Tempus und Modus.

Da sich die Form der 1. Person Singular nicht von der der 3. Person Singular unterscheidet (und damit auch nicht vom unpersönlichen Infinitiv), ist es angebracht, das entsprechende Personalpronomen zu setzen (‚eu' oder ‚ele' bzw. ‚ela').

Der persönliche Infinitiv wird verwendet,

a) wenn das *Subjekt* des Hauptsatzes von dem des Nebensatzes *verschieden* ist:

Duvido chegares às oito.	Ich bezweifle, dass du um 8 Uhr kommst.
= Duvido que chegues às oito.	

Die Wahl, ob persönlicher Infinitiv oder Konjunktiv, ist hier weniger eine Frage der Grammatik, sondern mehr des Stils. In diesem Fall gilt der persönliche Infinitiv als sprachlich eleganter.

Talvez seja boa ideia telefonarmos aos nossos directores competentes.	Vielleicht ist es eine gute Idee, wenn wir unsere zuständigen Direktoren anrufen.
Pode acontecer quererem sair hoje.	Es kann passieren, dass sie heute weggehen wollen.
Lembro-me de teres sido o primeiro a chegar.	Ich erinnere mich, dass du der erste warst, der kam.

Der zusammengesetzte Infinitiv (hier: ‚teres sido') steht, wenn auf eine vergangene Handlung Bezug genommen wird.

b) wenn der Sprecher das *Subjekt* des Infinitivs *hervorheben* will, um entweder Mehrdeutigkeit zu vermeiden oder um dem Satz größere Genauigkeit zu verleihen:

É tempo de eu partir.	Es ist Zeit, dass *ich* abreise. / Es ist Zeit für *mich* abzureisen.
É tempo de ela partir.	Es ist Zeit, dass *sie* abreist. / Es ist Zeit für *sie* abzureisen.

Der Sprecher hebt die Person hervor. Er setzt aus Gründen der Eindeutigkeit das Pronomen der 1. oder 3. Person Singular.

Aber: unpersönlicher Infinitiv:

É tempo de partir.	Es ist Zeit abzureisen.

Der Sprecher bezieht sich nicht auf eine bestimmte Person. Er trifft eine Aussage allgemeiner Art, die unpersönlich ist und verwendet deshalb den unpersönlichen Infinitiv.

c) wenn der Infinitiv, dessen Subjekt man hervorheben will, von einer Präposition oder einer adverbialen Wendung abhängt und zum Ausdruck folgender adverbialer Bestimmungen dient:

– **kausal**

Não saíram por terem jantado tarde. (= Não saíram porque tinham jantado tarde.)	Sie gingen nicht mehr weg, weil sie spät Abendbrot gegessen hatten.

– **konzessiv**

Comprei o vestido apesar de ele ser muito caro. (= Comprei o vestido apesar de que seja muito caro.)	Ich habe das Kleid gekauft, obwohl es sehr teuer ist.

– **konditional**

A continuarem assim, que farás? (= Que farás se continuam (*oder*: continuarem – Konjunktiv Futur) assim?)	Was wirst du tun, wenn sie so weitermachen?
Consegui passar sem me verem. (= Consegui passar sem que me vissem.)	Es gelang mir vorbeizukommen, ohne dass sie mich sahen.

– **final**

Digo-lho para o saberem. (= Digo-lho para que o saibam.)	Ich sage es ihnen, damit sie es wissen.

– **temporal**

Falei-lhes depois de terem voltado de Moçambique. (= Falei-lhes depois que tinham voltado de Moçambique.)	Ich habe mit ihnen gesprochen, nachdem sie aus Moçambique zurückgekommen waren.
Estivemos em casa deles pouco antes de irem para o Brasil. (= Estivemos em casa deles pouco antes que fossem para o Brasil.)	Wir waren bei ihnen zu Hause, kurz bevor sie nach Brasilien fuhren.

Die Zeit im Nebensatz (in der der persönliche Infinitiv steht) ist aus der Zeit abzuleiten, die im Hauptsatz verwendet wird:

Antes de saírem fumamos um cigarro.	Bevor sie gehen, rauchen wir eine Zigarette.
Antes de saírem vamos fumar um cigarro.	Bevor sie gehen, werden wir eine Zigarette rauchen.
Antes de saírem fumámos um cigarro.	Bevor sie gingen, haben wir eine Zigarette geraucht.

Anmerkung: Wenn die beiden Subjekte eines Satzes *identisch* sind, *kann* der persönliche Infinitiv verwendet werden.

Antes dele partir informa o porteiro. (*selten gebraucht*)	Bevor er abreist, sagt er dem Portier Bescheid.

Da beide Subjekte identisch sind, steht gewöhnlich der unpersönliche Infinitiv:

Antes de partir informa o porteiro.	Bevor er abreist, sagt er dem Portier Bescheid.
Eles são obrigados a estudar a gramática.	Sie sind gezwungen, die Grammatik zu studieren.

(und *nicht:* Eles são obrigados a estudarem a gramática.)

31 C   Die ‚ao-Konstruktion'

Wenn der Infinitiv dem Hauptsatz vorausgeht und vorher kein Hinweis auf das Subjekt erfolgte, selbst wenn das Subjekt in Haupt- und Nebensatz dasselbe ist, kann die Konstruktion ‚ao + (persönlicher) Infinitiv' stehen. Sie entspricht einem mit ‚quando' eingeleiteten Temporalsatz.

Ao dirigir deve-se prestar atenção aos sinais de trânsito.	Beim Fahren muss man auf die Verkehrszeichen achten.
Ao saírem da empresa encontraram a filha dele.	Als sie aus dem Werk gingen, trafen sie seine Tochter.
Ao visitarem Dresden é preciso ir verem (*auch*: irem ver) a galeria de pintura.	Wenn sie Dresden besuchen, müssen sie die Gemäldegalerie sehen.

Exercícios

31.1 Bilden Sie von folgenden Verben die einfache und die zusammengesetzte Form des persönlichen Infinitivs:

pagar, vender, subir
querer, ir, dar, trazer, ser, vir, ver, pôr

31.2 Übersetzen Sie folgende Mustersätze zum Gebrauch des persönlichen Infinitivs:

1. É necessário trabalharmos bem.   2. Não ouvi tocares à campainha.   3. É pena não podermos acompanhá-la.   4. É tempo de voltarem para casa.   5. É bom aprenderem a língua portuguesa.   6. É melhor vires amanhã.   7. Não é possível darmos uma resposta com segurança.   8. É pena não termos chegado a tempo.   9. Nadaram até se cansarem.   10. Nesse caso, creio que o melhor será ficarmos aqui até ela chegar.   11. Ninguém mais falou no resto da viagem de táxi até chegarmos ao hotel.   12. Deveríamos levar as pessoas a compreenderem que o ruído é um verdadeiro perigo para a saúde.   13. Apesar de

estudarem russo há alguns anos e terem passado um mês na União Soviética, ainda falam muito mal.   14. Encontrei-os ontem pela primeira vez depois de terem casado.   15. Fomo-nos embora sem ter falado com ele (Steht hier der persönliche oder der unpersönliche Infinitiv?).   16. Gostava de viver em Berlim por ter muitas vantagens.   17. Não vieram a tempo por terem perdido o comboio.

31.3 Setzen Sie die entsprechenden Formen des persönlichen Infinitivs ein.

1. Nesse caso não vejo razão para eles (chegar atrasado).   2. Peço-lhe para ele (vir) falar comigo.   3. Talvez seja melhor sentar-se, minha senhora, para (nós, poder) abordar o problema.   4. É preferível (eles, ir) de avião.   5. Seria óptimo (nós, ir) para lá.   6. Antes de (nós, partir) vocês têm de fechar todas as janelas.   7. Antes de eles (encontrar-se) comigo, vamos tomar uma decisão.   8. Ao (tu, sair) da filial passa por minha casa!   9. Ele dá-nos o dinheiro para (nós, comprar) os bilhetes.   10. É bom os estudantes (ver) este filme sobre Angola.   11. Admiraram-se de eles (ser) os primeiros a chegar.   12. É pena eles não (viajar) connosco.

31.4 Setzen Sie den persönlichen Infinitiv. Die entsprechenden Stellen im Satz, die sich bei dieser Umwandlung verändern, sind kursiv gedruckt.

1. Peço aos senhores *que me informem* sobre o último fornecimento.   2. Parece *que não gostam* do vinho.   3. Partiu sem *que* ela *soubesse*.   4. Eu dou-lhe o dinheiro para *que* ela *possa* comprar uma blusa.   5. É absolutamente necessário *que* tais erros não *se repitam*.   6. Declararam *que resolveram* tudo.   7. Declararam *que tinham resolvido* tudo.   8. Não vejo razão nenhuma *porque* ela *deve fazer* isso. (Bei dieser Umwandlung kann ‚dever' entfallen.)   9. Vi *que* ela *entrou* no correio.   10. Vi *que* elas *tinham entrado* no correio.   11. Faço isso *porque* eles não *querem* fazer.

*31.5 Verwandeln Sie den Konjunktiv in den persönlichen Infinitiv. In den mit * gekennzeichneten Sätzen ist die Konjunktion ‚que' durch eine entsprechende Präposition zu ersetzen.*

1. Ninguém pode entrar neste prédio sem que seja autorizado.   2. Partiram sem que eu soubesse.   3. É lógico que eles pensem dessa maneira.   4. Peço-lhe que* venha falar comigo.   5. Não é muito provável que achemos uma solução adequada.   6. Não me admiro que* eles tenham chegado atrasados.   7. Era bom que comprássemos os bilhetes a tempo.   8. É pena que não tenhamos chegado a tempo.   9. Quero terminar este trabalho, antes que* cheguem os convidados.

31.6 Wandeln Sie den mit ‚ao' eingeleiteten persönlichen Infinitiv nach folgendem Muster in das pretérito perfeito simples do indicativo um. Führen Sie den Satz zu Ende.

Ao sairem da empresa ...   → Quando eles saíram da empresa ...
Ao ler a oferta ...   → Quando li (leu) a oferta ...

1. Ao pôr o anúncio no jornal ...   2. Ao virem da reunião ...   3. Ao vermos as instalações modernas ...   4. Ao fazer a encomenda ...   5. Ao ir a Angola ...   6. Ao verem as máquinas fotográficas da concorrência ...

31.7 Wandeln Sie den Plusquamperfekt Konjunktiv nach folgendem Muster in den zusammengesetzten persönlichen Infinitiv um. Führen Sie die Sätze zu Ende.

Embora eles já tivessem perdido a possibilidade de venda …
→ Apesar de terem perdido a possibilidade de venda …

1. Embora ela tivesse tido uma boa ocasião …   2. Embora tivessem aceitado o modo de pagamento …   3. Embora ninguém tivesse trazido os documentos …   4. Embora tivéssemos arranjado os quartos do hotel …   5. Embora ela lhes tivesse dito que não …   6. Embora eles já tivessem mandado os artigos quatro meses atrás …   7. Embora eu já tivesse partido de casa relativamente cedo …   8. Embora eu nunca tivesse visto as máquinas fotográficas …

31.8 Persönlicher oder unpersönlicher Infinitiv?

1. Depois de (comer) fomo-nos embora.   2. Estamos muito contentes de (ter) feito esta viagem.   3. Ao (chegar) à cidade, encontrámo-lo.   4. Depois de eles (partir), limpámos a casa.   5. Os camponeses costumam (levantar-se) muito cedo.   6. Ao (receber) esta notícia ficarão muito zangados.   7. Murmurei um muito obrigado por não (saber) o que dizer.

31.9 Übersetzen Sie die folgenden Sätze unter Verwendung des persönlichen Infinitivs:

1. Ich sah, wie meine Brüder die Straße überquerten.   2. Es ist unbedingt notwendig, dass du morgen anrufst.   3. Wir bitten darum, dass Sie ihnen die Erlaubnis geben, das Werk zu besuchen.   4. Er erklärte, dass sie das Problem bereits gelöst hätten.   5. Ich bitte darum, dass die Herren Nogueira und Ribeiro die Unterlagen unterschreiben und so schnell wie möglich zurückschicken (devolver).   6. Als wir in das Zimmer kamen (Ao …), war die Suppe schon auf dem Tisch.   7. Zeigen Sie mir bitte die Prospekte, damit wir wissen, worum es sich handelt.   8. Es ist besser, wenn du morgen kommst.   9. Wir bleiben im Werk, bis er die Arbeit gemacht hat.   10. Wir haben sie getroffen, nachdem sie aus dem Urlaub zurück waren.   11. Als wir nach Rostock kamen, war das Schiff schon abgefahren.   12. Sie wunderten sich, dass sie die ersten waren.

31.10 Setzen Sie ein! Lesen Sie dabei immer den ganzen Satz.

a) Depois de *ter perdido tanto tempo* decidi-me a *tomar um táxi*. (Nachdem ich *so viel Zeit verloren hatte,* entschloss ich mich, *ein Taxi zu nehmen.*)
den Vertrag gefunden hatte … ihn zu informieren; den Fernseher nicht selbst reparieren konnte … einen Monteur zu rufen; das Buch gelesen hatte … es meiner Freundin zu geben; Maria näher kennengelernt hatte … sie ins Theater einzuladen; ihm die Maschine verkauft hatte … nach Maputo zurückzukehren; den Preis gesenkt hatte … die Konkurrenten zu besuchen.

b) Não é nada de *agradável*. (Es ist nichts *Angenehmes.*)
Neues, Außergewöhnliches, Schönes, Wesentliches, Großes, Teures, Billiges, Zerbrechliches (frágil), Sicheres, Unangenehmes, Gewöhnliches, Einfaches, Komfortables.

c) Segundo entendi, o sr. está interessado em *abordar mais uma vez o problema*. (Wenn ich recht verstanden habe, sind Sie daran interessiert, *das Problem nochmals zu erörtern*.)
die Fotoapparate noch in diesem Monat zu verkaufen; die Sitzung stets pünktlich zu beginnen; ihn kennenzulernen; die Angebote der Konkurrenz zu sehen; ihm eine Lösung vorzuschlagen; Ihre Preise denen der Konkurrenten anzupassen; Ihre Position auf dem Markt zu halten.

d) Estou convencido de que *basta uma redução de 15 por cento*. (Ich bin überzeugt (davon), dass *eine Herabsetzung (des Preises) um 15 % genügt*.)
sie das weiß; sie unterschrieben haben; er es nicht war; das das einzige Mittel ist; er die Preise bereits herabgesetzt hat; er die Muster bereits mitgebracht hat; sie nicht berechtigt sind, den Vertrag zu unterzeichnen; sie nichts dagegen hat; sie damit einverstanden sind; du morgen wieder zu spät kommst; sie die Zahlungsbedingungen akzeptieren; die Erzeugnisse der Konkurrenz kurzfristig verfügbar sind.

e) Talvez seja boa ideia *telefonarmos aos nossos directores competentes*. (Vielleicht ist es eine gute Idee, *wenn wir unsere zuständigen Direktoren anrufen*.)
wenn er die Muster gleich am Dienstag mitbringt; wenn Sie ihm die Angebote zeigen; wenn du die Sitzung auf morgen verschiebst; wenn ich mit ihr für morgen einen neuen Termin vereinbare; wenn wir mit der Entscheidung bis nächste Woche warten; wenn wir die Filiale schließen.

f) Antes de *nos encontrarmos amanhã* a minha secretária vai telefonar ao senhor. (Bevor / Ehe *wir uns morgen treffen*, wird meine Sekretärin Sie anrufen.)
wir das Angebot unterbreiten (apresentar, submeter), ich abreise, sie nach Guinea-Bissau abreisen, ich der portugiesischen Firma antworte, wir kommen, wir den Vertrag unterzeichnen, er Ihnen die Zahlungsbedingungen bekanntgibt (comunicar), wir in dieser Angelegenheit fortfahren, wir fortfahren, dieses Problem zu erörtern.

31.11 Lesen, übersetzen und beantworten Sie folgende Fragen zum Text.

1. O que é um diálogo?   2. O que entrega o sr. Weber ao cumprimentar o sr. Sousa?   3. Porque é que o sr. Weber chega atrasado?   4. O que está escrito, normalmente, num cartão de visita?   5. Que entende o sr. Weber da notícia do colega?   6. Que problema é que o sr. Sousa quer abordar de novo e porquê?   7. Que se pode dizer sobre os artigos da concorrência?   8. O que admite o sr. Sousa quanto à qualidade das máquinas fotográficas?   9. O que propõe o sr. Sousa para melhorar a situação?   10. Quando poderão fazer bons negócios, na opinião do sr. Sousa?   11. Por que preços oferece a concorrência aparelhos fotográficos?   12. De que está o sr. Sousa convencido?   13. Quem trouxe ofertas e de que firmas?   14. Que quer fazer o sr. Weber com as ofertas?   15. Os dois homens podem resolver o problema naquela altura?   16. Porque têm de adiar a conversa para o outro dia?   17. Porque é que o sr. Sousa não pode marcar uma hora exacta para o encontro no outro dia?   18. Qual foi a decisão dos chefes do sr. Weber?   19. O que diz o sr. Sousa acerca do modo de pagamento?   20. Que se compromete a fazer o sr. Weber?   21. Que diz o sr. Weber sobre a sucursal em Madrid?   22. O que é que o sr. Sousa não ignora?

31.12 Fragen Sie Ihren Nachbarn (bzw. Ihre Nachbarin). Ihr Nachbar (bzw. Ihre Nachbarin) beantwortet die Frage...

- ob er schon einmal an einer Verhandlung teilgenommen hat
- wie die Verständigung erfolgte
- worüber verhandelt wurde
- über welchen Punkt am längsten verhandelt wurde
- welche Zahlungsbedingungen vereinbart wurden
- was geliefert werden sollte
- ob Teillieferungen (entregas parciais) vereinbart wurden
- wer in seinem Betrieb berechtigt ist, Verträge zu unterschreiben
- über welchen Zeitraum sich die Lieferung des Erzeugnisses erstreckte
- ob er sich in einer fremden Stadt schon einmal verirrt hat.

31.13 Übersetzen Sie unter Verwendung des persönlichen Infinitivs.

1. Zeigen Sie uns bitte die Prospekte, damit wir eine Vorstellung haben, worum es sich handelt.   2. Es ist schade, dass Sie nicht früher kommen können.   3. Ich habe nicht gehört, dass du an die Tür geklopft hast.   4. Es ist Zeit für uns, nach Hause zurückzukehren.   5. Wir gingen weg, ohne mit ihm gesprochen zu haben.   6. Es ist besser, wenn wir morgen kommen.   7. Als sie hereinkamen, saß er schon am Tisch.   8. Obwohl du seit 2 Jahren die Fahrerlaubnis hast, fährst du schlecht.   9. Sie sind sehr zufrieden, dass du diese Reise gemacht hast.   10. Es ist merkwürdig, dass sie nie Zeit haben.   11. Er sieht keinen Grund, warum sie das machen sollen.   12. Sie macht es nicht, weil ich es machen will.   13. Sie bitten darum, dass du sie über die letzten Lieferungen informierst.   14. Vielleicht gelingt es uns, den Fotoapparat hier im Zentrum zu kaufen. – Nein. Es wird besser sein, wenn wir ihn in einer kleinen Stadt kaufen.   15. Es ist unmöglich, dass sie sich irren.   16. Er sieht es nicht gern, wenn die Angestellten zu spät kommen.   17. Er kam herein, ohne dass wir es merkten.

LIÇÃO 32

Texto

Portugal

Portugal (de nome oficial **República Portuguesa**) fica situado no sudoeste da Europa, na zona ocidental da Península Ibérica, sendo o país mais ocidental da Europa. Tem por limites a norte e a leste a Espanha, a sul e a oeste o oceano Atlântico. O território de Portugal compreende ainda os arquipélagos autónomos dos Açores e da Madeira, situados no hemisfério norte do oceano Atlântico, perfazendo uma área total de 92 391 quilómetros quadrados. Os rios principais são o Tejo, o Douro e o Guadiana. O rio Tejo divide o país em duas regiões distintas, sendo o norte montanhoso e o sul coberto de planícies ondulantes.

A história de Portugal é bastante movimentada. Parte ocidental da península Ibérica, a Lusitânia, foi conquistada por Júlio César e Augusto. Os visigodos conseguiram controlar a maior parte da região no século V, mantendo esse domínio até à chegada dos mouros, três séculos mais tarde. Portugal estabeleceu-se como estado independente em 1185, e consolidou-se depois da expulsão definitiva dos mouros em 1249 (Reconquista). A sua independência, entretanto, foi constantemente ameaçada por Castela até 1385, quando os castelhanos foram derrotados em Aljubarrota.

Aproximando-se o final das conquistas por terras dos mouros, Portugal virou-se para o mar onde se tornou dominante; inspirados pelo infante D. Henrique, *o Navegador,* os seus navegadores descobriram caminhos marítimos para regiões da América, África e do Oriente tendo descoberto o caminho por mar, para a maioria dos países africanos; daí obteve grande supremacia económica, política e cultural nessa altura. Vasco da Gama tornou-se o primeiro europeu a viajar até à Índia por mar (1497/99). No período de expansão, os Por-

Die Azoren (Os Açores) bestehen aus neun großen Inseln, von denen acht vulkanischen Ursprungs sind.

Das Denkmal der Entdecker (Padrão dos Descobrimentos) in Lissabon.

tugueses estabelecerem enclaves comerciais em lugares tão remotos como nas Molucas e na China, ao mesmo tempo que reclamavam para si o Brasil, situado no *Novo Mundo*, descoberto em 1500 por Pedro Álvares Cabral. Foi no Brasil que se refugiou a família real portuguesa quando os Franceses invadiram Portugal em 1807. O rei D. João VI regressou a Portugal em 1821 e, no ano seguinte, o seu filho D. Pedro era proclamado imperador do Brasil independente.

Portugal foi uma monarquia até 1910, ano em que uma revolução em Lisboa obrigou o jovem rei D. Manuel II a abdicar. Após vários anos de instabilidade política com lutas de trabalhadores, tumultos, levantamentos, assassínios políticos e crises financeiras, o exército assumiu o poder, em 1926. O regime militar nomeou ministro das finanças o Dr. Oliveira Salazar, professor da Universidade de Coimbra, que pouco depois foi nomeado primeiro ministro (1932). Ao mesmo tempo que restaurou as finanças, transformou o país numa *República Corporativa* de tendência fascizante, sob a sua ditadura pessoal. Em 1968, quando uma enfermidade mortal o afastou do poder, sucedeu-lhe no governo da nação o Dr. Marcelo Caetano.

No entanto, o descontentamento civil alastrava tanto no continente como nas colónias, onde vários "movimentos de libertação" obrigaram Portugal a uma dispendiosa presença militar. Apesar das críticas de alguns dos mais antigos oficiais do exército, entre os quais o general António de Spínola, o governo parecia determinado em continuar esta política. Com o seu livro *Portugal e o Futuro*, em que defendia a insustentabilidade de uma solução militar nas guerras do ultramar, Spínola foi destituído, o que agravou o crescente mal-estar entre os jovens oficiais do exército que no dia 25 Abril de 1974 desencadearam um golpe de estado que derrubou o Governo, golpe de estado que ficou conhecido como o 25 de Abril, actualmente feriado nacional. Nos dois anos seguintes, o processo revolucionário foi vigiado e controlado pelo Movimento das Forças Armadas; não obstante, foi uma fase de grande instabilidade política, com seis governos provisórios, vários levantamentos com diferentes objectivos, a rápida liquidação do império colonial e a progressiva neutralização das forças mais esquerdistas, até finalizar nas eleições de 1976. O seu vencedor foi o partido socialista, cujo líder, Mário Soares, tomou conta do governo, ao mesmo tempo que o general Ramalho Eanes foi eleito Presidente da República.

Na actualidade é um dos membros da União Européia e foi um dos 12 membros que integram a zona Euro e cuja língua é uma das 20 línguas oficiais da União Européia.

Novas palavras

ficar situado liegen, gelegen sein
ter por limites als Grenze(n) haben
o arquipélago der Archipel
autónomo autonom, unabhängig
o hemisfério die Hemisphäre; die Halbkugel
perfazer sich belaufen auf, (insgesamt) betragen, ausmachen
dividir (em) teilen (in)
distinto deutlich, klar umrissen; verschieden; vornehm
montanhoso bergig, gebirgig
a planície die Ebene
ondulante wellig, auf- und absteigend
conquistar erobern
os visigodos die Westgoten
manter o domínio (sobre) die Herrschaft aufrechterhalten (über)
os mouros die Mauren
consolidar-se sich festigen, konsolidieren
a expulsão definitiva die endgültige Vertreibung
ameaçar bedrohen
Castela Kastilien
o castelhano der Kastilier
derrotar vernichtend schlagen
virar-se para o mar sich dem Meer zuwenden
tornar-se dominante eine dominierende od. vorherrschende Stellung einnehmen
inspirar inspirieren, anregen
o infante der Infant (Titel der königl. Prinzen)
D. = Dom Titel der portugiesischen Könige
o navegador der Seefahrer
o caminho marítimo der Seeweg
daí daher, daraus resultierend; von dort
a supremacia Überlegenheit, Vorherrschaft
nessa altura zu jener Zeit
tornar-se werden
remoto entfernt
reclamar para si für sich in Anspruch nehmen
refugiar-se fliehen, Zuflucht suchen
a família real die königliche Familie
invadir einfallen in
proclamar ausrufen, proklamieren, verkünden

o imperador der Kaiser
a monarquia die Monarchie
abdicar abdanken
a instabilidade die Instabilität, die Unbeständigkeit
a luta der Kampf
o trabalhador der Arbeiter
o levantamento der Aufstand
o assassínio = assassinato der Mord, die Ermordung
a crise die Krise
o exército die Armee, die (Land-)Streitkräfte
assumir o poder die Macht übernehmen
o regime militar das Militärregime
nomear ernennen
 nomear Ministro das Finanças zum Finanzminister ernennen
pouco depois kurze Zeit später
o primeiro ministro der Premierminister
restaurar wiederherstellen, wieder in Gang bringen
transformar umwandeln
de tendência fascizante mit faschisierender Tendenz
a ditadura die Diktatur
a enfermidade mortal die tödliche Krankheit
afastar entfernen
suceder a jmdm. folgen, folgen auf, nachfolgen
no entanto jedoch, indessen
o descontentamento die Unzufriedenheit, der Verdruss
alastrar allmählich um sich greifen; sich ausbreiten
o movimento de libertação die Befreiungsbewegung
dispendioso kostspielig; aufwändig
a presença militar die Militärpräsenz
determinado (em) entschlossen (zu)
defender verteidigen
a insustentabilidade die Unhaltbarkeit
a solução die Lösung
o ultramar das überseeische Staatsgebiet
destituir absetzen, entlassen, eines Amtes entheben

agravar verschärfen, verschlimmern
crescente wachsend
o mal-estar das Unbehagen; das Unwohlsein
desencadear entfesseln
o golpe de estado der Staatsstreich
o feriado nacional der Nationalfeiertag
vigiar überwachen
controlar kontrollieren
o Movimento das Forças Armadas die Bewegung der Streitkräfte
a fase die Phase
o governo provisório die provisorische Regierung
o objectivo das Ziel
a liquidação die Auflösung; die Beseitigung

o império colonial das Kolonialreich
progressivo fortschreitend
a neutralização die Neutralisierung, die Aufhebung; die Ausschaltung
esquerdista linksgerichtet, politisch links stehend
finalizar zu Ende gehen
o vencedor der Sieger
o líder der Führer
tomar conta do governo die Regierungsgeschäfte führen
ser eleito Presidente da República zum Präsidenten der Republik gewählt werden
a União Européia die Europäische Union
integrar vereinigen, einschließen

Gramática

32 A Das Gerundium / O gerúndio

Gerundium I / O gerúndio, forma simples

Das Gerundium I wird gebildet, indem man die Infinitivendung **-r** durch **-ndo** ersetzt. Von dieser Bildungsregel gibt es keine Ausnahmen.

falar	– falando
comer	– comendo
partir	– partindo
ver	– vendo
pôr	– pondo
ser	– sendo
ter	– tendo *usw.*

Die Formen lassen sich kaum ins Deutsche übersetzen, da das Gerundium im Deutschen nicht existiert.

Gerundium II / O gerúndio perfeito

‚tendo' + Partizip Perfekt: tendo vendido

Im Gegensatz zum Partizip in den oben genannten Partizipialkonstruktionen ist das Gerundium **unveränderlich.** Es hat aktivischen Charakter.

Das **Gerundium I** drückt eine im Verlauf befindliche Handlung aus, die unmittelbar vor oder nach der im Hauptsatz genannten Handlung liegt oder die gleichzeitig mit ihr verläuft. Dieser zeitliche Charakter des Gerundiums hängt fast immer von seiner Stellung im Satz ab.

Das **Gerundium II** gibt eine abgeschlossene Handlung an, die vor der Handlung liegt, die durch das Verb des Hauptsatzes ausgedrückt wird. Es wird viel seltener als das Gerundium I verwendet.

In der gesprochenen Sprache ist das Gerundium sehr selten zu hören. Das Gerundium dient vor allem zur Verkürzung von Nebensätzen.

1. Das Gerundium steht für einen

a) **Temporalsatz**
– zum Ausdruck der *Gleichzeitigkeit*:

| Estando no correio vi passar o seu irmão. | Als ich auf der Post war, sah ich seinen Bruder vorbeigehen. |

Das Subjekt des Gerundialsatzes stimmt mit dem des Hauptsatzes überein. (Das ist der Normalfall.)

| Ele viu-a saindo da empresa. | 1. Er sah sie, als **sie** aus dem Werk kam. (= Ele viu-a quando ela saía da empresa.) |
| | 2. Er sah sie, als **er** aus dem Werk kam. (= Ele viu-a quando ele saía da empresa.) |

Bei Verben der Sinneswahrnehmung bezieht sich das Gerundium häufig auf das Objekt des Hauptsatzes.

– zum Ausdruck der *Vorzeitigkeit*:

| Tendo terminado o seu trabalho saíram. | Als sie ihre Arbeit beendet hatten, gingen sie. |

b) **Konditionalsatz:**

| Tendo bastante dinheiro poderá (*oder*: pode) comprar a aparelhagem de som. | Falls er genügend Geld hat, kann er die Stereoanlage kaufen. |
| Saindo de casa cedo pode encontrar ainda o seu irmão. | Wenn er früh von zu Hause weggeht, kann er seinen Bruder noch treffen. |

c) **Kausalsatz:**

| Estando doente a mãe fica em casa. (= **Como** a mãe está doente fica em casa.) | Weil Mutter krank ist, bleibt sie zu Hause. |
| Tendo saído de casa relativamente cedo ainda teve tempo para tomar um café no restaurante do aeroporto. | Da er ziemlich früh von zu Hause weggegangen war, hatte er noch Zeit, im Flughafenrestaurant einen Kaffee zu trinken. |

d) **Konzessivsatz:**

Estando o pai doente vai ao trabalho.	Obwohl Vater krank ist, geht er arbeiten.

e) **Modalbestimmung:**

Passeia pelas ruas lendo um jornal.	Eine Zeitung lesend spaziert er durch die Straßen./ Er spaziert durch die Straßen und liest dabei eine Zeitung.
Ele consertou o motor, trocando algumas rodas dentadas.	Er reparierte den Motor, indem er einige Zahnräder auswechselte.

2. Die Gerundialkonstruktion kann stehen

a) **vor dem Hauptsatz:**

Chovendo assim não saio.	Wenn **es** (unpersönlich) so regnet, gehe **ich** nicht hinaus.
Tendo estado fechadas as lojas estamos sem pão.	Da die Geschäfte geschlossen waren, haben wir kein Brot.

(Das Gerundium steht hier mit eigenem Subjekt: as lojas.)

b) **hinter dem Hauptsatz:**

Ele preparou as suas tarefas segundo a sua importância, fazendo o plano de visitas aos clientes.	Er bereitete seine Aufgaben nach ihrer Wichtigkeit vor und stellte dabei den Plan für die Kundenbesuche zusammen.
No ano passado, este país não importou trigo, sendo isso um caso raro.	Im vergangenen Jahr importierte dieses Land keinen Weizen, wobei das ein seltener Fall war.

c) **zwischen Subjekt und Prädikat des Hauptsatzes:**

O departamento de venda, visando o aumento do volume das transacções, deu-lhe várias instruções.	Die Abteilung Absatz, die eine Erhöhung des Umsatzvolumens beabsichtigte, gab ihm verschiedene Anweisungen.

3. Die Präposition ‚**em**' vor dem Gerundium:

a) Die Präposition ‚em' vor dem Gerundium hebt noch stärker hervor, dass die im Gerundialsatz ausgedrückte Handlung *unmittelbar vor* der des Hauptsatzes liegt.

Em terminando isto saíram.	Als sie damit fertig waren, gingen sie.
Em ele chegando falo-lhe.	Gleich wenn er kommt, spreche ich mit ihm.

b) Bisweilen kann ‚em' auch die *Dauer* hervorheben und entspricht dann einem Temporalsatz mit ‚enquanto'.

Em sendo jovem quase não há problemas com a saúde.	Solange man jung ist, gibt es fast keine Probleme mit der Gesundheit.

4. Das Gerundium steht mit den **Hilfsverben** ‚acabar', ‚andar', ‚continuar', ‚estar', ‚ficar', ‚haver', ‚ir', ‚prosseguir', ‚seguir', ‚vir' u.a. zur Bildung von Verbalparaphrasen, *siehe unten*.

5. Die Stellung des unbetonten Personalpronomens sowie des Reflexivpronomens

a) beim Gerundium I:

Pronomina, die zur Gerundialform gehören, können nach den in Lektion 10 dargelegten Regeln voran- oder nachgestellt werden.

Ele mostra real interesse pela língua portuguesa esforçando-se por ter um vocabulário cada vez maior.	Er zeigt ein wirkliches Interesse an der portugiesischen Sprache, indem er sich um einen ständig wachsenden Wortschatz bemüht.
Não lhe sendo possível telefonar ao gerente escreveu uma carta.	Da es ihm nicht möglich war, mit dem Geschäftsführer zu telefonieren, schrieb er einen Brief.

b) beim Gerundium II:

– Nachstellung

Tendo-o visto ele fez sinal.	Nachdem er ihn gesehen hatte, gab er ein Zeichen.
aber: Não o tendo visto ele foi-se embora.	Da er ihn nicht gesehen hatte, ging er weg.

c) em + Gerundium:

Hier wird das zum Gerundium gehörige Pronomen stets vorangestellt.

Em me levantando da mesa vi o novo gira-disco.	Als ich vom Tisch aufstand, sah ich den neuen Plattenspieler.

32 B Verbale Umschreibungen

Verbale Umschreibungen oder Verbalparaphrasen sind Verbindungen aus einem als Hilfsverb gebrauchten konjugierten Verb und dem gerúndio, dem Infinitiv oder (seltener) dem Partizip Perfekt. Sie dienen zur Wiedergabe von zeitlichen oder modalen Nuancen (wie Beginn einer Handlung, Dauer, allmählicher Verlauf, Wiederholung, Beendigung, Möglichkeit, Notwendigkeit). Oft stehen im Deutschen entsprechende Konstruktionen nicht zur Verfügung, sodass zur Übersetzung Adverbien herangezogen werden müssen.

Viele der Verben, die in diesen Umschreibungen die Funktion eines Hilfsverbs haben, sind normalerweise Vollverben (z. B. ‚andar', ‚ir', ‚vir'). Mehrere dieser Verben haben dabei ihre Bedeutung, die sie als Vollverben haben, aufgegeben.

1. acabar de + Infinitiv und **acabar por + Infinitiv**

acabar de + Infinitiv – soeben, gerade etwas getan haben

Acabo de pôr a mesa.	Ich habe gerade den Tisch gedeckt.

acabar por + Infinitiv – schließlich etwas tun

Acabei por desligar a máquina.	Ich habe die Maschine schließlich ausgeschaltet.

2. andar + Gerundium oder **andar + a + Infinitiv**

zum Ausdruck der Dauer oder Fortsetzung der Handlung:

Ando estudando (*oder*: Ando a estudar) português.	Ich lerne Portugiesisch.
Ando procurando este livro.	Ich suche das Buch. (Ich suche das Buch schon eine ganze Zeit und suche es immer noch.)
Ele anda dizendo que ela está doente.	Er sagt (immerzu), dass sie krank ist.

andar + Adjektiv oder Partizip

ebenfalls zum Ausdruck der Dauer einer Handlung ohne Bezug auf ihren Abschluss:

Ele anda cansado.	Er ist müde.

3. começar a + Infinitiv und **começar por + Infinitiv**

começar a + Infinitiv – beginnen, etwas zu tun

Começou a falar.	Er begann zu sprechen.

começar por + Infinitiv – zuerst etwas tun

Comecei por falar sobre as cifras de exportação.	Zuerst sprach ich über die Exportziffern. Ich begann mit den Exportziffern.

4. continuar a + Infinitiv und **continuar + Gerundium**

continuar a + Infinitiv – fortfahren etwas zu tun, etwas weiterhin tun

Continue a escrever!	Schreiben Sie weiter!

continuar + Gerundium – weiterhin etwas tun, nicht aufhören etwas zu tun
unterstreicht die Kontinuität oder Fortdauer der Handlung:

O cão continua ladrando.	Der Hund bellt unentwegt.

5. estar a + Infinitiv (*siehe Lektion 20*) = **estar + Gerundium** (*in Brasilien*) und **estar para + Infinitiv**

estar + Gerundium

Está sendo muito louvado pelo professor.	Er wird vom Lehrer sehr gelobt.

estar para + Infinitiv

bezeichnet mit dem Sinn eines Passivs eine noch zu realisierende Handlung, etwas, das noch getan werden muss:

A carta está por escrever.	Der Brief muss noch geschrieben werden.

6. ir + Gerundium, ir + Infinitiv und ir a + Infinitiv

ir + Gerundium

bezeichnet die allmähliche Realisierung einer Handlung oder eine Handlung in aufeinanderfolgenden Etappen:

Vou compreendendo essa coisa.	Allmählich (langsam) verstehe ich diese Sache.
Enquanto ela telefona vou eu passeando.	Während sie telefoniert, mache ich einen kleinen Spaziergang.
As crianças iam chegando do jardim.	Die Kinder kamen (eines nach dem anderen) aus dem Garten.

'Ir' im Imperfekt Indikativ gefolgt von einem Gerundium kann auch ausdrücken, dass eine Handlung oder ein Geschehen fast eingetreten wäre:

O meu irmão escorregou de tal maneira que quase ia caindo.	Mein Bruder ist so ausgerutscht, dass er beinahe hingefallen wäre.

ir + Infinitiv

zum Ausdruck des unmittelbaren Futurs (*siehe Lektion 6*):

Era isso que eu lhe ia propor.	Das war es, was ich ihm gerade vorschlagen wollte.

ir a + Infinitiv

bezeichnet eine unmittelbar bevorstehende Handlung:

Já ia a ir-me embora quando a vi.	Ich wollte gerade weggehen, als ich sie sah.
Vou a sair quando ouço o telefone.	Ich will gerade weggehen, als ich das Telefon klingeln höre.

7. tornar a + Infinitiv – etwas wieder tun, etwas nochmals tun, auf etwas zurückkommen

Quando nos tornaremos a ver?	Wann werden wir uns wiedersehen?
O médico tornou a perguntar.	Der Arzt fragte weiter.

8. voltar a + Infinitiv – etwas wieder tun

Voltou a dar o mesmo erro.	Er hat denselben Fehler wieder gemacht.
Atravesse a rua e volte a perguntar!	Überqueren Sie die Straße und fragen Sie noch einmal. (... und dann fragen Sie wieder.)

9. vir + Gerundium und vir a + Infinitiv

vir + Gerundium

bezeichnet einen Vorgang, der in der Vergangenheit begonnen hat und sich in Richtung auf einen Zeitpunkt in Vergangenheit oder Gegenwart entwickelt:

Venho trabalhando nisto desde o Verão. Seit dem Sommer arbeite ich daran.

Es bezeichnet außerdem in Brasilien eine Folge von Einzelhandlungen, die in der Vergangenheit begonnen haben und sich bis in die Gegenwart wiederholen:

| Venho observando os seus ensaios de laboratório. | Ich beobachte (*oder*: verfolge) seit langem seine Laborversuche. |

vir a + Infinitiv – schließlich etwas tun

| Que vem a significar tudo isto? | Was bedeutet das alles am Ende? |
| Vim a saber que o rapaz é de Coimbra. | Ich erfuhr schließlich, dass der Junge aus Coimbra stammt. |

Anmerkung:
vir a ser – werden
| Ele veio a ser pobre. | Er wurde arm. |

Beachten Sie: In diesen Verbalumschreibungen steht ‚vir', wenn die Handlung auf den Ort des Sprechers zuläuft. ‚Ir' hingegen steht, wenn die Handlung vom Ort des Sprechers entfernt abläuft.

Exercícios

32.1 Bilden Sie das Gerundium!

falar, vender, abrir, dizer, fazer, ver, ser, arranjar, crer, seguir, desejar, dar, perder, saber, trazer, ter, pôr, pedir, vir (hier: gerúndio = particípio passado).

32.2 Übersetzen Sie die folgenden Sätze und erläutern Sie, wie die Gerundialkonstruktionen des Portugiesischen im Deutschen wiedergegeben werden.

1. Estudou as instruções do chefe visando o aumento do volume das transacções.   2. Sendo a língua portuguesa difícil (*auch*: Sendo difícil a língua portuguesa) não vou aprendê-la.   3. Em entrando o inverno as irregularidades do trânsito começam (*auch*: ...começam as irregularidades do trânsito).   4. Saindo do museu dirigiu-se ao restaurante.   5. Sendo só uns minutos, vão a pé.   6. – 'São só mais quatro quilómetros.' – diz o filho, olhando para o mapa.   7. Encontrei-o vindo da minha casa.   8. Chegando a casa, descansou.   9. Estudando, vencerás facilmente   10. Continua chovendo.   11. Está chovendo (= Está a chover.).

32.3 Setzen Sie das Gerundium!

1. (Estar) ambos os filhos em férias, e (precisar) o marido de ir a Faro na sexta-feira, para tratar de assuntos da firma onde trabalha, a D. Helena Gonçalves achou que era boa ocasião para toda a família dar um passeio de carro até ao Algarve.   2. (Partir) daqui na sexta-feira de manhã, podemos almoçar pelo caminho.   3. (Sair) de manhã cedo, podemos fazer um piquenique, em vez de almoçar nalgum restaurante.   4. (Mudar) de assunto: quem tem o mapa?   5. (Correr) a viagem normalmente, devemos chegar a Faro a meio da tarde.   6. (Chegar, Gerundium II) ali pelas duas e meia, acharam melhor fazer uma breve paragem, a fim de descansarem um pouco.   7. (sair, Gerundium II) de casa relativamente cedo, evitaram o engarrafamento de trânsito (Stau).   8. (assistir, Gerundium II) uma vez a um incêndio (Feuer) lá na terra, sabiam bem como o fogo pode destruir um prédio em poucos minutos, (queimar) tudo.

32.4 Setzen Sie das Gerundium I nach folgendem Muster:

Vorgabe: Prepara-se com todo o cuidado. (Er bereitet sich mit aller Sorgfalt vor.)

→ *Frage:* Como é que ele consegue isso? (Wie schafft er das? Wie erreicht er das?)
→ *Antwort:* Preparando-se com todo o cuidado. (Indem er sich mit aller Sorgfalt vorbereitet.)

1. Manda um telegrama   2. Proíbe a viagem.   3. Vai de avião.   4. Levanta-se muito cedo.   5. Nunca perde a paciência.   6. Diz sempre a verdade   7. Compra um carro.   8. Manda reservar o quarto com antecedência.   9. Nunca bebe álcool.   10. Põe uma pedra (Stein) em cima.   11. Pede a sua mulher.

32.5 Setzen Sie das Gerundium II nach folgendem Muster und vervollständigen Sie die Sätze:

Como quiseram assinar os documentos ...   →   Tendo querido assinar os documentos ...

1. Como fiz sinal para virar à direita ...   2. Como nos encontramos em frente da estação ...   3. Como avisei a chegada ...   4. Como ele não parou ...   5. Como mudei de comboio na fronteira ...   6. Como nem todos conseguiram chegar a Leipzig ...   7. Como não pudemos aceitar o convite (Einladung) para a festa ...   8. Como pedi uma ligação para Roma ...

32.6 Drücken Sie die entsprechend gekennzeichneten Stellen durch Gerundialkonstruktionen aus. Die Konjunktion ‚e' entfällt dabei.

Ela pensou na mãe *e* começou a chorar (weinen).   →   Pensando na mãe ela começou a chorar.

1. *Eles partiram* de Coimbra *e* foram à praia.   2. *Ele saiu* do escritório *e* encontrou a sua sogra.   3. Para um estrangeiro, *que desconhece* a cidade, é sempre difícil tomar o eléctrico à hora desejada.   4. *Enquanto escutou* o discurso (die Rede), tomou apontamentos (Aufzeichnungen) a lápis.   5. *Eles falaram-me* da viagem dele *e* disseram-me que ele não estava satisfeito.   6. Portugal tem de importar muitos produtos *e* a Inglaterra *é* um dos seus fornecedores principais.   7. *Depois de ter voltado* a casa, ligámos o aparelho de televisão.   8. *Enquanto trabalham,* não devem fumar (Estando a ...).   9. Portugal possui muitas praias maravilhosas *e* as do Algarve *são* as mais favorecidas pelo clima.

32.7 Übersetzen Sie! Benutzen Sie das Wörterbuch.

acabar com (nicht als Hilfsverb gebraucht)
Vou acabar com isso. Eles acabaram com a briga. Ele acabou com o adversário.

acabar de + Infinitiv (siehe auch Übung 27.10e)
Acabo de voltar do trabalho. Ele acaba de receber um telegrama. Acabo de fazer uma viagem pela América do Sul. Acabo de escrever esta carta. Eles acabam de chegar. O autor sobre qual acabamos de falar, viveu no Porto.

acabar em (nicht als Hilfsverb gebraucht)
Este nervosismo pode acabar em loucura. A rua acaba no morro.

acabar por + Infinitiv
Acabou por assinar com o nome dele. A Dona Madalena acaba por falar com a modista.

andar a + Infinitiv
Ando a trabalhar neste quadro há muito tempo.

começar a + Infinitiv
Ele começou a falar. Comece a ler! A dor começou a desaparecer rapidamente.

começar por + Infinitiv
Começou por contar os detalhes. Ele começa por ligar a máquina. Ele começou por me dizer que o caso era simples. O orador começou por dirigir uma saudação à cidade que o acolheu.

continuar a + Infinitiv (siehe auch Übung 15.9g)
A D. Maria continua a telefonar (= A D. Maria continua telefonando.). Continue a escutar! Continue a falar! As instalações tecnicamente mais avançadas continuam a ser caras.

continuar + Adjektiv, Substantiv bzw. Präposition + Substantiv (nicht als Hilfsverb gebraucht)
Ela continua doente. Ele continua sem dinheiro.

ir + Infinitiv
Vou fazer compras no supermercado. Vamos fazer um piquenique na praia. Sabiam que iam encontrar dificuldades logo de início. Era isso que eu lhe ia propor.

ir a + Infinitiv
Disse-me que ia a sair imediatamente.

ir + Gerundium
Vão sendo horas de chegar até casa. As folhas das árvores iam caindo na água.

tornar a + Infinitiv (siehe auch Übung 17.5i)
O médico tornou a perguntar. Tornaram a comer. Tornei a falar. Foi um grande prazer tornar a vê-la. Ele foi ao quarto de dormir e tornou a beber. Alegro-me muitíssimo por tornar a ver-te após tanto tempo.

tornar-se
A vida tornou-se insustentável. A situação tornou-se séria. O Brasil tornou-se independente sem derrame de sangue. A sua expressão tornou-se triste. É como um sonho tornado realidade.

voltar a + Infinitiv
Ela mostrou que estava muito contente por voltar a ver-me. A noiva voltou a escrever-me.

vir a + Infinitiv
O sr. Santos veio a fazer uma ligação telefónica. É melhor esperar que venha a suceder qualquer coisa que mude convenientemente esta situação. Isso vem a ser o mesmo. (= Isto vem a dar no mesmo.) Brasília - e o que veio a ser depois (Zeitungsüberschrift).

vir + Gerundium
Há meses que venho dizendo isto. Ela já vinha descendo a escada.

32.8 Übersetzen Sie! Beachten Sie dabei den Gebrauch der Verbalumschreibungen.

1. Er ist gerade gekommen.   2. Ich bin soeben von der Post zurückgekehrt.   3. Wir haben vor Kurzem das Licht eingeschaltet.   4. Ich habe schließlich mit seinem Kollegen gesprochen.   5. Er machte dem Ganzen ein Ende, indem er schließlich das Auto verkaufte.   6. Schließlich schloss er die Tür.   7. Sie beginnt zu lesen.   8. Zuerst schaltete er den Fernseher aus.   9. Sie begannen damit, dass sie Fragen stellten.   10. Zuerst prüfte er den Reifendruck.   11. Zuerst stellte er seine Frau vor.   12. Machen Sie weiter!   13. Gehen Sie weiter!   14. Die Preise sind weiterhin hoch.   15. Er hat noch immer keine Sekretärin.   16. Ich werde sie anrufen.   17. Zu der Zeit war sie immer noch krank.   18. Das wollte ich ihm gerade sagen.   19. Er will Sie gerade davon in Kenntnis setzen.   20. Er sagte mir, dass sie gerade im Begriff war, hinaufzugehen.   21. Die Zusammenkunft ging ihrem Ende entgegen.   22. Die Fahrt ist zu Ende.   23. Er schrieb ihr nochmals.   24. Sie besprachen das Problem von Neuem.   25. Sie werden nochmals darüber sprechen.   26. Ich habe mich sehr gefreut, Sie wiederzusehen.   27. Die Sache wird ernst.   28. Als sie die Nachricht hörte, wurde sie traurig.   29. Er prüft von Neuem den Reifendruck.   30. Moçambique wurde 1975 unabhängig (independente).   31. Biegen Sie an der nächsten Kreuzung nach links und fragen Sie nochmals.   32. Die Firma liefert wieder Nähmaschinen.   33. Er stellt wieder Fragen.   34. Er fand schließlich einen Monteur.   35. Schließlich schrieb er ihm einen Brief.   36. Das sage ich schon seit langem.   37. Was ist aus ihm geworden?   38. Das kommt auf dasselbe heraus.   39. Er begann zuerst damit, dass er mir die Einzelheiten erklärte.

32.9 Setzen Sie ein! Wiederholen Sie dabei immer den ganzen Satz.

a) Alegro-me muito por tornar a ver-*te*. (Ich freue mich sehr, *dich* wiederzusehen.)
Ihren Freund, euch, sie, ihn, einen so lieben Gast, Ihren verehrten Kollegen.

b) *Venho* resolver vários assuntos. (*Ich will* verschiedene Sachen erledigen.)
sie wollen, ich wollte, sie wollte, der Vertreter wollte, wir wollten, die Schwiegereltern wollten.

32.10 Logische Schlüsse:

Portugal	– Europa	Brasil	– ...
grande	– pequeno	alto	– ...
sol	– seco	chuva	– ...
actor	– actriz	cantor	– ...
certo	– certamente	feliz	– ...
tu	– contigo	nós	– ...
grande	– maior	pequeno	– ...
comprido	– curto	cheio	– ...
entrar	– entrada	sair	– ...
escrever	– remetente	receber	– ...
vaca	– animal	sisal	– ...
contente	– descontente	feliz	– ...
pagar	– pagamento	trabalhar	– ...
descer	– baixo	subir	– ...
bigode	– cabra	carneiro	– ...
bom	– bem	mau	– ...
certeza	– certo	erro	– ...

32.11 Ordnen Sie die Frage der entsprechenden Antwort zu.

1. Como é que eles viajam?
2. Que profissão tem o sr. Mendes?
3. Para que serve o telefone?
4. A que horas chega o seu colega?
5. Como é o serviço naquele restaurante?
6. Qual é o seu plano para o fim da semana?
7. Em que ano ficou pronta a Ponte 25 de Abril sobre o Tejo?
8. Que espécie de notícias vêm publicadas na primeira página dos jornais?
9. A quem foi enviada a carta?
10. Que fazem as pessoas depois de tomarem banho no mar?

a) Às quatro menos quinze.
b) O serviço não é tão bom como os fregueses desejavam que fosse.
c) A construção da ponte começou em 1962 e quatro anos mais tarde foi aberta ao trânsito.
d) A política no País e no estrangeiro assim como os grandes acontecimentos do dia vêm logo na primeira página.
e) Foi enviada ao primo.
f) Alguns jogam futebol, outros deitam-se a secar ao sol.
g) Ele é engenheiro.
h) Serve para falar com uma pessoa que está longe de nós.

i) Eles viajam de autocarro e de comboio.
j) Estou com vontade de ir a Cascais no próximo fim de semana.

32.12 Finden Sie den Oberbegriff.

vaca, cão, cabra: animais	
vinho, leite, cerveja: ...	túlipa, rosa, cravo: ...
engenheiro, médico, comerciante: ...	papelaria, talho, confeitaria: ...
português, latim, inglês: ...	Agosto, Abril, Dezembro: ...
bife, lombo, costeleta: ...	automóvel, avião, navio: ...
maçã, laranja, banana: ...	verde, azul: ...
pão, manteiga, carne: ...	

32.13 Die folgenden Jahreszahlen sind wichtige Daten aus der Geschichte Portugals; sie sind dem Lektionstext entnommen. Sagen Sie auf Portugiesisch, welches Ereignis sich hinter jeder Jahreszahl verbirgt.

1249 | 1385 | 1497/99 | 1520 (Magalhães) | 1807 | 1822 | 1910 | 25 de Abril de 1974 | 27 de Junho de 1976.

32.14 Berichten Sie über Portugal unter Verwendung des folgenden Gerüsts. Informationen zu den Stichworten erhalten Sie über die Internetadressen http://www.portugal.gov.pt, www.portugalia.org und http://www.wikipedia.pt.

Superfície ou área:
População:
Nome oficial:
Capital:
Governo:
Presidente:
Língua:
Religião:
Dia Nacional:
Hino Nacional: "A Portuguesa"
Moeda:
Situação geográfica (limites):
Características geográficas:
Cidades principais:
Fuso horário:
Código Internet:
Código telefónico:

As mulheres portuguesas (1. Teil)

Têm fama de boas donas de casa, e são vistas lá fora como gatas borralheiras cuidando esmeradamente das suas famílias. Não obstante tal fama, há muito que elas têm elevada percentagem na vida profissional portuguesa.

Em 1988, as mulheres representavam 52% das profissões científicas e liberais, 14,8% dos directores e quadros superiores, 48,8% do pessoal administrativo, 39,8% do pessoal do comércio, e 52,3% dos agricultores e trabalhadores agricolas.

Embora tenha havido em Portugal mulheres de elevadíssima cultura, de que são exemplos a Infante Dona Maria e as suas damas no sec. XVI, e a Marquesa de Alorna do sec. XVIII, o acesso feminino às profissões académicas só começou muito mais tarde, depois de as universidades, nos fins do sec. XIX, terem aberto as suas portas às mulheres. Em 1889 diplomou-se em Lisboa a primeira médica. No ano lectivo de 1891/92 matriculou-se na Universidade de Coimbra a primeira aluna. Mas só no início da década de 60 se concretizou o acesso massivo das mulheres ao ensino superior. E só no ano lectivo de 1984/85 o número de raparigas matriculadas nas universidades portuguesas ultrapassou o número de rapazes, com uma representação feminina de 57,4%.

Segundo dados de 1987, os cursos de Ciências Humanas e Ciências Exactas (correspondentes às Faculdades de Letras e Ciências do esquema tradicional) têm cerca de 70% de frequência feminina; os cursos de Medicina, Farmácia e Ciências Sociais têm cerca de 40%. A frequência feminina é nitidamente minoritária nos cursos de Direito, Engenharia e Agro-Pecuária, embora ela tenha aumentado de ano para ano, mantendo-se quase constante o número de rapazes nestes cursos.

Em 1911 foi nomeada em Portugal a primeira professora universitária, Carolina Michaelis, alemã naturalizada portuguesa, célebre e veneradíssima filóloga. Contudo, a participação feminina no corpo docente universitário é ainda muito reduzida. Segundo dados de 1984/85, as mulheres representam 40,6% dos assistentes, 36,2% dos professores auxiliares, 26,5% dos professores associados, e 8,2% dos professores catedráticos. O mesmo se verifica nos altos cargos políticos e administrativos, onde o número de mulheres é ainda muito reduzido. Mas é natural que os números de entrada de mulheres nas universidades tragam, no futuro, modificações importantes na pirâmide social.

LIÇÃO 33

Texto

Aluga-se apartamento com vista para o Tejo

O sr. Ribeiro necessita de uma casa. Leu vários anúncios no jornal. Gilberto, seu amigo brasileiro, está de visita.

Gilberto: Você quer casa própria ou apartamento?

Sr. Ribeiro: Ainda não sei. Um andar com cinco assoalhadas também serve.

Gilberto: Espera aí. O que é que os portugueses entendem por 'assoalhada'?

Sr. Ribeiro: A totalidade de quartos e salas. Não tenho certeza se se usa esta palavra em todo Portugal. Também não consta no Dicionário da Língua Portuguesa da Porto Editora. Os portugueses usam também 'andar' por 'apartamento grande' e uma 'vivenda' é uma casa para uma só família.

> **VENDE-SE**
> Apartamento T3, novo c/boas condições. Com alguns móveis incluídos
> Bem situado – Zona Vila Nova Tazem
> Gouveia – Portugal
> Contacto:
> 0172-7409377

Hoje, os dois senhores vão ver um apartamento. Querem informar-se também acerca das condições de aluguer ou de renda.

Sr. Ribeiro: O Sr. Luís Nunes está em casa?

Empregada: Sim senhor. Entre e faça o favor de sentar-se. Quem devo anunciar?

Sr. Ribeiro: O Sr. Nunes não me conhece. Diga-lhe que desejo informar-me sobre os apartamentos vagos, anunciados no jornal.

Sr. Ribeiro: É o Sr. Luís Nunes?

Sr. Nunes: Às suas ordens. Faça o favor de sentar-se. Em que posso servi-lo?

Sr. Ribeiro: Li esta manhã, no jornal, que o senhor tem vários apartamentos para alugar num prédio em construção e como procuro casa, vinha vê-lo para alugar um, se me convier.

Sr. Nunes: O senhor chega a tempo. Com esta escassez de apartamentos …, mas ainda me resta um apartamento para alugar.

Sr. Ribeiro: Quantas assoalhadas ou divisões tem?

Sr. Nunes: Seis, uma sala de estar, uma sala de jantar, a terceira sala pode ser usada como gabinete, e três quartos, duas casas de banho, cozinha e varanda. A casa tem gás, aquecimento central e elevador. Vou mostrar-lhe a planta e, se os senhores tiverem tempo, podemos ir ver a casa, que não fica longe daqui.

Sr. Ribeiro: Este prédio também tem cave?

Sr. Nunes: Tem, sim.

Sr. Ribeiro: Agrada-me a disposição das divisões na planta, mas assim nunca se pode ter uma noção exacta. Se isso não o incomodar, podemos ir vê-la. Em que andar é?

Sr. Nunes: No segundo. Os carpinteiros ainda estão na casa, mas todo o trabalho de pedreiro já está terminado; o telhado já está colocado há mais de um mês.

Sr. Nunes: Aqui é a cozinha com despensa anexa. Como o senhor vê, tem lava-louça, esquentador, e tudo o que é preciso.

Sr. Ribeiro: A cozinha comunica com a sala de estar? Onde se poderá colocar o aparador e o guarda-louça?

Sr. Nunes: Comunica, sim. – Creio que o senhor poderá colocar o aparador entre estas duas janelas, e ainda ficará bastante espaço para o guarda-louça no lado oposto. Para a mesa e as cadeiras há espaço suficiente.

Sr. Ribeiro: Agrada-me; está muito bem. Da varanda deste lado vê-se o Tejo.

Sr. Nunes: Esta sala pode servir para escritório ou gabinete e estas outras três, como vê, são quartos de dormir, amplos e bem iluminados, à excepção deste que dá para o pátio. Esta é a casa de banho com banheira e instalação para chuveiro e água corrente, quente e fria.

Sr. Ribeiro: No conjunto o apartamento agrada-me. Além disso, está bem situado visto que passam por aqui várias linhas de carro eléctrico e de autocarro. Quanto é a renda?

Sr. Nunes: Oitocentos euros mensais, pagos na forma habitual, adiantadamente e com um mês de caução.

Sr. Ribeiro: A renda é um pouco elevada mas, mesmo assim, fico com o apartamento. Quando podemos assinar o contrato de arrendamento?

Sr. Nunes: Quando o senhor quiser.

Sr. Ribeiro: Pois então, se achar bem, passarei pelo seu escritório no dia quinze para as formalidades do contrato.

Novas palavras

alugar 1. mieten, 2. vermieten
alugam-se apartamentos Wohnungen zu vermieten
com vista para o Tejo mit Blick auf den Tejo
a casa das Haus, die Wohnung
o anúncio die Annonce, das Zeitungsinserat; die Ankündigung
a assoalhada das Zimmer, der Wohnraum *(verwendet zur Angabe der Gesamtzahl der Zimmer einer Wohnung bzw. eines Hauses)*
  cinco assoalhadas fünf Zimmer
a totalidade die Gesamtzahl, die Gesamtheit
a palavra não consta no *oder* **do dicionário** das Wort ist nicht im Wörterbuch enthalten *oder*: aufgeführt
o andar 1. Etage, 2. (große) Wohnung
a vivenda das Einfamilienhaus
informar-se sobre *od.* **acerca de** sich informieren über
a renda die Miete; die Vermietung (*auch*: **o aluguer, o aluguel**)
as condições de aluguel ou de renda die Mietbedingungen
Quem devo anunciar? Wen darf ich (*oder*: soll ich) melden?
vago leer, leerstehend, frei
o prédio das Haus, das Wohnhaus, das Gebäude
o edifício das Gebäude (nicht zu Wohnzwecken)
um prédio em construção ein im Bau befindliches Haus
a escassez (de) der Mangel (an)
restar bleiben, übrigbleiben
a divisão 1. die Division, der Verband; 2. die Teilung, Einteilung, Abteilung; 3. der (Wohn-) Raum
o gás das Gas
o aquecimento central die Zentralheizung
a planta 1. die Pflanze; 2. der Plan, der Grundriss, der Übersichtsplan
a cave der Keller
a disposição die Einteilung; die Aufteilung; die Anordnung

ter uma noção de eine Vorstellung haben von, sich einen Begriff machen von
o carpinteiro der Zimmermann, der Schreiner
o pedreiro der Maurer
o telhado das Dach
colocar o telhado das Dach decken
a despensa die Speisekammer
anexo anliegend, angeschlossen, angrenzend, beigefügt
em anexo in der Anlage (zu einem Schreiben usw.)
o lava-louça die Spüle, das Becken, das Abwaschbecken
a máquina de lavar louça die Geschirrspülmaschine
o esquentador der Warmwasserboiler
A cozinha comunica com a sala de estar. Von der Küche geht es ins Wohnzimmer.
o aparador die Anrichte
o guarda-louça der Geschirrschrank (*auch:* **o guarda-loiça**)
o espaço der Raum, der Platz, der Zwischenraum; der Abstand
suficiente ausreichend
a varanda der Balkon
o escritório das Arbeitszimmer; das Büro
o quarto = o quarto de dormir das Schlafzimmer
amplo breit, weit
iluminado er-, (be-)leuchtet; hell
à excepção de mit Ausnahme von
o chuveiro die Dusche
no conjunto (*hier:*) im Ganzen gesehen
mensal monatlich
habitual gewöhnlich, üblich
adiantadamente im Voraus
a caução die Kaution
o contrato de arrendamento der Mietvertrag
Quando o senhor quiser. Wann Sie wollen.

Gramática

33 A Konjunktiv Futur I und II / Os futuros de conjuntivo – imperfeito e perfeito

1. Konjunktiv Futur I / futuro imperfeito do conjuntivo

Bei der Bildung des Konjunktiv Futur I geht man von der 3. Person Plural des pretérito perfeito simples aus und ersetzt die Endung -**ram** durch die Endungen

-r, -res, -r, -rmos, -rdes, -rem.

1. Konjugation	2. Konjugation	3. Konjugation
fal**ar**	com**er**	part**ir**
fal**ar**	com**er**	part**ir**
fal**ares**	com**eres**	part**ires**
fal**ar**	com**er**	part**ir**
fal**armos**	com**ermos**	part**irmos**
fal**ardes**	com**erdes**	part**irdes**
fal**arem**	com**erem**	part**irem**

Die Bildungsregel gilt auch für die unregelmäßigen Verben:

ter	tiver	tiveres	tiver	tivermos	tiverdes	tiverem
ser	for	fores	for	formos	fordes	forem
ir	for	fores	for	formos	fordes	forem
estar	estiver	estiveres	estiver	estivermos	estiverdes	estiverem
querer	quiser	quiseres	quiser	quisermos	quiserdes	quiserem
dizer	disser	disseres	disser	dissermos	disserdes	disserem
saber	souber	souberes	souber	soubermos	souberdes	souberem
há	houver	usw.				

(*Siehe auch Tabelle II des Anhangs.*)

2. Konjunktiv Futur II / futuro perfeito do conjuntivo

Die Formen des Konjunktivs des Futur II werden durch Verbindung der Formen des Konjunktiv Futur I von ‚ter' mit dem Partizip Perfekt gebildet:

tiver	falado
tiveres	comido
tiver	partido
tivermos	
tiverdes	
tiverem	

3. Gebrauch des Konjunktiv Futur I

Der Konjunktiv Futur I steht

a) **in Nebensätzen**, die mit ‚se' (wenn, falls), ‚quando' (wenn, wann – zeitlich), ‚enquanto' (während, solange), ‚conforme' (wie), ‚como' (wie), ‚logo que' (sobald) und ‚assim que' (sobald) eingeleitet sind. Die Handlung oder der Zustand im Nebensatz ist dabei zukünftig, die Realisierung möglich, wahrscheinlich oder unsicher.

Se amanhã não chover, iremos à praia.	Wenn es morgen nicht regnet, gehen wir an den Strand.
Se eles falarem tão baixo, não ouviremos nada.	Wenn sie so leise sprechen, werden wir nichts hören.
Informe-me, se souber alguma coisa.	Informieren Sie mich, wenn Sie etwas erfahren.
Enquanto eles não estiverem, não podemos sair da casa.	Solange sie weg sind, können wir nicht aus dem Haus gehen.

b) **in Relativsätzen** folgender Art:

Todo aquele que vier será bem recebido.	Jeder, der kommt, wird gut empfangen.
Aquele que chegar primeiro prepara o jantar.	Wer zuerst kommt, bereitet das Abendbrot vor.
Tudo quanto o senhor disser será em vão.	Alles was Sie sagen, ist umsonst.

c) **in festen Ausdrücken** wie:

seja como for	sei es, wie es sei
seja quem for	wer es auch sein mag
faça como quiser	machen Sie (es) wie Sie wollen
aconteça o que acontecer	geschehe was wolle / was auch geschehen mag
digam o que disserem	was sie auch immer sagen werden
escreva o que escrever	was immer er auch schreiben mag
pergunte o que perguntar	was immer er auch fragen wird
venha quem vier	wer auch immer kommen wird
suceda o que suceder	was auch geschehen mag
custe o que custar	koste es, was es wolle (*siehe auch Übung 2*)

4. Gebrauch des Konjunktiv Futur II

Die für den Gebrauch des Konjunktiv Futur I genannten Voraussetzungen gelten auch für den Gebrauch des Konjunktiv Futur II.

Se você tiver lido este livro sobre o Brasil saberá bastante coisa sobre este país.	Wenn Sie dieses Buch über Brasilien gelesen haben, werden Sie eine ganze Menge über dieses Land wissen.
Logo que tiveres chegado telefona-nos!	Rufe uns an, sobald du angekommen bist!

Das zukünftige Geschehen des Nebensatzes (im Konjunktiv Futur II) geht dem zukünftigen Geschehen des Hauptsatzes (im Indikativ Futur I) voraus. Oft wird auf die Unterscheidung dieses Verhältnisses kein Wert gelegt, sodass auch der Konjunktiv Futur I möglich ist.

Se encontrar (*oder*: tiver encontrado) a carta informe-me!	Wenn Sie den Brief gefunden haben, sagen Sie mir Bescheid!
Quando vierem (*oder*: tiverem vindo) o senhor já a verá.	Wenn sie kommen, werden Sie sie schon sehen.

Beachten Sie:

1. Die Regeln für den Gebrauch des Konjunktivs gelten nicht für den Gebrauch des Konjunktiv Futur!

2. Obwohl das Portugiesische eine Form mit der Bezeichnung ‚Konjunktiv Futur' hat, steht dieser Konjunktiv Futur nicht in Nebensätzen, die mit ‚que' (dass) eingeleitet werden und ein zukünftiges Geschehen ausdrücken, sondern nur nach den in 1a) genannten Wörtern se, quando, enquanto usw. Wie bereits in Lektion 31 im Kapitel ‚Zeitenfolge Konjunktiv' angeführt, dient der Konjunktiv Präsens zum Ausdruck einer zukünftigen Handlung:

Eu não duvido que ele **venha** no próximo sábado.	Ich bezweifle nicht, dass er am nächsten Sonnabend *kommen wird*.

33 B Das konditionale Satzgefüge (Fortsetzung)

1. Wird die Bedingung des mit ‚se' eingeleiteten Nebensatzes als in der Gegenwart oder Zukunft erfüllbar, **real**, angesehen, so steht im ‚se-Satz' der Konjunktiv Futur und im Hauptsatz Indikativ Futur I, Präsens oder der Imperativ, wenn zukünftiges Geschehen mit Möglichkeit oder Ungewissheit verbunden werden soll. Gewöhnlich kommt dabei nicht zum Ausdruck, ob der Sprechende selber mit der Verwirklichung der Bedingung rechnet oder nicht.

Se vier, não se esqueça de trazer os documentos.	Falls Sie kommen, vergessen Sie nicht, die Unterlagen mitzubringen.
Se amanhã a estas horas ele não tiver vindo, comece o trabalho sem esperar por ele.	Wenn er morgen um diese Zeit nicht gekommen ist, beginnen Sie mit der Arbeit, ohne auf ihn zu warten.

2. Gilt die Erfüllung der Bedingung als **möglich**, so steht

a) im ‚se-Satz' Präsens Indikativ und im Hauptsatz Indikativ Präsens, Futur I oder Imperativ.

Se ele vem às nove, verá ainda o sr. Gonçalves.	Wenn er um 9 kommt, sieht er Herrn Gonçalves noch.
Se não tem tempo, escreva uma carta.	Wenn Sie keine Zeit haben, schreiben Sie einen Brief.

b) mit Bezug auf die Vergangenheit bei einer möglicherweise erfüllten Bedingung im ‚se-Satz' das pretérito perfeito simples des Indikativ und im Hauptsatz Indikativ Futur oder Präsens.

Se ele conseguiu consertar a máquina, receberá um prêmio.	Wenn es ihm gelungen ist, die Maschine zu reparieren, wird er eine Prämie bekommen.
Se ele disse isso assim, tem razão.	Wenn er das so gesagt hat, hat er recht.

Exercícios

33.1 Konjugieren Sie!

a) Konjunktiv Futur I: Quando eu (falar) bem português, irei a Portugal.

b) Konjunktiv Futur II: Se amanhã a estas horas eu não (ter vindo), comece o trabalho sem esperar por mim.

33.2 Übersetzen Sie folgende Mustersätze zum Gebrauch des Konjunktiv Futur.

1. Como quiser.   2. Se nos falarem, nada ouviremos.   3. Iremos onde quiser.   4. Faça como quiser.   5. Se o senhor tiver a amabilidade …   6. Se quiser, podemos ir ao museu.   7. Vou falar com quem o senhor me disser.   8. Aconteça o que acontecer, vou comprar esse máquina fotográfica.   9. Enquanto ele não estiver em casa, não podemos sair.   10. Seja como for, dar-lhe-ei o dinheiro.   11. Passe o que passar, ela virá.   12. Vamos comprá-lo, custe a que custar.   13. Digam o que disserem, sei que ele tem razão.   14. Escrevam o que escreverem, não podem justificar (rechtfertigen) isso.   15. Pergunte o que perguntar, não lhe responderei.   16. Venha quem vier, não abrirei a porta.   17. Suceda o que suceder, ela não irá.   18. Seja quem for, não vou revelar (verraten) o segredo (Geheimnis).   19. Em terra estranha (fremd), segundo vires, assim farás.   20. Se eu começar a trabalhar, levantar-me-ei cedo.   21. Se ela precisar de dinheiro, escreverá aos pais.   22. Se nós falarmos depressa, o estrangeiro não compreenderá nada.   23. Se tivermos tempo, iremos ver esse filme francês.   24. Se elas vierem hoje, iremos juntos ao cinema.   25. Se você vir a Francisca, pode transmitir-lhe os meus cumprimentos.   26. Se o sr. necessitar de alguma coisa, dirija-se directamente ao director.   27. Ele fará como puder.   28. Enquanto elas telefonarem, não vou poder escrever esta carta.

33.3 Setzen Sie die entsprechende Form des Konjunktiv Futur ein.

1. Se (fazer/estar) bom tempo daremos um passeio.   2. Se ele (ter) dinheiro comprá-lo-á.   3. Quando eu (ter) lido este livro não comprarei outro do mesmo autor.   4. Quando nós (estar) em Portugal passaremos alguns dias no Algarve.   5. Faça ela o que (querer) (Sie soll machen, was sie will.).   6. Seja o que (ser).   7. Iremos à representação comercial quando (haver) uma recepção.   8. Jantaremos quando elas (estar) prontas.   9. Beberei cerveja quando (ter) sede.   10. Ficarás contente quando eles (chegar)?   11. Logo que você (estar) de volta procuro-o.   12. Não posso trabalhar enquanto as crianças (estar) em casa.   13. Ele vai comprar o esquentador assim que (ter) dinheiro.   14. Nunca te esquecerei, aconteça o que (acontecer).   15. Entre, seja quem (ser)!   16. Quero terminar o trabalho hoje, custe o que (custar).   17. Se eles não (estar) em casa deixarei um recado (... werde ich eine Nachricht hinterlassen).   18. Quando vocês (ter) tempo, venham visitar-me.   19. Se não (haver) ninguém voltarei para casa.   20. Se (tu) (preferir) ficaremos esta noite em casa.   21. Se eles não me (convidar) não irei à festa.

33.4 Konjunktiv Präsens oder Konjunktiv Futur?

1. Que acontecerá se as referidas medidas se (revelar) ineficazes (... sich als unwirksam erweisen)?   2. Mesmo que eu não (ir), tu podes ir.   3. Não há nada que (poder) explicar a diferença.   4. Queres que eu (dizer) alguma coisa ao teu pai?   5. Não quero que eles nos (surpreender) aqui.   6. Temos de ter muito cuidado para que nada lhe (acontecer).   7. Eis o que tenho a dizer a quem (querer) ouvir.   8. Vou à cidade assim que (poder).   9. Quando a gente quer não há nada que (ser) impossível.   10. Se tu (querer) que eu te (ajudar) em alguma coisa ... - Obrigado, mas não é preciso.   11. Se (haver) qualquer incidente entre você e a Maria, informe-me.   12. Eu tenho bastante dinheiro. Empresto-lhe o que (ser) preciso.

33.5 Verwenden Sie den Konjunktiv Futur gemäß Muster und führen Sie den Satz zu Ende.

Ele ainda não chegou. → Mas quando (ele) chegar ...

1. Ainda não compraste os bilhetes.   2. Ainda não fui ao médico.   3. Ainda não tem notícias do seu irmão.   4. A minha tia ainda não recebeu a carta.   5. Ela ainda não é capaz de fazer tudo.   6. O nosso intérprete ainda não chegou.   7. Ainda não vi o sr. Ribeiro.   8. Ainda não sei os preços dessas máquinas.   9. O meu colega ainda não partiu para Moçambique.   10. Ela ainda não me deu a carta.

33.6 Wandeln Sie das Gerundium nach folgendem Muster in den Konjunktiv Futur um und führen Sie den Satz zu Ende.

Estando a estrada em boas condições, podemos ir depressa. → Se a estrada estiver em boas condições ...

1. Seguindo por este caminho, vai encontrar a casa facilmente.   2. Tratando-se de um cliente importante, recebe-o ainda hoje.   3. Estando cansado, ele pára logo a máquina.   4. Continuando a fumar dois maços de cigarros por dia, morres mais cedo.   5. Dependendo tudo isso de mim, pode ficar tranquilo.   6. Vestindo essa calça, ela não vai sentir frio.   7. Aproveitando bem o tempo, ele ainda pode passar pelo correio antes das sete.

33.7 Übersetzen Sie!

1. Du kannst zu Hause bleiben, wenn du willst.   2. Wenn du Zeit hast, können wir das Museum besuchen.   3. Wenn wir wieder zu Hause sind, werde ich dir das Buch zeigen.   4. Ich werde dir Geld leihen, wenn es nötig ist.   5. Wenn schönes Wetter ist, werden wir einen Ausflug machen.

33.8 Wiederholung – Setzen Sie die folgenden Sätze in die Vergangenheit. Verwenden Sie dabei im Hauptsatz das pretérito perfeito simples und im Nebensatz den Konjunktiv Imperfekt.

1. É pena que não tenhas tempo.   2. Espero que me devolva o dinheiro.   3. Ela não permite que o marido beba tanto vinho.   4. Eles preferem que jantemos fora de casa.   5. É possível que tenham pressa.   6. É bom que ele estude a gramática.   7. A polícia exige que todos os carros tenham uma placa de matrícula (Nummernschild).

33.9 Setzen Sie ein! Lesen Sie dabei immer den ganzen Satz.

a) Diga-lhe que desejo informar-me sobre *os apartamentos vagos*. (Sagen Sie ihm, dass ich mich über *die leeren Wohnungen* informieren möchte.)
die Annoncen in der Zeitung vom Freitag, die Mietbedingungen, die Lage (a disposição) der Zimmer, Gas, Elektroanschlüsse (ligações eléctricas) und Heizung, die Bauarbeiten, die Arbeit der Zimmerleute und der Maurer.

b) Não há espaço suficiente *para o guarda-louça*. (Es ist nicht genügend Platz vorhanden *für den Geschirrschrank*.)
für die Installation einer Zentralheizung, zum Einbau einer Dusche, in der Speisekammer, für uns zwei, in der Zweizimmer-Wohnung, für die Anrichte, für einen zweiten Tisch.

c) Podemos ir ver o prédio, *se o senhor tiver tempo*. (Wir können uns das Gebäude ansehen, *wenn Sie Zeit haben*.)
wenn es Ihnen passt, wenn Sie Lust haben, wenn Sie wollen, wann immer Sie wollen, solange er nicht da ist, wie es auch sei, wenn schönes Wetter ist, wenn wir in Porto sind, wenn Sie fertig sind.

d) Entram no apartamento que *ainda* está *por alugar*. (Sie betreten die Wohnung, die *noch zu vermieten ist*.)
noch gereinigt werden muss (= noch zu reinigen ist), noch instand gesetzt werden muss, noch gestrichen werden muss, noch tapeziert werden muss (colocar os papeis pintados), noch ausgemessen werden muss, noch an die Hauptwasserleitung angeschlossen werden muss.

e) A cozinha parece-me *um pouco escura*. (Die Küche scheint *mir etwas dunkel*.)
etwas zu klein, viel zu groß, keinen Warmwasserboiler zu haben (sem ...), etwas zu groß für die kleine Wohnung, zu hoch, etwas zu eng für den großen Tisch.

f) *Chegaram todos à excepção do sr. Santos.* (*Es sind alle angekommen*, mit Ausnahme von Herrn Santos.)
1. Alle Kollegen haben eine 3-Zimmer-Wohnung.   2. Ich habe alle Berichte erhalten.   3. Im März haben wir eine Prämie bekommen.   4. Im vergangenen Jahr waren alle mindestens 2 Wochen krank.   5. Sie haben ihren Mietvertrag erhalten.   6. Alle haben unterschrieben.

g) *Se achar bem* (*oder: Se lhe convier*) *assinaremos o contrato de arrendamento no dia 15 do corrente.* (Wenn es Ihnen recht ist, *unterschreiben wir den Mietvertrag am 15. dieses Monats.*)
treffen wir uns am nächsten Donnerstag wieder; sehe ich mir die Wohnung jetzt gleich an; miete ich die Wohnung für 5 Jahre; lasse ich hier noch eine Tür einbauen; zahle ich die Miete für zwei Monate im Voraus; überweise ich die Kaution auf ihr Konto; richte ich die Wohnung für den 15. her, damit Sie einziehen können; komme ich in 14 Tagen wieder vorbei, um die Formalitäten zu regeln.

33.10 Lesen, übersetzen und beantworten Sie folgende Fragen zum Text:

1. Quem precisa dum apartamento?   2. Donde vem o amigo do sr. Ribeiro?   3. O Gilberto sabe o que significa 'assoalhada'?   4. Como é que o sr. Ribeiro sabe que o sr. Nunes tem apartamentos para alugar.   5. Que pergunta o sr. Ribeiro à empregada?   6. Que pergunta a empregada?   7. É fácil de obter um apartamento?   8. Ainda há algum apartamento disponível?   9. Quantas assoalhadas tem o apartamento?   10. Quais são as instalações da cozinha?   11. O que está anexo à cozinha?   12. Para onde dá a janela da cozinha?   13. Com que comunica a cozinha?   14. As obras de construção do prédio onde se encontra este apartamento já estão terminadas?   15. O que é um aparador?   16. Para que fica ainda bastante espaço?   17. O sr. Ribeiro, no conjunto, gosta do apartamento?   18. Qual é a renda do apartamento?   19. Como será paga a renda?   20. O sr. Ribeiro fica com o apartamento?   21. Por que razão está a casa do sr. Nunes bem situada?

33.11 Fragen Sie Ihren Nachbarn (bzw. Ihre Nachbarin). Ihr Nachbar (bzw. Ihre Nachbarin) beantwortet die Frage …

– aus wie vielen Zimmern seine Wohnung besteht
– ob er ein Bad hat
– wie viel Quadratmeter (metros quadrados) das Wohnzimmer hat
– wie hoch die Miete ist
– ob er die Miete im Voraus zahlen muss
– ob er Zentralheizung hat bzw. wie er seine Wohnung beheizt
– wohin das Schlafzimmer geht
– ob das Bad mit Dusche oder mit Wanne (a banheira) ausgestattet ist
– ob er gern ein größeres Wohnzimmer haben möchte
– ob er mit seiner Wohnung zufrieden ist oder gern eine größere haben möchte
– ob die Wohnung verkehrsgünstig liegt.

33.12 Übersetzen Sie!

1. Wenn es Ihnen recht ist, nehme ich die Unterlagen mit nach Hause.   2. Wenn unsere Delegation nach Angola kommen wird, wird sie mit den Vertretern vieler Unternehmen sprechen.   3. Wenn er den Plan besser kennen würde, wüsste er, dass die Arbeiten im Dezember noch nicht beendet sind.   4. Wenn Sie etwas brauchen, wenden Sie sich bitte an Herrn Schulz.   5. Ich werde Ihnen das Buch sofort zurückgeben, wenn ich es gelesen haben werde.   6. Wenn er so viel arbeitet, wird er sehr müde sein.   7. Ich werde froh sein, wenn ich diese Arbeit beendet haben werde.   8. Wenn der Zug rechtzeitig ankam, hatte er immer noch Zeit, vorher etwas zu essen.   9. Wenn ich las, hat sie mich nie gestört.   10. Wenn ich komme, werde ich Ihnen alles erzählen.   11. Wenn du ihn siehst, kannst du ihm Grüße von mir bestellen.   12. Wenn wir Geld haben, kaufen wir unserem Sohn ein Fahrrad (bicicleta).   13. Wenn es notwendig ist, werde ich dir das Geld leihen.   14. Ich werde kommen, sobald ich kann.   15. Gehen wir morgen ins Kino? – Wie du willst.   16. Mach wie du willst.   17. Wohin wollen wir im Sommer fahren? – Wohin du willst.   18. Wenn sie bis 4 Uhr nicht kommen, gehe ich weg.   19. Wenn er kommt, sag ihm, dass er mich anrufen soll.   20. Was immer er auch fragen wird, ich werde nicht antworten   21. Geschehe, was da wolle, das Kind bleibt zu Hause!

As mulheres portuguesas (2. Teil)

A revolução de 25 de Abril de 1974 abriu o caminho para uma enorme melhoria da situação das mulheres.

Em 1975 foi criada a Comissão da Condição Feminina, institucionalizada em 1977 na dependência da Presidência do Conselho de Ministros.

Portugal assumiu o compromisso dos programas de Estratégias para o Progresso das Mulheres até ao ano 2000 (UNO); da Igualdade de Oportunidades para as Mulheres (Comunidades Europeias, 1986–1990); e ratificou a Convenção sobre a Eliminação de Todas as Formas de Discriminação contra as Mulheres.

A actual Constituição da República Portuguesa, aprovada em 1976 e revista em 1982, assegura às mulheres a total igualdade com os homens tanto no trabalho como na família, tendo terminado com todas as medidas discriminatórias existentes durante o regime anterior. A lei actual estabelece os mesmos direitos e os mesmos deveres para o marido e a mulher, assentando o casamento na plena igualdade de ambos, igualmente livres de exercer uma actividade profissional ou não profissional (desportiva, cívica, política ou outra), e igualmente responsáveis na direcção da família e no exercício do poder "paternal". Depois do casamento, qualquer dos cônjuges pode manter o seu nome, ou acrescentar-lhe o nome do outro. Leis igualitárias regem também o divórcio, são gratuitas as consultas do planeamento familiar, e os filhos nascidos fora do casamento não podem ser alvo de qualquer discriminação.

Evidentemente que a lei não modifica mentalidades nem tradições milenárias de um dia para o outro, mas é um bom começo ...

LIÇÃO 34

Texto

Brasil

A República Federativa do Brasil é o maior e mais populoso país da América Latina e o quinto maior em área e população do mundo. Sua área total é de 8.514.876,59 km². Localiza-se na parte central e nordeste da América do Sul. Suas fronteiras ao Norte são com a Venezuela, a Guiana, o Suriname e com o departamento ultramarino francês da Guiana Francesa; tem o Leste e o Sudeste no Oceano Atlântico. Ao Sul, faz fronteira com o Uruguai; a Sudoeste, com a Argentina e o Paraguai; a Oeste com a Bolívia e o Peru, e a Noroeste, com a Colômbia. Os únicos países que não fazem fronteira com o Brasil são o Chile e o Equador.

Originalmente habituado por ameríndios (aproximadamente de 3 a 5 milhões), o território que hoje pertence ao Brasil, além do restante da América do Sul, já estava dividido entre duas potências européias, Portugal e Espanha, antes mesmo de seu descobrimento oficial. O Tratado de Tordesilhas, assinado em 1494, foi um importante acordo para a definição da futura fronteira do Brasil, que dividia o continente de norte ao sul, desde o actual estado do Pará até a cidade de Laguna (Santa Catarina), sendo muito alterada posteriormente, com a expansão portuguesa para o oeste.

Rio de Janeiro. Blick auf den Zuckerhut (Pão de Açúcar).

Oficialmente, o descobridor do Brasil foi Pedro Álvares Cabral, tendo avistado terra em 21 de abril e chegado a actual Porto Seguro (BA) em 22 de abril de 1500.

O problema da colonização apresenta grandes dificuldades, uma vez que a estrutura económica portuguesa não estava preparada para entfrentá-lo. A exploração da América devia aparecer, no quadro do tempo, como uma empresa extraordinariamente difícil, em primeiro lugar tinha que atrair pessoas para povoar o continente americano.

O século XVII vê um grande desenvolvimento da agricultura, que usa a mão-de-obra escrava de negros africanos, com culturas de tabaco e especialmente cana-de-açúcar na Bahia, Pernambuco, e mais tardiamente no Rio de Janeiro. As expedições dos paulistas, chamadas Bandeirantes, descobriram o ouro e pedras preciosas em Minas Gerais. As colônias nordestinas foram ocupadas pelos neerlandeses/holandeses em 1624, e entre 1630 e 1654, principalmente sob o comando de Maurício de Nassau-Siegen, sendo ao final expulsos na batalha de Guararapes.

Pedro Álvares Cabral (* um 1467 in Belmonte; † um 1526 in Santarém) ist ein portugiesischer Seefahrer und gilt als einer der Entdecker Brasiliens. Das Denkmal steht in Belmonte.

No século XVIII, ainda que a produção do açúcar não tenha perdido sua importância, as atenções da Coroa Portuguesa se concentravam na região de Minas Gerais onde se tinha descoberto ouro. Este, entretanto, esgota-se antes do final do século.

Após a separação de Portugal, que tem como data simbólica o 7 de setembro de 1822, o Brasil se torna uma monarquia constitucional, mantendo a base de sua economia na agricultura com mão-de-obra escrava. O surto de modernização continua com o fim da escravidão (1888) e da monarquia, no ano seguinte.

Em 1930, Getúlio Vargas comanda uma revolução que o coloca no poder até 1945, incluindo uma ditadura de inspirações fascistas desde 1937. Após a derrubada de Getúlio Vargas e a promulgação de uma Constituição em 1946, o país vive a fase mais democrática que já experimentara, embora abalada por fatos como o suicídio de Vargas em 1954, presidente eleito desde 1951.

Em janeiro de 1956, tomou posse o novo presidente Juscelino Kubitschek, ex-governador de Minas Gerais, que inicia um período de intensa industrialização do país e a construção da nova capital nacional Brasília.

Seguiram vários governos, alguns militares, de cunha diferente.

Na presidência de Itamar Franco, nos últimos anos do século passado, é adoptado o Plano Real, um plano económico inédito no mundo executado pela equipe do então ministro da fazenda, Fernando Henrique Cardoso que acabou com o maior problema económico do Brasil: a inflação galopante ou hiperinflação.

Hoje em dia, a economia do Brasil é a maior da América Latina com um PIB da ordem de 800 bilhões (milhares de milhões) de dólares (2006). O Brasil está na 10ª posição na economia mundial. A economia do país é bastante diversificada e abrange diversos tipos de actividade económica e industrial, se pensarmos no motor movido a álcool.

A população do Brasil é muito diversa, tendo participado de sua formação diversos povos e etnias. A base do povo brasileiro é o elemento português, que colonizou o país após 1500. Até a independência, em 1822, Portugal foi a única nação européia que se estabeleceu com sucesso no Brasil, e grande parte da cultura brasileira tem sua raiz naquela de Portugal. Neerlandeses e franceses também tentaram colonizar o Brasil no século XVII, mas sua presença durou apenas algumas décadas. A população indígena original do Brasil (entre 3-5 milhões) foi em grande parte exterminada ou assimilada pela população portuguesa. Desde o início da colonização, a mistura entre portugueses e nativos foi comum.

O Brasil tem uma grande população negra, descendente dos escravos trazidos para o país do século XVI ao século XIX. Mais de 3 milhões de africanos foram levados para o Brasil até o fim do tráfico de escravos, em 1850. Eram principalmente de Angola, Nigéria, Benin, Togo, Gana, Costa do Marfim e São Tomé e Príncipe. A população africana no Brasil misturou-se em larga escala com os portugueses, criando uma grande população mestiça no país. Esta miscigenação é responsável, em parte, pelo fato do Brasil ser reconhecido como um dos países mais abertos e tolerantes às diferenças culturais. Pessoas das mais diferentes origens, raças e credos convivem lado a lado, sem tensões sociais, contribuindo para uma cultura rica e diversificada.

No século XIX, o governo brasileiro estimulou a imigração de europeus para substituir a mão-de-obra escrava. Os primeiros imigrantes não-lusos a se estabelecerem no Brasil foram os alemães, em 1824. Entretanto, a imigração em massa de europeus para o Brasil só começou após 1875, quando a imigração vinda da Itália, Portugal e Espanha cresceu.

A população brasileira está concentrada sobretudo no litoral, com uma menor densidade demográfica no interior.

Novas palavras

populoso (dicht) bevölkert, volkreich

o departamento ultramarino francês das französische überseeische Département

originalmente ursprünglich

habituado por ameríndios bewohnt von Indianern oder: Indios

aproximadamente ungefähr

pertencer a gehören

o restante der Rest

as potências européias die europäischen Mächte

o descobrimento die Entdeckung

o acordo das Abkommen

alterar ändern

o descobridor der Entdecker

avistar erblicken

apresentar grandes dificuldades große Schwierigkeiten bereiten

uma vez que da, da nun einmal

enfrentar begegnen, anpacken, angehen

a exploração die Erkundung, die Ausbeutung, die Ausnutzung

aparecer sich zeigen, sich erweisen als

atrair anziehen, anlocken

povoar bevölkern

a mão-de-obra die Arbeitskräfte

(o) escravo der Sklave; Slaven-

tardio spät

a expedição die Expedition

paulista Adjektiv auf São Paulo bezogen

as pedras preciosas die Edelsteine

neerlandês niederländisch

holandês holländisch

sob o comando de unter der Führung oder: dem Kommando von

expulsar vertreiben

a batalha die Schlacht

a importância die Bedeutung, die Wichtigkeit

a atenção das Augenmerk, die Aufmerksamkeit

concentrar-se em sich konzentrieren auf

esgotar erschöpfen; Vorrat auf-/verbrauchen

a separação die Trennung

tornar-se uma monarquia constitutional eine konstitutionelle Monarchie werden

o surto der Aufschwung

a escravidão die Sklaverei

comandar befehlen, kommandieren

a inspiração die Inspiration; die Idee

a derrubada der Sturz

a promulgação die Verkündigung (eines Gesetzes)

a constituição die Verfassung

experimentar erfahren; durchlaufen

abalar erschüttern; erbeben lassen

o suicídio der Selbstmord

tomar posse hier: Regierungsgeschäfte übernehmen

o ex-governador der ehemalige Gouverneur

iniciar einleiten, beginnen

intenso intensiv

de cunha diferente mit unterschiedlicher politischer Ausprägung oder: Ausrichtung

a presidência die Präsidentschaft, die Amtszeit eines Präsidenten

adoptar annehmen

inédito unveröffentlicht; neu

executar ausführen, realisieren

a equipe do então ministro da fazenda die Mannschaft des damaligen Finanzministers

a hiperinflação die Hyperinflation, die schwindelerregende Inflation

PIB = Produto Interno Bruto das Bruttosozialprodukt

da ordem de in der Größenordnung von

diversificado diversifiziert, mit einer großen Breite (an Erzeugnissen)

abranger umfassen

a formação die Bildung, die Entstehung

a etnia die Völkerschaft, die Ethnie

o sucesso der Erfolg

a raiz die Wurzel

indígena eingeboren

exterminar ausrotten, vernichten
assimilar assimilieren, aufnehmen
descendente de abstammend von
o descendente der Nachkomme
o tráfico de escravos der Sklavenhandel
a Costa do Marfim die Elfenbeinküste
misturar-se sich mischen
em larga escala in großem Maße
criar schaffen

o mestiço der Mestize, der Mischling
a população mestiça die Mischlings-Bevölkerung
a miscigenação die Rassenmischung
o credo die Glaubensrichtung; die politische Überzeugung
conviver zusammenleben
estimular vorantreiben

Gramática

34 A Die Pluralbildung zusammengesetzter Substantive / A formação do plural das palavras compostas

1. Besteht das Wort aus **zwei Substantiven**, die durch einen **Bindestrich** verbunden sind, werden beide in den Plural gesetzt:

a couve-flor (Blumenkohl)   as couves-flores
o redactor-chefe (Chefredakteur) os redactores-chefes

2. Besteht das Wort aus **zwei Substantiven**, die durch eine **Präposition** verbunden sind (und steht zwischen den drei Elementen ein Bindestrich), wird nur das erste Substantiv in den Plural gesetzt:

o pão-de-ló (Biskuit)   os pães-de-ló
a estrela-do-mar (Seestern) as estrelas-do-mar

Eine gewisse Ausnahme bildet das Wort ‚mão-de-obra', das sowohl ‚Arbeitskraft' als auch ‚Arbeitskräfte' heißt. Der Plural ‚mãos-de-obra' ist sehr selten zu hören oder zu lesen.

3. Besteht das Wort aus **Substantiv und Adjektiv**, werden beide in den Plural gesetzt:

o amor-perfeito (Stiefmütterchen)   os amores-perfeitos
o capitão-mor (Stadtkommandant)   os capitães-mores

4. Besteht das Wort aus **Adjektiv und Substantiv**, wird nur das Substantiv in den Plural gesetzt:

o grão-mestre (Großmeister)   os grão-mestres
o baixo-relevo (Flachrelief) os baixo-relevos

Ausnahmen (z. B. Wochentagsnamen):

a terça-feira	as terças-feiras
a má-língua (üble Nachrede)	as más-línguas
o gentil-homem (Edelmann)	os gentis-homens
o meio-dia (Mittag)	os meios-dias

5. Besteht das Wort aus **Verb und Substantiv** oder aus **Verb und Adjektiv**, wird nur der letzte Bestandteil in den Plural gesetzt:

o quebra-mar (Wellenbrecher; von ‚quebrar' – brechen)	os quebra-mares
o mata-borrão (Löschpapier; von ‚matar' – töten, „tötet den Tropfen")	os mata-borrões

In Zusammensetzungen, bei denen einer der Bestandteile aus ‚guarda' besteht, wird ‚guarda' in den Plural gesetzt, wenn es als Substantiv in der Bedeutung von ‚o guarda' (der Wächter) gebraucht wird. Wird ‚guarda' als Verbform empfunden (vom Verb ‚guardar' – bewahren, schützen), wird keine Pluralmarkierung vorgenommen:

Substantiv:

o guarda-nocturno (Nachtwächter)	os guardas-nocturnos
o guarda-marinha (Fähnrich zur See)	os guardas-marinhas

Verb:

o guarda-lama (Kotflügel)	os guarda-lamas
o guarda-chuva (Regenschirm)	os guarda-chuvas

6. Besteht das Wort aus **zwei Verben**, wird nur das zweite in den Plural gesetzt:

o pisca-pisca (Blinklicht)	os pisca-piscas
o chupa-chupa (Lutscher)	os chupa-chupas

7. Besteht die Zusammensetzung aus **einem unveränderlichen und einem veränderlichen Bestandteil**, wird nur der veränderliche Bestandteil in den Plural gesetzt:

o recém-nascido (das Neugeborene)	os recém nascidos
o vice-presidente (Stellvertreter des Präsidenten)	os vice-presidentes
o vídeo-gravador (Videorekorder)	os vídeo-gravadores

Bei zusammengesetzten Adjektiven, die Länder oder Völker bezeichnen, bleibt das erste Adjektiv maskulin unveränderlich:

luso-alemão (portugiesisch-deutsch)	a amizade luso-alemã (die portugiesisch-deutsche Freundschaft)
luso-brasileiro (portugiesisch-brasilianisch)	os acordos luso-brasileiros (die portugiesisch-brasilianischen Abkommen)

34 B Bildung der weiblichen Form von Substantiven

1. Auf **unbetontes** -o endende Substantive, die Lebewesen bezeichnen, bilden die weibliche Form, indem sie das -o durch -a ersetzen:

o cozinheiro (der Koch) a cozinheira (die Köchin)
o aluno (der Schüler) a aluna (die Schülerin)

Beachten Sie:
o sogro (geschlossenes -o-) a sogra (offenes -o-)
o porco (geschlossenes -o-) a porca (offenes -o-)

2. Auf **unbetontes** -e endende Substantive:

a) sind **unveränderlich**:

o ouvinte (der Hörer) a ouvinte (die Hörerin)
o intérprete (Dolmetscher) a intérprete (Dolmetscherin)
o protestante (Protestant) a protestante (Protestantin)

b) wandeln das -e in ein –a:

o hóspede (Gastgeber) a hóspeda (Gastgeberin)

c) wandeln das -e in -esa, -essa oder -isa

o duque (Herzog) a duquesa (Herzogin)
o conde (Graf) a condessa (Gräfin)
o sacerdote (Priester) a sacerdotisa (Priesterin)

3. Auf **unbetontes** -a endende Substantive wandeln das -a in -isa:

o profeta (Prophet) a profetisa (Prophetin)
o poeta (Dichter) a poetisa (Dichterin)

4. Auf -eu endende Substantive bilden die weibliche Form auf -eia:

o europeu (Europäer) a europeia (Europäerin)
Ausnahme:
o judeu (Jude) a judia (Jüdin)

5. Auf -ão endende Substantive:

a) wandeln das -ão in -ã oder -ana:

o cidadão (Staatsbürger) a cidadã (*oder*: cidadoa) (Staatsbürgerin)
o órfão (der Waise) a órfã (die Waise)
o irmão (Bruder) a irmã (Schwester)
o sultão (Sultan) a sultana (Sultanin)

b) wandeln das -ão in -oa oder -ona:

o patrão (Hausherr; Chef, Patron) a patroa (Hausherrin; Chefin, Patronin)
o leão (Löwe) a leoa (Löwin)

c) sind **unregelmäßig**:

o cão (Hund)	cadela (Hündin)
o ladrão (Dieb)	a ladra (Diebin)
o barão (Baron)	a baronesa (Baronin)
o tecelão (Weber)	a tecedeira (Weberin)

6. Auf **-s, -r, -z, -l** und **-u** endende Substantive bilden die weibliche Form durch Anfügen von **-a**:

o camponês (Bauer)	a campon**esa** (Bäuerin)
o deus (Gott)	deu**sa** (Göttin)
o leitor (Leser)	a leitor**a** (Leserin)
o juiz (Richter)	a juíz**a** (Richterin)
o espanhol (Spanier)	a espanhol**a** (Spanierin)
o peru (Truthahn)	a peru**a** (Truthenne)

Einige auf **-dor** und **-tor** endende Substantive bilden die weibliche Form auf **-triz**:

o ac**tor** (Schauspieler)	a ac**triz** (Schauspielerin)
o impera**dor** (Kaiser)	a impera**triz** (Kaiserin)
o embaixa**dor** (Botschafter)	a embaixa**triz** (Ehefrau des Botschafters)
	a embaixa**dora** (Frau im Amte eines Botschafters)

7. Es existiert eine große Anzahl von Substantiven, die die weibliche Form **vollkommen unregelmäßig** bildet:

o réu (Angeklagter)	a ré (Angeklagte)
o rei (König)	a rainha (Königin)
o cônsul (Konsul)	a consulesa (Konsulin)
o czar (Zar)	a czarina (Zarin)
o bode (Ziegenbock)	a cabra (Ziege)
o boi (Ochse)	a vaca (Kuh)
o carneiro (Hammel)	a ovelha (Schaf)
o cavalo (Hengst; Pferd)	a égua (Stute)
o macho (Männchen, männl. Tier)	a fêmea (Weibchen, weibl. Tier)
o veado (Hirsch)	a cerva (Hirschkuh)
o zângão (Drohne)	a abelha (Biene)

Einige Substantive haben nur eine Form (weiblich) und bezeichnen damit eine männliche und eine weibliche Person:

a testemunha	*der* Zeuge, *die* Zeugin
a vítima	*das* Opfer

Exercícios

34.1 Wiederholung – Bilden Sie die Pluralformen

a) folgender Substantive:
a irmã, o chapéu, a roupa, o guarda, o móvel, o lugar, a secção, o sofá, o fumador, o andar, o casal, a qualidade, o colchão, a vantagem, a ordem, o irmão, o órgão, o pão, o país, o pai, o homem, o dólar, o metal, o papel, o automóvel, o fim, o jornal.

b) folgender Adjektive:
favorável, superior, simples, português, confortável, central, alemão, real, fácil, amável, azul, útil, espanhol, comum, geral, indubitável.

34.2 Bilden Sie zu den folgenden männlichen Substantiven die weibliche Form.

a) o vendedor, o doutor, o intérprete, o embaixador (2 Formen), o actor, o cidadão, cliente, o avô, o artista, o socialista, o jornalista, o europeu.

b) o homem, o marido, o genro, o pai, o cavalo (Pferd), o carneiro, o boi (Ochse), macho (Männchen, männl. Tier), o rei (König).

34.3 Bilden Sie den Plural folgender zusammengesetzter Substantive.

a couve-flor, o mestre-escola, a carruagem-restaurante, a escola-modelo;
o guarda-chuva, o porta-voz (Regierungssprecher), o guarda-roupa, o beija-flor (Kolibri), o porta-bagagem;
o meio-dia, a terça-feira;
o amor-perfeito, o cavalo-marinho (Seepferdchen), a cabra-cega, a matéria-prima (Rohstoff);
o pisca-pisca, o chupa-chupa;
o quebra-nozes (Nussknacker), o salva-vidas (Rettungsboot);
a mesinha-de-cabeceira, a estrela-do-mar, a ave-do-paraíso (Paradiesvogel), o caminho-de-ferro (auch ohne Bindestriche), o rés-do-chao;
o abaixo-assinado, a ante-sala (Vorraum), o ex-cônsul, o recém-vindo (Neuankömmling), o pseudo-cientista (Pseudowissenschaftler), o vídeo-gravador;
a aparelhagem de som (Stereoanlage).

34.4 Bilden Sie von den nachfolgend genannten militärischen Rängen für Heer (exército) und Luftstreitkräfte (força aérea) die Pluralformen (geordnet vom höchsten bis zum niedrigsten Dienstgrad).

o marechal	o cadete
o general	o sargento-ajudante
o brigadeiro	o primeiro sargento
o coronel	o segundo sargento
o tenente-coronel	o furriel

o major	o primeiro cabo
o capitão	o segundo cabo
o tenente	o soldado
o alferes (Fähnrich)	o soldado-recruta
o aspirante-a-oficial	o soldado-cadete

34.5 Bilden Sie von folgenden Dienstgraden der Marine (marinha) die Pluralformen.

o almirante	o capitão-de-fragata
o vice-almirante	o capitão-tenente
o contra-almirante	o 1° tenente
o comodoro	o 2° tenente
o capitão-de-mar-e-guerra	o guarda-marinha

34.6 Bilden Sie den Plural folgender zusammengesetzter Substantive.

o guarda-louça, a sexta-feira, o salvo-conduto (Geleitbrief), a mão-cheia (Handvoll), o cofre-forte (Safe), o guarda-nocturno (Nachtwächter), o guarda-lama (Kotflügel), o pão-de-ló (Biskuitkuchen), o redactor-chefe, a carruagem-cama, o porco-espinho (Stachelschwein), o guarda-chuva, o cata-vento (Wetterfahne), o arranha-céus (Wolkenkratzer), o recém-nascido, o ex-presidente, o saca-rolhas (Korkenzieher), o porta-bandeira (Fahnenträger), a obra-prima (Meisterwerk), o conta-quilómetros (Kilometerzähler), a guerra-relâmpago (Blitzkrieg), a posição-chave (Schlüsselstellung), a peça-chave (Kernstück), o cavalo-vapor (Pferdestärke), o vice-ministro (Stellvertreter des Ministers), o director-geral (*auch*: o director geral), o democrata-cristão (Christdemokrat).

34.7 Setzen Sie die entsprechende Präposition ein. Benutzen Sie das Wörterbuch.

1. A primeira reacção ... essas ideias foi positiva.   2. Eles não têm necessidade ... saber isso.   3. Ele não tem o mínimo jeito ... os trabalhos manuais.   4. ... que é que tens medo?   5. Tenha a bondade ... esperar um momento.   6. Não foi difícil ... encontrar a rua.   7. Estava decidido ... não voltar.   8. As consequências desta situação são fáceis ... calcular.   9. O custo foi imenso ... valores humanos e outros.   10. Ele não é acessível ... as tuas respostas.   11. Ninguém é capaz ... predizer o que o inimigo fará.   12. Tenho interesse ... saber o que pensam de mim.   13. Esta música é agradável ... o nosso ouvido.   14. Esta política tem o perigo ... animar a inflação.   15. Este país é rico ... monumentos históricos.   16. O tabaco é prejudicial ... a saúde.   17. A balança comercial apresenta uma tendência ... um relativo equilíbrio.   18. Ele é, em grande parte, responsável ... esta situação.   19. Este fato é igual ... o meu.   20. Tenho pena ... você.   21. Nunca senti grande admiração ... ele.   22. Peço desculpa ... a demora ... responder.   23. Os seus esforços não foram coroados ... êxito.   24. Tenho ordem ... não deixar subir ninguém.   25. A minha memória é fraca ... nomes.   26. Estou muito preocupado ... tudo isso.   27. Estamos habituados ... ouvir comentários deste género.   28. A situação é favorável ... o conflito militar.   29. Ela é doida ... os filhos.

34.8 Mit oder ohne Präposition?

1. Nunca vi nada ... semelhante.   2. Não é fácil ... encontrar homens deste tipo.   3. A estrada não é fácil ... percorrer.   4. É difícil ... compreender o estrangeiro.   5. O engenheiro é difícil ... compreender.   6. É preciso ... manter as aparências (den Schein wahren).   7. É perigoso ... tirar conclusões precipitadas (voreilig).   8. O seu amigo é fácil ... convencer.   9. Não é fácil ... convencer o seu amigo.

34.9 Übersetzen Sie!

1. Antworten Sie auf meine Frage.   2. Ich bin nicht überzeugt davon.   3. Er ist für den Schaden verantwortlich.   4. Sie war nicht berechtigt, den Vertrag zu unterschreiben.   5. Wir haben uns schon daran gewöhnt.   6. Hast du dich zu dieser Arbeit verpflichtet?   7. Wie war seine Reaktion auf unseren Brief?   8. Zuerst sind wir mit dem Zug gefahren, dann mit dem Schiff.   9. Ich möchte mich bei Ihnen nochmals recht herzlich für das schöne Geschenk bedanken.   10. Vielen Dank für die Grüße.   11. Sie hat mir diesen Wein empfohlen.   12. Wann sind Sie in Berlin angekommen?   13. Ein Besuch Dresdens lohnt immer.   14. Ich habe den Namen des Angestellten vergessen.   15. Ich wünsche Ihnen eine gute Reise.   16. Die Maßnahmen sind auf eine Erhöhung des Umsatzes gerichtet.   17. Er verband das Kabel mit der Maschine.   18. Ich habe einen Passanten nach dem Weg gefragt.   19. Sie wandte sich an den Geschäftsführer.   20. Er zwang sie (*Pl.*) zur Rückkehr.   21. Sie antworteten nicht auf meine Frage.   22. Wir verfügen nicht über die notwendigen Mittel.   23. Wir näherten uns dem Haus.   24. Dem Angolaner gefiel die Reise sehr.   25. Ich werde sie nicht um diesen Gefallen bitten.   26. Sie sind soeben gekommen.

34.10 Setzen Sie „vor" und „vorn" ein.

antes de, perante, em frente de, à frente de, diante de

1. O táxi pára ... a casa.   2. Ouviu-se a sua voz ... ele aparecer.   3. Encontramo-nos ... um dilema.   4. Hesitou muito tempo ... responder.   5. Não devias falar assim ... seu filho.   6. Ele está (vorstehen, an der Spitze stehen) ... uma grande companhia.   7. Todos os homens são iguais ... a lei.   8. Parou ... a porta.   9. Quero partir ... as nove e meia.   10. Ajusta a gravata ... o espelho!   11. Não quero que falem dessa maneira ... minha filha.

34.11 Übersetzen Sie! Benutzen Sie das Wörterbuch.

a) „nach"

1. Er fuhr nach Hause.   2. Sie kamen nach 7 Uhr.   3. Einer nach dem anderen betrat den Saal.   4. Nach dem Mittagessen werden wir einen Spaziergang machen.   5. Nach und nach hatte er alle Unterlagen beisammen.   6. Seine Uhr geht nach.   7. Sie kam nach dem Abteilungsleiter ins Büro.   8. Nach der Prüfung feierte er mit seinen Freunden.   9. Nach einer Woche kam sie zurück.

b) „vor"

1. Die Uhr geht vor.   2. Er braucht vor allem Ruhe.   3. Er stand vor ihrem Haus.   4. Vor dem Essen gibt es einen Apéritif.   5. Vor zwei Stunden hat Herr Schulz angerufen.   6. Vor

einer Stunde kam ein Telegramm.   7. Er sprach vor der Vollversammlung (a Assembleia Geral).   8. Sie warteten vor dem Theater.   9. Vor der Operation dürfen Sie nichts essen.   10. Du sollst das nicht vor den Kindern erzählen.   11. Du stehst genau davor.   12. Du gehst vor, und ich komme nach.

34.12 Das Verb ‚ficar' – Bilden Sie je einen Beispielsatz mit:

ficar longe de	weit entfernt liegen von
Onde fica o próximo posto de gasolina?	Wo ist die nächste Tankstelle?
fica combinado	(es ist) abgemacht
ficar caro, barato	teuer, billig sein; teuer, billig kommen
Isso fica a ver.	Das wird sich zeigen. Das wird sich herausstellen.
ficar a pagar	noch bezahlen müssen
fique sabendo que	Sie müssen wissen, dass; merken Sie sich, dass
ficar com alguém	bei jemandem bleiben
ficar com alguma coisa	etwas behalten, nehmen
Ele ficou com frio.	Ihm wurde kalt.
ficar com medo	Angst bekommen
ficar com pena de	Mitleid haben mit
ficar contente	zufrieden sein, sich freuen
ficar fora de si	außer sich sein
ficar para outro dia	etwas auf einen späteren Tag verschieben; etwas für später lassen
Está ficando melhor.	Es wird besser.
ficar por fazer	liegenbleiben, noch zu tun sein
ficar de	zurückbleiben als
Eles ficaram de voltar.	Sie wurden zurückerwartet.

34.13 Prüfen Sie Ihre Kenntnisse.

1. (Trazer, tu) uma cerveja!   2. (Bringen Sie mir) vinho!   3. Ela (trazer, *pps*) as cópias.   4. Eu (trazer, *Futur I*) todos os discos.   5. Ele queria que eu lhe (trazer, *Konj. Imperfekt*) o contrato.   6. Escreve-lhe para (*3. Pers. Pl., persönl. Infinitiv von* ‚trazer') os documentos.   7. Eles não nos (ver, *Präsens*).   8. Eles não (vir, *Präsens*).   9. Não quero que ela (ver, *Konj. Präsens*) a carta.   10. Espero que eles (vir, *Präs. Konj.*).   11. Da nossa casa nós (ver, *Imperfekt*) toda a cidade.   12. De tarde nós (vir, *Imperfekt*) sempre à praia.   13. Eu queria que eles (ver, *Konj. Imperfekt*) as ofertas.   14. Eu queria que eles (vir, *Konj. Imperfekt*) comigo.   15. Ontem, eu (ver, *pps*) uma peça bonita.   16. Ontem, eu (vir, *pps*) falar contigo.   17. Creio que ele não me (ver, *pps*).   18. Creio que ele ainda não (vir, *pps*).   19. Eles já (vir, *pps*)?   20. Eles já (ver, *pps*) isto?   21. Ele (ver, *Futur I*) o carro novo amanhã.   22. Ela (vir, *Futur I*) tarde.   23. Se ele não (conseguir, *Konj. Futur*) encontrar a colega, tem de voltar.   24. Se ele não (vir, *Konj. Futur*) a tempo, começaremos com o almoço.

34.14 Lesen, übersetzen und beantworten Sie folgende Fragen zum Text. Entsprechende Informationen können Sie über die Internetadresse www.wikipedia.pt oder www.aeconomiadobrasil.com.br erhalten. Sie können auch den entsprechenden portugiesischen Begriff über www.google.com eingeben.

1. Qual foi a principal riqueza no início da colonização do Brasil?   2. Onde é cultivada a cana-de-açúcar principalmente?   3. Onde está situado o centro da mineração?   4. Onde se encontram as culturas do café?   5. Que cidade pode ser chamada o centro económico do Brasil?   6. De que planta se extrai o álcool usado para o motor movido a álcool?   7. Quais são as características da agricultura brasileira de hoje?   8. Que país é o maior produtor do café?   9. Quais são outras riquezas agrícolas com as quais o Brasil aparece no mercado mundial?   10. O que se pode dizer sobre o desenvolvimento da indústria do Brasil, nomeadamente a indústria pesada?   11. Que méritos teve Fernando Henrique Cardoso?   12. Como é que vê o futuro da economia brasileira?

34.15 Berichten Sie über Brasilien unter Verwendung des folgenden Gerüsts. Informationen zu den Stichworten erhalten Sie auch über die Internetadressen http://www.brasil.gov.br (Governo Federal) oder http://www.mec.gov.br (História do Brasil).

Nome oficial:
Área:
Língua oficial:
População:
Capital:
Maior cidade:
Independência de Portugal:
Dia Nacional:
Presidente:
PIB:
Moeda:
Situação geográfica (limites):
Composição étnica:
Fuso horário:
Código Internet:
Código telefónico:

34.16 Die folgenden 5 Jahreszahlen kennzeichnen herausragende Ereignisse in der Geschichte Brasiliens. Berichten Sie in Portugiesisch welche Ereignisse sich hinter diesen Jahreszahlen verbergen.

1500, 1807, 1822, 1889, 1956

34.17 *Fragen Sie Ihren Nachbarn (bzw. Ihre Nachbarin). Ihr Nachbar (bzw. Ihre Nachbarin) beantwortet die Frage ...*

- ob er schon einmal in Brasilien war
- wie weit Brasilien etwa von Portugal entfernt ist
- wie groß Brasilien ist
- wie viel Mal die Fläche Portugals in die Brasiliens passt
- welches die Hauptstadt von Brasilien ist und welche Stadt bis 1960 Brasiliens Hauptstadt war
- wer die Pläne für den Bau der neuen Hauptstadt gemacht hat
- wie die Währungseinheit Brasiliens heißt
- welches landwirtschaftliche Erzeugnis Brasiliens im Export an erster Stelle steht
- welche Bedeutung das Zuckerrohr heute für Brasilien hat
- welche Rolle São Paulo im wirtschaftlichen Leben Brasiliens spielt
- was er über die Industrialisierung Brasiliens weiß
- ob er die wichtigsten landwirtschaftlichen Kulturen nennen kann
- nach den Bedingungen für die weitere Entwicklung der brasilianischen Landwirtschaft.

LIÇÃO 35

Textos

Os computadores

De uso quotidiano, um computador é um equipamento electrónico, já quase considerado um electrodoméstico, geralmente associado a um monitor, um teclado e um rato (ou: mouse). Também está se tornando cada vez mais desejável pelos usuários de computadores possuir alguma forma de conexão à Internet.

Computadores podem ser utilizados para a digitação de textos, armazenamento de informações, processamento de dados, comunicação escrita ou falada ou para entretenimento. Enfim, é ilimitado o número de tarefas que ele pode desempenhar. São ferramentas que a cada dia conseguem ser aplicadas em tarefas mais diversas, e se tornando cada vez mais indispensáveis.

O primeiro computador electro-mecânico foi construído por Konrad Zuse (1910–1995). Em 1936, esse engenheiro alemão construiu, a partir de reles que executavam os cálculos e dados lidos em fitas perfuradas, o Z-1. Zuse tentou vender o computador Z-1 ao governo alemão, que desprezou a oferta, já que não podia auxiliar no esforço de guerra... Os projectos de Zuse ficavam parados durante a guerra, dando a chance aos americanos de desenvolver seus computadores.

Foi na II Guerra Mundial que realmente nasceram os computadores actuais. A Marinha americana, em conjunto com a Universidade de Harvard, desenvolveu o computador Mark I. Simultaneamente, e em segredo, o exército americano desenvolvia um projecto semelhante cujo resultado foi o primeiro computador a válvulas: o Electronic Numeric Integrator and Calculator: ENIAC. Ele era capaz de fazer 500 multiplicações por segundo!

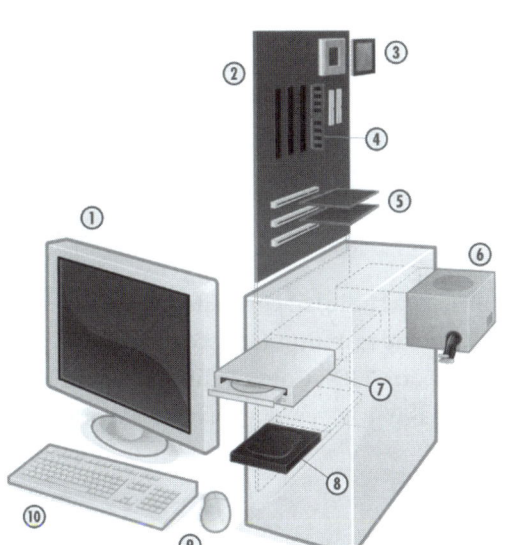

LEGENDA

① Monitor
② Placa-Mãe
③ Processador
④ Memória RAM
⑤ Placas de Rede, Som, Vídeo, Fax ...
⑥ Fonte de Energia
⑦ Leitor de CDs e/ou DVDs
⑧ Disco Rígido (HD)
⑨ Mouse (ou Rato)
⑩ Teclado

O computador compõe-se da unidade lógica e aritmética (ULA), a unidade de controle, a memória, e os dispositivos de entrada e saída (E/S ou I/O). Os elementos principais do equipamento são: a) placa-mãe, b) processador, c) memória RAM, d) placas de rede, som, vídeo, fax...e) fonte de energia, f) monitor, g) leitor de CDs e/ou DVDs, h) disco rígido (HD), i) mouse (chamado de rato, em Portugal), j) teclado.

Hoje em dia, o computador é practicamente indispensável na vida das pessoas, pois, além de reunir gerações, ele pode aproximar amigos, parentes, além de ser muito útil para a nossa vida.

A Internet

A Internet é uma rede de redes em escala mundial de milhões de computadores que permite o acesso a informações de todo o tipo de transferência de dados. Ao contrário do que normalmente se pensa, Internet não é sinónimo de World Wide Web. Esta é parte daquela, sendo a World Wide Web, que utiliza hipermídia na formação básica, um dos muitos serviços oferecidos na Internet. A Web é um sistema de informação mais recente que emprega a Internet como meio de transmissão.

Alguns dos serviços disponíveis na Internet, além da Web, são o acesso remoto a outras máquinas (Telnet e SSH), transferência de arquivos (FTP), correio electrónico (e-mail normalmente através dos protocolos POP3 e SMTP), boletins electrónicos (news ou grupos de notícias), bate-papo online (chat), mensagens instantâneas (ICQ, YIM, Jabber, MSN Messenger, Blogs) etc.

O que hoje forma a Internet, começou em 1969 como a ARPANET, criada pela ARPA, sigla para Advanced Research Projects Agency, ou Agência de Pesquisa de Projetos Avançados, uma subdivisão do Departamento de Defesa dos Estados Unidos. Ela foi criada para a guerra, pois com essa rede promissora, os dados valiosos do governo americano foram espalhados em vários lugares, ao invés de centralizados em apenas um servidor. Isso evitava a perda desses dados no caso de, por exemplo, uma bomba explodisse no campus. Em seguida, ela foi usada inicialmente pelas universidades, onde os estudantes puderam trocar, de forma ágil para a época, os resultados de seus estudos e pesquisas.

Contudo, a Internet como hoje conhecemos, com sua interactividade, como arcabouço de redes interligadas de computadores e seus conteúdos multimídia, só se tornou possível pela contribuição do cientista Tim Berners-Lee e do CERN, Conseil Européen pour la Recherche Nucléaire – Centro Europeu das Pesquisas Nucleares, que criaram a World Wide

Web, inicialmente interligando sistemas de pesquisa científicas e mais tarde acadêmicas, interligando Universidades; a rede colectiva ganhou uma maior divulgação pública a partir dos anos 90. Em agosto de 1991, Tim Berners-Lee publicou seu novo projecto para a World Wide Web, dois anos depois de começar a criar o HTML, o HTTP e as poucas primeiras páginas no CERN, na Suíça. No final de 1994 já havia interesse público na Internet. Em 1996 a palavra Internet já era de uso comum, principalmente nos países desenvolvidos, referindo-se na maioria das vezes a WWW.

O uso das redes, como uma nova forma de interacção no processo educativo, amplia a acção de comunicação entre aluno e professor e o intercâmbio educacional e cultural, desta forma, o acto de educar (com o auxílio da internet) proporciona a quebra de barreiras, de fronteiras e remove o isolamento da sala de aula. Assim a educação pode assumir um carácter colectivo e tornar-se acessível a todos.

Nosso tempo passa ligeiro. Informações que hoje são superactualizados amanhã podem já estar superadas. A Internet é um excelente meio de comunicação para actualizar informações, sobretudo na área social, política e científico-tecnológica. Os endereços da Internet indicados nas lições ajudam aos alunos a actualizar os textos deste livro de estudo.

Novas palavras

quotidiano täglich
o equipamento die Ausrüstung
electrónico elektronisch
associar a verbinden mit
o teclado die Tastatur
o rato die Maus
desejável wünschenswert
o usuário der Anwender, der Nutzer
utilizar verwenden, nutzen
a digitação de textos das Eintippen oder: Eingeben von Texten
a armazenamento de informações das Speichern von Informationen
o processamento de dados das Verarbeiten von Daten
o entretenimento der Zeitvertreib, die Unterhaltung
ilimitado unbegrenzt
desempenhar erledigen

a ferramenta das Werkzeug, das Hilfsmittel
aplicar einsetzen, anwenden
indispensável unerlässlich
o relé das Relais
o cálculo Rechenvorgang
a fita perfurada der Lochstreifen
desprezar unbeachtet lassen, geringschätzen
o esforço die Anstrengung, die Bemühung
a marinha die Marine
em conjunto com in Zusammenarbeit mit, im Zusammenwirken mit
simultaneamente Adv. gleichzeitig
em segredo im Geheimen
a válvula die Röhre; das Ventil
ser capaz de fähig sein, in der Lage sein
a multiplicação die Multiplikation
a unidade die Einheit, die Baugruppe
lógico logisch

a unidade lógica e aritmética   das Rechenwerk

a unidade de controle   die Steuereinheit

a memória   der Speicher

os dispositivos de entrada e saída   die Eingabe- und Ausgabegeräte

a placa-mãe   die Hauptplatine, ‚Motherboard'

o processador   der Prozessor

a placa de rede   das Netzteil, die Netzkarte

a placa de som   die Soundkarte

a fonte de energia   die Stromquelle

o leitor de CD   das CD-Laufwerk

o disco rígido   die Festplatte, ‚Hard Disc'

reunir   zusammenbringen, vereinigen

a geração   die Generation

útil   nützlich

a transferência de dados   die Datenübertragung

ao contrário de   im Gegensatz zu

o sinónimo   das Synonym

o meio de transmissão   das Medium zur Übertragung

disponível   verfügbar

o acesso remoto a   der Fernzugriff auf

o arquivo   die Datei, das File

o correio electrónico   die E-Mail

o protocolo   das Protokoll

o buletim electrónico   die elektronische Anzeige, das Schwarze-Brett-System

o bate-papo   die Plauderei, die Unterhaltung

a mensagem   die Nachricht

instantâneo   sofortig

a sigla   die Abkürzung

a subdivisão   die Unterabteilung

o Departamento de Defesa dos Estados Unidos   das US-Verteidigungsministerium

promissor   verheißungsvoll

espalhar   verbreiten

ao invés de   anstelle von

o servidor   der Server

evitar   vermeiden

a perda   der Verlust

explodir   explodieren

ágil   flink, geschickt

o resultado   das Ergebnis

a pesquisa   die Forschung

o arcabouço   der Rahmen, das Gerippe

interligado   untereinander verbunden

a contribuição   der Beitrag; das Wirken

o cientista   der Wissenschaftler

científico   wissenschaftlich

a divulgação   die Verbreitung

público   öffentlich

publicar   veröffentlichen

lançar   einführen, auf den Markt bringen, verbreiten

o processo educativo   der Bildungsprozess

ampliar   erweitern, vergrößern, bereichern

o aluno   der Schüler

o intercâmbio   der Austausch

educar   bilden, erziehen

com o auxílio da internet   mit Hilfe des Internets

proporcionar   ermöglichen

a quebra   der Bruch

a barreira   die Barriere, die Schranke, das Hindernis

a sala de aula   das Klassenzimmer

tornar-se acessível a todos   allen zugänglich werden

Gramática

35 A   Kongruenz des Verbs mit dem Subjekt / A concordância do verbo com o sujeito

1. Besteht das Subjekt aus mehreren Elementen verschiedener grammatischer Personen, so steht das Verb **im Plural**. Dabei überwiegt wie im Deutschen die 1. Person. Steht wie im folgenden Beispiel ein Subjekt in der 1., eins in der 2. und eins in der 3. Person, dann steht das Verb in der 1. Person Plural.

Tu, ele e eu somos bem diferentes.	Du, er und ich (wir) sind doch recht verschieden.

Ist ein Subjekt in der 2. und eins in der 3. Person vorhanden, dann überwiegt (nach einer alten Regel) die 2. Person Plural.

Pedro e tu estais satisfeitos.	Pedro und du, ihr seid zufrieden.

Da die 2. Person Plural immer seltener zu hören ist, steht häufiger die 3. Person Plural (estão) anstelle der 2.

2. Enthält das Subjekt Ausdrücke einer relativen Menge, wie ‚a metade de', ‚um grande número de', ‚uma parte de', ‚uma porção de', ‚o resto de', ‚a maioria de' u.a. mit einem folgenden Substantiv im Plural, kann das Verb im **Singular oder im Plural** stehen. Das Verb steht im Singular, wenn die Gesamtheit einer Menge hervorgehoben werden soll. Es steht im Plural, wenn die einzelnen Elemente hervorgehoben werden sollen, die die Gesamtheit bilden.

A maior parte das máquinas é dotada de equipamento electrónico.	Der größte Teil der Maschinen ist mit elektronischer Ausrüstung ausgestattet.

3. Das Verb steht zum Unterschied vom Deutschen **im Singular**, wenn jedes dieser Substantive im Singular steht und sie zusammen als eine Sinneinheit aufgefasst werden. Dasselbe trifft auch zu, wenn Synonyme, die im Singular stehen, anreihend verbunden sind.

O mundo e a sociedade é em grande parte mistério para ela.	Die Welt und die Gesellschaft sind ihr zum großen Teil ein Rätsel.
No meio do repouso e do silêncio que reinava nessa manhã sentiu-se muito feliz.	Inmitten der Ruhe und Stille, die an diesem Morgen herrschte, fühlte er sich sehr glücklich.

4. Wenn die einzelnen Subjekte (sie können im Singular oder im Plural stehen) durch ein Wort wie ‚ninguém', ‚nada' oder ‚tudo' nochmals zusammengefasst werden, steht das Verb **im Singular**.

Lágrimas, pedidos, protestos, tudo era em vão.	Tränen, Bitten, Proteste – alles war umsonst.
Pais, vizinhos, amigos, ninguém lhe disse isso.	Eltern, Nachbarn, Freunde – niemand hat ihm das gesagt.

5. a) Bildet das Relativpronomen ‚**que**' das Subjekt, stimmt das Verb in Numerus und Person mit dem vorangehenden Beziehungswort überein.

Fui **eu** que te chamei.	Ich war es, der dich gerufen hat.
Não és **tu** que me **dás** coragem.	Du bist es nicht, der mir Mut macht.
Nós somos aqueles que mais fizemos por ti.	Wir sind diejenigen, die für dich am meisten (*auch:* mehr) getan haben.

b) Bildet das Relativpronomen ‚**quem**' (seltener) das Subjekt, steht das Verb in der 3. Person Singular.

Não sou eu quem **está** em perigo.	Ich bin es nicht, der in Gefahr ist. / Nicht ich bin in Gefahr.

6. Werden die einzelnen Subjekte mit ‚**com**' verbunden, kann das Verb im Plural oder im Singular stehen. Das Verb steht normalerweise im Plural, wenn die Subjekte gleichrangig bzw. gleichwertig sind und ‚com' in der Bedeutung von ‚e' (und) verwendet wird.

O bispo com o seu clero tinham grande influência na política do governo.	Der Bischof und sein Klerus hatten (… mit seinem Klerus hatte) großen Einfluss auf die Politik der Regierung.
Eu com outros colegas vínhamos de Setúbal.	Ich kam mit anderen Kollegen aus Setúbal. / Ich und andere Kollegen (wir) kamen aus Setúbal.

Das Verb stimmt mit dem ersten Subjekt überein, wenn dieses hervorgehoben werden soll.

O director Francisco de Melo, de preto, com a mulher e a filha, era o primeiro visitante.	Direktor Francisco de Melo, in Schwarz, mit Frau und Tochter war der erste Besucher.

35 B Kongruenz des Adjektivs mit dem Substantiv / A concordância do adjectivo com o substantivo

1. attributives Adjektiv, nachgestellt

a) Wenn sich ein Adjektiv auf zwei oder mehrere Substantive bezieht und wenn die Substantive dasselbe Genus haben und im Singular stehen, dann steht das Adjektiv im Singular des betreffenden Genus.

a língua e a literatura portuguesa	die portugiesische Sprache und Literatur

b) Haben die Substantive verschiedenes Geschlecht und stehen sie im Singular, dann stimmt das Adjektiv mit dem Substantiv überein, das ihm am nächsten steht.

o idioma e a literatura portuguesa	die portugiesische Sprache und Literatur

c) Haben die Substantive dasselbe Genus, jedoch verschiedenen Numerus, steht das Adjektiv im Plural des Genus der Substantive.

as línguas e a civilização ibéricas	die iberischen Sprachen und die iberische Zivilisation

d) Haben die Substantive verschiedene Genera und stehen sie im Plural, steht das Adjektiv im Plural und hat das Genus des Substantivs, das ihm am nächsten steht.

os povos e línguas ibéricas	die iberischen Völker und Sprachen

Das Adjektiv kann aber auch im Plural maskulin stehen.

chapéus e gravatas escuros	dunkle Hüte und Krawatten

e) Haben die Substantive verschiedenen Numerus und verschiedene Genera, kann das Adjektiv im Plural maskulin stehen:

gravatas e fato escuros	dunkle Krawatten und dunkler Anzug

oder sich in Numerus und Genus nach dem Substantiv richten, das ihm am nächsten steht (besonders dann, wenn das letzte Substantiv im Plural feminin steht):

o idioma e as tradições portuguesas	die portugiesische Sprache und die portugiesischen Traditionen

2. attributives Adjektiv, vorangestellt

Steht das Adjektiv voran, stimmt es in Numerus und Genus mit dem Substantiv überein, das ihm am nächsten steht.

alto respeito e admiração	große Achtung und Bewunderung
alta admiração e respeito	große Bewunderung und Achtung

3. prädikatives Adjektiv

Steht das Adjektiv im Prädikatsnomen und sind verschiedene Subjekte vorhanden, dann

a) steht das Adjektiv im Plural des betreffenden Genus, wenn die Subjekte dasselbe Genus haben.

O fato e o chapéu são novos.	Der Anzug und der Hut sind neu.
A porta e a janela estavam abertas.	Die Tür und das Fenster waren offen.

b) steht das Adjektiv im Plural maskulin, wenn die Subjekte verschiedene Genera haben.

Os sapatos e as meias são novos.	Die Schuhe und die Strümpfe sind neu.

Exercícios

35.1 Setzen Sie die entsprechende Verbform (Präsens) ein.

1. Tu e meu irmão (ir) passear.   2. A mãe e o filho (ir) ao cinema.   3. A maioria dos colegas (estar) de acordo.   4. A mãe com todos os filhos (ir) ver a cunhada.   5. Eu, tu e as meninas (ir) passear.   6. Fui eu que (preparar, *pps*) esta sobremesa.   7. Fui eu quem (escrever, *pps*).   8. O carneiro assado e o bife (ser) muito (gostoso(s)).   9. Quem falava (ser, *Imperfekt*) nós.   10. Um pedaço e meio (bastar).   11. A maioria das crianças (estar) doentes.   12. Metade das casas (estar) destruídas.   13. Ele é um dos homens que lá (estar, *pps*).   14. Isto (ser) as realidades.   15. Sou eu que (comprar, *pps*) esse livro.   16. Sou eu quem (comprar, *pps*) esse livro.

35.2 Setzen Sie das in Klammern stehende Adjektiv in den entsprechenden Numerus und Genus.

1. Comemos pudim e um melão (saboroso).   2. A escola e o museu são (branco).   3. É (necessário) muito trabalho e muita coragem.   4. A noite e o dia eram (claro).   5. A casa e o jardim são (belo).   6. Ele tem dois dicionários e uma gramática bem (feito).

35.3 Prüfen Sie Ihre Kenntnisse.

1. (Nós) (ir, *Präsens*) para casa?   2. Nós (ir, *pps*) tarde demais ao cinema.   3. (Ir, *Imperativ*)-te embora!   4. Não te (ir, *Imperativ*) embora!   5. (Ir, *Imperativ*)-se embora!   6. Não se (ir, *Imperativ*) embora!   7. O pai queria que eu (ir, *Konj. Imperfekt*) à estação.   8. Nós (ler, *Imperfekt*) todas as revistas portuguesas.   9. Ele (ler, *pps*)-me a peça dele.   10. Deu-me o livro para que o (*1. Pers. Sg., Konj. Imperfekt von* ‚ler').   11. Os pais não querem que eu (ler, *Konj. Präsens*) tanto.   12. Vamos dar-lhes o livro para (*3. Pers. Pl., persönl. Infinitiv von* ‚ler') com atenção.   13. Ontem, eu não (poder, *pps*) vir.   14. Ontem, ele não (poder, *pps*) assistir.   15. Ele não (poder, *Präsens*) sair de casa.   16. Se nós (poder, *Konj. Imperfekt*) viajar!   17. Se (tu) não (poder, *Konj. Futur*) vir, escreve-nos um postal!   18. Para (*3. Pers. Pl., persönl. Infinitiv von* ‚poder') comprar os bilhetes, é preciso indicar-lhes o dia exacto.   19. Há muito que ele não (pôr, *Imperfekt*) os pés na minha casa.   20. Eu (pôr, *pps*) os documentos na mesa.   21. Ela (pôr, *pps*) a carta na mesa.   22. Nós (querer, *Imperfekt*) falar com você.   23. Nós (querer, *Plusquamperfekt*) comprar o aparelho de televisão a cores, mas era muito caro.   24. Se (tu) (querer, *Konj. Futur*), vamos à festa.

35.4 Bilden Sie zu den nachfolgend genannten Ausdrücken mit den Verben ‚deixar' und ‚mandar' jeweils 2 Beispielsätze.

a) deixar

deixar de	aufhören
deixar de falar	aufhören zu sprechen
deixar para outro dia	aufschieben (auf einen anderen Tag), für später lassen
não deixar de	etwas unbedingt tun
Não deixe de escrever!	Vergiss nicht, zu schreiben!
deixar um recado	eine Nachricht hinterlassen
deixar no meio	etwas halb beenden, angefangen liegen lassen
deixar por fazer	etwas unerledigt lassen
Deixe-me em paz!	Lassen Sie mich in Frieden!

b) mandar

mandar fazer	machen lassen
mandar buscar	holen lassen
mandar chamar	rufen lassen
mandar dizer	sagen lassen, ausrichten lassen
mandar levar	schicken lassen, wegbringen lassen
Quem mandou fazer isso?	Wer hat das angeordnet?
	Wer hat gesagt, dass das gemacht werden soll?

35.5 Das Verb ‚fazer' – Bilden Sie je einen Beispielsatz mit:

fazer bom (mau) tempo	gutes (schlechtes) Wetter sein
Que tempo faz?	Wie ist das Wetter?
Faz calor / frio.	Es ist warm / kalt.
fazer caso de	bestehen auf, Aufhebens machen von
fazer anos	Geburtstag haben
fazer com que + Konjunktiv	veranlassen / machen, dass
fazer a barba	(sich) rasieren
fazer a vontade de	den Gefallen tun, nachgeben
fazer as malas	die Koffer packen
fazer bem	bekommen, gut tun, vertragen
fazer mal	nicht bekommen, nicht gut tun, unverträglich sein
fazer caretas	Grimassen schneiden
fazer companhia a	jmdm. Gesellschaft leisten
fazer de conta que	so tun als ob; vorgeben als ob
fazer economias	sparen
fazer face a	begegnen (einer Schwierigkeit, Situation)
fazer festas a	jmdn. mit Zärtlichkeit überhäufen, mit Überschwänglichkeit begrüßen

fazer fita	sich aufspielen, Theater machen
fazer farol	sich aufspielen, großtun
fazer força	Anstrengungen unternehmen
(*oder:* fazer esforços)	
fazer fortuna	reich werden, sein Glück machen
fazer greve	streiken
fazer horas	sich die Zeit vertreiben, ohne etwas zu tun
fazer leilão	versteigern
fazer o papel de	die Rolle von ... spielen
fazer o possível	sein Möglichstes tun
fazer papel triste	eine traurige Rolle spielen
fazer parte (de)	teilnehmen (an); Mitglied sein, dazugehören
fazer pouco de	herabschauen auf etwas
fazer questão de	bestehen auf
fazer-se médico, advogado etc.	Arzt, Rechtsanwalt usw. werden
fazer-se rogado	sich rar machen, (um) sich bitten lassen
fazer o favor (de)	den Gefallen tun; bitte
faça (o) favor (de), faz favor	bitte
Faz bem.	Er tut gut daran. Recht getan.
Faz dois anos que não o vejo.	Es ist 2 Jahre her, seitdem ich Sie zuletzt gesehen habe.
faz uma semana	es ist eine Woche her, vor einer Woche
fazer menção	erwähnen
Não faz mais do que estudar.	Er studiert nur (noch).
Não faz mal.	Es macht nichts.

35.6 *Der Ausdruck von ‚lassen' im Portugiesischen: ‚deixar', ‚mandar' oder ‚fazer'? Setzen Sie ein!*

1. Peço-lhe que ... (*Konj. Präsens*) reservar um quarto de casal.   2. Eu ... (*pps*)-lhes perceber que pouco me importava o que lhe acontecesse.   3. Eu ... (*Präsens Ind.*) parar o táxi e abro a porta.   4. Ela ... (*pps*) dizer que não vem.   5. À noite, os meus pais não me ... (*Präsens Ind.*) ir à avenida.   6. Porque (tu) não me ... (*Präsens*) dormir?   7. Ela ... (*pps*) fazer um vestido novo para a festa.   8. A resposta do director não se ... (*pps*) esperar.   9. Não me ... (*Imperativ*, tu) esperar.   10. Eu ... (*pps*) vir uma chávena de café.   11. O senhor ...-me (*Präsens*) perder a paciência.   12. ...-me (*Imperativ*, tu) só acabar esta carta.   13. Este medicamento ... (*Präsens*) baixar a febre.   14. Vá-se embora e ...-me (*Imperativ*) em paz!   15. Eles ...-me (*pps*) esperar duas horas.   16. Era impossível não se ... (*Präsens Ind.*) inspirar por um homem assim.   17. Ela ...-me (*pps*) sofrer.

35.7 *A seguir algumas bebidas típicas de Portugal:*

1. um galão,   2. um garoto,   3. uma bica, um cimbalino,   4. uma meia de leite,   5. uma imperial, um fino,   6. um chope,   7. uma água mineral com/sem gás,   8. um medronho,   9. Colares.

A Internet o ajudará a compreender o significado das designações. Insira (infinitivo: inserir) o endereço da Internet da máquina de busca portuguesa: *http://www.sapo.pt*. Aparece SAPO – Portugal Online. Insira a respectiva palavra chave na janela Pesquisar em Português e depois clique (infinitivo: clicar) em 'Pesquisar'.

35.8 *A mesma máquina de busca o ajudará também a encontrar pratos tipicamente portugueses indicados na ementa:*

1. açorda,   2. caldo verde,   3. canja,   4. cataplana à alentejana,   5. feijoada,   6. miolos de vitela,   7. tripas,   8. gambas,   9. robalo,   10. lula,   11. pastéis de nata;   12. meia dose (para crianças)

35.9 *Um passatempo proverbial – Spaß mit Sprichwörtern.*

Siehe *http://www.portugal-post.de* (Sprache / Spaß mit Sprichwörtern)

35.10 *Navegue (infinitivo: navegar) pelo Brasil, onde quer que você esteja.*

www.gestour.com.br. – Clique sobre a bandeira brasileira e o texto aparece em português.

Chegamos ao fim do nosso manual de estudo. Um brinde a todos que conseguiram chegar até este ponto. Com que brindemos? Com uma excelente bebida brasileira – a Caipirinha. E mais uma vez a Internet nos ajuda, caso queiramos saber como fazer: *www.wikipedia.pt*.

Clique na página principal. Então insira na página inicial, à margem esquerda, no campo 'busca' a palavra "Caipirinha" e clique em "Artigo". Aparece a descrição: A Caipirinha é uma das bebidas brasileiras mais conhecidas internacionalmente. É feita com cachaça, limão, açúcar e gelo. Segue a receita.

À saúde!

Anhang

Das portugiesische Alphabet / O alfabeto português

Das portugiesische Alphabet besteht aus den folgenden 23 Buchstaben:

a	á		i	i		r	erre
b	bê		j	jota		s	esse
c	cê		l	ele		t	tê
d	dê		m	eme		u	u
e	é		n	ene		v	vê
f	efe		o	ó		x	xis
g	gê		p	pê		z	zê
h	agá		q	quê			

Die Buchstaben *k* (cá ou capa), *w* (duplo vê, vê dobrado ou dábliu) und *y* (i grego ou ípsilon) werden bei bestimmten Abkürzungen und internationalen Symbolen oder in Fremdwörtern verwendet:

K – potássio (Kalium), km – quilómetro, W – watt, kw – quilo-watt, darwinismo, yd. – jarda (Yard), byroniano (Anhänger des engl. Schriftstellers Byron).

Sollen Fremdwörter, in denen ein *k*, *w* oder *y* vorkommt, lusitanisiert, d. h. in die portugiesische Sprache eingegliedert werden, dann steht für *k c* vor *a*, *o*, *u* und *qu* vor *e* und *i*, für *w* steht *u* oder *v* und für *y j* oder *i*. Beispiele:

quilo, ianque (Yankee), quiosque (kiosque), sanduíche (sandwich), jarda (yard), iate (Yacht), Nova-Iorque (New York), hóquei (Hockey).

Die Namen der Buchstaben sind männlichen Geschlechts: o h (agá), um l (ele).

Groß- und Kleinschreibung / Emprego das maiúsculas e minúsculas

Die portugiesischen Wörter werden grundsätzlich mit kleinen Anfangsbuchstaben geschrieben. Großbuchstaben verwendet man am Anfang eines Textes oder eines Satzes sowie bei Eigennamen. Großgeschrieben werden:

1. geographische Bezeichnungen und ethnische Begriffe:

Portugal, Berlim, os Alpes, os Portugueses, os Berlinenses, o Norte, o Sul

2. Monatsnamen, Feiertage, Jahreszeiten:

Maio, Dezembro, Natal, Páscoa, Inverno, Verão

3. Überschriften, Buchtitel, Inschriften. Bestimmte Artikel, Präpositionen, Adverbien und Konjunktionen, jedoch nicht die unbestimmten Artikel, werden hier kleingeschrieben:

Os Lusíadas, O Sonho de Uma Noite de Verão (Ein Sommernachtstraum), Glória e Honra aos Combatentes

4. Anreden im Brief:

Meu caro Colega, Meu querido Amigo, meus respeitos à sua Esposa

5. Abkürzungen von Titeln, Bezeichnungen für Funktionen und Ämter:

Exmo. Sr. Dr. ..., Exma. Sra. D. Ana, Rev.° Sr. Padre de Barros

Werden Titel wie Doktor, Professor, Pater und Ingenieur nicht abgekürzt und nicht als Anredeform verwendet, werden sie klein geschrieben:
o doutor B., o professor A., o padre Carlos Alves

6. Institutionen, Oberbegriffe:

a Pátria, a República, a Igreja, o Estado, a Universidade
Essa igreja é muito bonita. – Diese Kirche ist sehr schön.
Nesse país, a Igreja tem grande poder. – In diesem Land hat die Kirche eine große Macht (Kirche als Institution).

Satzzeichen / A pontuação

.	ponto (final)	...	reticências
,	vírgula	( )	parênteses
;	ponto e vírgula	-	hífen, traço de união (Bindestrich)
?	ponto de interrogação	–	travessão (Gedankenstrich)
!	ponto de exclamação (de admiração)	¸	cedilha
:	dois pontos	'	apóstrofo
" "	aspas		

Merken Sie sich: Die Zeichensetzung im Portugiesischen stimmt im Wesentlichen mit der im Deutschen überein. Beim Gebrauch des Kommas gibt es allerdings stärkere Abweichungen. Das Komma wird gebraucht zur Abtrennung

1. des Vokativs bei der Anrede:
Mário, vem cá.

2. der Apposition:
João Carlos, aluno do liceu, recebeu um prêmio.

3. der Elemente der Aufzählung, wenn sie nicht durch die Konjunktionen ‚e', ‚nem' oder ‚ou' verbunden sind:
Alunos, alunas, professores e professoras assistiram à festa.

4. von Einschüben bzw. eingeschobenen Erklärungen:
Em Abril, diz o povo, águas mil.

5. von erläuternden Relativsätzen:
O Sol, que ilumina a Terra, é um astro.

6. von adverbialen Bestimmungen:
Eu, hoje de manhã, estive em tua casa; ontem, à noite, fui ao cinema.
Na cidade do Porto, há muitos monumentos.

7. von untergeordneten Sätzen, wenn sie den unterordnenden Sätzen vorausgehen (oder eingeschlossen sind):
Quando saio de casa, fecho sempre a porta.
Ontem, quando saíste, apareceu o meu irmão.

8. von vorangestellten Partizipial- oder Gerundialkonstruktionen:
Feita a batida, os caçadores regressaram.
Sendo noite, voltaram a casa.

9. der Konjunktionen und konjunktionalen Ausdrücke ‚porém', ‚portanto', ‚por conseguinte' usw.:
Ele, porém, respondeu.
Portanto, devemos estudar.

Ein Komma steht ebenfalls

1. vor der Konjunktion ‚mas':
Ele queria lutar, mas as forças faltavam-lhe.

2. um die ständige Wiederholung des Verbs zu vermeiden:
A Luisa é do Porto; o João, de Lisboa; o Danilo, de Coimbra.

Im Portugiesischen steht **kein** Komma:
– bei bestimmenden Relativsätzen
– bei Nebensätzen, die von der Konjunktion ‚que' (dass) eingeleitet werden.

Silbentrennung / A divisão silábica

Im Portugiesischen trennt man die Silben nach Sprechsilben.

1. Folgende Konsonantengruppen werden nicht getrennt:

bl, br	a-brir
cl, cr	de-creto
fl, fr	in-fla-ção
gl, gr	di-a-gra-ma

pl, pr	a-pren-der
tl, tr	a-tlân-ti-co
vr	ne-vro-se

sowie ch, lh, nh: a-char, mu-lher, a-ma-nhã.

2. Doppel -rr-, -ss-, -cc- und -cç- sind zu trennen: car-ro, es-se, ac-ção

3. Bei mehr als zwei Konsonanten wird vor dem letzten Konsonanten abgeteilt, wenn keine der in 1. genannten unteilbaren Konsonantengruppen vorhanden ist: abs-ter, antárc-tico, ins-talação

4. Vermeiden Sie das Abteilen von Diphthongen. Unteilbar sind die Kombinationen gu + Vokal oder Diphthong und qu + Vokal oder Diphthong: pe-guei, á-gua, quais-quer

Aussprache / A pronunciação

Konsonanten

Bei folgenden Konsonanten weicht die Aussprache vom Deutschen ab:

■ c
vor *a, o, u* und Konsonanten wie deutsches *k*: como, caminho
vor *e* und *i* wie stimmloses *s*: internacional
soll *c* vor *a, o* und *u* nicht wie *k*, sondern wie stimmloses *s* gesprochen werden, wird es *ç* geschrieben: almoço

■ g
vor *a, o, u* und Konsonanten wie deutsches *g*: obrigado, igreja
vor *e* und *i* wie eine Art stimmhaftes ‚sch' in dt. ‚Genie' oder ‚Journal': longe, dirigir. Soll *g* vor *e* und *i* wie *g* und nicht wie der stimmhafte Zischlaut in ‚Genie' gesprochen werden, dann erscheint in der Schreibung ‚gu': português

■ h
ist stumm: há, horas

■ j
ist immer wie der stimmhafte Zischlaut in ‚Genie' oder ‚Journal' zu sprechen:
João, jantar

■ l

im Wortanlaut und zwischen Vokalen wie deutsches *l*: lado, fala

im Wortinneren vor Konsonanten sowie im Auslaut wie dunkles *l*, ähnlich dem englischen *l* in ‚hall': hotel, almoço

■ r

einfaches Zungen-r am Silben- oder Wortende, zwischen Vokalen sowie in bestimmten Konsonantenkombinationen: senhor, senhora, obrigado

doppeltes oder mehrfach angeschlagenes Zungen-r am Wortanfang, am Silbenanfang nach *l*, *n*, *s* und wenn in der Schreibung -rr- erscheint: restaurante, honra (Ehre), ferro

■ s

im Anlaut eines Wortes oder einer Silbe nach Konsonant wie stimmloses *s*: senhor

zwischen zwei Vokalen wie stimmhaftes *s*: casa

wie stimmhaftes *s* in ‚trans' + Vokal: transeunte

wie stimmhaftes *s* bei Bindung, wenn *s* im Auslaut eines Wortes steht und das folgende Wort mit Vokal anlautet: trezentos escudos

im Auslaut eines Wortes sowie vor stimmlosem Konsonanten wie (schwaches) ‚sch': Santos, estação, esquerdo

im Auslaut einer Silbe vor stimmhaftem Konsonant wie ein stimmhafter Zischlaut in ‚Genie' oder ‚Journal': Lisboa, sowie bei Bindung, wenn *s* im Auslaut eines Wortes steht und das folgende Wort mit stimmhaftem Konsonanten anlautet: Marquês de Pombal

■ v

ist immer wie deutsches *w* zu sprechen: vizinha, favor

■ x

Die Aussprache des *x* lässt sich schwer durch Regeln erfassen.

wie ‚ks' in: táxi

wie stimmloses *s* in: próximo

wie stimmhaftes *s* in: existência

wie ‚sch' in: deixar

■ z

wie stimmhaftes *s* im Anlaut eines Wortes sowie zwischen zwei Vokalen: zelo (Eifer), vizinha, trezentos

wie (schwaches) ‚sch' im Auslaut eines Wortes: dez

wie ein stimmhafter Zischlaut in ‚Genie' bei Bindung, wenn auslautendes *z* auf einen stimmhaften Konsonanten trifft: dez minutos

■ ch

wie deutsches ‚sch': acho

■ lh

lautlich eine Art Verschmelzung von *l* + *j* zu einem Einheitslaut. Der im Deutschen nicht vorhandene Laut lässt sich für den Anfänger schwer beschreiben. Sie finden einen ähnlichen Laut in dem aus dem Französischen stammenden Fremdwort ‚Kanaille': bilhete

■ **nh**

lautlich eine Art Verschmelzung von *n* + *j* bzw. *n* + *i* zu einem Einheitslaut. Auch dieser Laut ist im Deutschen nicht vorhanden. Einen ähnlichen Laut finden Sie in dem aus dem Französischen stammenden Wort ‚Ko**gn**ak': vizi**nh**a, se**nh**or

■ **qu**

vor *a* und *o* wie ‚kw' : **qu**atro
vor *e* und *i* wie *k*: es**qu**erdo, **qu**e, a**qu**i, Mar**qu**ês

Beachten Sie:

1. Als doppelte Konsonanten kommen nur -cc- (selten), -ss- (wie stimmloses *s* zu sprechen) und -rr- vor.

2. Am Wortende darf kein -n stehen.

Vokale

■ **a**

in betonter Silbe wie deutsches *a*: obrig**a**do
in unbetonter Silbe abgeschwächt, sodass ein zwischen *ä* und *a* liegender, nach *ö* hin klingender Laut entsteht: senhor**a**, vizinh**a**
Diese Lautqualität hat das *a* auch in einsilbigen Wörtern wie ‚a' (bestimmter Artikel), d**a**, n**a**, m**a**s.

■ **e**

in betonter Silbe wie offenes *e*: f**e**rro, **e**la oder geschlossenes *e*: **e**le
im Wortauslaut wie stark abgeschwächtes *e* (Murmellaut): ond**e**, el**e**, restaurant**e**
im Anlaut vor *s*, *x* wie kurzes *i*: **e**star

Wenn ein unbetontes *e* im Wortinneren und Wortauslaut bei Bindung auf ein vokalisch anlautendes nächstes Wort trifft, wird das *e* ebenfalls wie kurzes *i* gesprochen: r**e**al, set**e** entradas, nov**e** horas

■ **i**

unterscheidet sich kaum von der Lautung im Deutschen

■ **o**

unbetontes *o* ist wie *u* zu sprechen, besonders im Wortauslaut: caminh**o**, obrigad**o**, muit**o**
in einsilbigen Wörtern wie ‚o', ‚no', ‚do', ‚lho', ‚os' ist (unbetontes) *o* ebenfalls wie *u* zu sprechen.
geschlossenes *o* in betonter Silbe: n**o**vo, c**o**mo

offenes *o* in betonter Silbe: n**o**ve, n**o**va (*a* und *e* öffnen vorausgehendes *o*). Hier gibt es eine Reihe von Ausnahmen:
ovo (das Ei) – geschlossenes *o*, **o**vos – offenes *o*
n**o**vo – geschlossenes *o*, n**o**vos – offenes *o*

■ **u**

unterscheidet sich kaum von der Lautung im Deutschen

Beachten Sie:

1. Es ist sehr schwierig, für die Aussprache des *e* und des *o* ein Regelwerk aufzustellen, das alle Varianten erfasst.

2. Aufeinanderfolgende Vokale behalten ihren Lautwert. Beispiele:

hot**éi**s – Das -ei- wird nicht wie in ‚Heinrich' artikuliert, sondern wie ein offenes *e* (das wie *ä* klingt) und *i*.

trans**eu**nte – Das -eu- wird nicht wie in ‚heute' ausgesprochen, sondern wie *e* + *u* (in diesem Fall ist das *u* noch zu nasalieren – siehe Nasalvokale).

3. ou ist immer wie geschlossenes *o* zu sprechen.

Nasalvokale und -diphthonge

In der Verbindung *Vokal + n oder m + Konsonant* wird der entsprechende Vokal nasaliert:

c**a**mpo – *a* wird nasaliert
entrada – *e* wird nasaliert
internacional – *i* wird nasaliert
P**o**mbal – *o* wird nasaliert

Ein Vokal wird ebenfalls in der Verbindung *Vokal + auslautendes -m* nasaliert: também, sim, bom, um

Beachten Sie, dass die portugiesischen Vokale bei der Nasalierung im Gegensatz zum Französischen stets ihre Klangfarbe beibehalten.

In der Verbindung *Vokal + n oder m + Vokal* findet **keine** Nasalierung statt: c**o**mo, c**a**minho, av**e**nida

Nasalität wird ebenfalls durch die Tilde bezeichnet, die auf *a* oder *o* steht (siehe Akzente): amanhã (morgen), não, refeições

Akzentschreibung (diakritische Hilfszeichen)

1. Akut (o acento agudo) ´

Der Akut steht auf *a, e, i, o* oder *u*. Der mit Akut versehene Vokal ist betont. Der Akut kennzeichnet offenes *a, e* oder *o*: já, táxi, é, polícia

2. Zirkumflex (o acento circunflexo) ^

Der Zirkumflex steht auf *a, e* und *o*. Er zeigt an, dass der betroffene Vokal geschlossen auszusprechen ist und die Silbe, zu der dieser Vokal gehört, zu betonen ist: português, quê, avô, câmara

3. Gravis (o acento grave) `

Der Gravis steht nur noch bei den folgenden Verschmelzungen mit der Präposition *a*: à, às, àquele, àqueles, àquela, àquelas, àquilo. Das mit dem Gravis versehene ‚à' ist offen auszusprechen, trägt jedoch nicht den Ton in mehrsilbigen Wörtern.

4. Tilde (o til) ~

Die Tilde zeigt Nasalität an und steht auf dem Vokal *ã* sowie auf den Nasaldiphthongen ão, ãi, ãe und õe. Dabei steht sie immer auf dem ersten Vokal des Diphthongs. Der mit Tilde versehene Vokal trägt im Wort den Ton, es sei denn, die Betonung wird durch einen Akut oder einen Zirkumflex für eine andere Silbe des betreffenden Wortes gefordert.

Betonung / A acentuação

1. Wörter, die auf *a, e, o, as, es, os* oder *am, em* enden und keinen Akzent tragen, werden auf der **vorletzten** Silbe betont. Das ist die Mehrzahl aller portugiesischen Wörter.

2. Wörter, die auf *l, r, z*, nasaliertes *a, i* oder *u* enden und keinen Akut oder Zirkumflex tragen, sind auf der letzten Silbe betont. Hier gibt es eine Reihe von Ausnahmen, die Sie sich von Fall zu Fall einprägen müssen.

3. Wörter, die auf der drittletzten Silbe betont werden, sind immer durch einen Akzent gekennzeichnet (Akut oder Zirkumflex).

TABELLE I

Konjugationsmuster der regelmäßigen Verben der drei Konjugationen

(1) falar (2) beber (3) partir

INDIKATIV (indicativo)						
Präsens (presente)			**Futur I** (futuro simples)			
falo	bebo	parto	falarei	beberei	partirei
falas	bebes	partes	falarás	beberás	partirás
fala	bebe	parte	falará	beberá	partirá
falamos	bebemos	partimos	falaremos	beberemos	partiremos
falais	bebeis	partis	falareis	bebereis	partireis
falam	bebem	partem	falarão	beberão	partirão

Imperfekt (pretérito imperfeito)			**Futur II** (futuro composto)	
falava	bebia	partia	terei	
falavas	bebias	partias	terás	falado
falava	bebia	partia	terá	bebido
falávamos	bebíamos	partíamos	teremos	partido
faláveis	bebíeis	partíeis	tereis	
falavam	bebiam	partiam	terão	

Einfaches Perfekt (pretérito perfeito simples)			**Einfaches Plusquamperfekt** (pretérito mais-que-perfeito simples)	
falei	bebi	parti	falara	bebera	partira
falaste	bebeste	partiste	falaras	beberas	partiras
falou	bebeu	partiu	falara	bebera	partira
falámos	bebemos	partimos	faláramos	bebêramos	partíramos
falastes	bebestes	partistes	faláreis	bebêreis	partíreis
falaram	beberam	partiram	falaram	beberam	partiram

Zusammengesetztes Perfekt (pretérito perfeito composto)		**Zusammengesetztes Plusquamperfekt** (pretérito mais-que-perfeito composto)	
tenho		tinha	
tens	falado	tinhas	falado
tem	bebido	tinha	bebido
temos	partido	tínhamos	partido
tendes		tínheis	
têm		tinham	

KONDITIONAL (condicional)				
Konditional I (condicional simples)			**Konditional II** (condicional composto)	
falaria	beberia	partiria	teria	
falarias	beberias	partirias	terias	falado
falaria	beberia	partiria	teria	bebido
falaríamos	beberíamos	partiríamos	teríamos	partido
falaríeis	beberíeis	partiríeis	teríeis	
falariam	beberiam	partiriam	teriam	

KONJUNKTIV (conjuntivo)					
Präsens (presente)			**Futur I** (futuro simples)		
fale	beba	parta	falar	beber	partir
fales	bebas	partas	falares	beberes	partires
fale	beba	parta	falar	beber	partir
falemos	bebamos	partamos	falarmos	bebermos	partirmos
faleis	bebais	partais	falardes	beberdes	partirdes
falem	bebam	partam	falarem	beberem	partirem

Imperfekt (pretérito imperfeito)			**Futur II** (futuro composto)	
falasse	bebesse	partisse	tiver	
falasses	bebesses	partisses	tiveres	falado
falasse	bebesse	partisse	tiver	bebido
falássemos	bebêssemos	partíssemos	tivermos	partido
falásseis	bebêsseis	partísseis	tiverdes	
falassem	bebessem	partissem	tiverem	

Zusammengesetztes Perfekt (pretérito perfeito composto)		**Plusquamperfekt** (pretérito mais-que-perfeito-composto)		IMPERATIV (imperativo)		
tenha		tivesse		fala	bebe	parte
tenhas		tivesses		(falai)	(bebei)	(parti)
tenha	falado	tivesse	falado			
tenhamos	bebido	tivéssemos	bebido			
tenhais	partido	tivésseis	partido			
tenham		tivessem				

INFINITIV (infinitivo)					
Unpersönlicher Infinitiv, einfach (infinitivo impessoal, presente)				**Unpersönlicher Infinitiv, zusammengesetzt** (infinitivo impessoal, composto)	
falar	beber	partir		ter	falado bebido partido
Persönlicher Infinitiv, einfach (infinitivo pessoal, presente)				**Persönlicher Infinitiv, zusammengesetzt** (infinitivo pessoal, composto)	
falar	beber	partir		ter	
falares	beberes	partires		teres	
falar	beber	partir		ter	falado bebido partido
falarmos	bebermos	partirmos		termos	
falardes	beberdes	partirdes		terdes	
falarem	beberem	partirem		terem	

PARTIZIP (particípio)			
falado, -a, -os, -as	bebido, -a, -os, -as	partido, -a, -os, -as	

GERUNDIUM (gerúndio)			
Einfaches Gerundium (presente)			**Zusammengesetztes Gerundium** (perfeito)
falando	bebendo	partindo	tendo falado bebido partido

Konjugationsmuster für ein Verb im Passiv

ser chamado

INDIKATIV (indicativo)		KONJUNKTIV (conjuntivo)	
Präsens (presente)			
sou		seja	
és	chamado, -a	sejas	chamado, -a
é		seja	
somos		sejamos	
sois	chamados, -as	sejais	chamados, -as
são		sejam	

Imperfekt (pretérito imperfeito)			
era		fosse	
eras	chamado, -a	fosses	chamado, -a
era		fosse	
éramos		fôssemos	
éreis	chamados, -as	fôsseis	chamados, -as
eram		fossem	

Einfaches Perfekt (pretérito perfeito simples)			
fui			
foste	chamado, -a		
foi			
fomos			
fostes	chamados, -as		
foram			

Zusammengesetztes Perfekt (pretérito perfeito composto)			
tenho		tenha	
tens	sido chamado, -a	tenhas	sido chamado, -a
tem		tenha	
temos		tenhamos	
tendes	sido chamados, -as	tenhais	sido chamados, -as
têm		tenham	

INDIKATIV (indicativo)		KONJUNKTIV (conjuntivo)	
Einfaches Plusquamperfekt (pretérito mais-que-perfeito simples)			
fora	chamado, -a		
foras			
fora			
fôramos	chamados, -as		
fôreis			
foram			

INDIKATIV		KONJUNKTIV	
Zusammengesetztes Plusquamperfekt (pretérito mais-que-perfeito composto)			
tinha	sido chamado, -a	tivesse	sido chamado, -a
tinhas		tivesses	
tinha		tivesse	
tínhamos	sido chamados, -as	tivéssemos	sido chamados, -as
tínheis		tivésseis	
tinham		tivessem	

INDIKATIV		KONJUNKTIV	
Futur I (futuro simples)			
serei	chamado, -a	for	chamado, -a
serás		fores	
será		for	
seremos	chamados, -as	formos	chamados, -as
sereis		fordes	
serão		forem	

INDIKATIV		KONJUNKTIV	
Futur II (futuro composto)			
terei	sido chamado, -a	tiver	sido chamado, -a
terás		tiveres	
terá		tiver	
teremos	sido chamados, -as	tivermos	sido chamados, -as
tereis		tiverdes	
terão		tiverem	

KONDITIONAL (condicional)			
Konditional I (condicional simples)		**Konditional II** (condicional composto)	
seria	chamado, -a	teria	sido chamado, -a
serias		terias	
seria		teria	
seríamos	chamados, -as	teríamos	sido chamados, -as
seríeis		teríeis	
seriam		teriam	

INFINITIV (infinitivo)	
Unpersönlicher Infinitiv, einfach (infinitivo impessoal, presente)	**Unpersönlicher Infinitiv, zusammengesetzt** (infinitivo impessoal, perfeito)
ser chamado, -a	ter sido chamado, -a, -os, -as

Persönlicher Infinitiv, einfach (infinito pessoal, presente)		**Persönlicher Infinitiv, zusammengesetzt** (infinito pessoal, perfeito)	
ser	chamado, -a	ter	sido chamado, -a
seres		teres	
ser		ter	
sermos	chamados, -as	termos	sido chamados, -as
serdes		terdes	
serem		terem	

PARTIZIP PERFEKT (particípio do passado)
sido chamado, -a, -os, -as

GERUNDIUM (gerúndio)	
Gerundium, einfach (gerúndio, presente)	**Gerundium, zusammengesetzt** (gerúndio, perfeito)
sendo chamado, -a, -os, -as	tendo sido chamado, -a, -os, -as

Konjugationsmuster für ein Verb mit unbetontem verbundenem Personalpronomen (conjugação pronominal)

levá-lo

INDIKATIV (indicativo)		KONJUNKTIV (conjuntivo)	
Präsens (presente)			
levo-o		leve-o	
leva-lo		leve-lo	
leva-o		leve-o	
levamo-lo		levemo-lo	
levai-lo		levei-lo	
levam-no		levem-no	
Imperfekt (pretérito imperfeito)			
levava-o		levasse-o	
levava-lo		levasse-lo	
levava-o		levasse-o	
levávamo-lo		levássemo-lo	
levávei-lo		levássei-lo	
levavam-no		levassem-no	
Einfaches Perfekt (pretérito perfeito simples)			
levei-o			
levaste-o			
levou-o			
levámo-lo			
levaste-lo			
levaram-no			
Zusammengesetztes Perfekt (pretérito perfeito composto)			
tenho-o	levado	tenha-o	levado
tem-lo		tenha-lo	
tem-no		tenha-o	
temo-lo		tenhamo-lo	
tende-lo		tenhai-lo	
têm-no		tenham-no	

INDIKATIV (indicativo)		KONJUNKTIV (conjuntivo)	
Einfaches Plusquamperfekt (pretérito mais-que-perfeito simples)			
levara-o			
levara-lo			
levara-o			
leváramo-lo			
levárei-lo			
levaram-no			

Zusammengesetztes Plusquamperfekt (pretérito mais-que-perfeito composto)			
tinha-o	levado	tivesse-o	levado
tinha-lo		tivesse-lo	
tinha-o		tivesse-o	
tínhamo-lo		tivéssemo-lo	
tínhei-lo		tivéssei-lo	
tinham-no		tivessem-no	

Futur I (futuro simples)			
levá-lo-ei		o levar	
levá-lo-ás		o levares	
levá-lo-á		o levar	
levá-lo-emos		o levarmos	
levá-lo-eis		o levardes	
levá-lo-ão		o levarem	

Futur II (futuro composto)			
tê-lo-ei	levado	o tiver	levado
tê-lo-ás		o tiveres	
tê-lo-á		o tiver	
te-lo-emos		o tivermos	
tê-lo-eis		o tiverdes	
tê-lo-ão		o tiverem	

KONDITIONAL (condicional)			
Konditional I (condicional simples)		**Konditional II** (condicional composto)	
levá-lo-ia		tê-lo-ia	
levá-lo-ias		tê-lo-ias	
levá-lo-ia		tê-lo-ia	levado
levá-lo-íamos		tê-lo-íamos	
levá-lo-íeis		tê-lo-íeis	
levá-lo-iam		tê-lo-iam	

INFINITIV (infinitivo)	
Unpersönlicher Infinitiv, einfach (infinitivo impessoal, presente)	**Unpersönlicher Infinitiv, zusammengesetzt** (infinitivo impessoal, perfeito)
levá-lo	tê-lo levado

Persönlicher Infinitiv, einfach (infinito pessoal, presente)		**Persönlicher Infinitiv, zusammengesetzt** (infinito pessoal, perfeito)	
levá-lo		tê-lo	
levare-lo		tere-lo	
levá-lo		tê-lo	levado
levarmo-lo		termo-lo	
levarde-lo		terde-lo	
levarem-no		terem-no	

GERUNDIUM (gerúndio)	
Gerundium, einfach (gerúndio, presente)	**Gerundium, zusammengesetzt** (gerúndio, perfeito)
levando-o	tendo-o levado

Konjugationsmuster für ein reflexives Verb

queixar-se

INDIKATIV (indicativo)		KONJUNKTIV (conjuntivo)	
Präsens (presente)			
queixo-me		queixe-me	
queixas-te		queixes-te	
queixa-se		queixe-se	
queixamo-nos		queixemo-nos	
queixais-vos		queixeis-vos	
queixam-se		queixem-se	

Imperfekt (pretérito imperfeito)			
queixava-me		queixasse-me	
queixavas-te		queixasses-te	
queixava-se		queixasse-se	
queixávamo-nos		queixássemo-nos	
queixáveis-vos		queixásseis-vos	
queixavam-se		queixassem-se	

Einfaches Perfekt (pretérito perfeito simples)	
queixei-me	
queixaste-te	
queixou-se	
queixámo-nos	
queixastes-vos	
queixaram-se	

Zusammengesetztes Perfekt (pretérito perfeito composto)			
tenho-me		tenha-me	
tens-te		tenhas-te	
tem-se	queixado	tenha-se	queixado
temo-nos		tenhamo-nos	
tendes-vos		tenhais-vos	
têm-se		tenham-se	

INDIKATIV (indicativo)	KONJUNKTIV (conjuntivo)
Einfaches Plusquamperfekt (pretérito mais-que-perfeito simples)	
queixara-me	
queixaras-te	
queixara-se	
queixáramo-nos	
queixáreis-vos	
queixaram-se	

Zusammengesetztes Plusquamperfekt (pretérito mais-que-perfeito composto)			
tinha-me		tivesse-me	
tinhas-te		tivesses-te	
tinha-se	queixado	tivesse-se	queixado
tínhamo-nos		tivéssemo-nos	
tínheis-vos		tivésseis-vos	
tinham-se		tivessem-se	

Futur I (futuro simples)			
queixar-me-ei		me queixar	
queixar-te-ás		te queixares	
queixar-se-á		se queixar	
queixar-nos-emos		nos queixarmos	
queixar-vos-eis		vos queixardes	
queixar-se-ão		se queixarem	

Futur II (futuro composto)			
ter-me-ei		me tiver	
ter-te-ás		te tiveres	
ter-se-á	queixado	se tiver	queixado
ter-nos-emos		nos tivermos	
ter-vos-eis		vos tiverdes	
ter-se-ão		se tiverem	

KONDITIONAL (condicional)			
Konditional I (condicional simples)		**Konditional II** (condicional composto)	
queixar-me-ia		ter-me-ia	
queixar-te-ias		ter-te-ias	
queixar-se-ia		ter-se-ia	queixado
queixar-nos-íamos		ter-nos-íamos	
queixar-vos-íeis		ter-vos-íeis	
queixar-se-iam		ter-se-iam	

INFINITIV (infinitivo)	
Unpersönlicher Infinitiv, einfach (infinitivo impessoal, presente)	**Unpersönlicher Infinitiv, zusammengesetzt** (infinitivo impessoal, perfeito)
queixar-se	ter-se queixado

Persönlicher Infinitiv, einfach (infinito pessoal, presente)		**Persönlicher Infinitiv, zusammengesetzt** (infinito pessoal, perfeito)	
queixar-me		ter-me	
queixares-te		teres-te	
queixar-se		ter-se	queixado
queixarmo-nos		termo-nos	
queixardes-vos		terdes-vos	
queixarem-se		terem-se	

GERUNDIUM (gerúndio)	
Gerundium, einfach (gerúndio, presente)	**Gerundium, zusammengesetzt** (gerúndio, perfeito)
queixando-se	tendo-se queixado

TABELLE II
Unregelmäßige Verben

(1) ser		(2) estar		(3) ter		(4) haver
INDIKATIV (indicativo)							

Präsens (presente)

sou		estou		tenho		hei
és		estás		tens		hás
é		está		tem		há
somos		estamos		temos		havemos
sois		estais		tendes		haveis
são		estão		têm		hão

Imperfekt (pretérito imperfeito)

era		estava		tinha		havia
eras		estavas		tinhas		havias
era		estava		tinha		havia
éramos		estávamos		tínhamos		havíamos
éreis		estáveis		tínheis		havíeis
eram		estavam		tinham		haviam

Einfaches Perfekt (pretérito perfeito simples)

fui		estive		tive		houve
foste		estiveste		tiveste		houveste
foi		esteve		teve		houve
fomos		estivemos		tivemos		houvemos
fostes		estivestes		tivestes		houvestes
foram		estiveram		tiveram		houveram

Zusammengesetztes Perfekt (pretérito perfeito composto)

tenho		tenho		tenho		
tens		tens		tens		
tem	sido	tem	estado	tem	tido	tem havido
temos		temos		temos		
tendes		tendes		tendes		
têm		têm		têm		

INDIKATIV (indicativo)							
Einfaches Plusquamperfekt (pretérito mais-que-perfeito simples)							
fora		estivera		tivera		houvera	
foras		estiveras		tiveras		houveras	
fora		estivera		tivera		houvera	
fôramos		estivéramos		tivéramos		houvéramos	
fôreis		estivéreis		tivéreis		houvéreis	
foram		estiveram		tiveram		houveram	

Zusammengesetztes Plusquamperfekt (pretérito mais-que-perfeito composto)							
tinha		tinha		tinha			
tinhas		tinhas		tinhas			
tinha	sido	tinha	estado	tinha	tido	tinha havido	
tínhamos		tínhamos		tínhamos			
tínheis		tínheis		tínheis			
tinham		tinham		tinham			

Futur I (futuro simples)							
serei		estarei		terei		haverei	
serás		estarás		terás		haverás	
será		estará		terá		haverá	
seremos		estaremos		teremos		haveremos	
sereis		estareis		tereis		havereis	
serão		estarão		terão		haverão	

Futur II (futuro composto)							
terei		terei		terei			
terás		terás		terás			
terá	sido	terá	estado	terá	tido	terá havido	
teremos		teremos		teremos			
tereis		tereis		tereis			
terão		terão		terão			

KONDITIONAL (condicional)							
Konditional I (condicional simples)							
seria		estaria		teria		haveria	
serias		estarias		terias		haverias	
seria		estaria		teria		haveria	
seríamos		estaríamos		teríamos		haveríamos	
seríeis		estaríeis		teríeis		haveríeis	
seriam		estariam		teriam		haveriam	

Konditional II (condicional composto)							
teria		teria		teria			
terias		terias		terias			
teria	sido	teria	estado	teria	tido	teria havido	
teríamos		teríamos		teríamos			
teríeis		teríeis		teríeis			
teriam		teriam		teriam			

IMPERATIV (imperativo)			
affirmativ			
sê (tu)	está (tu)	tem (tu)	(nicht gebraucht)
seja (você)	esteja (você)	tenha (você)	haja (você)
sejamos (nós)	estejamos (nós)	tenhamos (nós)	hajamos (nós)
sede (vós)	estai (vós)	tende (vós)	havei (vós)
sejam (vocês)	estejam (vocês)	tenham (vocês)	hajam (vocês)
negativ			
não sejas (tu)	não estejas (tu)	não tenhas (tu)	não hajas (tu)
não seja (você)	não esteja (você)	não tenha (você)	não haja (você)
não sejamos (nós)	não estejamos (nós)	não tenhamos (nós)	não hajamos (nós)
não sejais (vós)	não estejais (vós)	não tenhais (vós)	não hajais (vós)
não sejam (vocês)	não estejam (vocês)	não tenham (vocês)	não hajam (vocês)

Anmerkung zu (3) ‚ter': Wie ‚ter' werden die Komposita **abster-se** (sich enthalten), **conter** (enthalten), **deter-se** (verweilen; stehenbleiben), **entreter-se** (unterhalten; aufhalten), **manter** (aufrechterhalten), **obter** (erhalten), **reter** (zurückbehalten; festhalten), **suster** (stützen; unterhalten) konjugiert, mit dem Unterschied, dass sie in der 2. und 3. Person Singular des Präsens Indikativ sowie in der 2. Person Singular des Imperativs einen Akut haben: conténs, contém, contém tu.

KONJUNKTIV (conjuntivo)							
Präsens (presente)								
seja		esteja		tenha		haja
sejas		estejas		tenhas		hajas
seja		esteja		tenha		haja
sejamos		estejamos		tenhamos		hajamos
sejais		estejais		tenhais		hajais
sejam		estejam		tenham		hajam

Imperfekt (pretérito imperfeito)						
fosse		estivesse		tivesse		houvesse
fosses		estivesses		tivesses		houvesses
fosse		estivesse		tivesse		houvesse
fôssemos		estivéssemos		tivéssemos		houvéssemos
fôsseis		estivésseis		tivésseis		houvésseis
fossem		estivessem		tivessem		houvessem

Zusammengesetztes Perfekt (pretérito perfeito composto)								
tenha		tenha		tenha			
tenhas		tenhas		tenhas			
tenha	sido	tenha	estado	tenha	tido	tenha havido
tenhamos		tenhamos		tenhamos			
tenhais		tenhais		tenhais			
tenham		tenham		tenham			

Plusquamperfekt (pretérito mais-que-perfeito composto)								
tivesse		tivesse		tivesse			
tivesses		tivesses		tivesses			
tivesse	sido	tivesse	estado	tivesse	tido	tivesse havido
tivéssemos		tivéssemos		tivéssemos			
tivésseis		tivésseis		tivésseis			
tivessem		tivessem		tivessem			

Futur I (futuro simples)							
for		estiver		tiver		houver	
fores		estiveres		tiveres		houveres	
for		estiver		tiver		houver	
formos		estivermos		tivermos		houvermos	
fordes		estiverdes		tiverdes		houverdes	
forem		estiverem		tiverem		houverem	

Futur II (futuro composto)							
tiver		tiver		tiver			
tiveres		tiveres		tiveres			
tiver	sido	tiver	estado	tiver	tido	tiver havido	
tivermos		tivermos		tivermos			
tiverdes		tiverdes		tiverdes			
tiverem		tiverem		tiverem			

Persönlicher Infinitiv (infinitivo pessoal)							
ser		estar		ter		haver	
seres		estares		teres		haveres	
ser		estar		ter		haver	
sermos		estarmos		termos		havermos	
serdes		estardes		terdes		haverdes	
serem		estarem		terem		haverem	

GERUNDIUM (gerúndio)							
sendo		estando		tendo		havendo	

PARTIZIP (particípio)							
sido		estado		tido		havido	

Abkürzungen:

pres.	presente – Präsens
pret. imperf.	pretérito imperfeito – Imperfekt
pret. perf.	pretérito perfeito simples – einfaches Perfekt
pret. m.-q.-perf.	pretérito mais-que-perfeito simples – einfaches Plusquamperfekt (selten gebraucht)
fut. imperf.	futuro imperfeito = futuro simples – Futur I

(5) dar

Indikativ

pres.:	dou, dás, dá, damos, dais, dão
pret. perf.:	dei, deste, deu, demos, destes, deram
pret. m.-q.-perf.:	dera, deras, dera, déramos, déreis, deram

Konjunktiv

pres.:	dê, dês, dê, dêmos, deis, dêem
pret. imperf.:	desse, desses, desse, déssemos, désseis, dessem
fut. imperf.:	der, deres, der, dermos, derdes, derem

Imperativ

dá tu, dai vós

(6) caber

Indikativ

pres.:	caibo, cabes, cabe, cabemos, cabeis, cabem
pret. perf.:	coube, coubeste, coube, coubemos, coubestes, couberam

Konjunktiv

pres.:	caiba, caibas, caiba, caibamos, caibais, caibam
pret. imperf.:	coubesse, coubesses, coubesse, coubéssemos, coubésseis, coubessem
fut. imperf.:	couber, couberes, couber, coubermos, couberdes, couberem

(7) crer

Indikativ

pres.:	creio, crês, crê, cremos, credes, crêem
pret. imperf.:	cria, crias, cria, críamos, críeis, criam
pret. perf.:	cri, creste, creu, cremos, crestes, creram
pret. m.-q.-perf.:	crera, creas, crea, crêramos, crêreis, creram

Konjunktiv

pres.:	creia, creias, creia, creiamos, creiais, creiam
pret. imperf.:	cresse, cresses, cresse, crêssemos, crêsseis, cressem
fut. imperf.:	crer, creres, crer, crermos, crerdes, crerem

Imperativ

crê tu, crede vós

(8) **dizer**

	Indikativ
pres.:	digo, dizes, diz, dizemos, dizeis, dizem
pret. perf.:	disse, disseste, disse, dissemos, dissestes, disseram
pret. m.-q.-perf.:	dissera, disseras, dissera, disséramos, disséreis, disseram

	Konjunktiv
pres.:	diga, digas, diga, digamos, digais, digam
pret. imperf.:	dissesse, dissesses, dissesse, disséssemos, dissésseis, dissessem

Imperativ
dize (oder: diz) tu, dizei vós

	Konditional
pres.:	diria, dirias, diria, diríamos, diríeis, diriam

Partizip
dito

Wie ‚dizer' werden konjugiert: **bendizer** (segnen), **condizer** (zusammenpassen), **contradizer** (widersprechen), **desdizer** (bestreiten), **maldizer** (verfluchen), **predizer** (voraussagen) und **redizer** (wieder sagen).

(9) **fazer**

	Indikativ
pres.:	faço, fazes, faz, fazemos, fazeis, fazem
pret. perf.:	fiz, fizeste, fez, fizemos, fizestes, fizeram
pret. m.-q.-perf.:	fizera, fizeras, fizera, fizéramos, fizéreis, fizeram
fut. imperf.:	farei, farás, fará, faremos, fareis, farão

	Konjunktiv
pres.:	faça, faças, faça, façamos, façais, façam
pret. imperf.:	fizesse, fizesses, fizesse, fizéssemos, fizésseis, fizessem
fut. imperf.:	fizer, fizeres, fizer, fizermos, fizerdes, fizerem

Imperativ
faze (oder: faz) tu, fazei vós

	Konditional
pres.:	faria, farias, faria, faríamos, faríeis, fariam

Partizip
feito

Wie ‚fazer' werden konjugiert: **afazer** (gewöhnen), **contrafazer** (nachmachen), **desfazer** (auseinandernehmen; lösen), **perfazer** (vollenden; erfüllen; ergeben), **refazer** (noch einmal machen; reorganisieren), **rarefazer** (verdünnen; lichten), **satisfazer** (zufriedenstellen).

(10) poder

Indikativ

pres.:	posso, podes, pode, podemos, podeis, podem
pret. perf.:	pude, pudeste, pôde, pudemos, pudestes, puderam
pret. m.-q.-perf.:	pudera, puderas, pudera, pudéramos, pudéreis, puderam

Konjunktiv

pres.:	possa, possas, possa, possamos, possais, possam
pret. imperf.:	pudesse, pudesses, pudesse, pudéssemos, pudésseis, pudessem
fut. imperf.:	puder, puderes, puder, pudermos, puderdes, puderem

(11) pôr

Indikativ

pres.:	ponho, pões, põe, pomos, pondes, põem
pret. imperf.:	punha, punhas, punha, púnhamos, púnheis, punham
pret. perf.:	pus, puseste, pôs, pusemos, pusestes, puseram
pret. m.-q.-perf.:	pusera, puseras, pusera, puséramos, puséreis, puseram
fut. imperf.:	porei, porás, porá, poremos, poreis, porão

Konjunktiv

pres.:	ponha, ponhas, ponha, ponhamos, ponhais, ponham
pret. imperf.:	pusesse, pusesses, pusesse, puséssemos, pusésseis, pusessem

Imperativ

põe tu, ponde vós

Konditional

pres.:	poria, porias, poria, poríamos, poríeis, poriam

Partizip

posto

Wie ‚pôr' werden konjugiert: **compor** (zusammensetzen, zusammenstellen), **depor** (niederlegen; absetzen), **dispor** (verfügen; anordnen), **expor** (ausstellen; darstellen), **repor** (zurücklegen; wiederherstellen), **supor** (vermuten, annehmen), **impor** (auferlegen), **opor** (widersetzen), **propor** (vorschlagen), **interpor** (zwischenlegen).

(12) querer

Indikativ

pres.:	quero, queres, quer, queremos, quereis, querem
pret. perf.:	quis, quiseste, quis, quisemos, quisestes, quiseram
pret. m.-q.-perf.:	quisera, quiseras, quisera, quiséramos, quiséreis, quiseram

Konjunktiv

pres.:	queira, queiras, queira, queiramos, queirais, queiram

pret. imperf.:	quisesse, quisesses, quisesse, quiséssemos, quisésseis, quisessem
fut. imperf.:	quiser, quiseres, quiser, quisermos, quiserdes, quiserem

Anmerkung

requerer ist im Präsens Indikativ sowie im Präsens Konjunktiv unregelmäßig. In den anderen Zeiten folgt ‚requerer' der Konjugation der regelmäßigen Verben auf -er:

	Indikativ
pres.:	requeiro, requeres, requer, requeremos, requereis, requerem

	Konjunktiv
pres.:	requeira, requeiras, requeira, requeiramos, requeirais, requeiram

(13) saber

	Indikativ
pres.:	sei, sabes, sabe, sabemos, sabeis, sabem
pret. perf.:	soube, soubeste, soube, soubemos, soubestes, souberam
pret. m.-q.-perf.:	soubera, souberas, soubera, soubéramos, soubéreis, souberam

	Konjunktiv
pres.:	saiba, saibas, saiba, saibamos, saibais, saibam
pret. imperf.:	soubesse, soubesses, soubesse, soubéssemos, soubésseis, soubessem
fut. imperf.:	souber, souberes, souber, soubermos, souberdes, souberem

(14) trazer

	Indikativ
pres.:	trago, trazes, traz, trazemos, trazeis, trazem
pret. imperf.:	trazia, trazias, trazia, trazíamos, trazíeis, traziam
pret. perf.:	trouxe, trouxeste, trouxe, trouxemos, trouxestes, trouxeram
pret. m.-q.-perf.:	trouxera, trouxeras, trouxera, trouxéramos, trouxéreis, trouxeram
fut. imperf.:	trarei, trarás, trará, traremos, trareis, trarão

	Konjunktiv
pres.:	traga, tragas, traga, tragamos, tragais, tragam
pret. imperf.:	trouxesse, trouxesses, trouxesse, trouxéssemos, trouxésseis, trouxessem
fut. imperf.:	trouxer, trouxeres, trouxer, trouxermos, trouxerdes, trouxerem

	Imperativ
	traze (oder: traz) tu, trazei, vós

	Konditional
pres.:	traria, trarias, traria, traríamos, traríeis, trariam

(15) ver

	Indikativ
pres.:	vejo, vês, vê, vemos, vedes, vêem
pret. perf.:	vi, viste, viu, vimos, vistes, viram
pret. m.-q.-perf. :	vira, viras, vira, víramos, víreis, viram
	Konjunktiv
pres.:	veja, vejas, veja, vejamos, vejais, vejam
pret. imperf.:	visse, visses, visse, víssemos, vísseis, vissem
fut. imperf.:	vir, vires, vir, virmos, virdes, virem
	Imperativ
	vê tu, vede vós
	Partizip
	visto

Wie ‚ver' werden konjugiert: **antever** (voraussehen), **entrever** (wahrnehmen, ahnen), **prever** (vorsehen; voraussehen), **rever** (wiedersehen). Der einzige Unterschied zur Konjugation von ‚ver' besteht darin, dass diese Verben keinen Zirkumflex in der 3. Person Plural des Präsens Indikativ haben.

Anmerkung:
Die Verben **prover** (versehen mit, versorgen) und **desprover** (vorenthalten, nicht versorgen) werden im Präsens des Indikativs und Konjunktivs wie ‚ver' konjugiert. In den anderen Zeiten folgen sie der Konjugation der regelmäßigen Verben auf -er. Das Partizip Perfekt lautet: provido.

(16) ir

	Indikativ
pres.:	vou, vais, vai, vamos, ides, vão
pret. imperf.:	ia, ias, ia, íamos, íeis, iam
pret. perf.:	fui, foste, foi, fomos, fostes, foram
pret. m.-q.-perf. :	fora, foras, fora, fôramos, fôreis, foram
	Konjunktiv
pres.:	vá, vás, vá, vamos, vades, vão
pret. imperf.:	fosse, fosses, fosse, fôssemos, fôsseis, fossem
fut. imperf.:	for, fores, for, formos, fordes, forem
	Imperativ
	vai tu, ide vós

(17) **vir**

Indikativ
pres.: venho, vens, vem, vimos, vindes, vêm
pret. imperf.: vinha, vinhas, vinha, vínhamos, vínheis, vinham
pret. perf.: vim, vieste, veio, viemos, viestes, vieram
pret. m.-q.-perf.: viera, vieras, viera, viéramos, viéreis, vieram

Konjunktiv
pres.: venha, venhas, venha, venhamos, venhais, venham
pret. imperf.: viesse, viesses, viesse, viéssemos, viésseis, viessem
fut. imperf.: vier, vieres, vier, viermos, vierdes, vierem

Imperativ
vem tu, vinde vós

Partizip
vindo

Gerundium
vindo

Wie ‚vir' werden konjugiert: **advir** (geschehen), **convir** (passen, genehm sein), **intervir** (eingreifen, dazwischenkommen), **provir** (herkommen, stammen von), **sobrevir** (dazukommen; unvermutet eintreten). Der einzige Unterschied zur Konjugation von ‚vir' besteht darin, dass diese Verben in der 2. und 3. Person Singular des Indikativ Präsens einen Akut haben: convéns, convém, internéns, intervém, sobrevém usw.

TABELLE III

Verben mit Unregelmäßigkeiten im Präsens

Alle nicht aufgeführten Formen werden regelmäßig konjugiert.

(1) perder
Indikativ:	perco, perdes, perde, perdemos, perdeis, perdem
Konjunktiv:	perca, percas, perca, percamos, percais, percam

(2) valer
Indikativ:	valho, vales, vale, valemos, valeis, valem
Konjunktiv:	valha, valhas, valha, valhamos, valhais, valham

(3) dormir
Indikativ:	durmo, dormes, dorme, dormimos, dormis, dormem
Konjunktiv:	durma, durmas, durma, durmamos, durmais, durmam

(4) sentir
Indikativ:	sinto, sentes, sente, sentimos, sentis, sentem
Konjunktiv:	sinta, sintas, sinta, sintamos, sintais, sintam

(5) despir
Indikativ:	dispo, despes, despe, despimos, despis, despem
Konjunktiv:	dispa, dispas, dispa, dispamos, dispais, dispam

(6) pedir
Indikativ:	peço, pedes, pede, pedimos, pedis, pedem
Konjunktiv:	peça, peças, peça, peçamos, peçais, peçam

(7) ouvir
Indikativ:	ouço, ouves, ouve, ouvimos, ouvis, ouvem
Konjunktiv:	ouça, ouças, ouça, ouçamos, ouçais, ouçam

(8) advertir
Indikativ:	advirto, advertes, adverte, advertimos, advertis, advertem
Konjunktiv:	advirta, advirtas, advirta, advirtamos, advirtais, advirtam

(9) repetir
Indikativ:	repito, repetes, repete, repetimos, repetis, repetem
Konjunktiv:	repita, repitas, repita, repitamos, repitais, repitam

(10) seguir
Indikativ:	sigo, segues, segue, seguimos, seguis, seguem
Konjunktiv:	siga, sigas, siga, sigamos, sigais, sigam

(11) servir
Indikativ:	sirvo, serves, serve, servimos, servis, servem
Konjunktiv:	sirva, sirvas, sirva, sirvamos, sirvais, sirvam

(12) **vestir**
Indikativ: visto, vestes, veste, vestimos, vestis, vestem
Konjunktiv: vista, vistas, vista, vistamos, vistais, vistam

(13) **engolir**
Indikativ: engulo, engoles, engole, engolimos, engolis, engolem
Konjunktiv: engula, engulas, engula, engulamos, engulais, engulam

(14) **cobrir**
Indikativ: cubro, cobres, cobre, cobrimos, cobris, cobrem
Konjunktiv: cubra, cubras, cubra, cubramos, cubrais, cubram

(15) **preferir**
Indikativ: prefiro, preferes, prefere, preferimos, preferis, preferem
Konjunktiv: prefira, prefiras, prefira, prefiramos, prefirais, prefiram

(16) **mentir**
Indikativ: minto, mentes, mente, mentimos, mentis, mentem
Konjunktiv: minta, mintas, minta, mintamos, mintais, mintam

(17) **aderir**
Indikativ: adiro, aderes, adere, aderimos, aderis, aderem
Konjunktiv: adira, adiras, adira, adiramos, adirais, adiram

(18) **agredir**
Indikativ: agrido, agredes, agrede, agredimos, agredis, agredem
Konjunktiv: agrida, agridas, agrida, agridamos, agridais, agridam

(19) **prevenir**
Indikativ: previno, prevenes, prevene, prevenimos, prevenis, prevenem
Konjunktiv: previna, previnas, previna, previnamos, previnais, previnam

(20) **subir**
Indikativ: subo, sobes, sobe, subimos, subis, sobem
Konjunktiv: suba, subas, suba, subamos, subais, subam
Imperativ: sobe tu, subi vós

(21) **frigir**
Indikativ: frijo, freges, frege, frigimos, frigis, fregem
Konjunktiv: frija, frijas, frija, frijamos, frijais, frijam
Imperativ: frege tu, frigi vós

(22) **rir**
Indikativ: rio, ris, ri, rimos, rides, riem
Konjunktiv: ria, rias, ria, riamos, riais, riam
Imperativ: ri tu, ride vós

(23) **ler**
Indikativ: leio, lês, lê, lemos, ledes, lêem
Konjunktiv: leia, leias, leia, leiamos, leiais, leiam
Imperativ: lê tu, lede vós

TABELLE IV

Verben mit Besonderheiten in der Konjugation

Alle nicht aufgeführten Formen werden regelmäßig konjugiert.

(1) Verben auf -ear – passear

Präsens Indikativ: passeio, passeias, passeia, passeamos, passeais, passeiam
Präsens Konjunktiv: passeie, passeies, passeie, passeemos, passeeis, passeiem

(2) Verben auf -iar – odiar

Präsens Indikativ: odeio, odeias, odeia, odiamos, odiais, odeiam
Präsens Konjunktiv: odeie, odeies, odeie, od(e)iemos, od(e)ieis, odeiem

Von den auf -iar endenden Verben werden regelmäßig konjugiert: **copiar** (abschreiben, kopieren), **criar** (schaffen), **adiar** (verschieben), **apreciar** (schätzen), **anunciar** (ankündigen), **ampliar** (erweitern), **enviar** (schicken), **guiar** (führen) u.a.

(3) Verben auf -uar – averiguar

Präsens Indikativ: averiguo, averiguas, averigua, averiguamos, averiguais, averiguam
(In den stammbetonten Formen ist das *u* betont.)
Präsens Konjunktiv: averigúe, averigúes, averigúe, averiguemos, averigueis, averigúem

(4) Verben auf -oer – doer

Präsens Indikativ: doo, dóis, dói, doemos, doeis, doem
Präsens Konjunktiv: doa, doas, doa, doamos, doais, doam
Pret. perf. simpl.:   doí, doeste, doeu, doemos, doestes, doeram
Imperfekt: doía, doías, doía, doíamos, doíeis, doíam
Partizip: doído

(5) Verben auf -uir

a) incluir

	Indikativ
Präsens:	incluo, incluis, inclui, incluímos, incluís, incluem
Imperfekt:	incluía, incluías, incluía, incluíamos, incluíeis, incluíam
pret. perf.:	incluí, incluíste, incluiu, incluímos, incluístes, incluíram

	Konjunktiv
Präsens:	inclua, incluas, inclua, incluamos, incluais, incluam
Imperfekt:	incluísse, incluísses, incluísse, incluíssemos, incluísseis, incluíssem
Partizip:	incluído

b) construir

	Indikativ
Präsens:	construo, constróis (oder: construis), constrói (oder: **construi**), construímos, construís, constroem (oder: construem)

Akzentgebrauch in den anderen Formen wie (5) a) incluir.

(6) Verben auf -**air** – sair

	Indikativ
Präsens:	saio, sais, sai, saímos, saís, saem
Imperfekt:	saía, saías, saía, saíamos, saíeis, saíam
pret. perf.:	saí, saíste, saiu, saímos, saístes, saíram

	Konjunktiv
Präsens:	saia, saias, saia, saiamos, saiais, saiam
Imperfekt:	saísse, saísses, saísse, saíssemos, saísseis, saíssem
Partizip:	saído

(7) Verben auf -**uzir** – traduzir

Präsens Indikativ:	traduzo, traduzes, traduz, traduzimos, traduzis, traduzem
Präsens Konjunktiv:	traduza, traduzas, traduza, traduzamos, traduzais, traduzam
Imperativ:	traduz tu, traduzi vós

(8) **proibir**

Präsens Indikativ:	proíbo, proíbes, proíbe, proibimos, proibis, proíbem
Präsens Konjunktiv:	proíba, proíbas, proíba, proibamos, proibais, proíbam

(9) **reunir**

Präsens Indikativ:	reúno, reúnes, reúne, reunimos, reunis, reúnem
Präsens Konjunktiv:	reúna, reúnas, reúna, reunamos, reunais, reúnam.

TABELLE V

Übersicht über die Personalpronomen

			Subjekt-form	Direktes Objekt (Komplement)	Indirektes Objekt (Komplement)	
					ohne Präp.	mit Präp.
Singular	1. Person		eu	me	me	mim
	2. Person		tu	te	te	ti
	3. Person	*maskulin*	ele	o | se	lhe	ele | si
		feminin	ela	a | se		ela | si
Plural	1. Person		nós	nos	nos	nós
	2. Person		vós	vos	vos	vós
	3. Person	*maskulin*	eles	os | se	lhes	eles | si
		feminin	elas	as | se		elas | si

Alphabetisches Wörterverzeichnis Portugiesisch

Die Ziffern beziehen sich auf den Lektionstext, in dem das Wort erstmals vorkommt.
Eine in Klammern stehende Zahlenangabe nach Verben verweist auf das entsprechende Konjugationsmuster im Anhang. Verben ohne diese Zahlenangabe werden regelmäßig konjugiert.

A

abalar *34*
abdicar *32*
abdome, abdómen m *17*
aberto *4*
  estar ~ *4*
abertura f *24*
abordar *31*
abranger *34*
abridor de garrafas m *18*
Abril *7*
abrir *12*
acabar *25*
aceitar *18*
acender *14*
acessível *35*
acesso (a) m *35*
achar *17*
acidente m *26*
aço m *30*
acontecer *32*
acordar *14*
acordo m *34*
  estar de ~ com *31*
acreditar (em) *31*
acto m *24*
actor m *24*
actriz f *24*
açúcar m *11*
adaptar (a) *31*
adiantadamente *33*
adiar *31*
admitir *31*
adoptar *34*
adorar *26*
advogado m *23*
aeroporto m *13*
afastar *32*
afinar *24*
afirmar *30*
agente m *14*
  ~ comercial m *14*
ágil *35*
Agosto *7*
agradar (a) *19*
agradável *18*
agravar *32*
agrícola *30*
agricultura f *30*
água f *14*
aguardente f *6*
  ~ velha *6*
aguentar *17*
ainda *4*
ajuda f *16*
ajudar *27*
alastrar *32*
alcatifa f *23*
alcoólico *12*
alegrar-se (em, por) *22*
além disso *8*
alemão, alemã *1*
alface f *11*
alfândega f *12*
alfandegário *12*
algodão m *30*
alguém *27*
algum *20*
alguma coisa *8*
algumas vezes *15*
ali *21*
almoçar *4*
almoço m *3*
alta fidelidade f *19*
alterar *34*
altifalante m *13*
altitude f *13*
alto *17*
altura f *13*
  nessa ~ *32*
alugar *23*; *33*
aluguel m *33*
aluguer m *33*
aluno m *35*
amabilidade f *27*
ameaçar *32*
amendoim m *30*
americano *8*
ameríndio m *34*
amigo *10*
amistoso *25*
ampliar *35*
amplo *33*
análise (a) f *17*
andar *16*
andar m *19*
anedota f *23*
anexo m *33*
anexo *33*
angolano *30*
ano m *5*
  fazer anos *26*
ansioso *20*
  estar ansioso por *20*
antecedência f *22*
  com ~ *22*
antepassado m *29*
antes *23*
  ~ de *13*
  ~ de Cristo *21*
anular m *17*
anunciar *13*
anúncio m *33*
aonde *8*
apanhar *20*
aparador m *33*
aparecer *21*
aparente *27*
apartamento m *33*
apelido m *14*
apenas *8*
apertar *13*
apetecer *20*
apetite m *18*
aplausos m Pl *24*
aplicar *35*
aprender (a) *21*
apresentar *16*
aproveitar *20*
aproximadamente *34*
aproximar *16*
aproximar-se *32*
aquecimento m *33*
aqui *1*
ar m *16*
arcabouço m *35*
árido *30*
armazém m *19*
armazenamento m *35*
arquipélago m *32*
arquivo m *35*
arrancar *16*
arranjar *23*
arredores m Pl *25*
arroz m *30*
arrumador (-a) *24*
arrumar *21*
arte f *20*
artigo m *15*
artigos de couro *19*
  ~ de desporto *19*
  ~ de higiene *19*
  ~ de malha *19*
  ~ e confecção de senhora *19*
artista m/f *24*
árvore f *20*
ascensor m *20*
aspecto m *25*
assado *18*
assassínio = assassinato m *32*
assegurar (a) *30*
assentar *19*
assimilar *34*
assinar *14*
assoalhada f *33*
associar a *35*
assumir o poder *32*
assunto m *23*
até (a + Substantiv) *7*
atenção f *34*
atender *15*
aterragem f *13*
aterrar *13*
atingir *28*
atrair *34*
atrasado *31*
  chegar ~ *31*
através de *30*
atravessar *20*
audácia f *29*
auscultador m *15*
auscultar *17*
autocarro m *13*
automático *15*
automóvel m *16*
autónomo *32*
autoridade f *24*
autorizar *31*
  estar autorizado a *31*
autosuficiência f *30*
avenida f *1*
aviação f *13*
avião m *13*

A

por ~ *15*
avisar *13*
aviso *m 16*
avistar *34*
avô *m 26*
avó *f 26*
avós *m Pl 26*
azul *10*
  ~ claro *19*

B

bagagem *f 12*
Baixa *f 19*
Baixa Califórnia *f 30*
baixo *17*
  em ~ *17*
balança *f 11*
balcão *m 24*
banana *f 6*
banco *m 28*
banho *m 25*
  tomar ~ *25*
barato *23*
barba *f 23*
  ter barbas *23*
barreira *f 35*
barriga *f 17*
bastante *20*
bastar *14*
batalha *f 34*
batata *f 6*
bate-papo *m 35*
bater *14*
bateria *f 16*
bebida *f 12*
beige *19*
beira *f 16*
bem *Adv 1*
beneficiamento *m 30*
berço *m 14*
bife *m 11*
  ~ de vitela *6*
bilhete *m 13*
  ~ de identidade *5*
binóculo *m 24*
bisavô *m 26*
bisavó *f 26*
bisavós *m Pl 26*
blusa *f 19*
boletim *m*
  ~ de expedição *15*
bolo *11*
  ~ de chocolate *11*
  ~ de Berlim *11*

bom *m*, boa *f 1*
bomba de gasolina *16*
bonito *10*
bordo *m 13*
borracha *f 30*
botão *m 19*
bovino *30*
braço *m 17*
branco *6*
brinquedo *m 19*
buletim electrónico *m 35*
buzina *f 16*

C

cabeça *f 17*
cabine *f 15, 19*
  ~ telefónica *15*
cabra *f 18*
cabrito *m 18*
cacau *m 30*
cadeira *f 23*
caducar *12*
café *m 6*
caixão *m 14*
calça *f 19*
calçado *m 19*
calçar *19*
cálculo *m 35*
calor *m 17*
camarote *m 24*
cambiar *28*
  ~ dinheiro *28*
câmbio *m 28*
caminhada *f 26*
caminho *m 2*
camisa *f 19*
camisaria *f 19*
cana-de-açúcar *30*
canalizador *m 29*
candeeiro *m 14*
cano *m 29*
  ~ de água *29*
cantar *24*
cantor(-a) *24*
capa *f 29*
capaz *35*
capital *f 21*
caprino *30*
cara *f 17*
caracterizar-se por *30*
carcaça *f 11*
carimbar *12*
carne *f 11*

caro *11*
carpinteiro *m 33*
carregar *11*
carta *f 1*
  ~ de condução *f 16*
  ~ de crédito *f 28*
  ~ registada *f 15*
cartão de visita *m 31*
carteiro *m 23*
casa *f 10*
  em ~ *4*
  ~ de banho *f 14*
casaco *m 19*
casado *14*
  ser ~ com *26*
casal *m 26*
casar-se com *10*
caso (Konjunktion mit Konjunktiv) *22*
caso *m 29*
castanho *19*
Castela *f 32*
castelhano *m 32*
caução *f 33*
cavas *f Pl 19*
cave *f 33*
cedo *21*
celulose *f 30*
centeio *m 11*
  pão de ~ *11*
cereais *m Pl 30*
cérebro *m 17*
certamente *26*
certeza *f 9*
  com ~ *9*
certo *20; 28*
  ao ~ *20*
  estar ~ *25*
cessar *29*
cesta *f*, cesto *m 11*
cetim *m 19*
céu *m 25*
  ~ da boca *m 17*
chamada *f 15*
  ~ telefónica *27*
chamar *5*
chamar-se *5*
chapa *f 28*
chapelaria *f 19*
charuto *m 8*
chave *f 14*
chegada *f 12*
chegar (a) *13*
cheio *11*

estar ~ *11*
cheiro *m 17*
cheque *m 28*
  ~ de viagem *28*
  ~ á vista *28*
  ~ ao portador *28*
chover *20*
chumbo *m 30*
chuveiro *m 33*
cidade *f 20*
científico *35*
cientista *m 35*
cigarro *m 8*
cima
  de ~ *20*
  em ~ *20*
cimento *m 30*
cinto *m 13*
  ~ de segurança *m 13*
cinzento *19*
  ~ claro *19*
circum-navegação *f 9*
claro *9*
clássico *19*
cliente *m 23*
  ~ do hotel *29*
clima *m 17*
clínico *m 29*
coberto *17*
  estar ~ de *17*
cobre *m 30*
cobrir (III, 14) *17*
coisa *f 8*
colega *m/f 23*
  ~ de profissão *23*
colégio *m 26*
colher *f 18*
colocar *16*
  ~ o telhado *33*
colónia *f 30*
colonização *f 30*
com *6*
com antecedência *22*
com destino a *13*
com licença *22*
comandar *34*
combinado *27*
comboio *m 4*
começar a *21*
comentário *m 24*
comercial *14*
comida *f 3*
comigo *7*

A

como *1*
como se (+ Konjunktiv Imperf.) *29*
companhia f *13*
comparação f *24*
competidor m *31*
compor (II, *11*) *30*
compor-se de *30*
compra f *27*
ir às compras *11*
fazer compras *11*
comprar *8*
compreender *21*
comprimido m *17*
comprometer-se a *31*
computador m *35*
comunicar *33*
concentrar-se (em) *34*
concerto m *16*
concorrência f *31*
condizer com (II, 8) *19*
condutor m *20*
conduzir (IV, 7) *18*
confecção de homem f *19*
confecção de senhora f *19*
confeitaria f *19*
conhecer *9*
conhecido *21*
conjunto m
 no ~ *33*
conquistar *31*
conseguir (III, *10*) *20*
consequência f *29*
consolidar-se *32*
constante *23*
constar *33*
constituição f *34*
constituido de *30*
consultar *17*
conta f *6*
 ~ bancária f *28*
contactar (com) *25*
contar entre *21*
contemporâneo *20*
conteúdo m *12*
continuar (a) *14*
contra *13*
contrário *35*
contrato m *33*
 ~ de arrendamento *33*
contribuição f *35*

contribuir (para) (IV, *5a*) *21*
controlar *32*
controle m *12*
convencido *31*
 estar ~ de *31*
convidar (a, para) *24*
conviver *34*
copo m *18*
cor f *19*
cores claras *19*
coração m *23*
coro m *24*
coroa f *28*
 ~ sueca *28*
corpo m *17*
correcto *21*
correio m *2*
correio electrónico m *35*
corrente f *30*
correr (a) *23*
corrida f *20*
cortina f *23*
cosméticos m Pl. *19*
costa f *30*
costeleta f *11*
costumar *23*
costume m
 de ~ *4*
cotação f *28*
couro m *19*
couve f *11*
cozinha f *33*
cozinhar *18*
cozinheiro, -a *18*
cravo m *11*
credo m *34*
crer (II, *7*) (em) *8*
crescente *32*
crescido *26*
 estar ~ *26*
criado m *6*
criança f *18*
criar *34*
crise f *32*
cruzamento m *20*
cuidado m *20*
cultura f *30*
cunha f *34*
cunhada f *26*
cunhado m *26*
curso m *34*
curto *20*

curva f *16*
custar *8*

D

daí *32*
daí a pouco *29*
dália f *11*
daqui *3*
dar (II, *5*) *8*
 ~ direito a *13*
 ~ para *14*
 ~ consulta *17*
data f *14*
 ~ de nascimento f *14*
 ~ de emissaõ f *14*
decidir *23*
decisão f *35*
declaração f *12*
decorrer *16*
dedo m *17*
 ~ do pé m *17*
defender *32*
deitar *16*
deixar *7*
 ~ a desejar *24*
 ~ de + Infinitiv *31*
delicioso *18*
 estar ~ *18*
demais *8*
demorado *29*
demorar *15*
dente m *17*
dentro *20*
dentro de *13*
departamento m *34*
depender (de) *15*
depois de *12*
depositar *28*
depósito m *30*
depressa Adv *16*
derivar de *30*
derrotar *32*
derrubada f *34*
derrubar *9*
descarregado
 estar ~ *16*
descarregar *16*
descendente m *34*
descobridor m *34*
descobrimento m *34*
descobrir (III, *14*) *30*
desconhecer *31*
descontar *28*

descontentamento m *32*
desculpar *15*
desejar *6*
desejável *35*
desempenhar *35*
desencadear *32*
desligar *15*
desocupado *24*
despensa f *11*
desprezar *35*
desta vez *25*
destacar-se *30*
destinatário m *15*
destituir *32*
determinado em *32*
devagar Adv *20*
dever *8*
Dezembro *7*
dia m *1*
diálogo m *31*
diamante m *30*
diarreia f *17*
dicionário m *33*
dieta f *17*
dificuldade f *25*
dificultar *25*
digestão f *17*
digitação f *35*
direita *16*
 à ~ *2*
direito *2*
 a ~ *28*
dirigir *24*
dirigir-se a *2*
disco m *19*
disco rígido m *35*
discriminar *15*
dispendioso *32*
disponível *31*
disposição f *33*
 estar à ~ (de) *18*
dispositivo m *35*
distância f *16*
distinto *32*
ditadura *32*
diversificado *34*
diverso *27*
divertir-se (III, *8*) *22*
dividir *32*
 ~ em *32*
dividir-se em *17*
divino *24*
divisão f *33*
divulgação f *35*

dizer (II, 8) *7*
dobrar *14*
doente *17*
  estar ~ *17*
doer (IV, 4) *17*
Dom (D.) (m) *20*
dominar *30*
domingo m *7*
dona da loja f *8*
dono do prédio m *23*
donde *13*
dor f *17*
dormir (III, 3) *14*
dorso m *17*
durar *24*
dúzia f *11*

E

e *1*
economia f *30*
economista m/f *10*
edifício m *20*
educar *35*
efeito m *34*
eficiente *34*
eixo m *30*
eléctrico m *20*
electro-domésticos m Pl *19*
electrónico *35*
eleger *30*
eleição f *30*
elevado *16*
elevador m *14*
elogio m *18*
em *3*
embora (+ Konjunktiv) *21*
embrulhar *11*
emendar *19*
emissão f *14*
emitir *28*
empregado m *13*
empresa f *7*
emprestar *16*
encantado *24*
encanto m *24*
  ser um ~ *24*
encarregado m *27*
  ~ de negócios m *27*
encenação f *24*
encher *16*
enclave m *30*
encomenda f *15*

encontrar *12*
encontro m *25*
endereço m *5*
endossável *28*
enfermidade mortal f *32*
enfrentar *34*
enganar-se *28*
engenheiro m *5*
engraçado *23*
enjoo m *13*
enteada f *26*
enteado m *26*
entendedor m *24*
entender *30*
  fazer-se ~ *30*
entendimento m *25*
entrada f *2*
entrar em *6*
entretanto *15*
entretenimento m *35*
envelope m *23*
enviar *23*
época f *30*
equipamento m *35*
equipe f *34*
errado *15*
  estar ~ *15*
escala f *34*
escassez (de) f *33*
escola f *26*
  ~ primária *26*
  ~ secundária *26*
escolher *19*
escorregadio *20*
escorregar *20*
escravidão f *34*
escravo m *34*
escritório m *23*
escuro *19*
  ser ~ *19*
esforço m *35*
fazer esforços *35*
esgotar *34*
espaço m *33*
espalhar *35*
espanhol *21*
especialidade f *14*
espécie f *28*
espectáculo m *24*
espera f *29*
  à ~ *29*
  estar à ~ de *29*
esperar (por) *20*

esplanada f *20*
esplêndido *24*
esposa f *26*
esquadra f *5*
  ~ da polícia *5*
esquecer-se de *11*
esquentador m *33*
esquerda *2*
  à ~ *2*
esquerdista *32*
esquerdo *2*
esse *3*
esta tarde *4*
estação f *2*
  ~ de caminho de ferro f *2*
  ~ de serviço f *16*
estado m *17*
  ~ civil m *14*
estalagem f *29*
estanho m *30*
estar (II, 2) *1*
estátua f *20*
este *2*
estender-se *29*, *30*
estimar (em) *21*
estimular *34*
estômago m *17*
estrada f *16*
estranho *29*
estrangeiro *21*
estreia f *24*
etnia f *34*
eu *1*
evidente *22*
evitar *35*
exacto *9*
exame m *9*
examinar *14*
excelente *3*
excepção f *33*
excepcional *24*
excesso m *13*
  ~ de peso *13*
excitado *23*
exclamar *29*
executar *34*
exemplo *21*
  por exemplo *21*
exército m *32*
existir *30*
êxito m *24*
expansão f *30*
expedição (a) f *34*

experimentar *34*
explodir *35*
exploração f *34*
exportar *27*
expulsão f *32*
expulsar *34*
exterminar *34*

F

faca f *18*
fácil *21*
faixa f *30*
falante m *30*
falar *1*
falecer *26*
fama f *24*
  ter ~ por *24*
família f *26*
farinha f *11*
farmácia f *17*
fascista *9*
fase f *32*
fatia f *11*
fatigado *14*
  estar ~ *14*
fato m *19*
favor m *2*
favorecer *32*
faz favor (idiomat.) *2*
fazer (II, 9) *9*
fechar *12*
feijão m *11*
  ~ verde *11*
feliz *10*
feminino *13*
fenómeno m *34*
feriado nacional m *32*
férias f Pl *25*
  ~ escolares *25*
  passar as ~ *25*
ferramenta f *35*
ferro m *2*
  passar a ~ *19*
ferroviário *30*
fertilizante m *30*
ferver *17*
Fevereiro *7*
fezes f Pl *17*
fibra f *19*
ficha de registo f *14*
ficha do vestiário f *24*
ficar *2*
  ~ bem *19*
  ~ situado *32*

fila *f 19*
filha *f 26*
filho *m 26*
filhos *m Pl 18*; *26*
filial *f 31*
finalizar *32*
fita perfurada *f 35*
fixar *29*
fixo *17*
 estar ~ *17*
flor *f 11*
floresta tropical *f 30*
folha *f 23*
fome *f 6*
fonte *f 17*
fora *20*
força *f 14*
forma *f 17*
formação *f 34*
fornecimento *m 31*
fosfato *m 30*
foto *f 19*
fotografia *f 19*
francês *5*
franco *m 12*
 ~ suíço *12*
frente *f 3*
 em ~ de *3*
frequentar *26*
frigorífico *m 11*
frio *16*
 estar ~ *16*
frio *m 17*
frisa *f 24*
fronteira *f 12*
 fazer ~ com *30*
fruta *f 6*
frutaria *f 11*
fumo *m 18*; *30*
fundo *m 19*
furo *m 16*

G
ganhar *23*
garfo *m 18*
garrafa *f 18*
gás *m 33*
gasóleo *16*
gastar *23*
gaveta *f 29*
genro *m 26*
gente *f 21*
geração *f 35*
geral *26*

geralmente *26*
golpe *m* de estado *32*
gorjeta *f 6*
gostar de *6*
gosto *m 18*
governador *m 34*
governante *m 30*
governo *m 20*
grave *17*
guarda *m 5*
 ~ fiscal *m 12*
guarda-chuva *m 20*
guarda-loiça, guarda-
 louça *m 33*
guardanapo *m 18*
guerra *f 30*
guia *m 20*
guia *f 20*
guiché *m 15*

H
há *2*
haver (II, *4*) *2*
habitante *m 21*
habitual *33*
habituar-se a *21*
estar habituado a *18*
hemisfério *m 32*
história *f 9*
holandês *34*
homem *m 9*
hora *f 3*
as horas *4*
horário *m 20*
hospedeira *f 13*
hotel *m 3*
humano *17*
húmido *30*

I
ida *f 13*
ideia *f 16*
identidade *f 5*
ignorar *31*
 não ~ *31*
igreja *f 3*
igualmente *18*
ilimitado *35*
iluminação *f 19*
iluminar *33*
iluminado *33*
ilustre *9*
imaginar *23*
império *m* colonial *32*

imperador *m 32*
importância *f 34*
importante *9*
impressão *f 23*
impresso *m 15*
incidência *f 30*
incidente *m 16*
incluir (IV, *5a*) *14*
 estar incluído *14*
incomodar *18*
independência *30*
indicação *f 14*
indicar *14*
índice *m 34*
indígena *34*
indispensável *35*
indústria *f 30*
inédito *34*
infante *m 32*
infecção *f 17*
infeliz *16*
infelizmente *16*
inflação *f 34*
 ~ galopante *34*
informar-se (sobre) *33*
início *m 9*
inglês *21*
injecção *f 17*
insistir em *31*
insosso *18*
inspiração *f 34*
inspirar *32*
instabilidade *f 32*
instantâneo *35*
instante *m 29*
instinto *m 29*
 por ~ *29*
insustentabilidade *f 32*
integrar *32*
intenso *34*
intercâmbio *m 35*
interior *m 30*
 no ~ *30*
interligado *35*
internacional *15*
interromper *30*
intervalo *m 24*
intestino *m 17*
introdução *f 26*
invadir *32*
inverno *m 30*
involuntário *25*
ir a, para (II, *16*) *4*
 ~ a pé *19*

 ~ buscar *16*
 ~ embora, ir-se em-
  bora *19*
irmã *f 26*
irmão *m 26*
irmãos *m Pl 18*
Itália *f 21*
italiano *21*

J
já *2*
já que *22*
Janeiro *7*
janela *f 14*
jantar *m 3*
japonês *31*
jaquetão *m 19*
jazida *f 30*
jornal *m 8*
jovem *23*
julgar *27*
Julho *7*
Junho *7*

L
lá *19*
lã *f 19*
lado *m 2*
lamentar *21*
lançar *35*
laranjada *f 18*
largo *19*
largo *m 20*
lãs *f Pl 19*
latim *21*
lava-louça *m 33*
lavabos *m Pl 13*
lavagem *f 16*
lavar-se *22*
lavatório *m 22*
leitor de CD *m 35*
lembrar-se de *10*
lençol *m 14*
lente *f 31*
leste *m 30*
levantamento *m 32*
levantar *15*
 ~ dinheiro *28*
levar (a) *14*
 ~ a fazer *31*
 ~ consigo *12*
libertação *f 32*
libra inglesa *f 28*
licença *f 32*

líder m *32*
ligação f *15*
ligar (a) *16*
limpeza f *19*
  ~ a seco f *19*
lindo *10*
língua f *17*
linho m *19*
liquidação f *32*
lisboeta m/f *20*
liso *19*
lista f *6*
litoral m *30*
livro m *29*
  ~ de cheques *28*
livraria f *19*
livre *6*
  estar ~ *7*
local de nascimento m *14*
localizar
estar localizado *17*
lógico *35*
logo *12*
loiça f, louça f *19*
loira f *10*
loiro, louro *10*
loja f *8*
lombo m *11*
longe *3*
louvar *34*
lubrificação f *16*
lugar m *13*
  ~ da hortaliça *11*
luta f *32*
luz f *17*

M

maçã f *6*
macaco m *16*
maço m *8*
madrasta f *26*
mãe f *5*
maestro m *24*
Maio *7*
maior *17*
mais *14*
  ~ ou menos *14*
  ~ para baixo *17*
mal *17*
  fazer ~ a *22*
mala f *12*
mal-estar m *32*
mandar *12*

  ~ fazer *12*
manga f *19*
manganês m *30*
manhã f *4*
manteiga f *11*
manter (II, 3) *30*
mão f *17*
mão-de-obra f *34*
mapa m *16*
máquina de costura f *27*
marca f *8*
marcar um encontro *27*
Março *7*
marido m *26*
marinha f *35*
mas *1*
máximo *16*
mecânico m *16*
médico m *17*
médio *13*
médio m *17*
meia-irmã f *26*
meio *11*
meio-dia m *4*
  ao ~ *4*
meio-irmão m *26*
melão m *6*
membro m *17*
memória f *35*
menor *17*
mensagem f *35*
mensal *33*
mercearia f *11*
merecer *30*
mês m *7*
mesa f *6*
mestiço m *34*
meter *16*
mica f *30*
milho m *30*
mimar *26*
mina f *30*
mineração f *30*
mineral m *30*
minério m *30*
  ~ de ferro m *30*
mínimo *17*
mínimo m *17*
ministro m *23*
minucioso *14*
minutinho m *27*
  um ~ *27*
minuto m *3*

miscigenação f *34*
misturar-se *34*
modelo m *19*
moderno *15*
modificação f *20*
modificar-se *21*
modo m
  ~ de pagamento m *31*
momento m *8*
  um ~ *25*
monarquia f *32*
montanhoso *32*
montar *16*
morada f *14*
morar *5*
morcela f *11*
moreno *10*
morrer *5*
motor m *16*
motorista m *20*
mouro m *32*
móveis m Pl *19*
movimentado *16*
mudança f *16*
mudar *22*
  ~ de roupa *22*
muito *3*
mulher f *26*
multa f *16*
multiplicação f *35*
mundo m *9*
murmurar *29*
música f *18*

N

nacionalidade f *5*
não *1*
não ... senão *26*
nariz m *17*
nascer *5*
nascimento m *14*
  data de ~ f *14*
  local de ~ m *14*
navegador m *32*
neerlandês *34*
negócio m *18*
nem ... nem *11*
neta f *26*
neto m *26*
neutralização f *32*
noção f *33*
  ter uma ~ de *33*
nódoa f *19*
noiva f *10*

noivo m *10*
noite f *4*
nome m *14*
  ~ próprio m *14*
nomear *32*
nora f *23*
nordeste m *25*
normal *15*
norte m *30*
notar *21*
nota f *8*
notícia f *26*
ter notícias de *26*
Novembro *7*
novo *1*
número m *5*
numeroso *26*

O

o qual, os quais *18*
o que *18*
objectiva f *31*
objectivo m *32*
objecto m *12*
obrigado *1*
ocasião f *23*
  por ~ de *27*
oceano m *30*
ocidental *30*
ocupar *18*
estar ocupado (de, com) *18*
ocupar-se de *26*
oeste m *30*
oferta f *31*
óleo m *16*
olfacto m *17*
olhar (para) *11*
olho m *10*
ombro m *17*
onde *2*
ondulante *32*
ópera f *24*
operação f *16*
opor (II, 11) *35*
opor-se (a) (II, 11) *31*
oportunidade f *18*
oposição f *30*
óptimo *6*
ora *23*
ordem f *16*
  ~ de pagamento f *28*
orelha f *17*

órgão *m* 17
origem *f* 14
   dar ~ a 21
   ter ~ em 21
originalmente 34
orquestra *f* 24
ou 4
ourivesaria *f* 19
ouro *m* 30
outro 2
Outubro 7
ouvido *m* 17
ouvir (III, 7) 13
ovo *m* 11

P
pá *f* 11
pacote *m* 11
padaria *f* 11
padeiro *m* 11
padrasto *m* 26
padrastos *m Pl* 26
pagar 11
pai *m* 5
pais *m Pl* 5
país *m* 14
paladar *m* 17
palavra *f* 15
pano *m* 24
pão *m* 11
   ~ de centeio *m* 11
   ~ de ló *m* 11
   ~ de trigo *m* 11
papel *m* 11
papelaria *f* 2
par *m* 19
para 1
   ~ baixo 17
   ~ que (+ Konjunktiv) 22
   ~ trás 16
parabéns *m Pl* 18
paragem *f* 20
parar 16
parecer 14
parecido (com) 21
parentes *m Pl* 5
parlamento *m* 30
partido *m* 30
partir para 7
passado 10
passageiro *m* 12
passagem *f* 16
   ~ turística *f* 13

~ de primeira classe *f* 13
~ de peões *f* 20
~ proibida *f* 16
passaporte *m* 12
passar 18
   ~ a ferro 19
   ~ as férias 25
passar-se 21
passeio *m* 16
pátio *m* 14
paulista *m* 34
pé *m* 17
peão *m* 20
pedra *f* 34
   ~ preciosa *f* 34
pedreiro *m* 33
pegar 16
pegar em 23
peito *m* 17
   ~ do pé *m* 19
peixe *m* 18
pele *f* 17
pelo menos 21
pena *f* 24
   ter ~ que 24
península *f* 21
pensamento *m* 17
pensar em, sobre 10
pensar de 10
pequeno 3
   ~ almoço *m* 3
pera *f* 6
percurso *m* 20
perda *f* 35
perder (III, 1) 21
perder-se (III, 1) 31
perfazer (II, 9) 32
perfeitamente 27
perfumado 8
perfumaria *f* 19
perfume *m* 12
perguntar (a) 12
perigoso 16
permanecer 27
perna *f* 17
pertencer a 34
perto de 3
Peru *m* 30
pesar 11
pescoço *m* 17
peso *m* 13
pessoa *f* 21
pessoal 12

petróleo *m* 30
PIB *m* 34
pílula *f* 29
pingar 14
piquenique *m* 16
piso *m* 20
placa de rede *f* 35
placa de som *f* 35
placa-mãe *f* 35
planalto *m* 30
planície *f* 32
plano *m* 7
planta *f* 33
plateia *f* 24
platina *f* 30
pneu *m* 16
pobre 26
poder *m* 30
poder (II, 10) 8
poeta *m* 9
polegar *m* 17
polícia *f* 3
polícia *m* 3
   ~ motorizado *m* 16
ponta *f* 17
população *f* 30
populoso 34
por 3
por causa de 23
   ~ dia 3
   ~ fim 11
pôr (em) (II, 11) 16
   ~ em marcha 16
pôr-se a (+ Infinitiv) 29
porco *m* 11
porque 9
porta *f* 14
   ~ de embarque *f* 13
portador *m* 28
português 1
posse *f* 30
posição *f* 17
postal *m* 15
postigo *m* 15
posto *m* 16
   ~ de gasolina *m* 16
potência *f* 34
pouco 1
pouco a pouco 21
povoar 34
praça *f* 2
praia *f* 16
prático 19
prata *f* 30

prato *m* 6
   segundo ~ 6
   ~ principal 6
   ~ preferido 18
prazer *m* 7
   muito ~ 18
precisar (de + Substantiv) 21
preço *m* 3
prédio *m* 23
predominante 30
preencher 12
preferido 18
preferir (III, 15) 19
preocupação *f* 25
preocupado
   estar ~ 17
preparar 18
   preparar-se para 23
presença *f* 24; 32
   ter uma bela ~ 24
presente *m* 12
presidência *f* 34
pressão *f* 16
   ~ do pneu *f* 16
presumir 9
presunto *m* 6
prima *f* 26
primeiro 9
primo *m* 26
primogénito *m* 26
principal 17
princípio *m* 23
   ao ~ 23
privar-se de 18
problema *m* 28
proceder 31
processador *m* 35
processamento de dados *m* 35
proclamar 32
procurar 16
   ir ~ 16
produto *m* 27
profissão *f* 5
programa *m* 24
progressivo 32
prometer 29
promissor 35
promulgação *f* 34
pronto 4
   estar ~ 4
pronto-a-vestir 19
pronunciar 25

propor (II, 11) 35
propósito m
 a ~ 14
proporção f 30
proporcionar 35
prospecto m 27
protocolo m 35
provar 19
próximo 7
publicar 35
público 35
pudim m 18
pulso m 17

Q
qual 3
qualidade f 25
qualquer coisa 20
quantia f 28
quantidade f 12
quanto, quantos
quanta, quantas 5; 18
quarta-feira f 7
quarto m 3
 ~ de casal m 14
 ~ de dormir m 33
 ~ de pessoa só 14
 ~ individual 14
quase 11
que 7
quebra f 35
queixo m 17
quem 10; 18
quente 6
querer (II, 12) 4
quilograma m, quilo m 11
quinta-feira f 7
quotidiano 35

R
raciocinar 29
rádio m 18
radiografia f 17
raiz f 34
ramo m 11
rapariga f 10
rapaz m 26
rasgo m 29
rato m 35
reacção (a) f 29
real m 28
realmente 21
realisar 9

rebanho m 30
recear (IV, 1) 18
receita f 17
recepcionista m/f 3
reclamar para si 32
recomendar (a) 8
reconquistar 31
rede f 30
reduzir (IV, 7) 31
refeição f 3
referir-se a (III, 15) 13
refino m 30
reflectir 29
refugiar-se 32
região f 14
 ~ abdominal 17
regime m 9
registado 15
carta registada f 15
regressar (a) 29
regresso m 18
reino m 30
relé m 35
relevância f 30
relojaria f 19
remetente m 15
remoto 32
renda f 23
renovar 12
reparar em 16
repartição f 20
repentino 29
repetir (III, 9) 22
representação f 24
 ~ comercial f 14
representante m 14
representar 27
repuxar 19
rés-do-chão m 19
reserva f 16
reservar 14
resolver 22
respectivo 25
respirar 17
 ~ fundo 17
responsável (por) 27
resposta f 15
restante m 34
restar 33
restaurante m 2
restaurar 32
resto m 14
resultado m 17
retrosaria f 19

reunir 35
rever (II, 15) 22
revisão f 16
revistar 12
rico 32
rigoroso 17
roda f 16
romano 21
roupa f 19
 ~ de criança f 19
rua f 2
ruído m 29
russo 21

S
sábado m 7
sabão m 22
saber (II, 13) 9
saboroso 18
saco m 11
saia f 19
sair (IV, 6) 7
sal m 18
sala m 13
 ~ de espera f 13
 ~ de jantar f 18
salada f 17
saleiro m 18
salsicha f 11
salto m 19
sapato m 19
satisfazer (II, 9) 35
satisfeito
 estar, ficar ~ com 11
saúde f 22
savana f 30
secção f 15
seco 30
secretária f 23
século m 9
seda f 19
sede f 20
 estar com ~, ter ~ 20
segredo m 35
seguida, em ~ 5
seguinte 14
seguir (III, 10) 16
 a ~ 6
segundo 13
segunda-feira f 7
selo m 2
semana f 7
 dia da ~ m 7
semelhante a 30

sempre 21
senão 31
senhora f 1
senhor m 1
sentar-se 6
sentido m 17
 no ~ de 31
sentir-se (III, 4) 13
 ~ embaraçado 18
separação f 34
ser (II, 1) 1
 ~ à parte 14
serviço m 14
servidor m 35
servir (III, 11) 13
 ~ de intérprete 28
Setembro 7
seu 5
sexta-feira f 7
sigla f 35
sim 1
simpático 10
simples 13
simultaneamente 35
sinal m 20
 ~ de trânsito m 16
sinónimo m 35
sintético 19
sisal m 30
sistema m 30
só 1
sobre 9
sobremesa f 6
sobrinha f 26
sobrinho m 26
sociedade f 27
sofá m 23
sogra f 26
sogro m 26
sogros m Pl 26
sol m 25
solene 29
solteira f 26
solteiro m 26
solução f 32
som m 17
sono m 14
 ter ~ 14
sopa f 18
soprano m 24
sorrir (III, 22) 29
sorte f 23
sorvete m 24
sossego m 17

sua *5*
suave *8*
subdivisão f *35*
subir (III, *20*) *14*
substituir (IV, *5a*) *16*
suceder a *32*
sucesso m *34*
sueco *28*
sueste m *30*
suficiente *33*
Suíça f *23*
suicídio m *34*
suíno *30*
sujar-se *22*
sujo *19*
　estar ~ *19*
sul m *30*
super f *16*
supermercado m *16*
supor (II, *11*) *24*
suportar *17*
supremacia f *32*
surgir *16*
surpreender *24*
surto m *34*
suspensórios m Pl *19*

T
tabacaria f *8*
tabaco m *12*
tabuleta f *23*
tacto m *17*
talher m *18*
talho m *11*
　homem do ~ *11*
tamanho m *19*
também *1*
tão (+ Adjektiv) *10*
TAP (Transportes Aéreos Portugueses)/ ~ Air Portugal *13*
tarde f *4*
　à, de ~ *7*
tardio *34*
tarifa f *13*
taxa f *15*
táxi m *3*
taxímetro m *20*
teatro m *24*
tecido m *19*
teclado m *35*

teleférico m *20*
telefonar (a) *15*
telefone m *27*
　pelo ~ *27*
telefonista m/f *15*
telegrama m *15*
televisão f *19*
　aparelho de ~ *19*
　~ a cores *19*
telhado m *33*
　colocar o ~ *33*
temperado *30*
temperatura f *17*
tempo m *7*
tencionar *14*
tendência *32*
tenor m *24*
tenro *11*
tentar *16*
ter (II, *3*) *1*
　~ de, ~ que *11*
　~ direito a *13*
terça-feira f *7*
terminar em *17*
testa f *17*
textura f *17*
tia f *26*
tinturaria f *19*
tio m *15*
tios m Pl *26*
típico *25*
tipo m *10*
tirar *17*
　~ a temperatura *17*
título m *30*
toalha f *22*
tocar *23*
　~ a campainha *23*
todo *10*
tomada f *34*
tomar *17*
　~ cuidado *17*
tomate m *11*
tornar *17*
　~ a + Infinitiv *17*
tostão m *15*
torta f *11*
　~ de chocolate f *11*
totalidade f *33*
trabalhador m *32*
trabalhar *15*

tráfico de escravos m *34*
tranquilidade f *22*
transeunte m *2*
transferência f *35*
transferir (III, *15*) *28*
transformar *32*
transmissão f *35*
transtorno m *22*
tratar de *23*
triângulo m *16*
trigo m *11*
triunfante *16*
trocar *8*
troco m *8*
tronco m *17*
túlipa, tulipa f *11*
turbulento *30*

U
último *9*
ultimamente *24*
ultramar m *32*
um m *1*
uma vez que *34*
União Européia f *32*
único *26*
unidade f *35*
unidade monetária f *34*
urânio m *30*
urbano *30*
urina f *17*
uso m *12*
utensílios de cozinha m Pl *19*
usuário m *35*
útil *35*
utilizar *35*
uva f *6*

V
vago *33*
valor m *15*
válvula f *29*; *35*
vão, em ~ *16*
varanda f *23*
variar *30*
variedade f *19*
vazio *11*
　estar ~ *11*
velho *9*

velocidade f *16*
vencedor m *32*
vendedor m *11*
vendedora f *19*
vender *2*
ver (II, *15*) *7*
verão m *30*
verdade f *21*
vermelho *10*
verificar *12*
verso m *14*
vestido m *10*
vestir (III, *12*)
vez f *21*
　em vez de *21*
viagem f *12*
vice-versa *30*
vigiar *32*
vigor, em ~ *13*
vinho m *6*
　~ branco *6*
　~ tinto *6*
vir (II, *17*) *7*
virar *16*
virar-se para *32*
visigodo m *32*
visita f *18*
vista f *17*
　à ~ *31*
visto m *12*
vitela f *11*
viúva f *26*
viúvo m *26*
vivenda f *22*
vizinha f *1*
vizinho m *3*
voar *13*
você *9*
volante m *16*
volta f *13*
　a ~ *20*
voltar (a, para) *14*
　~ para trás *16*
voo m *13*
voz f *13*

X
xadrez m
　de ~ *19*

Register zu den Gesprächsthemen

Abflug *13*
Abreise (Hotel) *14*
Abschied (Formulierungen) *1*
Altersangabe *5, 26*
Anfragen *27, 31*
Ankunft (Zug, Flugzeug) *13*
Angola *30*
Anmeldung (Hotel) *14*
Anrede *11*
Anzug *19*
Apotheke *17*
Arzt *17*
Aufführung *24*
Auskunft:
 Bank *28*
 Flug *13*
 Post *15*
Ausweis *5, 14*
Auto *16*
Autobus *20*
Bad *14, 33*
Bahnhof *2*
Bank *28*
Beanstandung (Hotel) *14, 29*
Bedienung *6*
Begrüßung *1, 18, 22*
Behandlung (Arzt) *17*
Bekanntschaft *18, 22*
Benzin *16*
Beschwerden *29*
Besichtigung *20, 25*
Bett *14*
Bezahlen *6, 8, 11, 28*
Bier *6*
Blumen *11*
Braten *18*
Brasilien *34*
Briefmarken *15*
Brot *11*
Computer *35*
Danken *17, 18, 19, 20, 28*
Datum *7*
Einkäufe *11, 19*
Einrichtungsgegenstände *23, 33*
Einschreiben *15*
Eis *24*
Entschuldigung *25, 28*
Fahren (Auto) *16*
Farben *19*
Fisch *18*
Fleischgerichte *6, 14, 18, 35*
Flug *13*
Flugplatz *13*
Fotoapparat *19*
Frühstück *4*
Führer *20*
Führerschein *16*
Gaststätte *2, 3, 29*
Geldwechsel *28*
Gemüse *11*
Gepäck *12, 13*
Geschäftsverhandlungen *31*
Geschoss *19*
Gesundheit *17*
Getränke *6, 14, 18, 20*
Gewicht *13*
Gewürz *18*
Grenze *12*
Grundzahlen *2, 3, 7*
Handelsvertretung *14*
Handy *27*
Haus *33*
Hemd *19*
Himmelsrichtungen *30, 32, 34*
Hose *19*
Hotel *14*
Hotelportier *14, 29*
Hotelzimmer *14, 29*
Imbiss *24*
Internet *35*
Juwelier *19*
Kabine *15, 19*
Kartenverkauf (Theater) *24*
Kasse *28*
Kauf *11, 19*
Kellner *6*
Kleid *19*
Kleideränderung *19*
Kleidung *19*
Kleidungsstücke *19*
Koffer *12*
Konto *28*
Körperteile *17*
Krankheiten *17*
Kredit *28*
Kurs (Bank) *28*
Lederwaren *19*
Mantel *19*
Maße *23*
Medikamente *17*
Mengenangabe *11*
Miete *33*
Mittagessen *6*
Möbel *33*
Monate *7*
Morgen *1*
Motor *16*
Museum *20*
Namen *26*
Obst *6*
Oper *24*
Orchester *24*
Ordnungszahlen *7*
Paket *15*
Papierhandlung *2, 3*
Parken *19*
Pass *12, 14*
Passkontrolle *12*
Personalien *5*
Polizei *5*
Porto *15*
Portugal *32*
Post *15*
Postanweisung *15*
Preis *8, 13, 15, 19*
Radiohören *18*
Rechnung *6*
Regen *20*
Reinigung *19*
Reparatur (Fahrzeug) *16*
Restaurant *6, 35*
Rock *19*
Salat *6*
Salz *18*
Scheck *28*
Schlüssel *14*
Schmerzen *17*
Schmuck *19*
Schrank *33*
Schreibwaren *19*
Schuhe *19*
Sehenswürdigkeiten *20, 25*
Seife *22*
SMS *27*
Spaziergang *20*
Speisekarte *6, 8, 35*
Stadtbesuch *20*
Station *20*
Stoffe *19*
Straße *2, 3, 20*
Straßenbahn *20*
Tabakladen *8*
Tageszeit *7*
Tanken *16*
Tankstelle *16*
Taxi *20*
Telefon *15, 27*
Telegramm *15*
Teller *18*
Theater *24*
Tischgespräch *18*
Toilette *13*
Trinken *6, 14, 18, 22*
Trinkgeld *6, 20*
Uhrzeit *4*
Verkehr (städtischer) *20*
Verkehrsmittel *20*
Verkehrszeichen *16*
Verständigung *25, 28*
Verwandtschaftsbezeichnungen *26*
Vorspeise *6, 18*
Vorstellen einer Person *18*
Wäsche *19*
Wechsel (Geld) *28*
Wegerkundigung *28*
Wein *6, 14*
Werkzeug *16*
Wetter *25*
Wochentage *7*
Wohnung *33*
Wohnungsmiete *33*
Wurst *11*
Zahlwörter *2, 3, 7*
Zeitangaben *4, 7*
Zeitung *8*
Zigarette *8*
Zigarre *8*
Zimmer *14, 33*
Zimmerbesichtigung *14, 33*
Zimmersuche *33*
Zimmervorbestellung *14*
Zollkontrolle *12*

Register zur Grammatik

a
- bestimmter Artikel 1A a)
- Verschmelzung mit Präpositionen 2A a)
- verbundenes Personalpronomen 10D
- Präposition 13C, 25A

absoluter Superlativ 17C 2. b) c)
acabar
- de + Infinitiv 32B 1.
- por + Infinitiv 32B 1.
acento agudo Anhang S. 397
acento circunflexo Anhang S. 397
acento grave Anhang S. 397
acolá 15B
Adjektiv
- Pluralbildung 5A
- Bildung der weiblichen Form 5B
- Kongruenz mit Substantiv 3B
- Stellung 20C
Adverb 26C
aí 15B
Akzentschreibung Anhang S. 397
alguém 30C
algum 30C
ali 15B
Alphabet Anhang S. 391
ambos 30C
andar 32B 2.
Anredeformen 11B
Antwortsatz 3E, 13B
ao-Konstruktion 31C
aquele 6D
aqui 15B
Artikel 1A
- bestimmter und unbestimmter 1A, 2A
- Gebrauch, Stellung 16A, B
Aussprache Anhang S. 394

Bedingungssätze 29E, 33B
bem 26C
bestimmter Artikel 1A, 2A, 16B
Betonung Anhang S. 398
bom, Steigerung 17C 3.
cá 15B
cada 30C 2.
certo 30C 1.
com, Verschmelzung mit Pronomen 14C
começar por 32B 3.
comparativo de inferioridade 17C
consigo 12D
cujo 18
Dativ mit a 8B
Datum 7G
de
- Verschmelzung mit bestimmtem Artikel 2A
- Verschmelzung mit Demonstrativpronomen 6D c)
- Verschmelzung mit Personalpronomen 10F
- Genitiv 8B
- zwischen zwei Substantiven 25A, 34A 2.
deixar 35. 4.
dele usw. 5C b), 10F
Demonstrativpronomen und -adjektive 6D
Diminutivsuffixe 19B
Diphthonge Anhang S. 394; 397
do que 17C 1.
em 13C, 25A
- Verschmelzung mit bestimmtem Artikel 2A a)
- Verschmelzung mit Pronomen 6D c), 10F
embora + Konjunktiv 24A 5.
é que 9D
esse 6D
estar, Gebrauch 4C

estar + a + Infinitiv 20B
este 6D
fazer 9A, 35. 5.
Femininbildung
- der Adjektive 5B
- zu männlichen Substantiven 34B
ficar 34. 12.
Fragesatz 2D b)
Frage und Antwort 3E, 13B
Futur I und II 26A, Anhang Tabelle I
- Stellung des Pronomens 26B
- Futur von dizer, fazer, trazer 26A
Genitiv 8B
gente 9C c), 30C 2.
Gerundium I und II 32A
Geschlecht 1A a)
grande, Steigerung 17C 3.
Groß- und Kleinschreibung Anhang S. 391
Grußformen 1
Grundzahlen 2E, 3C, 7C
Hilfsverben, verbale Umschreibungen 32B
historisches Perfekt siehe pretérito perfeito simples
Imperativ 8D
Imperfekt, Indikativ 21C
- statt Konditional 15A 2.
Indefinitpronomen und -adjektive 30C
indirekte Rede 28B
Infinitiv
- persönlicher 31B
- unpersönlicher 31A
Interrogativpronomen und -adjektive 5E, 7B, 12C
ir
- ir + a + Infinitiv 6C
- in Verbalumschreibungen 32B 6., 32. 7.
irreale Bedingungssätze 29E

-issimo 17C 2. b)
isso 6D
isto 6D
já, Wortstellung 10D a), 13B 3.
Kardinalzahlen 2E, 3C, 7C
Komma Anhang S. 392
Komparativ 17C 1.
Konditional I und II 27A
Konjugationsmuster Anhang Tabellen I bis IV
Konjunktionen
- mit Konjunktiv 24A
Konjunktiv 21A, B, 22A, 24A
Konsonanten Anhang S. 394
lá 15B
Ländernamen, Artikel 16B
maior 17C 3.
mais 17C 1., 3.
man 9C
mal 26C 3.
menos 17C 1., 3.
muito 17C, 26C
nada 30B 2.
não 3A, 26C
Nasalierung Anhang S. 397
Negation (Verneinung) 3A
nem 26C
nenhum 30C
ninguém 30C
nunca 26C
o qual, os quais 18
o que 18
Ordinalzahlen 7E
Ortsadverbien 15B
outro 30C
oxalá 22A
para 13C, 20. 2., 25A, 25. 15.
parecer 14D
Partizip Perfekt 23A
Partizipialkonstruktionen 30B
Passiv 30A
Personalpronomen
- Subjektform 1B

- Objektform *10D*
- verbunden (unbetont) *10D*
- unverbunden *10F*
- in der Anrede *11B*

persönlicher Infinitiv *31B*

pior *17C 3.*

Pluralbildung
- Substantive und Adjektive *5A*
- zusammengesetzte Substantive *34A*

Plusquamperfekt, Indikativ *23B*

por *13C, 20. 2., 25A, 25. 15.*

Possessivpronomen und -adjektive *5C*
- bei der Anrede *11B*
- mit bestimmtem Artikel *22A a) 3.*

pouco *17C, 26C*

Präpositionen *25A*

pretérito perfeito composto *24B*

pretérito perfeito simples *10A, B, C, 12A, 21C*

pronominale Konjugation Anhang S. 405

qual *7B, 18*

qualquer *30C*

quanto *5, 18*

que
- Interrogativum *7B*
- bei Ausrufen *18B*
- beim Komparativ *17C 1.*
- zur Nebensatzeinleitung (dass) *21B*
- Relativpronomen *18*

quem
- Interrogativpronomen *12C*
- Relativpronomen *18*

reflexive Verben *5D*

Reflexivpronomen *5D, 12D*

relativer Superlativ *17C 2. a)*

Relativpronomen *18*

ser, Gebrauch *4C*

senhor, senhora, Anrede *11B*

si *12D*

sim *3E, 13B, 26C*

Silbentrennung Anhang S. 394

Steigerung *17C*

Subjekt (Wortstellung) *2D*

Substantiv
- Pluralbildung *5A*
- Kongruenz mit Adjektiv *3B*
- Bildung der weiblichen Form *34B*

superior *9E, 17C*

Superlativ *17C*
- relativer *17C 2. a)*
- absoluter *17C 2. b)*

talvez + Konjunktiv *21B*

tanto *30C*

Temporagebrauch in Nebensätzen *28A*

ter, zum Ausdruck von 'müssen' *11C*

todo *16B, 30C*

tudo *30C*

Uhrzeit *4D*

um, uma
- unbestimmter Artikel *1A, 2A*
- Kardinalzahl *2E*
- Indefinitpronomen *32B 1.*

unbestimmte Pronomen *32B*

unbestimmter Artikel *1A, 2A, 16C*

unpersönliche Ausdrücke mit Konjunktiv *21B*

Verben
- Konjugationsklassen *1C*
- Konjugationsmuster Anhang Tabellen I bis IV
- Konjugationstypen, Systematisierung *19A*
- unregelmäßige *19A*, Anhang Tabelle II
- reflexive *5D*, Anhang Tabelle I
- Hilfsverben *32B*
- mit Konjunktiv *21B, 22A, 24A*

Verkleinerungsform *19B*

Verneinung *3A*

você *11B*

Vokale Anhang S. 396

vokativische Anredeformen *11B*

voltar a + Infinitiv *32B*

Vornamen
- in der Anrede *11B*
- Verkleinerungsform *19B*

Vossa Excelência *11B*

Wochentagsnamen *7F*

Wortstellung *2D*
- bei Pronomen *10D, 10E*

Zahlwörter
- Grundzahlen *2E, 3C, 7C*
- Ordnungszahlen *7E*

Zeitangabe *4D, 7G*

Zeitenfolge
- Indikativ *28A*
- Konjunktiv *29D*

Zwischenstellung des Pronomens
- beim Futur *26B*
- beim Konditional *27A*

zusammengesetzte Substantive, Pluralbildung *34A*

Hinweis zur CD

Auf der Audio-CD können Sie sich alle Dialoge der Lektionen 1–20 anhören. Die Dialoge der Lektionen 1–10 werden zunächst in langsamem und anschließend nochmals in authentischem Sprechtempo gesprochen. Für die ersten zehn Lektionen sind daher jeweils zwei Tracknummern neben den Dialogen angegeben.